普通高等教育"十一五"国家级规划教材
四川省"十二五"普通高等教育本科规划教材

U0737864

工商管理本科系列教材

现代市场营销学 （第六版）

主　编　张剑渝　王　谊　白　璇

副主编　陈　鑫　王庆涛

西南财经大学出版社
Southwestern University of Finance & Economics Press

中国·成都

图书在版编目(CIP)数据

现代市场营销学/张剑渝,王谊,白璇主编;陈鑫,
王庆涛副主编.--6版.--成都:西南财经大学出版社,
2024.7
ISBN 978-7-5504-6153-6

Ⅰ.①现… Ⅱ.①张…②王…③白…④陈…⑤王… Ⅲ.①市场
营销学 Ⅳ.①F713.50

中国国家版本馆 CIP 数据核字(2024)第 078034 号

现代市场营销学(第六版)

主 编 张剑渝 王 谊 白 璇
副主编 陈 鑫 王庆涛

策划编辑:李建蓉 李邓超
责任编辑:李特军
责任校对:李建蓉
封面设计:何东琳设计工作室 张姗姗
责任印制:朱曼丽

出版发行	西南财经大学出版社(四川省成都市光华村街55号)
网 址	http://cbs.swufe.edu.cn
电子邮件	bookcj@swufe.edu.cn
邮政编码	610074
电 话	028-87353785
照 排	四川胜翔数码印务设计有限公司
印 刷	四川五洲彩印有限责任公司
成品尺寸	185 mm×260 mm
印 张	23.125
字 数	504 千字
版 次	2024 年 7 月第 6 版
印 次	2024 年 7 月第 1 次印刷
印 数	1— 2000 册
书 号	ISBN 978-7-5504-6153-6
定 价	48.00 元

第六版前言

随着数智时代的到来，市场营销的理论与实践正面临着不断的变革与挑战。在传统市场营销理论内涵的基础上，数据、技术、创新等要素发挥着越来越重要的作用。现代市场营销管理的学习者应紧跟时代发展，重视信息技术带来的新趋势，树立数智营销理念，掌握更具时效性的知识与技能，培养更具前沿性的思维与素养，从而更有效地指导营销实践。

《现代市场营销学》作为国家级规划教材，依托西南财经大学工商管理学院市场营销学科团队长期以来的科研与教学成果，全面阐述了市场营销的基本概念、原理和方法。本书自2004年首次出版以来，共完成五次修订，长期被全国各类高等院校采用，并得到了大量实业界单位的关注与厚爱。时代的飞速发展与社会各界的广泛好评，驱动着教材编写团队不断修订、及时更新教材内容，丰富教学资源、创新教学范式，以更好追踪市场营销实践的动态、反映市场营销理论的发展。

本次修订在保持第五版教材基本知识体系架构、规范合理表述和实践应用导向的基础上，基于习近平新时代中国特色社会主义思想、党的二十大精神等，进一步丰富了教材的课程思政内容，更新调整了各章节更具时效性的典型案例，以及新时代出现的新概念和新动态，力求在保证教材体系完备性、延续性、权威性的同时，让教材思想、内容与结构更具合理性和时代性。

本次教材修订得到了西南财经大学工商管理学院市场营销系各位同仁的大力支持，本次修订在汇集市场营销学课程组教师、学生及读者广泛建议的基础上完成。参与本次修订的作者及分工如下：第1~4章，白璇；第5~8章，陈鑫；第9~12章，王庆涛。为此，编写团队向对本次修订提出宝贵建议的各位同仁、各位读者表示衷心的感谢；向对教材出版予以倾心指导、审校的西南财经大学出版社领导和编辑们表示感谢。鉴于编写团队知识、能力和经验有限，本次修订虽已竭尽所能编写，但仍不免有疏漏、欠缺之处，在此诚盼读者和同行多加批评与指正，以便再版时修正，同时期盼继续得到广大读者的支持与厚爱。

编者

2024年4月于成都

现/代/市/场/营/销/学

第五版前言

　　《现代市场营销学》作为国家级规划教材，全面阐述了市场营销的基本概念、原理和方法，自 2004 年出版以来，被各大院校广泛采用，也受到大量企事业单位的关注与厚爱。社会各界的好评，驱动我们不断地完善本教材，而追踪市场营销实践的动态、反映市场营销理论的发展，便成为对本教材作修订的责任所在。党的二十大报告提出：必须完整、准确、全面贯彻新发展理念，坚持社会主义市场经济改革方向，坚持高水平对外开放，加快构建以国内大循环为主体、国内国际双循环相互促进的新发展格局。构建新发展格局必须加强市场营销，进而构建高水平社会主义市场经济体制。

　　本次修订在保持上版市场营销理论的系统性、表述的规范性、实践的应用性的基础上，对部分章节内容做了调整和补充，调整的内容主要是部分章节的取舍安排和书中引用的一些过于久远的事例，补充的内容则集中在一些章节中的新概念、新动态。调整和补充的原则，是在保证教材体系的完备性、延续性、权威性的同时，让内容与结构更具合理性、时代性。

　　本次修订，得到了西南财经大学工商管理学院市场营销系全体教师的大力支持，各位教师根据其教学过程中使用本教材的情况，提出了对有关章节的修改建议，正是在汇集各位教师及读者们的建议的基础上，我们完成了本教材的此次修订。参与本次修订的作者及其分工是：唐小飞，第一章；郭洪、王谊，第二章；罗永明，第三章；谢庆红，第四章；谭慧敏、王谊，第五章；付晓蓉、谢庆红，第六章；许德昌，第七章；陈静宇、王谊，第八章；李永强、白璇，第九章；张剑渝，第十章；黄雅红，第十一章；翁智

1

刚、许德昌，第十二章。

全书由张剑渝总纂。

我们对向本次修订提出宝贵建议的各位读者表示由衷地感谢，并希望继续得到广大读者的支持与厚爱。

我们感谢一贯支持我们的西南财经大学出版社的领导、编辑们。

编者

第四版前言

　　《现代市场营销学》作为一本全面阐述市场营销理论的专业教材，从 2004 年 8 月第一版到现在已经 11 年，在此期间，作为国家级规划教材，得到了社会各方面的关注、好评和厚爱，我们为此感到鼓舞，更感到是一种激励。

　　市场营销作为一门学科从问世以来一直在不断地变化中发展。本次修订在保持原书系统性、完整性、实践性的基础上，对部分内容进行了修改、调整和完善，以期达到内容、结构的更加合理和与时俱进。

　　原书作者之一的于建原老师没有参与本次修订工作，我们向他表示深深的敬意和怀念。

　　参与本次修订的作者是：王谊，第二、五、八章；许德昌，第七章；张剑渝，第十章；谢庆红，第四、六章；罗永明，第三章；李永强，第九章；翁智刚，第十二章。本书最后由王谊和张剑渝进行总纂。不足之处，敬请指正。

　　我们诚恳地对向本次修订提出宝贵建议的各位读者表示由衷的感谢。

　　我们始终感谢一贯支持我们的西南财经大学出版社的领导、编辑们。

编者

2015 年 5 月 18 日于光华园

第一版前言

现代市场营销学是管理学、经济学、社会学等多学科相互渗透的一门应用性管理学科，是市场经济中非常重要和热门的学科。在市场经济条件下，现代市场营销的理念、理论、原理、方法和策略不仅适用于社会各种营利性组织，而且广泛地被政府部门和其他社会组织所采用。市场营销在经济建设中的作用不仅被更多的人所认识，而且越来越重要，已经成为整个社会活动中不可缺少的重要组成部分。市场营销已不仅仅是企业的活动，而是整个社会的活动。随着社会经济的发展，人类社会已进入新的时代，信息经济、知识经济、服务经济都对市场营销提出了更高的要求，市场营销从内容、范围、层次等方面都要向更高的水平发展，世界已经进入了以市场营销为核心的服务营销时代。为了适应我国工商界市场营销管理实践的需要，以及满足高等院校营销管理课程教学的需要，我们组织编撰了这本《现代市场营销学》。

本书主要有三个特点：

（1）全面系统地阐述了现代市场营销管理的理论和方法，注重理论性和实践性相结合。

（2）增加了最新的市场营销学科发展内容，如营销能力、整合营销、服务营销、网络营销、绿色营销、数据库营销等方面的内容。

（3）每章均有小结和复习思考题，以便学生掌握课程的重点，进行复习或自学，提高分析问题和解决问题的能力。

本书主要作为高等院校工商管理类专业本科、专科教材使用，也可作为高等教育自学考试经济类专业以及各类培训和自学教材使用。

本书参编人员如下：王谊，第二、五、八章；于建原，第一、十一章；许德昌，第七、十二章；张剑渝，第十章；谢庆红，第四、六章；罗永明，第三章；李永强，第九章；翁智刚，第十三章。本书由王谊、于建原总纂。

对书中的不妥之处，敬请广大读者指正。

最后，特别感谢西南财经大学出版社各位领导和编辑的重视、支持和帮助。

编者

2004 年 6 月

2

目　　录

2

现/代/市/场/营/销/学

4

现/代/市/场/营/销/学

第一章
市场营销的基本理论范畴与方法

#在线案例赏析：请扫码阅读本章案例导读——海底捞的数字化转型#

海底捞的数字化转型

第一节　为什么学习市场营销

一、市场营销的发展阶段

在市场经济中，无论是个人还是组织，都需要通过交换来满足自己的各种需要和欲望。在商品经济或市场经济中产生的交换，是满足需要的最基本、最普遍的方法。用交换的方式来满足不同组织与个人的需要，为经济社会中的分工奠定了运行基础。随着社会分工的逐渐固定化，交换将一个经济形态中处于不同分工的组织或个人联结起来，以至于人类社会一旦离开了交换就无法正常运转。市场营销随着时代的进步与发展应运而生，迄今为止，人们可以改变的只是交换活动的具体方式方法，而不能改变对它的依赖。根据其功能以及发展状况，我们可将市场营销分为五个发展阶段。

（一）萌芽阶段（1900—1920 年）

这一时期，各主要资本主义国家经过工业革命，生产力迅速提高，城市经济迅猛发展，商品需求量亦迅速增多，出现了供不应求的卖方市场，企业产品价值实现不成问题。与此相适应，市场营销学开始创立。早在 1902 年，美国加州大学、伊利诺伊大学的经济系就开设了市场学课程。哈佛大学教授赫杰特齐走访了大企业主，了解他们如何进行市场营销活动，于 1912 年出版了第一本销售学教科书。它是市场营销学作为一门独立学科出现的里程碑，这本教材同现代市场营销学的原理、概念不尽相同，它主要涉及分销和广告学。韦尔达、巴特勒和威尼斯在美国最早使用

"市场营销"术语。这一阶段的市场营销理论同企业经营哲学相适应，即同生产观念相适应。

(二) 功能研究阶段 (1921—1945 年)

这一阶段以营销功能研究为特点。韦尔达 (L. D. Weld) 出版了《美国农产品营销》一书，对美国农产品营销进行了全面的论述，指出市场营销目的是使产品从种植者那儿顺利地转到使用者手中。1942 年，克拉克出版的《市场营销学原理》一书，在营销功能研究上有创新，把营销功能归结为交换功能、实体分配功能、辅助功能等，并提出了推销是创造需求的观点，实际上是市场营销的雏形。

(三) 形成和巩固时期 (1946—1955 年)

这一时期的代表人物有范利 (Vaile)、格雷特 (Grether)、考克斯 (Cox)、梅纳德 (Maynard) 及贝克曼 (Beckman)。1952 年，范利、格雷斯和考克斯合作出版了《美国经济中的市场营销》一书，全面地阐述了市场营销如何分配资源，指导资源的使用，尤其是指导稀缺资源的使用；市场营销如何影响个人分配，而个人收入又如何制约营销；市场营销还包括为市场提供适销对路的产品。同年，梅纳德和贝克曼在出版的《市场营销学原理》一书中，提出了市场营销的定义，认为它是"影响商品交换或商品所有权转移，以及为商品实体分配服务的一切必要的企业活动"。由此可见，这一时期已形成市场营销的原理及研究方法，传统市场营销学已形成。

(四) 市场营销管理导向与协同发展时期 (1956—1980 年)

市场营销学逐渐从经济学中独立出来，同管理科学、行为科学、心理学、社会心理学等理论相结合，使市场营销学理论更加成熟。1967 年，美国著名市场营销学教授菲利普·科特勒 (Philip Kotler) 出版了《市场营销管理：分析、计划与控制》一书，该著作更全面、系统地发展了现代市场营销理论。他精粹地对营销管理下了定义：营销管理就是通过创造、建立和保持与目标市场之间的有益交换和联系，以达到组织的各种目标而进行的分析、计划、执行和控制过程。并提出，市场营销管理过程包括分析市场营销机会，进行营销调研，选择目标市场，制定营销战略和战术，制定、执行及调控市场营销计划。菲利普·科特勒突破了传统市场营销学认为营销管理的任务只是刺激消费者需求的观点，进一步提出了营销管理任务还影响需求的水平、时机和构成，因而提出营销管理的实质是需求管理。他还提出了市场营销是与市场有关的人类活动，既适用于营利组织，也适用于非营利组织，扩大了市场营销学的范围。1984 年，菲利普·科特勒根据国际市场及国内市场贸易保护主义抬头，出现封闭市场的状况，提出了大市场营销理论，即 6P 战略：原来的 4 大策略（产品、价格、分销及促销）加上两个 P——政治权力及公共关系。他提出了企业不应只被动地适应外部环境，也应该主动影响其外部环境的战略思想。

(五) 市场营销全球化大发展阶段 (20 世纪 90 年代以后)

进入 20 世纪 90 年代以来，关于市场营销、市场营销网络、政治市场营销、市场营销决策支持系统、市场营销专家系统等新的理论与实践问题开始引起学术界和企业界的关注。进入 21 世纪，互联网的发展和应用，推动着网络技术的发展，使得基于互联网的网络营销得到迅猛发展。2001 年中国加入世界贸易组织（WTO），标志着中国的市场经济已经融入世界经济中。中国企业的市场营销活动也越来越受到世界市场竞争的影响。无论是在国内市场还是在国外市场，中国企业的竞争能力都将受到世界最先进企业的挑战。面对这些挑战，我们首先需要学习和掌握这些国外先进企业的管理知识和方法，同时也要与之进行面对面的竞争。因而中国企业经理人员必须向全世界最好的观念打开大门。

#在线视频赏析：请扫码观看视频——"一带一路"战略营销#

"一带一路"战略营销

二、市场营销具有重要作用

在市场逐步完善的今天，对于作为独立经济实体的企业、公司来说，其如果没有在市场营销上采取积极有效的措施，以科学、现代化的营销手段来经营，肯定无法在竞争激烈的市场中生存。

市场营销对社会发展具有巨大的推动作用。首先，解决生产与消费的矛盾，满足生活消费和生产消费的需要。在商品经济条件下，社会的生产和消费之间存在着空间和时间的分离、双方信息不对称等多方矛盾。市场营销的任务就是使生产和消费的不同需要和欲望相适应，实现生产与消费的统一。其次，实现商品的价值并增值。市场营销通过产品创新和加速相互免疫的交换关系，使商品中的价值和附加值得到社会承认。再次，避免社会资源和企业资源的浪费。市场营销从顾客角度出发，根据需求按批生产，最大限度地减少产品无法销售的情况。最后，满足顾客需求，提高人民生活水平，最终提高社会总体发展水平和人民的生活质量。

市场营销对企业经济增长贡献巨大，主要表现在其能解决企业在成长和发展中的基本问题。企业是现代经济的细胞，企业的效益和成长是国民经济发展的基础。市场营销以满足需要为宗旨，引导企业树立正确的营销观念，面向市场组织生产和流通，从根本上解决企业成长中的关键问题。而且市场营销为企业成长提供了战略管理原则，将企业成长视为与变化的环境保持长期适应关系的过程。市场营销使企业以满足需求为中心，形成自己的经营特色，以保证其处于不败之地。

市场营销为高质量发展提供重要途径。党的二十大报告指出，"高质量发展是全面建设社会主义现代化国家的首要任务"。推动高质量发展是顺利跨越中等收入陷阱的必然要求，是更好满足人民对美好生活需要的根本途径，是在百年未有之大变局中抢占战略制高点的重要途径。而市场营销则是推动企业高质量发展的重要途径之一。一方面，市场营销能够满足提高发展质量的最基本的要求，即提高产品和服务的质量和标准；另一方面，市场营销能够通过促进社会各方资源配置效率的提高，推动经济、政治、社会和生态环境全方位协调发展。此外，通过市场营销，我国企业能够依托我国超大规模市场优势，以国内大循环吸引全球资源要素，增强国内国际两个市场两种资源的联动效应，通过营销撬动市场要素流动，深度参与全球产业分工和合作，帮助中国品牌和中国制造更好地走出去。

　　#在线案例赏析：请扫码阅读案例分享——加多宝：从一亿到两百亿靠的是什么？#

加多宝：从一亿到两百亿靠的是什么？

第二节　市场营销的基本理论

一、市场营销的定义

　　"市场营销"一词译自英语 marketing，作为学科名词时，也译为"市场营销学"。在我国香港、台湾地区则译为"市场行销"，简称"行销"。现代营销之父、美国西北大学教授菲利普·科特勒提出了一个简明的市场营销定义：满足他人的需要且自己盈利。根据此定义，市场营销不仅仅是指将产品销售出去，或是提高销售的数量，更要追求能以可以盈利的价格将产品销售出去。也就是说，我们所说的市场营销，不仅仅指的是提高产品的销售数量，同时还有一个更重要的义项：企业在市场中的盈利水平。要取得高盈利水平，企业及其经理人员就必须对营销活动开展卓有成效的、全面的管理。

　　2004 年，美国营销协会（American Marketing Associations，AMA）提供了一个更详尽和全面的市场营销的定义：市场营销是一项有组织的活动，它包括创造价值，将价值沟通输送给顾客，以及维系管理公司与顾客间关系，从而使公司及其利益相关者受益的一系列过程。

　　根据此定义，我们知道，市场营销包括四个基本义项：①市场营销首先是有组织的活动，因而它需要被管理；②市场营销是创造价值的活动，这个价值既不是单独指向顾客的，也不是单纯指向企业的，而是与所有利益相关者都有联系；③市场营销的本质是顾客关系管理，而不是销售，销售是营销中需要使用的众多工具中的一种，但销售不是营销；④市场营销具有过程性，是从创造价值、沟通价值到传送

4

现代市场营销学

价值的一系列活动过程的组合。

二、市场营销过程要素

（一）需要、欲望和需求

1. 需要（need）

就社会整体来说，需要是指人类为了自身的生存和发展对物质和精神的基本要求；就个人而言，需要则是指没有得到的基本的物质和精神满足的一种感受状态，如口渴时对水的需要，饥饿时对食物的需要，孤独时对交友的需要。任何一种需要没有被满足，人就可能处于不安、烦躁、紧张甚至痛苦的感受状态。需要的基本性质是它不依赖于营销活动而发生。任何营销组织和个人既不能创造需要也不能改变人的需要，需要是人类一切活动的出发点。

2. 欲望（want）

欲望是指想获得某种满足需要的具体的物的愿望。当一个人饥饿时，他可以通过米饭、馒头、面包或其他任何一种食品来得到满足。但究竟要通过什么具体的食物来满足对食品的需要，不同的人可以有不同的选择，但满足的需要——对食物的需要——是相同的。如果人们的需要是属于精神方面的，满足这种需要的载体可能不再是有形物，而是一种精神性的享受过程，比如对音乐的需要，就要通过听音乐作品来满足。可见，满足人们需要的"物"可以是"有形"的，也可以是"无形"的。通常，"无形物"表现为由某人为有需要的人提供的一种活动（如音乐家的演奏或播放音乐）。同样的需要，可以由不同的物或活动方式来进行满足。这种满足方式上的差别，来源于人们的社会、经济、政治、文化生活等方面的差异。

3. 需求（demand）

需求是指人们有能力购买并愿意购买某个（种）具体产品的欲望。

欲望使一个人对能满足需要的物或活动有获得的意愿，但当他能通过购买的方式来获得某种物时，欲望就成为需求了。比如，普通人在几十年前就想拥有汽车，这是欲望；但是这些人对汽车产品没有需求，因为那时普通人的收入是不能支持其购买汽车的。但是 2001 年后，中国市场上的汽车产品甚至出现了供不应求的局面。这说明随着改革开放和实行社会主义市场经济，中国人民的收入大幅度提高了，从而具有了对汽车产品的需求。

由上述概念可以知道，任何企业要想进行营销活动，都必须以需要为前提（见图 1-1）。任何营销活动都不能创造需要，也不能消灭需要；但营销活动能够影响欲望的产生，经过营销者的努力，能使欲望转变为需求；只有当人们有了需求，营销者才能将自己的产品出售给客户。因此，市场营销就是创造需求的活动，这就是所谓好的企业满足市场需求，优秀的企业则创造市场需求。

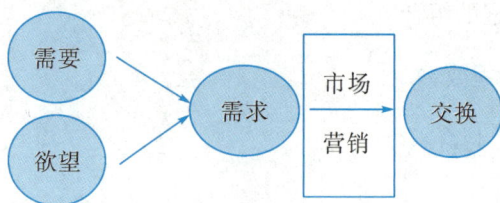

图 1-1　营销要素前端

#在线视频赏析：请扫码观看视频——理解市场与顾客需求#

理解市场与顾客需求

（二）交换和交易

人的需要与生俱来，满足需要的方式也很多，但只有用交换这种特定方式来满足需要与欲望时，营销活动才可能产生。交换是市场营销活动的本质，交换的概念也是市场营销学中的核心概念。

交换（exchange）是指个人或集体通过提供某种东西作为回报，从别人那儿取得其所需要的东西的行为与过程。通过交换来满足需要或欲望，与其他能满足需要与欲望的方式相比，最大的不同在于：参与交换的每一方，通过交换以后，都能得到自己需要的东西；任何一方的需要与欲望的满足，都不是以另一方的利益受损或受到伤害为代价的。参与交换的任何一方，在交换之后，其利益一般都能够增加，至少不会降低。因此，交换成为人类社会用于满足需要与欲望最普遍的方式。

菲利普·科特勒指出，只有满足五个充分且必要的条件，交换才能发生：

（1）至少要有两方存在，即要有参加交易的人，自己和自己不需要进行交换。

（2）每一方都要有被对方认为是有价值的东西，即有交易物。

（3）每一方都能够沟通信息和传送货物，即信息与货物能流通。

（4）每一方都可以自由地接受或拒绝对方的东西，即权利平等。

（5）每一方都要认为与另一方进行交易是适当的、称心如意的，即各方通过交换，其境况都能比交换之前得到改善。

只有具备上述所有条件后，交换才能进行。这些条件也是在现代营销中，企业经理人员必须遵守的基本原理。企业经理人员对市场营销活动所实施的任何管理，从本质上讲，都是不断创造或完备这五个充要条件的过程。

交换本身是一个过程，它由一系列事件组成。即便一项最简单的交换活动，也需要参与方进行货物查看、价格谈判、转移货物和支付与结算。只有当所有参与者交换都对上述条件达成一致时，各方才会将原来属于自己的东西转让给对方，并从对方手中获得作为回报的东西，也就是发生交易。交易（transaction）就是指参与交换的双方之间的价值交换。

交换实际是由交易的准备（寻找和达成双方同意的交换条件）和交易（价值物易手）两个部分组成。但是，在实际交换中，各方还需要确立一系列交易规则才行。比如，在完成已达成的交易协议前，如果任何一方反悔且对对方造成了损失，反悔一方将做出赔偿。一项交易最终是否能够完成，取决于双方对于交换是否有相同的要求，这种要求是建立在双方都想获得对方手里的东西上的。从这个意义上讲，营销活动的实质是变潜在交换为现实交换的活动和过程。交易的准备阶段正是营销者做出努力的阶段；交易是这种努力取得的结果。

交易可以以货币为媒介，也可以不以货币为媒介。经济学中也指出过，以货币为媒介的交易是最方便和最有效率的交易。但实际情况是，交易如果在一个国家内部进行，则主要是以货币为媒介；或在不同国家之间进行，受各国货币相互之间可接受性的影响，也往往以货币为媒介。如果交易双方都不能接受对方的货币，那就不得不采用物物交易了。所以，在国际市场上或国际贸易领域，现在也经常会采取以物易物、半货币半实物交易的方式，如"三来一补""商品返销""补偿贸易""反向购买""产品回购"等。这些也就是所谓的"对销贸易"。

就营销活动而言，无论发生在哪个领域，如工商企业对顾客的营销，政治候选人对选民的营销，学校对学生的营销，营销者期待的都是能得到某种反应：期待顾客的购买，选民的投票，学生的就读。因此，营销就是诱发交换对象产生一系列预期反应的行为。

要想产生希望的反应，营销企业就要对目标顾客的需要进行了解，确定被营销的对象希望得到什么，并为之做好准备。在接近对方的过程中，营销企业要向其传达所期望获得商品的信息，并与对方达成双方均能接受的交换条件。可见，在营销活动中，营销者要与交换的对方建立某种实现交易所需的营销关系。这种关系就是一种交换双方或多方以相互认可的利益为基础而建立的相互信任、了解和关心的关系。这种关系建立起来后，可以明显地缩短每次交易的谈判过程，以及避免由于需要相互防范增加约束条件而导致的交易费用的增加（如交易担保）。也就是说，交换双方具有相互信任的关系或建立起这种关系后，可以降低交易成本，减少交换双方进行交易的时间，甚至使交易成为一种买卖双方无须再进行选择的惯例化的行为。人们所熟悉的购买"名牌"产品的市场现象，可以说是一种典型的惯例化交易。在这样的交易中，营销者与顾客都能节约精力和时间，这就出现了关系营销的概念。与关系营销相对应的在市场中随机的、偶然接触的营销方式则属于交易营销。表1-1表明了这两种营销方式的典型差别。

表 1-1　交易营销与关系营销的主要区别

交易营销的特点	关系营销的特点
顾客平均化	顾客个别化
顾客匿名	顾客具名
标准化产品/服务	定制化产品/服务
大众分销	个别分销
大众化促销	个别刺激
规模经济	范围经济
市场份额	顾客份额
全部顾客	有盈利的顾客

（三）营销对象

在市场营销学中，凡是可以用于进行价值交换的事物都可以成为营销对象。营销对象可以是一个有形物体，如电视机、小汽车等；也可以是无形的，如医疗服务、教育服务、游乐活动等。在市场营销学中，我们可以把所有的营销对象称为产品，因为产品有两种基本的形态——有形物与无形物。无形物通常习惯性地被称为服务（活动）。营销因素后端见图 1-2。

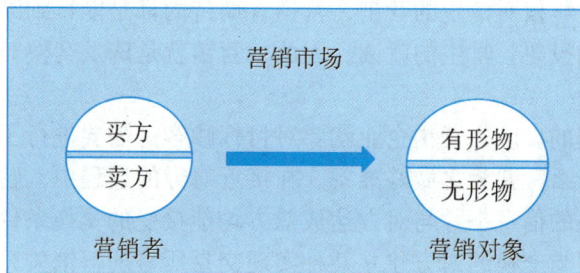

图 1-2　营销因素后端

作为营销对象的产品是满足需要和欲望的媒介物。一个人或一个组织购买别人创造的产品或服务，是因为这个产品或服务可以满足其需要和欲望。一个生产产品的个人或组织，又为什么要将自己的产品出售给别人呢？因为这个产品不能满足生产者的需要和欲望，只有将其交换出去，才能换回能满足生产商需要和欲望的别的产品或服务。

在这个过程中，顾客要求的是满足其需要和欲望。这就是说，产品对于购买它的顾客具有价值；而生产者或产品出售者只有售出自己生产的产品或提供的服务，才能得到对自己有价值的产品或服务。因此，在市场营销中，产品对于顾客来说，是需要和欲望的满足；而对于出售者来说，是用一种价值物换回另一种价值物。在营销活动中，产品的使用价值是对顾客而言的，产品的交换价值是对生产者而言的。生产者生产产品、提供服务就是提供一个可供交换的价值。所以，无论营销者生产或经营的是什么产品、服务，都不是用来满足营销者自己的需要的。生产产品不是营销活动的目的，营销者的直接目的是交换。因此，在市场营销学中，有一个重要的定理——产品价值是由顾客来决定的！无论采用何种营销技巧，都不能使顾客接受或购买对其来说没有价值的产品。

这就产生了一个重要的营销观念：任何企业经营者的眼光，都不能只盯在自己的产品身上，而要盯在满足顾客的需要和欲望上（顾客导向）。市场营销活动也不是以产品为中心；相反，市场营销活动是以满足预期顾客的需要为中心。如果企业经营者不是这样看待自己的产品，就必定会在营销活动中患上"营销近视症"（marketing myopia）。

（四）市场、细分市场和目标市场

交换需要在一定的空间和时间下进行，传统的市场就是指商品交换的场所。菲利普·科特勒将传统的市场称为市场地点。

买卖双方并不一定需要在同一空间聚齐后才能进行交换。比如，20世纪90年代后期开始出现的电子商务，就是通过计算机信息网络（虚拟的交易空间）进行的。因此，上述概念只是描述市场空间物理性，而不能反映市场概念的全部。营销学中关于市场的概念采用的是经济学的定义：一个市场是对特定或某类产品进行交易的买方与卖方的集合。

由于采用机器大工业的生产组织方式（福特制），现代企业以极高的劳动生产率生产产品，生产具有集中化和专业化的趋势。但是因为每个市场顾客的需求都有差别，单一生产一种产品是不能满足所有顾客要求的；如果按照顾客的不同要求提供每个顾客需要的产品，又不能满足成本经济性要求，这就需要将具有不同需求的顾客区分开来，也就是对市场进行细分。当市场被细分后，企业就可以根据自己的资源情况、技术专长和竞争能力，选择只为其中一些细分市场提供产品或服务。被企业选为提供产品或服务的那些细分市场就是目标市场。细分市场（segmentation market）和目标市场（target market）是现代营销学中的重要概念和理论范畴。因为，在现实社会中，没有任何一个企业能满足市场所有顾客的要求，而只能满足一部分顾客的要求。企业集中为能满足的顾客提供产品或服务，能使其成本经济性和顾客需求的差别性得到一个较好的平衡。简单营销系统见图1-3。

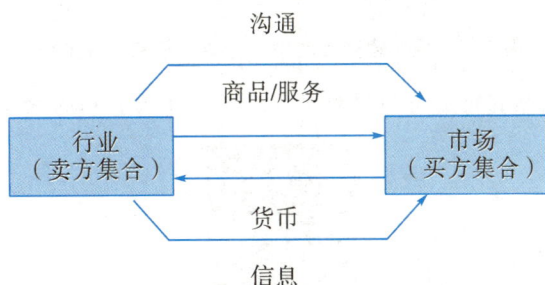

图1-3　简单营销系统

（五）营销者

市场营销是交换活动。交换是为了满足人们的需要与欲望。通过交换，参与交换的各方可以获得自己所需、所欲之物。但有的时候，交换的各方对于交换的态度、要求、期望等并非完全一样。此时，多个卖方可能争取与一个买主进行交换，由于买主有多个选择，如果其中某个卖主实现了交换，则另外的卖主就不可能再与这个买主进行交换。这就是说，处于竞争中的卖方会更积极、主动地参与交换，并期望交换能够成功；相反，对于一个特定的卖方来说，买方则不一定会积极、主动地进行交换。营销者则是指在交换中积极、主动地参与交换的一方。

在交换中，谁是营销者不取决于谁是产品的出售者，而是取决于竞争在哪一方发生。当企业面临竞争时，企业（卖方）就是营销者；如果顾客（买方）进行竞争，那么顾客就是营销者。在没有竞争的情况下，一个企业也可以利用垄断来迫使消费者在交换中顺从它，从而使顾客成为营销者。现代营销研究的就是企业作为营销者的问题。因此，当我们说一个企业是营销组织时，就是说它在交换中要面对市场竞争。有时候，在一次交换中，可能参与交换的各方都在积极争取实现交换。这时，我们称交换的双方（各方）都是营销者，他们相互进行营销。

有了营销者的概念，我们得到一个重要的营销学结论：由于营销者在交换中处于更想实现交换的地位，因此，营销者必须在交换活动中，事先为交换成功创造条件。这样才能使预期的交换成为现实的交换。

在营销活动中，竞争是一个永恒的主题，营销活动的成功，也是在竞争中取得成功。图1-4表明了现代营销活动中的主要力量和构成系统。在这个系统中，竞争会促使企业不断向顾客输送价格越来越低而质量和价值越来越高的产品或服务。

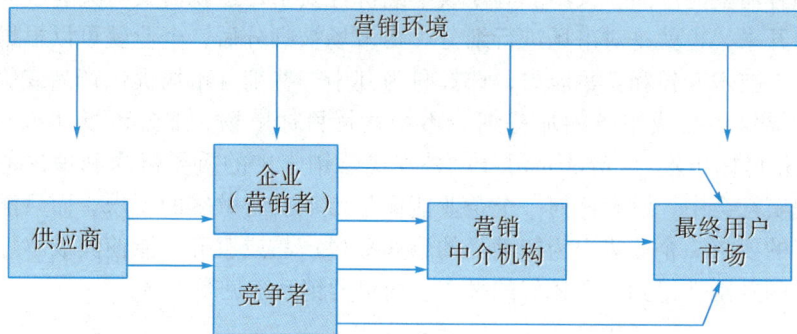

图 1-4　现代营销活动中的主要力量和构成系统

#在线视频赏析：请扫码观看视频——市场营销的核心概念#

市场营销的核心概念

三、市场营销的基本思想

综上所述，要从事市场营销活动，企业及其经理人员就应具备如下基本思想或观念：

（1）消费者或顾客导向。市场营销要求营销者时刻了解消费者的需要和欲望，按消费者的需要与欲望生产和销售产品或提供服务。因为营销发生在有竞争的情况下，作为营销者的企业必须首先准备好顾客愿意追求和接受的产品或服务，并要做出营销努力争取交换成功。

（2）活动一体化和整体性。企业从事的所有经营活动都必须服从市场的需要。企业要按照一个统一的市场目标来规划和约束企业中不同职能部门和人员的行为。营销绝不仅仅是营销部门的事，而且是整个企业的事。

（3）主动适应环境。顾客的需求会不断发生变化，竞争者也会不断追求对自己有利的营销环境和结果，这些都不是以某个企业的意志为转移的，因此，企业必须预见这些变化，并不断调整自己的营销方法，改变自己的竞争策略，不断地主动适应外部环境的变化。

在营销活动中，企业的具体行为方式千差万别，但都反映的是对营销的总体看法或思想。我们将这种对营销的总体看法或认识，称为经营观念或营销哲学。

从企业的发展历史来看，企业的营销活动先后经历了若干不同的经营观念。通过剖析这些经营观念，我们可以更好地理解现代营销活动应奉行的经营观念。

（一）生产观念（production concept）

生产观念是最古老的经营观念。生产观念认为：消费者喜爱的是那些随处可得、价格低廉的产品，所以经营者应该致力于提高劳动生产率，增加销售覆盖面。这个观念的实质是卖方导向。

生产观念认为消费者需要的是价廉物美的产品。所谓价廉物美，就是便宜和大量销售的东西。遵循这样的经营观念，企业的努力方向是致力于提高劳动生产率。企业通过提高劳动生产率，既可以提高产量，又可以降低成本。因此，奉行生产观念的组织，往往单一地生产某种产品，并希望通过扩大规模，使用效率更高的机器或用其他的方法，使产品的产量增加，成本降低；同时，采用广泛的销售渠道将产品尽量多地销售到顾客手中。美国福特汽车公司的创始人亨利·福特被认为是这种观念的创始人。他曾说过，"我不管消费者需要什么，我只生产黑色 T 型车"。可口可乐公司原董事长伍德·鲁福也曾"得意"地说过，"可口可乐就是可口可乐，只有这种味道"。生产观念见图 1-5。

致力于提高产量 → 增加销售覆盖面 → 提高生产率 → 降低成本 → 降低价格

图 1-5　生产观念

直到现在，某些企业组织仍然奉行生产观念，尤其是那些排斥营销观念的组织。生产观念的弊病在于：以生产者为中心，无视人的存在，对消费者的需要冷漠无情。"我生产什么你就要什么，你也只能得到什么"是对奉行生产观念的企业组织中的经理人员的最典型的写照。同时，这种观念对产品数量的关心更胜于对产品质量的关心。因此，在产品供应量充足、出现了竞争的市场上，奉行生产观念的企业很容易遭受营销失败。

（二）产品观念（product concept）

产品观念是继生产观念后出现的经营观念。产品观念认为：消费者需要的是高质量、多功能、有特色的产品，所以企业应该致力于生产高质量和高价值的产品，并不断地改进产品。

与生产观念相比，产品观念是企业经营者向市场的输出物——产品本身更为重视的观念。奉行这种观念的经理人员，对于质量好、制作精致、有特色、功能多的产品非常迷恋和欣赏。因此，奉行这种观念可能导致企业以产品为中心，迷恋自己的产品，而对消费者的需求变化视而不见。

产品观念的产生，是由于在市场上产品供应比较充裕后，以数量取胜的生产观念难以成功实现交换，特别是，当产品积压时，增加产量的做法甚至会给企业带来灾难性的后果。

在西方，对产品观念比较典型的表述是：产品即顾客。其意思是只要企业生产的产品好，就不愁没有销路，有好的产品，自然就有大量的顾客会找上门来抢购。这与中国过去经商者所尊崇的"酒好不怕巷子深"的思想或观念相同。

从本质上讲，产品观念与生产观念是相同的，仍然属于生产者或卖方导向的经营思想，仍然是以生产者为核心的。产品观念可能导致"营销近视症"，即营销者的眼光总是向内而不是向外看，总是看向自己的产品，而不是去看消费者或顾客的需求是否得到了很好的满足，顾客的需要和欲望是否已经发生了变化。

（三）推销/销售观念（selling/sales concept）

推销观念出现于产品观念之后，曾经为许多企业经营者奉行，至今仍有相当数量的企业采用这种观念，特别是那些不能正确区别营销与推销的企业组织。推销观念认为：若不对消费者施加影响，他们都不会购买足够的某企业的产品，只有通过积极促销和推销，才能增加消费者的购买量。

推销观念之所以认为消费者不会购买足够的产品，是以下列推论为前提的：消费者普遍存在购买惰性和对卖主的抗衡心理。购买惰性使消费者不愿寻求不熟悉的产品，不愿对市场上的好产品额外加以注意；抗衡心理则使消费者总认为卖主是想"骗取"他的钱财，所以对卖方缺乏信任。解决的办法就是通过更多地向消费者做说服工作，施加影响，来解决消费者对产品不熟悉的问题，从而使消费者建立对企业产品和服务的信任。在这样的企业组织里，推销与促销的力度和方式被看成是决定经营成败的关键。

不可否认，在现代市场经济中，当企业面临市场需求不足或产品有较大市场过剩时，推销能发挥相应的作用。在这种情况下，企业需要多向消费者做说服工作，多向市场传达产品和服务的有利信息。但是，"世界上最伟大的推销员也不能将顾客不需要的产品卖出去"。

（四）营销观念（marketing concept）

1. 营销观念的概念

营销观念的出现被认为是对上述观念的"革命"，营销观念认为：实现企业组织的目标的关键在于正确地确定目标市场的需要和欲望，并且比竞争对手更有效、更有力地传送目标市场所期望的东西。

营销观念所表达的基本意思是：企业要满足交换对方——目标市场的需要和欲望，然后，还要用比竞争对手更好的做法，向目标市场输送产品或服务。只有当目标市场的需要和欲望得到满足时，企业组织才能实现其目标和利益。

顾客观点与竞争观点是营销观念的核心思想。顾客观点表明，企业首先要从满足顾客的需要出发，即从交换对方的要求出发；竞争观点表明，企业为目标市场所做的一切，都需要时刻与竞争对手在同样的市场范围内进行比较，只有当顾客认为一个企业提供的产品和服务优于竞争对手时，企业才可能与这些顾客达成交易。

人们通常用"顾客是上帝"或"用户是帝王"来通俗地表达营销观念。

#在线视频赏析：请扫码观看视频——设计顾客驱动型营销战略#

设计顾客驱动型营销战略

2. 市场营销与推销的区别

市场营销与推销（selling），无论在观念还是在实际做法上，都有很大的区别，如图 1-6 所示。

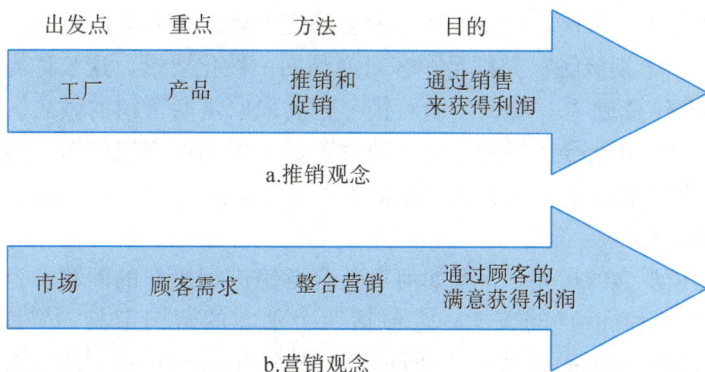

出发点	重点	方法	目的
工厂	产品	推销和促销	通过销售来获得利润

a.推销观念

出发点	重点	方法	目的
市场	顾客需求	整合营销	通过顾客的满意获得利润

b.营销观念

图 1-6　推销与营销的区别

（1）推销强调和注重的是卖方的需要和利益；营销强调和注重的是买方的需要和利益。

（2）推销将卖方的需要作为活动的出发点，主要考虑如何将既有的和能生产的产品售出，得到收入；营销则以满足顾客的需要作为活动的出发点，通过不断满足顾客的需要和欲望来获得企业的利益。

（3）推销是以生产者为主导的，在观念上认为"我生产什么，顾客才能得到什么"，因此顾客应服从生产者；营销是以顾客为主导的，在观念上认为生产者应服从消费者或顾客，顾客需要什么才应生产什么。

3. 全面营销观念

营销观念并非完美的营销思想，因为营销观念把满足消费者的需要置于前所未有的高度，尽力在营销活动中使消费者满意，这样会导致强调满足个别消费者，而忽视其他消费者和社会的整体利益。也就是说，正确的营销思想应在公司利益、消费者利益和社会整体利益上取得平衡，应该贯穿于事情的各个方面。由此便产生了全面营销观念。

全面营销观念强调公司的营销应当包括四个营销主题：

（1）关系营销

关系营销要求企业不仅要与顾客建立持久的关系，还要同所有利益相关者——公司的业务合作者（如供应商）、渠道成员、股东（投资者）、其他社会组织（政府、社会群体）建立长期的相互关系。企业只有很好地协调与这些关系者的利益，与之建立和谐的利益关系，才能赢得社会的支持和顾客的忠诚。

在建立的这些关系中，企业与供应商和业务合作者建立的关系，将形成"营销网络"（marketing network）。这使得竞争从过去以企业为独立的市场竞争者的竞争变成营销网络的竞争。在这样的网络化利益结构中，企业之间的竞争是群体性的，而群体竞争会带来价值链的分工。这将促使企业从过去追求一个企业最优变为争取整个网络的最优。因为只有产生整体价值最大化，才能使一个营销网络比其他竞争营销网络得到更多的收入和利润。

关系营销的另一个核心是使顾客的满意程度得到最大限度的提高。采取的方法是与顾客进行"个别接触"并满足顾客对产品的个性化要求。这被称为是将过去的"一对多"的营销变成"一对一"的营销。企业采取定制营销的做法，需要依赖更多的条件。但是，在当今市场上，由于消费者对市场的控制权增强，因此不能提供个性化产品和服务的企业，就会越来越缺乏市场竞争力。

（2）整合营销

在整合营销观念的指导下，就如何对整合营销进行操作的问题，企业采用了营销组合（marketing mix）的概念。它包括四个基本的营销工具，简称 4Ps：产品（products）、价格（price）、渠道（place）和促销（promotions）。过去人们认为这些营销组合工具是"独立变量"。但整合营销则认为企业要通过不同的营销活动和工具向顾客沟通并传递价值，同时，这些营销组合工具产生的效果必须使顾客对企业的营销有统一的认识。因此，各种营销职能或因素，如推销、生产、产品设计、广告、营销调研等都必须相互协调，通过相互配合产生出顾客愿意购买企业的产品或服务的效果。企业营销管理部门应与其他职能部门相互协调，使其他部门都认识到，企业的一切工作，都是为了顾客。如果整合营销能产生减少企业内非营销部门与营销部门的冲突，将会有效地提高整个营销活动的效率。

　　#在线视频赏析：请扫码观看视频——制定整合的市场营销方案#

制定整合的市场营销方案

（3）内部营销

　　整合营销的实现，还需要依赖内部营销的方法。内部营销的基本思想是通过训练和激励，使企业的所有员工都能很好地为顾客服务，将顾客满意作为自己的工作目标。

　　整合营销还提出了对企业组织机构的新看法，即在一个树立了营销观念并能真正将其贯彻的企业组织内，应该建立如图1-7所示的组织关系。

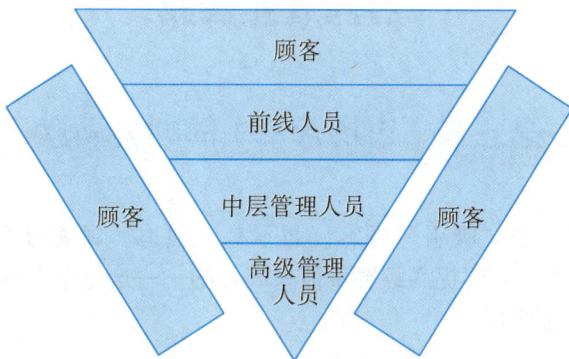

图1-7　树立整合营销观念的企业的组织机构关系

（4）社会责任营销

　　对营销观念提出批评的人认为，推行营销观念的企业，难以做到在满足个别消费者需要的同时兼顾其他消费者的利益和社会的整体利益。企业在满足消费者当前利益的时候，可能损害人类社会的长远利益。所以，正确的营销观念应在公司利润、消费者需要和社会利益上取得平衡。由此便出现了"人道主义营销""绿色营销""可持续营销"等观念。这些观念可以被统称为社会营销观念。

鸿星尔克的社会营销观

社会营销观念反映出，在现代社会中，人们更重视社会各个阶层成员的和谐、人与自然的和谐、社会发展的可持续性等，这些认识和诉求在营销活动中也得到反映。正如党的二十大报告中提出的议题之一"推动绿色发展，促进人与自然和谐共生"，尊重自然、顺应自然、保护自然，是全面建设社会主义现代化国家的内在要求，也是全面营销的内在要求之一，新时代的营销理念需要站在人与自然和谐共生的高度谋划发展。因此，这使得营销超越了公司实现产品销售的狭隘领域，将营销活动引入到更为广阔的人类社会生活和发展空间中。

蔚来新能源汽车营销策略分析

第三节　市场营销中的顾客满意

正确的营销方法是"吸引"顾客，而不是"强迫"顾客接受产品和服务。因此，市场营销就是围绕如何提高顾客价值来展开的——这是市场营销的基本方法论。市场营销过程元素见图1-8。

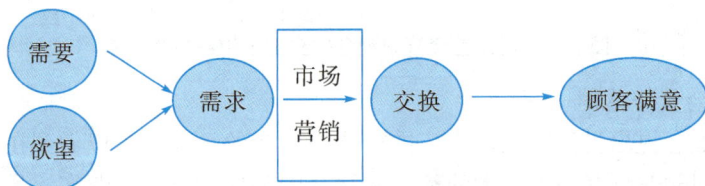

图1-8　市场营销过程元素

一、顾客价值

顾客的购买行为，是选购一个产品的过程。在这个过程中，顾客会按照"价值最大化"原则，从众多的品牌和供应商中选择自己所需要的产品和服务。其中，"价值最大化"是顾客每次交易力争实现的目标，也是顾客评判交易成功与否的标准。所以，顾客在选择愿意与之进行交易的营销者时，会事先形成一种价值期望。将期望的价值与获得的实际价值进行比较，是顾客衡量是否得到了"最大化价值"的现实评判方法。

顾客价值包含两个相联系的概念：总顾客价值和总顾客成本。

总顾客价值是指顾客期望从某一特定产品或服务中获得的一系列利益构成的总价值。总顾客价值包含四个方面的内容：①产品价值，即顾客购买产品或服务时，可以得到的产品所具有的功能、可靠性、耐用性等；②服务价值，即顾客可能得到的使用产品的培训、安装、维修等服务；③人员价值，即顾客能与公司中训练有素的营销人员建立相互帮助的伙伴关系，或者能及时得到企业营销人员的帮助；④形象价值，即顾客通过购买产品与服务，使自己成为一个特定企业的顾客，如果企业具有良好的形象与声誉，顾客则可能受到他人的赞誉，或者通过与这样的企业发生联系而体现出一定的社会地位。

总顾客成本是指顾客在评估、获得和使用产品与服务时预计会发生的全部耗费。顾客不可能无偿地获得上述一系列价值，其一般有四种耗费会发生：①货币成本，即顾客购买一个产品或服务，需要支付的货币或者服务价格；②时间成本，即顾客在选择产品时，学习使用、等待服务等所需付出的成本或损失；③精力成本，即顾客为了学会使用和保养产品，为了联络营销企业的人员，或者为了安全使用产品而付出的担心等；④体力成本，即顾客为了使用、保养和维修产品而付出的体力。

与上述两个概念紧密相关的另一个概念是顾客让渡价值。顾客让渡价值（customer delivered value）是指总顾客价值与总顾客成本的差额。总顾客价值越大，总顾客成本越低，顾客让渡价值越大（如图1-9所示）。

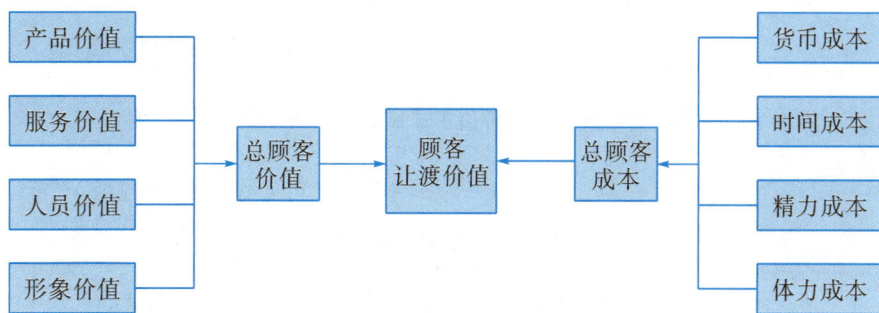

图1-9 顾客让渡价值

顾客让渡价值包含的思想与传统的观念存在根本不同：顾客购买产品所获得的不仅仅是产品具有的功能和质量；顾客购买产品所付出的也不仅仅是购买价款。让渡价值可以看成是顾客购买产品时所获得的"盈利"。现在我们知道，如同任何厂家希望通过销售产品获得尽可能高的利润一样，顾客也希望通过购买产品实现利益最大化。

　　需要说明的是，限于不同顾客具有的知识、经验等的差异，一个特定的顾客争取最大让渡价值的过程是一个"试错"的过程，是逐渐逼近最大让渡价值的过程。也就是说，一个特定顾客的某次购买活动，也许并没有使他实现让渡价值最大化。但是，当这位顾客重新购买时，他会通过积累的经验和知识，来增加其获得的让渡价值。只有那些能够比竞争对手提供更大的顾客让渡价值的企业，才能保持住已有的顾客；只有不断提高顾客让渡价值的企业才会拥有忠诚的顾客。

　　提高顾客让渡价值有三种渠道：①尽力提高顾客价值；②尽力减少顾客成本；③在提高顾客价值和减少顾客成本两个方面都作出努力。

二、顾客满意

　　顾客让渡价值很好地说明了顾客的购买选择与行为取向。但顾客的让渡价值仅仅是其选择购买哪个厂家的产品时做出的一种价值取向和判断。顾客对于任何企业的产品或服务的信任，不是建立在一次性的购买和使用上的，顾客对其每次购买活动，是按照其满意程度给予评价的。满意的顾客是企业最大的营销财富，因为顾客通常反复购买令其感到满意的企业产品或服务。同时，满意的顾客将影响别人的选择，是企业最好的广告。

　　顾客满意（costumer satisfaction）是指顾客通过对一个产品的可感知绩效（perceived performance）与预期绩效（expectation performance）的比较而形成的感觉状态。顾客的可感知绩效是指购买和使用产品以后可以得到的好处，实现的利益，获得的享受和被提高的个人生活价值。顾客的预期绩效指顾客在购买产品之前，对于产品具有的可能给自己带来的好处、利益及提高自己生活质量的期望。

　　顾客满意可以通过上述二因素的函数来表示，如图 1-10 所示。

顾客满意=f（可见绩效，预期价值）
- 很满意（可见绩效＞预期绩效）
- 满意（可见绩效=预期绩效）
- 不满意（可见绩效＜预期绩效）

图 1-10　顾客满意函数

#在线案例赏析：请扫码阅读案例分享——顾客永远是正确的#

顾客永远是正确的

＊＊＊＊本章小结＊＊＊＊

目标1：了解市场营销的普遍性和重要作用。

市场营销具有普遍性，在任何以交换作为需要与欲望满足方式的社会中，人们都需要通过交换来满足自己的各种需要和欲望；我们可以根据其功能及发展状况将市场营销分成五个发展阶段；市场营销具有重要作用，市场营销能够解决生产与消费的矛盾，满足生活消费和生产消费的需要，实现商品的价值和增值并避免了资源的浪费。

目标2：掌握市场营销的相关概念。

市场营销从需要出发，通过影响欲望的产生和创造需求，用产品或服务来满足顾客。在营销活动中，积极、主动地想实现交换的一方为营销者，营销者通过创造性的努力，完备交换必需的五个条件，用比竞争对手更有效的方法来向目标市场传送希望满足的东西，使潜在交换变为现实交换。

目标3：了解市场营销的基本思想。

历史上先后出现过五种不同的营销思想或观念。营销观念是一种革命性的观念。这种观念要求企业从顾客的需要和利益出发来考虑和安排整个企业的营销活动。但营销观念也具有时代的局限性，因此，当今的企业应该奉行全面营销观念。

目标4：理解市场营销中的顾客满意。

营销活动的基本方法是使顾客满意，因此创造和提高顾客价值是营销的基本方法。营销者要增加或提高顾客价值，就要提高顾客让渡价值，从而达到提高顾客满意度的目的。营销者要从适当降低顾客对企业产品或服务的预期绩效与提高可感知绩效的角度，来提高顾客的满意度。这要求营销者不断提高顾客让渡价值系统的效率。为此，企业需要在营销活动中采用和实施全面质量营销。

#在线课件赏析：请扫码阅读本章课件及配套练习#

本章课件　　　　　　　配套练习

＊＊＊＊本章复习思考题＊＊＊＊

1. 什么是市场营销？

2. 市场营销在决定企业的竞争能力中处于怎样的地位？为什么？

3. 试举一例，说明需要、欲望与需求有什么区别。

4. 如果有这样两个企业：一个尽力降低产品价格来增加销售量以提高企业的收入；另一个则不断提高产品质量，通过提高产品价格来提高收入。你认为哪种营销做法才是正确的？

5. 为什么说营销不是推销？

6. 试以一个你了解或熟悉的企业为例，说明如何才能实行社会责任营销。

7. 质量好、定价高的产品是否就一定是好的产品并能为企业带来更多的盈利？为什么？

第二章
市场营销战略规划

#在线案例赏析：请扫码阅读本章案例导读——数字化时代的华为手机品牌演进#

数字化时代的华为手机品牌演进

对于企业而言，做正确的事（效能）要比正确地做事（效率）显得更为重要。在环境多变、竞争日趋激烈的市场条件下，制定正确的战略规划是企业长期生存和发展所需要解决的首要问题。本章主要阐述企业总体战略、业务单位战略和营销战略这三个层次的企业战略计划的制定过程以及市场营销管理过程等等问题。

第一节　市场营销战略概述

一、市场营销战略的概念

"战略"（strategy）一词源于希腊语 strategos，意为"将军的艺术"，原意是指军事方面的重大部署和安排，后被广泛应用于政治和经济等领域。对于党和国家而言，战略描绘了国家发展的宏伟蓝图。2022 年 10 月 16 日召开的中国共产党第二十次全国代表大会就为全面建设社会主义现代化国家、全面推进中华民族伟大复兴而团结奋斗制定了全方位的战略规划。对于企业来说，企业战略可理解为就企业未来实现预定目标所做的全盘考虑和统筹安排。市场营销战略（marketing strategy）是指在市场营销活动中，企业为实现自身的营销任务与目标，通过分析外部环境和内部条件，所制定的有关企业营销活动安排的总体的、长远的规划。

营销战略强调了两点：一是企业必须根据环境状况、资源供应和利用情况来确定未来一定时期内合理的经营目标；二是为完成所确定的目标，企业需要规划实现目标的行动方案。实现企业目标的方法和途径一般不止一种，相对而言，在现有资源条件下，总存在一种最好或最有效的方法和途径，这就需要企业在能够实现目标的多个方案中，选择对本企业来说相对最好的方案。也就是说，为达到预定的经营目标，企业要确定一个能使本企业的资源被充分利用，使市场需要被充分满足的行动方案。

二、企业战略层次

许多大型企业一般包括四个不同的组织层次：公司层、部门层、业务层和产品层。其中，企业总部负责整个企业战略计划的设计，以指导整个企业的运营，统筹总部给每个业务单位提供多少资源以及开发和放弃哪些业务单位等。然后，每个总部部门也都必须制订相应的部门计划，将整个企业的战略计划细化，以便把企业资源有效地分配给总部下属的各个业务单位。我们将公司层面和部门层面的计划统称为企业总体战略。接着，各业务单位也必须制订各自的业务单位战略计划，以便有效利用资源，取得良好的经济效益。最后，企业在每个业务单位的各个产品层次上，也要制订相应的营销计划，以便在特定的产品市场上实现预定的目标。所以，企业战略可以分为：企业总体战略、业务单位战略和产品战略，而市场营销战略是产品战略中的一个十分重要的战略。企业战略结构体系和不同层次战略需要完成的主要工作内容如图2-1所示。

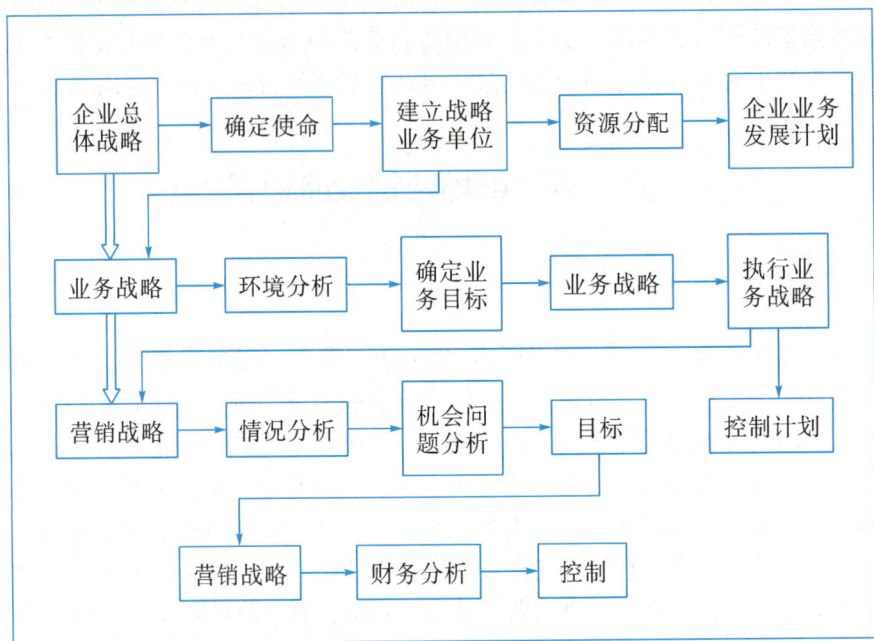

图2-1　企业战略层次

三、市场营销战略的特征

企业市场营销战略的关键是把握环境变化的趋势和自身的能力，在充分分析条件的基础上，确立正确的战略经营思想，进行科学的战略决策，制定合理的发展方针、目标、产品结构发展方向，实现企业环境、企业能力与企业经营目标的动态平衡和统一，谋求良好的经济效益。企业市场营销战略着眼于整个企业发展的全局，目的在于解决对全局有长期决定性影响和带方向性的重大问题。因此，企业市场营销战略是企业全部营销活动中最高层次的营销决策，具有以下主要的特征：

（1）全局性。企业营销战略是全局性的规划，确定营销战略就要从企业的生存和发展来考虑。企业营销战略包括企业对自身发展的总体规划和整体策略手段，它是企业在市场经营中做出的事关企业全局和未来发展的关键性战略。

（2）长远性。企业营销战略是企业长远发展的纲领，是企业为适应未来环境变化，实现其长远目标的对策。它不是为了维持企业的现状，而是为了创造企业的未来。

（3）对抗性。正像没有战争就没有战略一样，没有激烈的市场竞争，也就不需要营销战略。企业营销战略总是要针对特定的环境和对手制定，它是为战胜竞争对手而制定的一整套行动方案。

（4）相对稳定性。企业营销战略一经制定，在一个战略周期内就要保持相对稳定，以便企业能够执行规划的行动方案，实现战略目标。

第二节　企业总体战略规划

企业的市场营销工作必须遵循企业总体战略所确定的战略方向。企业的总体战略是企业最高管理层组织和控制企业行为的最高行动纲领，是企业所有战略中最高层次的战略。企业总体战略规划是一个在目标、资源、技能和市场环境之间建立与保持一种可行的适应性管理的过程。企业总体战略将企业的经营活动进行整体的规划和统一的安排，使得企业活动目标一体化；同时，只有在战略的指导下，企业才能主动地、有预见性地、方向明确地根据市场环境的变化来调整自身的各项经营活动，减少盲目性，使各项经营业务相互协调、相互支持，最终实现企业有限资源得到有效的配置和利用。

企业总体战略规划包括四项基本的战略计划活动：一是确定企业使命；二是建立战略业务单位；三是为战略业务单位分配资源；四是发展新业务。

#在线视频赏析：请扫码观看视频——企业或企业集团整体营销战略#

企业或企业集团整体营销战略

一、确定企业使命

企业使命（mission）也称为企业战略任务，是指某个企业关于自身存在价值的系统思考，是对"企业的事业是什么"和"企业要成为什么"这两个事关企业全局和未来发展方向的重大问题的明确回答。关于企业使命的书面的、正式的和公开的陈述就是企业使命书或者使命宣言（mission statement）。企业使命明确了企业做什么事业（经营范围）和事业要做得怎么样（目标），是指引企业所有成员活动的一只"看不见的手"。

（一）影响企业使命的主要因素

一个企业使命通常由五个关键性要素决定。

1. 历史和文化

每一个企业都有自己的由来和发展历史，都有自己的经历、制度变迁、失败与成就、公共形象，等等，积累了许多宝贵的经验和教训，并形成了自己的企业文化。从过去发展至今，每个组织都有自己的目标、方针和发展历史。所以，在制定新的战略任务时，企业必须充分考虑历史和文化的延伸性。

2. 所有者和管理者的偏好

企业董事会和经理层有他们自己个人的观念和目的，有其独特的性格、业务专长、文化背景和管理风格，由此形成其对企业发展和管理的偏好，从而会影响其对企业经营领域和经营目标的认识。

3. 市场环境

市场环境的发展变化可能给企业带来市场机会或者构成市场威胁，企业在制定营销战略时必须加以考虑。企业的战略发展方向应该能充分利用市场机会，避开环境威胁，尤其是那些对企业发展可能具有毁灭性的威胁，企业必须要有切实的措施或对策来防止其可能对企业造成的危害。

4. 资源

企业的资源不仅是指传统意义的人、财、物等资源，也包括企业的人员素质、管理水平、社会责任、品牌、使用和开发新技术的能力等。企业资源的有限性与优劣势使得企业能够完成某些任务，同时又会限制另外一些任务的完成。企业所制定的战略任务最终能否完成，必定受到企业资源特征的限制。所以，规定企业的战略任务，必须要有资源的保证，并且要充分利用资源。

现代市场营销学

5. 核心竞争力

企业应根据自己独有的能力和优势来选择自己的经营业务，扬长避短，这样才能保证在市场竞争中取得优势地位。

（二）制定企业使命书

为了明确企业长期发展方向和任务，企业应编写使命书，使企业的每个成员都负有一种使命感，都能为了实现企业的目标努力工作。使命书应包括以下两个方面的内容：

1. 经营业务领域

企业的经营业务领域表明企业未来在哪些行业领域从事生产经营活动，参与竞争。其基本的要素包括：

（1）行业范围。有的企业只在某一个行业内经营，实施专业化经营；有的偏好跨行业，进行多角化或多元化经营。

（2）市场范围。这是指企业服务的市场或顾客类型。有的企业以大众为服务对象，有的专门服务于中低收入者，有的专为高收入者群体提供产品和服务。

（3）能力范围。这是指企业目前或者希望未来能够掌握和支配的技术与其他核心能力所涉及的领域。

（4）地理范围。这是指企业活动的区域范围，可分为地区性、全国性和世界性三种。

除了以上四个方面的基本内容之外，有些企业使命书还明确提出了企业经营伦理、经营方针政策、纵向范围（即企业自给自足的供应程度）、产品范围及应用领域等其他一些内容。

2. 愿景

愿景（vision）是企业对未来发展的期望和描述，说明的是企业将来想要的"样子"。这是企业努力奋斗的前进方向，可帮助员工、利益相关者和公众对企业的未来有个清晰的了解和认识。

企业在制定使命书时还应注意以下事项：

一是，企业在确定其使命时应该从产品导向转向市场导向，因为企业的市场定义远比企业的产品定义更加重要。企业必须将其经营活动看成是一个满足顾客需要的过程，而不是一个生产产品的过程。任何产品及其技术都是有生命周期的，而满足顾客需要则是永恒的。比如，一家生产人力运输车的企业在汽车问世后不久就会被淘汰，但如果它能明确界定其使命是提供交通工具，它就有可能从生产人力运输车转向生产汽车，从而抓住市场先机。

二是，企业所确定的使命应该是具体和切实可行的指导方针，绝不能将使命书作为公共的工具。因此，企业要注意避免两种倾向：一种是对企业业务范围的规定过于狭窄，这将导致企业不能把握市场上出现的有利于其发展的机会，从而限制企业的进一步发展或者贻误市场机会；另一种是将企业的业务范围定义得太过广泛，这将使企业在发展过程中目标不明确，经营无重点，从而使企业无法在市场竞争中发挥自身的优势。

三是，企业使命是全局性的、长远性的和预见性的重大规划，所揭示的是企业今后十年、二十年甚至更长时期的发展蓝图，因而企业使命一经确定就不能轻易改变，要保持稳定性，除非战略环境确实发生了巨大的突变。

此外，企业在使命书中不宜过度宣扬盈利性或者类似的目标，因为销售收入或者利润增长是社会对于企业使命及其履行状况的评价和回报，而企业更应当关注于为自己的顾客创造价值。

二、建立战略业务单位

在确定了使命之后，企业就要规划战略业务单位，将企业战略使命具体化，也就是将战略使命确定的经营业务领域落实到企业内部具体的各个经营单位中。企业中独立经营某项业务的单位就是企业的一个战略业务单位（strategic business unit，SBU）。企业的业务单位可以从以下三个方面加以划分：企业所要服务的顾客群，即市场类型；企业所要满足的顾客需要，即市场需求类型；企业用以满足顾客需要的产品或技术，即产品技术类型。企业可以依据顾客差异、顾客需要的差异或者产品技术的差异来区分战略业务单位，因此企业战略业务单位可以是企业的一个部门，或者是部门中一条产品线，或者就是某种产品或某个品牌。一个战略业务单位是企业能为其制定专门的营销战略计划的最小经营单位。

理想的战略业务单位有五个基本特征[①]：

（1）用有限的相关技术为一组同类市场提供服务。保证一个战略业务单位里的各产品的差异最小化，使业务单位的管理者能更好地制订、实施具备内在连贯性和一致性的业务战略。

（2）有一组独一无二的产品。企业内部没有其他战略业务单位生产类似产品以争取相同的顾客，因此能够避免重复努力，并使其战略业务单位的规模达到规模经济。

（3）控制那些对绩效必不可少的因素，如生产、研发和营销等。这并不是说，一个战略业务单位不能与另一个或多个业务单位分享诸如生产厂房、销售团队等资源，而是战略业务单位应该清楚如何分享这些共同的资源从而有效实施其战略。

（4）对自己的利润负责。

（5）企业一般根据经营规模、产品品牌的复杂性、管理效率以及应对市场变化的需要来建立战略业务单位，使企业能对战略使命的实施实行有效的管理，从而实现企业的战略目标。

---

① 小奥威尔·C. 沃克，等. 营销战略：以决策为导向的方法［M］. 李先国，等译. 北京：北京大学出版社，2007：61.

三、为战略业务单位分配资源

企业建立了战略业务单位之后，接下来要做的事情就是将企业有限的资源在各个战略业务单位之间进行合理的分配，以使资源利用效率最大化。各个战略业务单位之间资源分配的情况，就是企业的业务组合或者投资组合。业务组合的规划包括两个步骤：首先，企业必须分析当前的业务组合状况，即各个战略业务单位未来的发展状况，并据此确定哪些业务应该加大投资，哪些业务应该维持原有的投资，哪些业务应该减少投资，哪些业务应该撤资；其次，根据业务增减和建立新的战略业务单位制定新的业务组合战略。

制订企业业务组合计划，有两个著名的方法，即波士顿咨询公司法（Boston Consulting Group Model，BCG 法）和通用电气公司法（The General Electric Model，GE 法）。

（一）波士顿咨询公司法

1. 方法概述

波士顿咨询公司在 20 世纪 60 年代初期首创了成长—份额矩阵法（Growth-share Matrix），用来分类和评价企业现有的战略业务单位，并从整个企业战略发展的角度对各个业务进行投资资源的分配。由于该方法构造了一个四象限分析矩阵，因此也被称为波士顿矩阵法（如图 2-2 所示）。

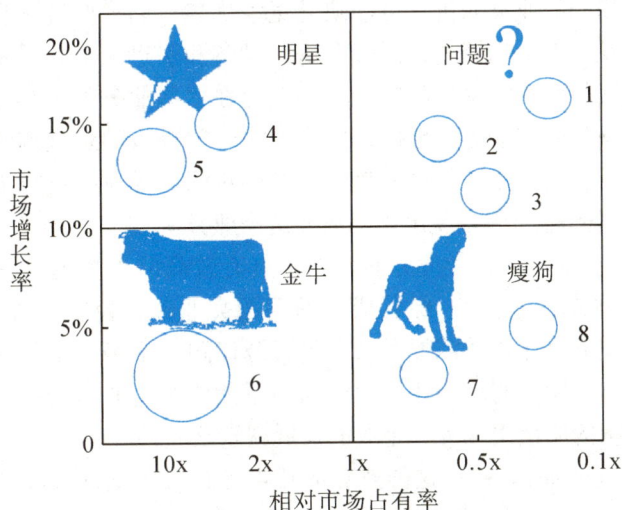

图 2-2 波士顿矩阵法

这种方法假定所有企业都是由两个以上的战略业务单位组成的，每个业务单位都有明显不同的产品市场，因此企业必须为每个业务范围制定目标和战略，而目标和战略又是由相对竞争地位（相对市场占有率）和市场增长率这两个因素决定的。

在图 2-2 中，纵坐标表示市场增长率（大多是指某项业务所在市场的年平均销售增长率），一般以年为单位；增长率高低的标准可因具体市场情况而定。假设以

10%的增长率为界，高于10%为高增长率，低于10%则为低增长率。市场增长率反映了某个战略业务单位所提供产品的市场成长机会。

在矩阵中，横坐标为相对市场占有率，这是指某个战略业务单位与其最大的竞争者在市场占有率上的比率。如果某个战略业务单位相对市场占有率为0.5，说明它的市场占有率是最大竞争者市场占有率的50%；若相对市场占有率为2，则表示企业的市场占有率为最大竞争者市场占有率的2倍。可见，相对市场占有率比市场占有率更能表明市场竞争态势，用公式表示为：

相对市场占有率＝企业某个战略业务单位的市场占有率÷最大竞争者的市场占有率×100%

矩阵图中的圆圈代表战略业务单位，圆圈的位置（圆心）是由战略业务单位的市场增长率和相对市场占有率值所确定的。图2-2中每一个圆圈表示一个战略业务单位（图2-2中一共有八项），圆圈的大小表示每个战略业务单位年销售额的多少。波士顿矩阵图将企业所有战略业务单位分为以下四种类型：

（1）问题类（question marks）。这类业务的特点是具有较高的市场增长率和较低的相对市场占有率。大多数战略业务单位在最初起步时都处于这种状况。存在这类业务的原因一般包括两个方面：一是这类业务的市场需求增长迅速，而企业刚开始介入该市场或者过去的投资额较少，因而其市场份额小；二是企业经营的这类业务较之竞争对手相同的业务来讲，可能缺乏竞争优势。如果要进一步发展问题类业务，企业就需要投入大量的资金，添置厂房、设备和引进人员，以跟上迅速成长的市场需求和赶超其他竞争对手。问题是如果企业在这些业务上继续增大投资，而最终不能获得一个有利的市场竞争地位，其将无法收回投入的资金或者不能达到预期的投资回报率。所以，企业必须慎重考虑是否要对问题类业务进行大量投资或者及时从前程未卜的"问题"中摆脱出来，放弃这类业务。

（2）明星类（stars）。这类业务的特点是具有较高的市场增长率和相对市场占有率（处于市场领先者地位）。经营成功的问题类业务，会发展成为明星类业务。但是，对于这类业务企业仍然需要投入大量资源以跟上市场需求的快速增长和击退竞争者的各种进攻，所以明星类业务短时间内不能够给企业带来可观的回报。一个企业如果没有适量的明星类业务，企业的发展就缺乏后劲。

（3）金牛类（cash cows）。这类业务的特点是具有较低的市场增长率和较高的相对市场占有率（处于市场领先者地位）。当某项明星类业务的年市场增长率下降到10%以下，而继续保持较大的市场占有率，该类业务就成了金牛类业务，这类业务能为企业带来大量的现金流。由于市场需求趋于饱和，市场增长速度降低；同时由于市场竞争格局基本稳定，而企业的该业务是市场领先者，具有较高的品牌声誉和规模经济效益等优势，因而企业可以从这类业务上得到大量的现金。企业常用金牛类业务所带来收益来支付当前营销管理活动中发生的各种费用，支持明星类、问题类和瘦狗类业务的发展。如果企业的金牛类业务过少，说明企业的业务投资组合不健康，因为维持企业生存和发展的金牛类业务收入太少。从图 2-2 中可看到，企业只有一个大金牛类业务，其财务状况就很脆弱，如果这个业务的市场占有率突然下降，企业就必须把大量的现金投入到该金牛类业务中以维持其市场领导地位；反之企业把大量的现金用来支持其他业务，强壮的金牛有可能变成一头病牛，企业将面临危机。

（4）瘦狗类（dogs）。这类业务是指市场增长率低、相对市场占有率也很低的业务。一般来说，它们的利润很低，甚至亏损，发展前途暗淡。瘦狗类业务可能是市场本身进入了市场衰退期，或者是企业和市场竞争对手比较不具有竞争优势。瘦狗类业务的存在必须有足够的理由，如市场增长率可能回升、战略业务单位具有明显的竞争优势等。如果仅仅是出自某种情感上的缘故，企业就必须下决心放弃这类业务，尤其当企业瘦狗类业务过多时，其必须坚决地加以清理。

2. 投资组合分析

将企业战略业务单位在矩阵图上进行定位后，企业就可以对其业务组合是否合理，经营是否健康进行分析。分析可从两个方面进行：

（1）静态分析。在企业现有的业务组合中，如果有太多的瘦狗类和问题类业务，或者太少的明星类和金牛类业务，企业的业务投资组合就是不合理的。尤其当金牛类业务过少且又过小时，企业就处于十分不利的状态中。

（2）动态分析。任何一个成功的战略业务单位都有一个业务生命周期，即基本上都是从问题类业务开始，沿着明星类、金牛类业务，直到瘦狗类业务的轨迹而发展变化的。但是，这也不是绝对的，各个战略业务单位的发展状况始终是动态的、变化的，最初的"问题"可能是未来的"明星"，也可能沦为"瘦狗"，"瘦狗"经营得法也可能起死回生……企业可将当期的矩阵图与过去的矩阵图进行比较，选择和决定战略方向并采取具体行动；并依据资源合理配置和有效利用的原则，考虑各个战略业务单位未来需要担当的角色。也就是既要看现状，也要分析未来，从全局、长远出发来把握投资组合。

3. 战略规划

通过以上分析，企业的下一步工作是为每个战略业务单位确定目标和适当的战略，以决定需要在本战略周期内为哪些业务增加投资，不再需要为哪些业务投资，以及要收回哪些业务占用的投资。企业一般有四种战略选择：

（1）发展（build）。这种战略的目的是扩大战略业务单位的市场，提高其市场占有率。这就意味着要对该项业务进行较多的追加投资，甚至不惜放弃近期收入和盈利来达到这一目的。发展战略特别适用于有希望成为明星类业务的问题类业务，因为要使其成为明星类业务，市场份额必须有较大的增长。对于明星类业务，企业同样需要采取发展战略。

（2）维持（hold）。该战略是指保持某一战略业务单位的市场占有率，既不缩减投资规模，也不再扩大。这一战略主要适用于金牛类业务，尤其是较大的"金牛"，使它们产生大量的现金流，以支持整个企业业务结构的优化。

（3）收割（harvest）。收割战略的目的在于在不影响某项业务的长期地位的前提下，增加战略业务单位的短期现金收入。这一战略适用于处境不佳的金牛类业务以及那些目前还有利可图的问题类和瘦狗类业务。

（4）放弃（divest）。放弃战略意味着对某项业务进行清理或出售，目的是尽可能收回资金，把资源转移到更有利的投资领域。它适用于瘦狗类和问题类业务。

（二）通用电气法

1. 方法概述

通用电气法（GE法）是美国通用电气公司在波士顿矩阵法基础上加以改进而提出并推广应用的一种战略业务投资组合的评价方法，又称"多因素投资组合矩阵法"。此方法主要通过两类因素对企业战略业务单位进行综合评价，即市场吸引力（market attractiveness）和业务能力（business strength）。一旦企业的某项业务进入了富有吸引力的行业，并且企业拥有此业务在特定市场所需要的具有优势的业务能力，这项业务就有可能取得成功。如果企业的某项业务缺乏市场吸引力和（或）企业缺少发展此项业务所必需的资源和竞争条件，企业就很难取得预期的营销成果。对于这样的业务，企业不应投入更多的资金或干脆放弃它。

GE法通过市场吸引力和业务能力这两类因素来综合分析和评价战略业务单位的实际经营状况，每一类因素都包含了若干的变量。市场吸引力包括的主要变量有：市场大小、年市场增长率、历史利润率、竞争强度、技术要求、通货膨胀、能源要求、环境影响等。业务能力包括的变量有：市场占有率、市场占有率增长、产品质量、品牌信誉、分销网络、促销能力、生产能力、生产效率、单位成本、原材料供应、研究与开发实力、管理人员等。市场吸引力和业务能力是企业战略业务单位实际情况的综合反映，企业可以根据自身的实际情况增加或者减少变量。通用电气公司多因素投资组合矩阵法的矩阵图如图2-3所示。

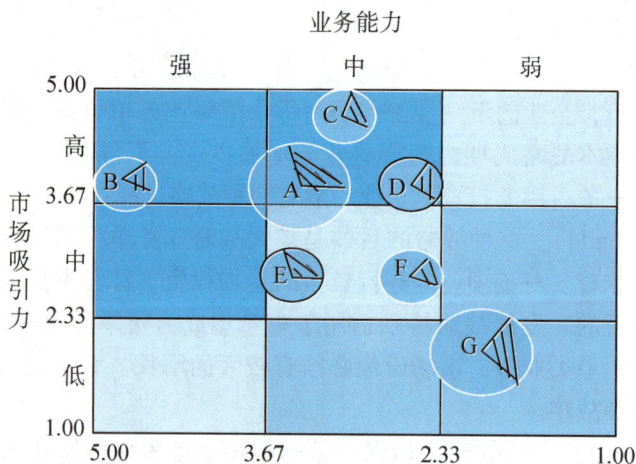

图2-3 通用电气公司多因素投资组合

分析和评价这两类因素的实质就是要正确衡量市场吸引力和业务能力这两个变量。通常的做法是将这两类因素划分为高、中、低三个档次，以业务能力为横坐标，以市场吸引力为纵坐标，将企业当前所经营的每项战略业务单位，按两类因素所包含的变量逐一进行评定。表2-1就是对图2-3中的业务单位A的评定过程。即将每项因素的评分值和其重要性权数（这是企业根据各变量的重要性程度主观确定的）相乘，再将它们进行相加求和，得到被评定业务的综合评分值。以每项业务所得到的两个变量的综合评分值为圆心，以该业务所在市场的销售总规模为直径，在多因素投资组合矩阵图中标出该业务的圆心位置和圆的大小，这样就可以画出多因素投资组合矩阵图。图2-3标出了某企业的七个战略业务单位，圆圈的大小表示市场规模，圆圈中的阴影部分则代表该企业战略业务单位所在行业占有的市场份额。

表2-1　通用电气公司多因素投资组合矩阵的分析因素（以A战略业务单位为例）

	变量	权数	评分值	加权值
市场吸引力	市场规模	0.20	4	0.80
	年市场成长率	0.20	5	1.00
	历史利润率	0.15	4	0.60
	竞争强度	0.15	2	0.30
	技术要求	0.15	4	0.60
	通货膨胀	0.05	3	0.15
	能源要求	0.05	2	0.10
	环境影响	0.05	3	0.15
	社会、政治、法律等	必须可以接受		
		∑1		∑3.7
业务能力	市场占有率	0.10	4	0.4
	市场占有率增长	0.15	2	0.3
	产品质量	0.10	4	0.4
	品牌信誉	0.10	5	0.5
	分销网络	0.05	4	0.2
	促销效果	0.05	3	0.15
	生产能力	0.05	3	0.15
	生产效率	0.05	2	0.10
	单位成本	0.15	3	0.45
	原材料供应	0.05	5	0.25
	研究与发展	0.10	3	0.30
	管理人员	0.05	4	0.20
		∑1		∑3.4

31

2. 战略规划

企业根据每个战略业务单位在矩阵中的位置，可以为处于不同象限中的业务确定适宜的战略。

多因素矩阵实际上分为九个方格和三个区域。从右上角到左下角为对角线，处在对角线左上部的三个方格里的业务单位的市场吸引力和业务能力均处于较高的水平，它们处在比较理想的区域。对于这些业务单位，企业宜采取发展战略，即增加投资，提高其市场占有率。处在对角线上的三个方格里的业务单位的市场吸引力和业务能力居于中等水平。对于这些业务，企业应视其目前和未来发展情况相应地采取发展、维持或收割策略。而对于处在对角线右下部的三个方格里的业务单位，市场吸引力和业务能力都处于较低的水平，它们处在失望的区域。对于此类业务，企业一般都采取收割或放弃策略。企业根据战略业务单位的具体位置做出不同的战略选择，如图 2-4 所示。

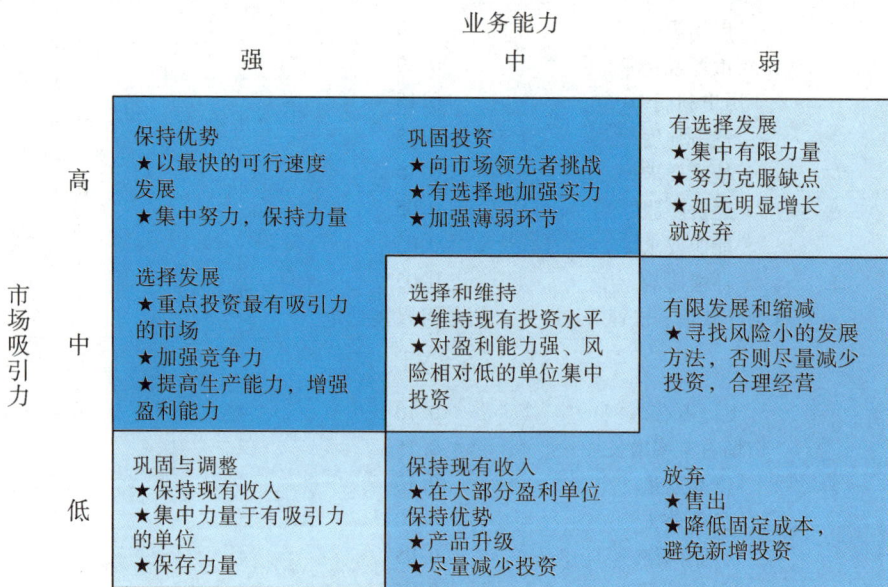

业务能力

	强	中	弱
高	保持优势 ★以最快的可行速度发展 ★集中努力，保持力量	巩固投资 ★向市场领先者挑战 ★有选择地加强实力 ★加强薄弱环节	有选择发展 ★集中有限力量 ★努力克服缺点 ★如无明显增长就放弃
中	选择发展 ★重点投资最有吸引力的市场 ★加强竞争力 ★提高生产能力，增强盈利能力	选择和维持 ★维持现有投资水平 ★对盈利能力强、风险相对低的单位集中投资	有限发展和缩减 ★寻找风险小的发展方法，否则尽量减少投资，合理经营
低	巩固与调整 ★保持现有收入 ★集中力量于有吸引力的单位 ★保存力量	保持现有收入 ★在大部分盈利单位保持优势 ★产品升级 ★尽量减少投资	放弃 ★售出 ★降低固定成本，避免新增投资

（市场吸引力）

图 2-4　GE 法分类战略选择

与 BCG 法相比，GE 法有较多的优点。首先，多因素分析法包括了各种影响因素，可以更准确地反映实际情况；其次，在特定的条件下，特定的企业可以选择特定的因素进行分析，从而更具针对性；最后，GE 法包括了 BCG 法的优点，而 BCG 法只是 GE 法的一个特例。

四、发展新业务

企业对现有的经营业务做了投资组合分析并且拟定了战略业务计划后，将现有各战略业务单位所制定的业务经营组合计划汇总，就可以对现有的战略业务单位在本战略周期内的销售额和赢利潜力做出预测了。如果企业在未来预计能够达到的销售水平低于期望的销售水平，即二者之间出现了缺口，通常称之为战略计划缺口。企业的决策者必须创造性地填补这一战略计划缺口。这就需要制订发展新业务的计划，扩大企业现有的经营领域。

　　某企业的战略计划缺口如图 2-5 所示。假设某企业的战略周期为 10 年，图中最下面的一条曲线表示该企业以现有的业务经营状况为出发点，预期在今后 10 年可以达到的销售额；最上面的一条曲线是该企业希望或战略目标要求 10 年后应达到的水平。从图 2-5 可以看出，按照企业现有的业务水平是不可能完成预期的战略任务和目标的，这就导致了战略计划缺口的出现。在这种情况下，企业必须制订新的业务发展计划，才能填补这个战略计划缺口，完成和实现企业的战略任务和经营目标。企业可以通过三个途径来填补战略计划缺口，即企业发展新业务的三种基本战略：

　　（1）密集型增长战略：从企业现有的业务领域内寻找未来的发展机会（密集型成长机会）。

　　（2）一体化增长战略：建立或收购与目前企业业务有关的新业务（一体化成长机会）。

　　（3）多样化增长战略：增加与企业目前业务无关的但富有市场吸引力的新业务（多样化成长机会）。

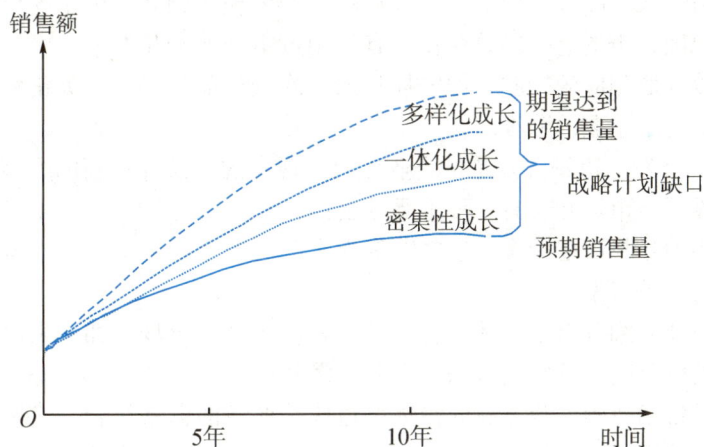

图 2-5　战略计划缺口

（一）密集型增长战略

　　这是一种在现有的业务领域内寻找未来发展机会的战略。企业的经营者在寻求新的发展机会时，首先应该考虑现有产品是否还能得到更多的市场份额，然后考虑是否能为现有产品开发新的市场，最后考虑是否能为现有的市场发展若干有潜在利益的新产品，以及为新市场开发新产品的种种机会。一般而言，这四种战略成功实现的概率依次降低，而失败的风险依次增大。表 2-2 是产品与市场发展战略选择顺序的矩阵图。

表 2-2　产品市场发展矩阵

	现有产品	新产品
现有市场	（1）市场渗透	（3）产品开发
新市场	（2）市场开发	（4）一体化、多样化

密集型成长战略有三种类型：

（1）市场渗透。市场渗透是指企业在现有的市场上增加现有产品的市场占有率。要增加现有产品的市场占有率，企业应充分利用已取得的经营优势或竞争对手的弱点，进一步扩大产品的销售量和增加产品的销售收入。市场渗透有三种主要的方法：

一是尽力促使现有顾客增加购买，包括增加产品的购买次数和购买数量。如牙膏厂可以向顾客宣传餐后刷牙是护齿、洁齿的最好方法，宣传保护牙齿的重要性。如果能增加顾客的刷牙次数，也就能增加牙膏的使用量，从而增加顾客购买牙膏的数量。

二是尽力争取竞争者的顾客，使竞争者的顾客转向购买本企业的产品。如提供比竞争对手更为周到的服务，在市场上树立更好的企业形象和品牌信誉，努力提高产品质量等，尽可能把竞争对手的顾客吸引到本企业来。

三是尽力争取新顾客，使更多的潜在顾客变为现实顾客。由于支付能力受限或渠道等其他原因，市场上一般总存在没有使用过本企业产品的消费者，即潜在的顾客。企业可以采取相应的措施，如分期付款、降低产品价格、拓展销售渠道等，使这些消费者成为本企业的顾客。

（2）市场开发。市场开发是指企业尽力为现有的产品寻找新的顾客，满足新市场对产品的需要。市场开发有三种主要方法：

一是在当地寻找潜在顾客。这些顾客尚未购买本企业的该产品，但是他们对产品的兴趣有可能被激发。

二是寻找新的细分市场，使现有产品进入新的细分市场。如一家以企事业单位为目标市场的电脑商，可以向家庭、个人销售电脑。

三是扩大市场范围，建立新的销售渠道或采取新的营销组合，发展新的销售区域，如向其他地区或国外发展。

（3）产品开发。产品开发是指向现有市场提供新产品或改进的新产品，以满足现有市场不同层次的需求。具体的做法有：利用现有技术开发新产品，在现有产品的基础上，增加产品的花色品种，改变产品的外观、造型或赋予产品新的特色，推出不同档次、不同规格、不同式样的产品。

发现密集型成长机会，企业就有可能从中找到促进销售增长的途径。然而这可能还不够，企业还应该研究实施一体化成长的可能性。

（二）一体化增长战略

在寻求新的发展机会时，企业需要认真分析其每一项业务，发现各种一体化增长的可能性。所谓一体化增长战略是指企业为了增加某项业务的销售收入和利润，常常通过后向一体化、前向一体化或本行业水平一体化，将其业务范围向供销领域发展。这样做的好处是可以有效地为企业建立较为稳定的营销环境，使企业对由供、产、销组成的营销链进行有效的控制。图2-6显示了企业的核心营销体系。

一体化增长战略包括三种类型：

（1）后向一体化。企业兼并收购原材料、零配件或包装物等供应商，以增加赢利或加强对供应链系统的控制。实行后向一体化的企业通过把原材料等供应商纳入企业内部经营范围，既使企业有稳定的原材料供应保证，又能降低供货成本。

（2）前向一体化。企业兼并收购若干个经销商，以控制分销系统和提高企业的赢利水平。实行前向一体化的企业把产品分配渠道纳入其经营范围，即自己建立销售渠道和网点，自产自销。当市场营销受销售渠道流通效率影响太大，或者产品的销售必须与生产保持紧密同步时，企业往往实行这种战略。

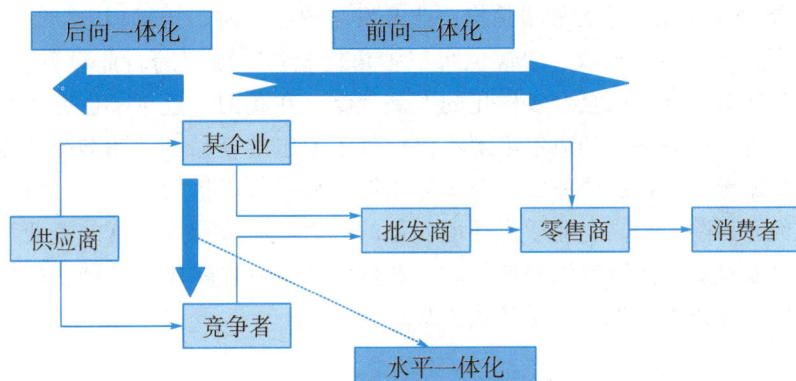

图2-6　企业的核心营销体系

（3）水平一体化。企业收购一个或几个竞争者，扩大其产品的生产能力，从而增加产品的销售量，提高企业的市场份额。

如果通过一体化战略还不能达到其战略目标的要求，企业就需要考虑多样化的发展战略。

（三）多样化增长战略

多样化增长战略是指企业进入目前所未涉足的经营领域和业务范围。如果企业在目前业务范围以外的领域发现了好的经营机会，并且有资源把握机会，就可以采用多样化增长战略，也就是采取跨行业的经营模式。当然，好的经营机会是指新行业的吸引力很大，企业也具备各种在新行业取得成功的业务能力。一般来讲，如果企业实力雄厚，在现在的经营领域内没有更多或更好的发展机会，或者企业在目前的经营领域内继续扩大业务量，会使风险过于集中时，就可考虑采取多样化增长战略。多样化增长也有三种类型：

（1）同心多样化。这种战略是指企业利用现有的技术、生产线和营销渠道开发与现有产品或服务类似的新产品或新的服务项目。这是多样化增长战略中较容易实现的一种战略，因为它不需要企业进行重大的技术开发和建立新的销售渠道，而只是从同一圆心逐渐向外扩展其经营范围。实施这种战略时，企业并没有脱离原来的经营范围，因此能够借助原有经验、特长等优势来发展新的业务，经营风险小，易于成功。如生产家电的企业，过去只生产电视机这类产品，而现在可以生产冰箱、洗衣机、空调等家电产品，这样既保持了不同种类产品之间技术上的关联性，又可以利用原有的家电销售渠道。

（2）水平多样化。这种战略是指企业为了满足现有市场顾客的需要，采用不同的技术开发新产品，以增加产品的种类和品种，提高为现有顾客服务的能力。其所采用的技术与生产现有产品所采用的技术没有必然的联系。这使企业在技术和生产上进入了一个新的领域，有一定的风险。如生产玩具的企业开发电子游戏机，生产白酒的企业开发生产果酒等就是水平多样化增长战略。

（3）复合多样化。这种战略是指企业开发与现有产品、技术和市场毫无关系的新业务，开辟新的经营领域，通常也叫"多角化经营"或"跨行业经营"。国际上许多大型集团公司都采取复合多样化的发展战略。在我国，近年来也有不少的大企业采取了这种发展战略。如海尔集团不仅增加了家电的新品种，还向智能家居、金融、工业旅游等领域扩展业务。复合多样化增长战略可以扩大企业的经营领域，有效地分散经营风险，提高企业适应环境变化的能力。但跨行业经营的企业涉足自己过去毫无经营经验和经营资源的新领域，其投资风险一般要比前两种多样化增长战略大，同时其管理难度也远大于其他战略。

第三节　业务战略计划

在制订企业总体战略计划后，企业的各个战略业务单位需要进一步制订各自的具体战略计划。业务战略计划是在总体战略计划的指导下，由企业的各战略业务单位经理具体完成的。战略业务单位的战略计划任务通过八个步骤加以制订，如图2-7所示。

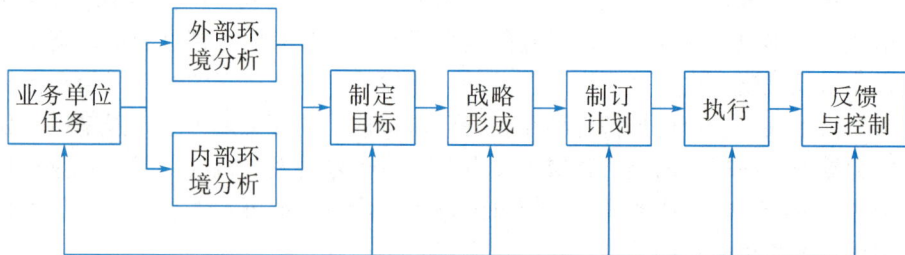

图2-7　战略业务单位制订战略计划任务的步骤

现代市场营销学

一、明确业务任务

在企业总任务范围内，各战略业务单位必须明确自己的任务，必须在总任务的规定下，对本单位的业务范围做出更为详尽的界定：本单位准备满足的具体市场需求，提供的产品，依靠的技术，产品的性能，细分市场和目标市场，地理范围以及作为独立业务单位要达到的特定目标等。

二、SWOT 分析

SWOT 分析是指对企业的优势（strengths）、劣势（weaknesses）、机会（opportunities）和威胁（threats）的全面分析和评价，它是企业制订战略营销计划的重要的分析方法。SWOT 分析包括两个重要的方面：一是外部环境分析；二是内部环境分析。

（一）外部环境分析

外部环境分析就是对企业所面临的机会与威胁进行分析。企业的生存和发展与企业的外部环境和内部环境的变化有着密切的关系。企业的外部环境包括宏观环境因素（人口、经济、技术、政治或法律、社会和文化等）和微观环境因素（顾客、竞争者、分销商、供应商、利益相关者等）。外部环境因素的变化会给企业创造机会或者构成威胁，会直接影响企业在市场上的赢利能力。企业分析环境的目的就在于发现和辨别潜在的机会和威胁，以提高企业对环境的适应能力。

分析环境的主要目的就是发现新的市场机会。优秀的市场营销就是能不断地发现和利用各种市场机会，并从中获取满意的利润。

在市场上只要有没有被满足的需要，就可能存在企业营销的机会。市场机会一般有三个来源：

（1）某种产品的供应短缺。

（2）使用新的方法或更好的方法向市场提供现有产品或服务。

（3）向市场提供全新的产品或服务。

企业应进行市场机会分析（market opportunity analysis，MOA），以辨别不同机会的市场吸引力和取得成功的可能性。

另外，分析外部环境的目的还在于发现各种可能的威胁。如果不采取果断的营销行动，这些威胁将导致企业市场地位的削弱。

企业在做了以上的环境分析后，就可以对该战略业务单位在市场上的地位和发展情况进行客观的评价，从而为其制定相应的策略。

（二）内部环境分析

分析外部环境是为了发现有吸引力的机会。要利用这些机会，企业必须具有相应的能力，这样才有可能取得成功。内部环境分析就是对企业的优势和劣势进行分析。企业要认真分析每项业务的优势和劣势，预测现有的经营能力与将来环境的适应程度。优势和劣势分析的重点是将现有能力与利用机会所需要的能力进行对比，从中找出差距，并制定提供所需能力的措施。内部环境分析可以利用表格形式（如表2-3所示），找出反映企业业务能力的各项因素，进行等级判定，然后对每一因素的相对重要性进行评分和比较分析。

表2-3　内部环境分析表

能力因素		现有能力的绩效					所需能力的重要性		
		强	较强	中	较弱	弱	高	中	低
营销能力	1. 企业的知名度								
	2. 市场份额								
	3. 产品质量								
	4. 服务质量								
	5. 定价效果								
	6. 分销效果								
	7. 促销效果								
	8. 销售人员								
	9. 创新能力								
	10. 市场覆盖区域								
资金能力	11. 资金成本								
	12. 现金流量								
	13. 资金稳定								
生产能力	14. 设备								
	15. 规模经济								
	16. 生产能力								
	17. 员工素质								
	18. 按时交货能力								
	19. 技术制造工艺								
组织能力	20. 领导者能力								
	21. 员工奉献精神								
	22. 适应和应变能力								
	23. ……								

企业通过以上分析就可以发现业务单位的优势和劣势。根据所需能力的要求，企业就可以采取措施，改进现有的业务能力。

三、制定目标

各业务单位的战略任务还必须转化为具体的目标，即制定业务单位在战略周期内所要求达到的具体目标。从总体上来讲，企业最常见的目标有赢利、销售、市场份额、创新、投资等。为了使目标易于执行，企业所确定的战略目标应符合以下要求：

（一）重点突出

对战略业务单位来说，其想要实现的目标有时往往不止一个，但在一个战略周期内，受各种条件的限制不可能将所有目标都实现。因此，其应该确定一个对企业当前更为重要、迫切需要实现的或者对实现企业战略任务更为有利的目标。

（二）层次化

企业在战略计划工作中制定出的战略目标往往是一个目标体系。这一目标体系不仅包括总目标，也包括许多子目标；不仅包括为不同活动环节规定的目标，也包括为不同部门和人员设定的目标。企业不仅应该按轻重缓急将这些目标进行排序，而且应对总目标进行层层分解，逐步落实，使目标的完成有可靠的保证。

（三）数量化

目标必须是具体的和唯一的，即能够被执行者理解，而且此种理解应是唯一的。因此，能够定量化的目标应定量化，不能定量化的目标也应清楚地加以说明。例如"提高投资报酬率"就不如"提高投资报酬率到 12%"具体、明确。把目标具体化和唯一化能促进经营管理计划的制订、执行和控制。否则，所制定的目标既无法得到有效执行，也无法对其执行结果进行检查。

（四）现实性

一个企业选择的目标水平应该切实可行，即在企业现有资源条件的基础上，通过企业自身的努力是能够完成和实现的目标。一方面，目标不应成为"口号"，可望而不可及，没有实现可能性的目标是毫无意义的。另一方面，目标也应对其执行者具有一定的挑战性，执行者必须付出了相应的努力才能实现；而轻轻松松就能完成的目标对企业的发展是绝无助益的。

（五）协调性

企业的各项目标之间应该协调一致。目标涉及对企业经营活动诸多方面的要求和规定，它们必须相互协调和相互补充。而互相冲突、互相矛盾的目标是无法实现的，如"成本最小化和利润最大化"，"以最少的销售费用获得最大的销售量"，"在最短的时间设计出最好的产品"等。企业必须对各种目标进行权衡，抉择取舍。企业面临的战略权衡和抉择还包括：高收益与高市场份额，市场渗透与新市场开发，利润目标与非利润目标，高速增长与低风险，短期目标与长期目标。在这些存在冲突的成对目标之间，企业必须选择相对重要的一面，否则目标将失去指导作用，并且也不易于执行。

（六）时间性

对于所确定的经营目标，企业均要明确规定完成时间，这样才便于企业进行检查和控制。不对目标提出明确的完成时间和没有目标几乎是没有差别的。

四、战略形成

战略目标表明企业的发展方向，战略内容则说明企业如何达到目标。各战略业务单位要在总体战略的框架内制定各自的经营战略。迈克尔·波特提出了被广泛接受的、可供选择的一般性竞争战略。

(一) 成本领先战略

该战略的核心是不断降低单位产品成本，使企业在行业内处于总成本最低水平，从而以较低的价格取得竞争优势，争取最大的市场份额。

采取这种战略的业务必须在生产工艺、采购、制造和分销等方面具有优势，而在营销方面可以相对弱一些。实施这种战略的条件主要有四个方面：

（1）规模经济效益，即单位产品的费用随着生产规模扩大而降低。

（2）市场容量大，有一定的发展潜力，销售增长率高，企业能不断提高其产品市场占有率。

（3）企业具有较高的管理水平，能不断提高产品质量，加强内部成本控制，降低产品成本，并能从多方面降低成本，如产品设计成本、工艺成本、采购成本、仓储费用、运输费用、资金占用、销售成本等。

（4）不断更新技术设备，在扩大生产时不断采用效率高、技术领先的加工制造设备。

面对以下的市场环境，成本领先战略的效果更加明显：行业内部或目标市场竞争激烈，价格成为最重要的竞争手段；行业提供的是标准化、同质化的产品，相互难以形成差异化；大多数顾客对产品和服务的需求趋同；市场需求价格弹性高，价格是决定购买者选择和购买数量的主要因素；客户转换成本低，因而具有较强的降价谈判能力。

(二) 差异化战略

该战略的核心是通过对市场的全面分析，找出顾客最重视的利益，集中力量开发不同经营特色的业务，从而比竞争者更有效地满足顾客的需求。

实施实行差异化战略的主要条件有：

（1）企业在产品的研究和开发上具有独到的创新能力。

（2）企业在生产技术上具有较高的适应能力和应变能力。

（3）企业在经营上具有较强的营销能力，能采取有效的营销手段和方法。如不具备这三个条件，企业就很难取得差异化战略的成功。但一旦此种战略获得成功，由于差异化的优势，企业在竞争中就处于有利地位，能够取得良好的收益。

(三) 集中战略

成本领先战略和产品差异化战略都是将整个市场作为经营目标，而集中战略却是将经营目标集中在整个市场的某一个或几个较小的细分市场上。企业通过在这部分市场上提供最有效和最好的业务来建立自己在成本和产品差异上的优势。

集中战略依据的前提是：企业能比竞争对手更有效地为某一特定的目标市场服

务，在这一特定的市场上取得产品差异或低成本优势，处于有利的地位，获得良好的效益。实行集中战略时，由于企业把力量集中在市场的某一部分，风险便会随之增加，有时可谓孤注一掷，一旦市场发生变化，后果难以想象。

五、战略计划执行

战略确定以后，企业就要根据这一战略的要求，考虑和采取相应的措施，制定执行战略的具体计划或支持计划，以保证和支持经营战略的顺利实施。

正确的战略计划只是企业成功经营的要素之一。美国一流的咨询企业麦肯锡公司认为，只有战略计划是不够的。他们提出了一个"7S"结构，即战略（strategy）、结构（structure）、制度（systems）、作风（style）、人员（staff）、技能（skills）和共同的价值观（shared values）。战略、结构和制度被认为是企业取得成功的"硬件"因素；作风、人员、技能和共同的价值观被认为是企业取得成功的"软件"因素。"硬件"为这些"软件"的运行提供平台或保障；而只有这些"软件"能成功运行，计划才能得到落实并达到预期的目标。

六、反馈与控制

在制订战略计划的过程中，企业要跟踪计划的执行，并对环境中出现的变化进行监测。如果在执行战略计划的中出现了偏差，企业可以对计划进行必要的调整，以保证目标的实现。如果环境中出现了重大的变化，企业就要重新进行战略评估，对计划、战略进行修正，必要时甚至要对战略目标进行修正。一旦一个企业因为没有适应变化的环境而失去市场地位，那么其要恢复原来的地位一般是非常困难的。对任何企业来讲，生存和发展的关键是对环境的适应。在市场环境动荡的年代，企业必须具有较强的适应能力和应变能力。

#在线视频赏析：请扫码观看视频——业务部门营销战略与执行#

业务部门营销战略与执行

第四节　市场营销计划的内容

在战略业务单位内，企业为了实现经营目标，必须制订市场营销计划。制订产品的市场营销计划是一项非常重要的工作，也是企业营销计划管理最重要的成果之一。企业产品市场营销计划的内容如表2-4所示。

表 2-4　产品市场营销计划的内容

计划步骤	目的
1. 计划概要	对拟制订的计划进行扼要的综述
2. 目前的营销状况	提供有关市场、产品、竞争、分销以及环境的相关资料
3. 机会与问题分析	确定主要的机会、威胁、优势、劣势和产品面临的问题
4. 目标	确定销售量、市场份额和利润等要完成的目标
5. 市场营销战略	提供实现计划目标的主要营销手段
6. 行动方案	要做什么？谁去做？什么时候做？费用是多少？
7. 预测损益表	预算财务收支
8. 控制	如何监测计划的执行

一、计划概要

在营销计划的起始部分应对计划内容进行一个简明扼要的概括，以便企业决策者能迅速地了解计划的主要内容。在概要之后应附上计划内容的目录。

二、目前的营销状况

这一部分包括市场、产品、竞争、分销及宏观环境的背景资料。

（1）市场状况。在这里主要提供有关目标市场的主要数据，如市场的规模和成长情况。上述市场情况可以通过过去几年的总销售量，各细分市场、区域市场的销售情况来反映。数据要反映顾客的需求、观念和购买行为的发展趋势。

（2）产品状况。产品状况的相关数据要反映过去几年中主要产品的销售量、价格和净利润。

（3）竞争状况。竞争状况的相关数据要反映主要的竞争对手及其规模、市场份额、产品质量、营销战略和策略。

（4）分销状况。在这一项下，要对企业的销售渠道规模和现状进行描述。

（5）宏观环境。这一部分要对影响企业产品前途的各种宏观因素进行分析，包括人口、经济、技术、政治和法律、社会和文化等。

三、机会与问题分析

在这一部分，企业的产品经理要从产品线出发，找出产品面临的主要机会与威胁，优势和劣势及产品线面临的问题。

（1）机会与威胁分析。产品经理要通过各种渠道来明确产品面临的主要机会和威胁。

（2）优势与劣势分析。企业必须辨别自身的优势和劣势。

（3）问题分析。确定企业面临的主要问题。

四、目标

企业必须确定产品市场营销计划要实现的各种目标，包括财务目标和营销目标两类。

（1）财务目标。例如投资收益率、利润和现金流量等。

（2）营销目标。财务目标必须转化为营销目标，才具有可操作性。营销目标包括销售收入目标、产品价格目标、产品销量目标、市场份额目标以及产品认知度、分销范围目标等。营销目标要尽量具体化、数量化。

五、市场营销战略

企业或产品经理要制定市场营销战略。战略可以用下述结构来表现：

（1）目标市场，如中等收入的家庭。

（2）定位，如最好的质量、最可靠的性能。

（3）产品线，如增加两种高价格的产品线。

（4）价格，如高于竞争品牌。

（5）分销，如由专业电器商店进入百货商店。

（6）销售人员，如扩大 10%。

（7）广告，如开展一个新的广告活动，支持两款高价新产品，增加 20% 的广告预算。

（8）销售促进，如促销预算增加 15%，增加数字广告形式。

（9）研究与开发，如增加 25% 的研发费用用于开发新产品。

在制定战略时，战略制定者要与企业的其他部门进行协商，以保证战略的可行性。

六、行动方案

行动方案是指企业为了实现业务目标所采取的主要营销行动。行动方案应该能回答以下问题：将要做什么？什么时候做？谁来做？成本是多少？

七、预测损益表

在产品市场营销计划中，要表明计划的预算。如收入要反映预计的销售量和价格，费用要反映成本的构成和成本的明细，两者之差就是预计的利润。企业要对计划的预算进行核查，预算如果太高，就要适当削减。

八、控制

产品市场营销计划的最后一个内容是控制，主要用来监测计划的实施进度。通常目标和预算是按月或季度来制定的。企业要对计划的执行结果进行核查，出现问题要及时弥补和改进。对预先难以做出预测的问题，要制订应急计划。

43

#在线案例赏析：请扫码阅读本章思政案例——良品铺子：提供高质量食品，用美味感动世界#

良品铺子：提供高质量食品，用美味感动世界

第五节　市场营销管理过程

对企业来讲，制订一个合理的、能充分利用现有和潜在资源、自身技能，并能抓住市场机会的战略计划，仅仅是取得成功的一个方面；企业的经营活动最终能否实现其预定的战略目标，更重要的还在于企业的营销战略计划是否得到了有效的、正确的贯彻和执行。因此，企业有必要对其战略计划实施的全过程进行精心的组织，恰当的协调和适时的控制。市场营销管理过程就是分析市场营销环境，规划营销战略，制订营销计划，执行和控制市场营销工作，从而完成企业战略任务，实现战略目标的过程。

一、分析市场机会

在现代社会，市场需求不断变化，任何产品形式都有其生命周期，任何企业都不能永远依靠一个永恒不变的产品盈利。每一个企业都必须不断地寻找、发现和识别新的市场营销机会，才能正确确定企业的发展方向，制定可行的战略目标。发现市场机会对企业的整个经营活动来讲至关重要。在某种意义上可以说，企业的全部经营活动都是围绕着如何利用市场机会来进行的。如果企业不能经常地寻找到可供企业利用的市场机会并善加利用，企业就很难取得长期、稳定的发展。所以，企业的首要任务是分析市场上的各种长期机会，以不断提高企业的经营业绩。

要发现企业今后长期投资的市场机会并不是一件容易的事。为了保证企业能够长期生存和发展，保证企业战略方向和计划的正确性，企业必须建立善于发现和评价各种可利用的市场机会的市场营销信息系统（Marketing Information System，MIS）。市场调研是现代市场营销必不可少的有力武器，因为只有通过市场调查和研究，才能深入了解市场，如顾客、竞争者和市场环境的变化，才能更好地为他们服务。企业应积极开展各种形式的调研活动来收集各种市场信息，通过对各种渠道中所获得的各种信息进行分析和整理，发现各种有用的资料和机会。

为了了解市场变化的长期趋势，企业还应研究营销环境可能发生的各种变化。这些变化都会对企业的发展形成威胁或创造机会。

现代市场营销的出发点是满足顾客的需要和市场需求。了解市场需求的变化情况，消费者的需要、欲望、关注、分布、购买行为以及影响购买行为的主要因素，可以帮助企业发现更多的市场机会。此外，企业还要对竞争者有充分的认识，密切关注竞争者的动向，预测竞争者的行动和反应。

通过对各种市场机会进行分析，企业就可以准确地选择目标市场。现代市场营销要求企业对市场进行细分，评价每一个细分市场，并且选择和确定目标市场。只有这样企业才能更好地发挥自身的优势和特长，更好地为市场服务。

二、制定营销战略

企业在选择了目标市场之后，就要确定产品在目标市场中的定位。一旦做出了产品定位决策，企业就要组织开展产品开发、测试和投入市场等一系列工作。在产品进入市场后，企业需要制定产品生命周期的营销策略，选择和确定产品在不同目标市场上各自的定位，迎接各种机会和挑战。

三、制定营销预算与营销组合

企业的营销战略决定了企业的营销目标和活动计划，为了在预期的环境和竞争条件下完成企业的战略任务，企业必须把营销战略转变为可执行的营销计划。因此，企业必须就营销预算、营销组合和营销费用的分配做出决策，以保证营销战略的顺利实施。

（一）市场营销预算

为了贯彻市场营销战略，实现战略目标，企业必须规划营销支出，进行资源分配的预算。进行市场营销支出预算决策的一般做法是根据过去的营销预算与销售额的比率做出新的营销预算，即通过上一期的营销预算和销售额之比，来进行本期的营销预算。为了做出合理的营销预算，企业还必须了解竞争者的营销预算和销售额之比。此外，如果企业期望获得较高的市场占有率，其营销预算比率可能要比通常的比率高些。企业还要分析实现战略目标所规定的销售额和市场占有率所必须进行的营销活动以及做这些活动的费用，并在此基础上做出最终的营销预算。

（二）营销组合（marketing mix）

市场营销组合是现代市场营销理论的重要概念之一。市场营销组合是指企业为在目标市场实现预期的市场营销目标所使用的一整套营销工具。营销组合也就是企业对可以控制的、对营销活动能产生影响的营销变量的组合运用，从而在特定的目标市场上形成相适应的营销方式。

市场营销组合这一概念最早是由美国市场营销学者尼尔·波顿教授在 20 世纪 50 年代提出的。1960 年，美国另一名著名的市场营销学家杰罗姆·麦卡锡将之归纳为著名的四个"P"，使之得以完善并在现代市场营销活动中得到企业界的高度重视和广泛应用。市场营销组合中所说的营销变量被概括为"4Ps"，即产品（product）、价格（price）、地点（place）和促销（promotion），其中每个 P 下面又包括若干个特定的分变量。

产品包括质量、设计、性能、规格、式样、品牌、包装、服务、保证、退货等分变量。价格包括目录价格、折扣、折让、付款期限、信用条件等分变量。地点包括渠道、市场覆盖区域、市场位置、存货、运输等分变量。促销包括广告、人员推销、销售促进、公共宣传、直接营销等分变量。

每个产品在某一时间 t 内的营销组合可以用向量来表示：

$$营销组合 = （P1，P2，P3，P4）t$$

式中，P1 为产品，P2 为价格，P3 为地点，P4 为促销。

例如，某产品的质量为 1.2（平均质量 1.0），价格为 1 000 元，分销费用为 30 000 元，促销为 20 000 元，则该产品在 t 时间内的营销组合可以表示为：

$$（1.2，¥1 000，¥30 000，¥20 000）t$$

市场营销组合有多种选择。当然，不是所有的营销组合变量都可以在短期内调整。一般来讲，企业在短期内通常只能对营销组合中的少数几个变量进行变更，如修订价格，扩大销售力量和增加广告开支等。从长期来看，企业可以开发新产品和改变销售渠道。

市场营销组合这一概念的主要包括三方面的思想：

（1）市场营销组合是若干变量的组合，而这些变量应如何组合，是由企业自己确定的，即企业是可以控制的。

（2）这些变量组合的意义在于，企业面临的外部市场环境是企业所不能控制的，企业要适应外部环境的变化，就必须利用可控制的营销变量来调整企业的经营活动方式。

（3）企业在确定营销组合时，有多个变量可以选择，这些变量一经选定，就构成企业在某一市场的经营方式。

值得注意的是，4Ps 是企业市场营销的有效工具，但它是从营销者，即卖方的角度提出来的。从顾客，即买方的角度来看，每一个营销工具都是用来向顾客传递利益的。罗伯特·劳特伯恩（Robert Lauterborn）从顾客的角度提出了与 4Ps 相对应的 "4Cs"，如图 2-8 所示。

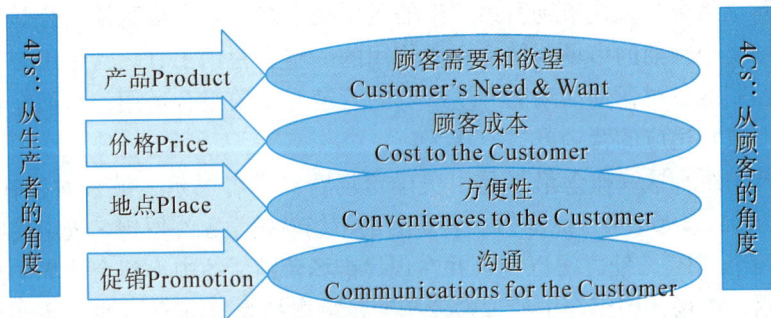

图 2-8　4Ps 与 4Cs 的对应关系

（三）营销费用的分配

企业必须决定如何将营销费用分配给不同的产品、渠道、促销媒体和销售区域。企业要给每一个产品提出一个具体的分配方案。

四、执行和控制

营销管理的最后一个环节是对战略计划的实施和控制。任何计划都必须转化为行动，否则就毫无意义。之所以对计划付诸实施后，还要花大力气对其进行控制，是因为：一是在企业的整个经营活动中，存在许多环节，有许多的人员和部门参与，其中某一个环节或某一个部门、人员出现了偏差，就有可能影响到其他的环节和方面。这些偏差甚至会对全局产生影响，如果不实施动态的控制，并对偏差及时进行纠正，其后果是不堪设想的。二是战略计划是事前制订的，是否符合实际情况，只能通过实际执行来检验。因此，在战略计划的执行过程中，企业需要进行监督和控制，以便对出现的偏差或失误进行纠正或调整。三是经营环境的不确定性往往会超出事先的预测，因而对战略计划进行控制，也是为了在环境出现变化时，能对战略进行动态的调整，以保证战略任务的顺利完成。

为了有效地进行控制，在管理过程中，企业需要制订控制计划。控制计划主要包括对战略计划所规定的各项任务的完成情况、完成的质量、计划执行的偏差进行检查的方法、检查的时间及检查的频率。营销控制计划一般有三种类型：

（一）年度控制计划

年度控制计划包含了对企业在年内的销售、赢利和其他目标实现情况的控制。这一任务可分为四个步骤：

（1）明确规定年度计划中每月、每季的营销目标。

（2）明确规定检查计划执行情况的手段。

（3）确定执行过程中出现严重问题的原因。

（4）确定最佳的修正方案，以弥补目标和执行之间的缺口。

（二）利润控制

企业需要对不同的产品、顾客群、销售渠道和订货量大小的实际盈利率进行定期分析和检查。分析盈利率是衡量各种经营活动效率的最好、最直接的方法。通过对盈利情况进行检查，企业可以及时地发现问题，采取相应的措施。

（三）战略控制

由于市场营销环境变化迅速，企业必须不时地检查本企业的总体经营计划，以确定其计划是否继续具有良好的战略意义。因此，企业必须经常检查原定的战略是否与外界环境的变化相适应。

＊＊＊＊本章小结＊＊＊＊

目标1：掌握企业战略的定义及特征。

企业战略可以分为企业总体战略、业务单位战略和产品战略，其中企业总体战略是企业全部经营活动中最高层次的战略，而市场营销战略是产品战略中的一个十分重要的战略。市场营销战略（marketing strategy）是指在市场营销活动中，企业为实现自身的营销任务与目标，通过分析外部环境和内部条件，所制定的有关企业营销活动的总体的、长远的规划。它具有全局性、长远性、对抗性和相对稳定性的特点。

目标2：明确企业总体战略规划的四项基本活动。

企业总体战略规划是一个在目标、资源、技能和市场环境之间建立与保持一种可行的适应性管理的过程。它包括四项基本的战略计划活动：①确定企业使命。影响企业使命确定的因素主要有历史和文化、所有者和管理者的偏好、市场环境、资源、核心竞争力等五个。企业战略使命书（任务书）包括经营业务领域和愿景两个方面的内容。②建立战略业务单位。企业中独立经营某项业务的单位就是企业的一个战略业务单位（简称为SBU）。理想的战略业务单位有四个基本特征，即用有限的相关技术为一组同类市场提供服务；有一组独一无二的产品单位或市场单位；控制那些对绩效必不可少的因素；对自己的利润负责。③为战略业务单位分配资源。制订企业业务组合计划，有波士顿咨询公司法（简称为BCG法）和通用电气公司法（简称为GE法）两个著名的方法。企业通过分析，可以决定将要发展、维持、收缩和淘汰的业务。④发展新业务。通常当预期目标低于企业所希望达到的水平时，企业就需要制订一个新增业务的计划，开辟新的业务，扩大企业现有的经营领域。企业可以通过三个途径来制订新业务发展计划：在企业现有的业务领域内寻找未来的发展机会（密集型增长战略）；建立或收购与目前企业业务有关的业务（一体化增长战略）；增加与企业目前业务无关的富有吸引力的业务（多样化增长战略）。

目标3：了解企业业务战略规划的步骤。

在制订企业总体战略计划后，企业的各个战略业务单位需要进一步制订各自的战略计划。业务战略单位战略计划任务的制订由八个步骤组成：明确业务任务、分析外部环境、分析内部环境、制定目标、制定战略、制订计划、执行计划和反馈与控制。

目标4：了解具体产品的市场营销计划内容。

各战略业务单位必须开发针对具体产品的营销计划。制订产品的市场营销计划是企业营销计划管理最重要的成果之一，其内容包括计划概要、目前的营销状况、机会与问题分析、目标、市场营销战略、行动方案、预测损益表、控制。

现代市场营销学

目标5：掌握市场营销管理的过程。

把企业和部门的战略计划与业务单位的计划组成一个整体，就构成了企业的市场营销管理过程。企业市场营销管理过程就是分析市场营销机会，规划营销战略，制订营销计划，执行和控制市场营销工作，从而完成和实现企业战略任务和战略目标的过程。

#在线课件赏析：请扫码阅读本章课件及配套练习#

本章课件

配套练习

＊＊＊＊本章复习思考题＊＊＊＊

1. 企业战略的层次有哪些？
2. 影响企业使命确定的主要因素有哪些？
3. 企业战略使命书的内容是什么？
4. 试说明企业总体战略规划的主要内容和制定企业总体战略规划的基本步骤。
5. 什么是战略业务单位？理想的战略业务单位有哪些基本特征？
6. 为什么要为战略业务单位分配资源？分配资源时主要采取的方法有哪些？
7. 新业务发展计划的主要类型有哪些？
8. 什么是密集型发展战略？它主要包括哪些类型？
9. 什么是一体化增长战略？
10. SWOT分析包含什么内容？
11. 什么是市场机会？企业应该如何去发现各种市场机会？
12. 什么是营销组合？

第三章
市场营销研究

#在线案例赏析：请扫码阅读本章案例导读——新时代酒饮创新：江小白果立方的成功探秘#

新时代酒饮创新：江小白果立方的成功探秘

越来越多的企业认识到借助市场营销研究可构建决策与信息之间的桥梁，弥补决策与信息之间的缺口。著名营销学者菲利普·科特勒博士在概括市场营销的基本框架体系时，给出了"M—STP—4Ps"这样一个分析框架与工具体系。所谓 M 指的是市场营销研究。从这个框架体系中不难看出，M——营销研究——是这个框架的首要环节与第一位的工作。营销研究是营销决策的基础和前提，市场细分、目标市场选择、市场定位以及营销组合各项工作的决策中，没有哪一项不以营销研究提供的信息为基础。例如，企业的市场营销战略是建立在对企业营销环境、顾客及其需求、行业状况、竞争状况、企业自身的资源及优劣势等影响因素分析的数据基础上的，特别是量化分析数据基础上。

本章主要介绍市场营销研究过程和活动所包括的核心内容，如何进行市场研究活动以及如何衡量和估计产品的市场需求。

第一节　市场营销研究的基本概念

一、市场营销研究

"市场营销研究"的英文原文是 marketing research，在国内也被称为市场调查（与预测）、市场信息调查与分析、市场调研、市场营销研究方法等，有时简称市场研究。广泛被接受的市场营销研究的定义为：市场营销研究是组织和个人为诊断特定营销问题和最终为企业市场营销决策提供依据而进行的系统的、客观的、科学的、有计划的信息资料的收集、分析、判断、解释和传递的活动过程。其主要活动是收集和分析企业市场营销活动信息，其实质就是信息的收集和处理。美国市场营销协会的市场营销研究定义是，"营销者通过信息与消费者、顾客、公众联系的一种职能，这些信息用于识别和确定市场营销机会和问题，计划、完善、控制和评价营销活动，改进人们对营销活动理解的一个过程"。

二、营销信息系统

营销信息系统是由人、机器和程序组成的，为营销决策服务的收集、整理、分析、评估和处置数据的一个企业信息系统。企业的高效率运行离不开信息，企业首先需要获得作出正确决策所需要的信息，然后评估这些信息，进而衍生出可选择的多个方案，并根据企业的既定目标做出最优化的行动计划。在执行计划时，企业要收集信息对计划的执行进行控制、调整。

由于企业各自所处的环境不同，条件不同，不同的企业会构建不同的市场营销信息系统，一个有效的市场营销信息系统一般应包括四个子系统：内部报告系统，营销情报系统、营销研究系统、营销决策支持系统。图3-1反映了这四个子系统的相互关系。

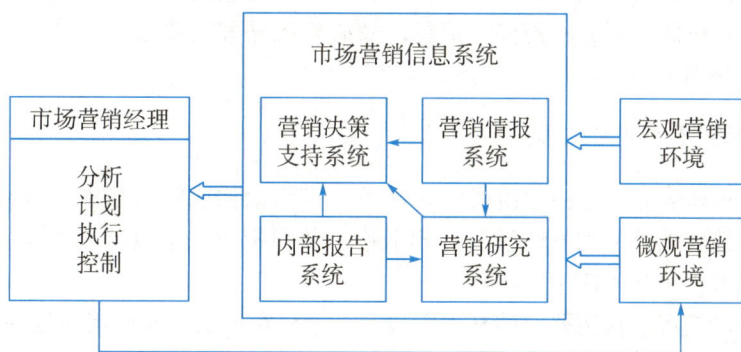

图 3-1　营销信息系统

（一）内部报告系统

企业的生产经营活动产生的信息称之为内部信息。企业需要设计一个内部报告系统收集内部信息，这些信息可以准确地反映企业经营活动全貌，广泛地被企业经营管理者所利用。

（二）营销情报系统

营销情报系统是收集企业外部环境所产生的、对企业有重大直接影响的个别个体的特殊用途信息，企业必须根据这些信息有的放矢地调整企业的经营行为。

（三）营销决策支持系统

20世纪60年代以来，管理学的诸多学派（如决策理论学派、系统管理学派、科学管理学派等）大量地将数学、统计方法运用于管理。同时，为了应对越来越大量的数据和复杂的运算，他们又引入计算机作为工具，形成了一个完善的营销决策支持系统，为日常营销活动决策服务。随着人工智能和大数据技术的成熟，决策支持系统变得更智能和精确，能够实现基于大数据的智慧决策。

（四）营销研究系统

营销研究系统，是一个针对企业特定营销问题，采用科学的研究方法，系统地、客观地收集、整理、分析、解释和沟通有关市场营销各方面信息的系统。与内部报告系统的无明确目的性相比较，市场营销研究有明确的目的性——为特定的营销决策提供依据（数据）。与营销情报系统相比，市场营销研究更倾向于对众多个体（而不是个别个体）的特征进行统计分析，找出其中的规律，指导营销管理决策。与营销决策支持系统相比较，市场营销研究只为特定的营销管理决策服务。

第二节　市场营销研究设计与过程

一、市场营销研究设计

市场营销研究设计是开展某一研究项目时所要遵循的一个框架或计划，它详细描述获得或解决研究问题所需要的信息以及必要程序和主要活动，是执行市场营销研究项目的基础。

二、市场营销研究过程

市场营销研究是一个由多阶段、多步骤、多活动构成的有目的的连续过程，各阶段、各步骤在功能上相互联系、互相衔接，共同构成一个整体。从功能上看，市场营销研究过程可分为四个阶段。

第一阶段是市场营销研究的准备阶段。营销研究应从企业决策面临的问题出发，搞清楚研究目的，基于实用的市场营销学理论，分析企业内、外部相关因素，形成解决问题的思路、预案，进而提出需要搞清楚的问题和需要验证的假设清单。

第二阶段是市场营销研究的设计阶段。这一阶段包括研究项目总体设计、研究方案、内容、方法和手段的计划，计划的目的就是要基于第一阶段的"问题和假设清单"收集到数据。

第三阶段是市场营销研究的实施阶段。这是研究的关键阶段，主要工作就是组织人员采集所需的信息资料。研究人员通过管理、组织、控制、监督和检查数据等收集活动，保证数据的质量。

第四阶段是市场营销研究的结果形成阶段。在这一阶段要利用各种定量分析和定性分析方法对数据进行整理、处理和分析，做出结论性的报告，提供给有关部门和营销管理决策者。

由此，从操作层面可将市场营销调研过程分为 7 个步骤（见图 3-2），这对于指导实际研究工作更具有意义。

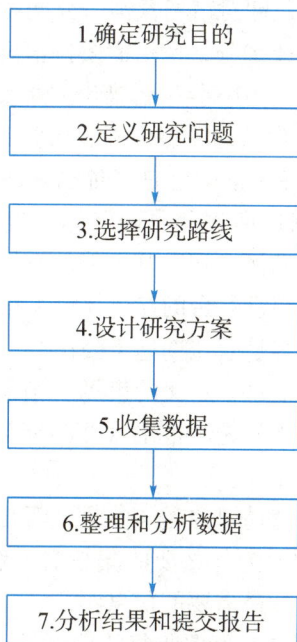

```
┌─────────────────────┐
│   1.确定研究目的     │
└─────────────────────┘
           ↓
┌─────────────────────┐
│   2.定义研究问题     │
└─────────────────────┘
           ↓
┌─────────────────────┐
│   3.选择研究路线     │
└─────────────────────┘
           ↓
┌─────────────────────┐
│   4.设计研究方案     │
└─────────────────────┘
           ↓
┌─────────────────────┐
│   5.收集数据         │
└─────────────────────┘
           ↓
┌─────────────────────┐
│  6.整理和分析数据    │
└─────────────────────┘
           ↓
┌─────────────────────┐
│ 7.分析结果和提交报告 │
└─────────────────────┘
```

图 3-2　市场营销研究过程

（一）确定研究目的

市场营销研究为决策服务，第一步就是确定市场营销研究的目的——决策的问题是什么？研究要解决什么问题？企业在提出营销计划之前需要分析诸多"问题"——环境问题、竞争者问题、消费者和企业自身。企业在执行营销计划过程中会不断出现实际执行结果与计划的偏差，这种偏差也就是所谓的问题。其出现的主要原因是市场营销计划的前提条件——环境出现了变化，或者前期的研究有误。企业出现问题后，决策者需要采取什么行动（决策）才能解决问题？营销研究就是为决策提供依据的。例如，一个啤酒企业在订单增加，生产供不应求时，会面临是否投资扩大产能的决策问题，营销研究需要为是否扩大产能决策提供参考意见，而这"意见"应是建立在收集到的客观数据分析基础上，而非"臆断"。

（二）定义研究问题

1. 定义问题

市场营销研究因营销管理决策问题而起，即企业面临决策难题而需要进行市场营销研究，但是，需要研究的问题与决策问题有本质区别：

营销管理决策问题（marketing management decision problem）是指决策者需要做什么事情。

市场研究问题（marketing research problem）是指提供什么样的信息支持管理决

策，以及如何获得和分析信息。

决策问题明确了市场营销研究的目的后，就要把它转换为一个市场营销研究问题——定义市场营销研究问题，即对市场营销研究问题的概括性描述（确定研究工作的走向）和确定其具体的组成部分，包括需要搞清楚的关键问题以及其他需要搞清楚的相关问题与假设。例如，2016年茅台推出"控量保价（茅台的酒体年产量控制在两万吨左右）"策略，茅台酒的零售价逐步恢复到原来的高价位。对于同为酱香型酒的"郎酒"，其营销管理决策问题是"能否跟进茅台的控量保价策略？"。此时，营销研究者就需要有依据地回答"是否"这个问题，而明确需要寻找的"依据"就是定义研究问题。对于郎酒公司，其可能的营销研究问题是：

营销管理决策问题：能否跟进茅台的控量保价策略？

营销研究问题：公司的顾客是否长期忠于公司？

为了高效、高质量地收集信息，定义的市场营销研究问题应该具体、明确，范围不能太宽，也不能太窄。定义问题的范围太宽不能为后续的研究提供指导；范围太窄可能无法满足科学决策的需要。

在定义研究问题这一步，营销研究者应注意下面几个问题：

（1）发现寻找信息的原因。为什么要收集信息？利用这些信息论证什么问题？决策需要什么样的依据？哪些是最需要的信息？

（2）确定信息是否已经存在。所要收集的信息是否存在？现有的信息是否能满足所界定的问题？是否需要收集原始数据？

（3）确定所界定的问题是否能找到答案。要考虑实际取得资料的可能性，即进行营销研究的问题能否得到解决，所需要的数据是否一定存在，且能够被收集到。

（4）营销研究的问题应该具体、明确，范围不能太大。这样才能有效地收集高质量的数据。

2. 问题分解

往往影响决策者做出一个决策关键的证据就是一个——营销研究问题，而决策者也需要搞清楚其他相关的重要问题——营销研究问题分解出来的诸多问题。

在实践中，每一个"分解的研究问题"有可能还可以进一步分解出"子问题"，……，最终会形成一个树形结构的问题清单。

研究问题进一步分解为如下问题：

Q1. 谁是公司的顾客？地理特征、人口统计特征和心理特征是什么？

Q2. 不同类型的顾客群，是否可以进一步细分？

Q3. 顾客对公司产品感知如何？产品吸引顾客的因素是什么？

Q4. 顾客对公司品牌是否忠诚？他们是不是品牌忠诚者？

3. 提出假设

在定义研究问题前，研究人员已经对决策问题进行了充分的研究，对上述研究问题已经有了自己的认识，这时，这些"自己的认识"只能是假设，营销研究包括

现代市场营销学

证明这些"假设"。例如，对于研究问题："Q1. 谁是公司的顾客？地理特征、人口统计特征和心理特征是什么？"有如下假设：

H1：郎酒顾客可以按收入、对酱香型白酒的偏好程度、对酒精的依赖程度进行市场细分。

H2：每一个细分市场（顾客）因不同的原因而购买公司产品。

H3：偏好酱香型白酒、高酒精依赖度细分市场的顾客对郎酒品牌忠诚度高。

完成研究问题定义后要形成一个"研究问题""分解的研究问题"和"提出的假设"清单，在随后的研究中需要比照清单设计研究计划，这样才能避免出现遗漏。

从系统论的观点看，任何一个营销决策问题都与企业的所有内部、外部问题有关系，但是企业的资源、时间有限，我们没有能力搞清楚所有相关问题，同时，直接影响营销决策的问题是有限的，我们也没有必要搞清楚全部有关的问题，只要抓住主要矛盾就行。例如，郎酒面对"能否跟进茅台的控量保价策略？"定义的市场营销研究问题——"公司的顾客是否对企业忠诚"是最关键的问题。当然，由于研究者的认识不同、决策者的风格不同，定义的市场营销研究问题也可能是"公司辐射市场的需求是否能持续稳定增长"，或者是"市场竞争是否会加剧"。

良好的开端是成功的一半，正确定义市场营销研究问题将为研究提供正确的方向，对整个研究工作具有重大的意义。它决定着市场营销研究的总方向；决定着市场营销研究方案设计，研究问题定义不同，调查内容、方法、对象和范围就不同；决定着市场营销研究的结果和研究成果的价值。

#在线视频赏析：请扫码观看视频——确定问题和调研目标#

确定问题和调研目标

（三）选择研究路线

为决策提供依据还要有一个清晰的思路和相应的理论作为指导——研究路线。研究路线包括用什么样的客观事实（证据）、理论和模型来论证正确的决策。

理论依据：理论是研究人员组织研究和解释研究结果的基础，是与决策相关的管理学、市场营销学以及其他相关学科的成熟理论。研究用的理论应该采用得到决策者认可的理论。例如，我们可以基于信息边界理论解释为什么消费者面临信息过度搜集时会产生不舒适感，基于社会约束理论解释为什么不住校的大学生会更有可能经常光顾酒吧、KTV 等娱乐场所。

客观证据：证据指客观事物的特征，可以用多种方法获得，但是，下列问题值得注意：其质量是否能得到决策者的认可，二手数据要考察其可靠性，专家意见是否具有权威性，抽样调查是否具有随机性以及样本的容量是否足够大。

分析模型：分析模型能够将相关的证据基于所依据的理论联系起来说明问题，分析模型包括用文字描述的文字模型，也有用图形描述的图形模型，还有用数学式反映变量之间数量关系的数学模型。

（四）设计研究方案

1. 研究的类别

市场营销研究的第 4 步是制定一个收集和分析所需要信息的计划——市场营销研究设计。一个根据研究目的而制定的周密设计有助于保证研究结果服务于解决最初提出的问题，有助于保证营销研究不偏离研究目的。根据研究目的，我们将研究分为探索性研究、描述性研究和因果性研究。

探索性研究：研究目的主要是对某一问题进行初步的探索性了解并且提出初步的想法和见解。例如新开面馆的老板，往往会在顾客就餐完毕后询问对面条口味的评价与建议。

描述性研究：研究目的主要是描述某一变量的特征或者不同变量之间的关系。例如分析元气森林消费者的人口统计特征发现，年轻的并且关注健康的女性购买比较频繁。

因果性研究：研究目的主要是确定因果关系以解释相关结果产生的原因。例如使用实验法验证新产品推出的不同说明对消费者感知与购买意愿的影响。

#在线视频赏析：请扫码观看视频——制订调研计划#

制订调研计划

在明确了研究的类别后，我们需要制订收集研究数据的计划。

2. 研究的数据（资料）来源

研究人员要根据研究目的、研究对象以及研究的限制条件，确定分析研究问题所需要的数据来源。数据（资料）收集一般有两个途径：收集原始数据和收集二手数据。

二手数据是在某处已经存在，为其他目的所收集的数据。二手数据为最初的研究提供了方便，具有成本低、获取容易和快捷的优点。研究人员的工作通常从二手数据收集、分析开始，运用二手数据作一些试探性的研究，定义研究问题。二手数据的来源很多，有内部报告系统提供的数据，有政府公告和出版物，有报纸杂志，有商业调查公司提供的有偿信息。目前，网上数据是最便捷的二手数据来源。

原始数据是研究人员为了解决当前市场营销研究问题而收集的信息（数据）。当研究人员所需的二手数据不存在，或者二手数据已经过时、不正确或不可靠时，研究人员必须收集原始数据。常规的做法是先召集一些被访者开一个"专题组座谈"会，以期对问题有一个初步的认识，然后据此制订正式的研究计划，并将其运用于实际研究。原始数据虽然有适时、可靠、针对性强和极高保存价值的优点，但是它的获取成本高、时间长。数据收集的一般原则是有二手数据足够利用时，研究不收集原始数据。

原始数据收集的方法有四种：

（1）观察法

收集最新资料的简便方法就是观察有关对象和事物。观察法是用低介入或无介入的一系列方式记录事物、事件特征或人的行为模式，以获得有关的信息。例如，企业可以派员到百货公司实地观察顾客购买行为特征。

观察法按性质可以分为：

①结构性观察（标准化、量化观察结果）与非结构性观察（非标准化、非量化观察结果）

②掩饰观察（被观察对象没有察觉到观察的存在）与非掩饰观察（被观察对象察觉到观察的存在）

③自然观察（观察调查对象正常活动行为）与实验观察（观察在人工控制环境中的调查对象行为）。

观察法的具体方法有：

①人员观察：由研究人员观察、记录正在发生的调查对象的实际行为。

②机械观察：用机械设备，而非人员来记录所观察的现象。例如，商场通过红外感应设备记录顾客流量。

③审计：研究人员通过检查物理记录或分析存货清单来收集数据。

④内容分析：如果所观察的对象是人们之间交流的文字、语言、图像等文化内容而非行为或实物，那么内容分析是一种适用的方法。分析的要素可以有单词、特征（个人的或物体的）、主题（建议）、空间和时间指标（信息的长度或持续时间）、话题（信息的题目）类型等。

⑤痕量分析：数据收集以调查对象过去行为的物理痕迹、证据为基础的方法就是痕量分析，这些痕迹可能是调查对象有意或无意地遗留下来的。

（2）访谈法

访谈法是指运用特定的研究方法——专题组座谈、深度访谈收集事物特征信息的方法。

①专题组座谈。具体方法是由调研人员邀请6~10名典型样本，一名经验丰富的研究人员组织他们对某产品或营销问题进行讨论，并详细记录讨论过程，最后总结该讨论会，写出调查报告。典型样本可以是消费者，也可以是客户代表。该研究方法应当注意，首先，主持讨论会的研究人员要以中立的身份出现和持有中立的态度。在实际运用中，可以同时讨论几个产品或营销问题，把目标产品或营销问题置

于其中。其次，主持人应当努力创造一个和谐、积极的氛围，让每一个参与者都能主动、积极地发言。为此，组织者一般给每一位参与者一定的报酬，保证会议现场物理环境条件良好。

②深度访谈。深度访谈是指根据研究目的确定访谈对象，并就访谈问题与访谈对象作深入沟通，了解其行为及其行为背后的态度、倾向、偏好，为进一步的研究提供研究基础。需要注意的是，访谈法是一种非随机抽样调查，其结论的代表性无法推断，主要是作为获得对研究问题的初步认识，提出假设的探索性研究方法使用。

（3）调查法

调查法是以询问调查对象为手段，获得调查对象的行为、意向、态度、感知、动机以及生活方式等原始数据的方法。使用调查法时，与调查对象的接触方式有四种：电话访谈（传统电话访谈，电脑辅助电话访谈），面对面访谈（入户调查，街头/中心区域拦截调查，电脑辅助面访），邮件访谈（传统邮件访谈，固定样本组邮件访谈），电子访谈（电子邮件访谈，网络在线访谈）。运用调查法收集数据时还会涉及度量与量表，问卷设计、抽样设计和接触方法的难题，解决这些难题可以利用专业书籍。

调查法是常见的、深受研究者喜爱的方法，但是，由于存在度量的"信度（度量是否可靠）"与"效度（度量是否全面、准确）"问题，调查法不是优先考虑的研究方法。另外，面对寻找消费者潜意行为动机难题时，调查法无法提供帮助。

（4）实验法

企业进行营销决策时，经常需要了解引起特定行为或者问题的原因，即需要进行因果关系研究，这时实验法就派上用场了。实验法能够获得严谨因果关系的证据。用实验法进行严谨因果关系研究分为五个阶段：

①选定研究的变量——因变量与自变量，并加以区分，如销售量与价格水平这两个变量。

②确定因变量与自变量的关系。精确的因变量与自变量关系非常复杂，研究人员首先要确定这种关系是否存在，是单向还是双向的，然后用成熟的计量经济模型拟合这种关系。

③设计试验方案。设计试验方案的主要任务是找出因变量与自变量间关系的证据，并排除干扰因素的影响。

④实施试验方案获得数据。

⑤分析试验数据，得出结论。

3. 研究的抽样计划

由于费用太高和有时根本无法实现的原因，市场营销研究一般不用普查的调查方式，而用抽样的调查方式。

抽样调查有四种随机抽样组织形式（简单纯随机抽样、机械抽样、分层抽样和整群抽样）和四种非随机抽样组织形式（便利抽样、判别抽样、配额抽样和滚雪球抽样）可供选择。

抽样调查需要确定调查对象——抽样总体，即市场调查的范围。调查对象由研究目的、研究空间、研究方式和研究时间等共同决定。例如，研究治疗某类疾病药品在成都市场的容量问题，由于成都市对较大区域的辐射作用，调查对象就不能仅仅限于在成都市生活、工作的居民，而应该确定为在成都市就诊的患者，甚至还要包含在成都市购买药品的患者。确定调查对象后，还必须明确样本的抽取方法，通常还要给出总体单位的具体特征清单，并做出具体的设计和安排。

样本量的确定是一个常见难题。样本量是由可接受的调查误差控制范围决定的。难题一，研究指标往往不止一个，由哪一个指标的误差范围大小决定样本量？一般选择最重要的一个指标即可。难题二，决策者往往不清楚调查误差大小对其决策风险的影响程度。研究人员只能先主观提出一个误差控制范围供决策者选择。难题三，调查误差大小、样本量和指标的标准差（调查标志的变动程度）三者之间具有相互依存关系，这种依存关系就是估计样本量的依据。若指标的标准差在调查之前没有，研究人员可以先利用历史数据或试调查先估计一个标准差值。

（五）收集数据

数据收集的主要任务是按照研究设计的要求，收集所需数据。收集数据阶段的费用开支一般会占研究项目总预算的绝大部分，同时，这个阶段也是最容易出差错的阶段。主要问题有：实验过程没有完全排除干扰因素的影响；观察记录有误；选定的被访问者不在现场或不合作；被访问者对问题的理解有误；被访问者敷衍了事或不如实回答；访问者有时也带有偏见或不诚实；等等。如果在这个阶段出了差错，而又未及时纠正，该研究项目基本上就失败了，因此，研究人员在进行大规模现场调查之前，需要做一个小规模的预调查，以使研究设计更加完善；还要制定严格的现场调查程序和纪律，并配合有抽样检查和复核制度。这里给出一个抽样调查抽样程序实例：

对某城市进行电视收视调查，其总体单位为住户，如果已经抽取了样本街道，并已依照随机抽样——机械抽样计划确定在某条街道抽取5户进行调查，则可进一步制定具体入户调查抽样操作程序。

入户调查抽样程序：

第一步，到达街道找到门牌号为1号的第一户住户。

第二步，依门牌编号顺序抽取样本户。

第三步，从第一户开始（第一户不作样本），每隔二十户确定一个样户。

第四步，如果一个门牌号为多户，可继续沿"附"号顺序抽样。如果该多户门牌号内未编"附"号，可按如下原则顺序抽取：

①进入多户门牌号院内，以右手方向为先的原则顺序数户；

②如果遇到楼房可按其所编的号栋、单元及门牌号顺序数户；

③如果其楼房也未编号，可按右手为先的原则逐栋、逐户数户。

第五步，记下抽取的住户门牌号或具体位置（对于多户门牌号内抽取的样本户应画一示意图）。

第六步，按上述方法抽取样本户直至抽足 5 户为止。

第七步，如果按上述方法数到街道最后一户仍不足 5 户，可将开始的第一户接续到最后一户继续顺序抽样。如果这时正好抽中第一户，则放弃第一户，并将抽样间隔调整为十九户（或其他与"二十"不重复的频率间隔）。

第八步，对按上述方法抽中的住户应排除一切困难进行调查。如果因该住户无电视或长期没有在此居住等其他无法接受调查而需排除，应报调查项目负责人批准后方能排除，并按上述方法重新抽样。

#在线视频赏析：请扫码观看视频——实施调研计划#

实施调研计划

（六）整理和分析数据

营销研究人员要对收集的数据进行分类整理、审核、检验、加工、分析，以更好地利用这些数据。

数据分析分为单变量的描述统计和两个及两个以上变量之间的相关分析两大类。单变量的描述统计得到事物特征的分布、均值、方差（标准差）、偏度、峰度、极值指标等。相关分析方法很多，这里总结两个变量之间的相关分析方法：如果两个变量是离散变量，用列量表分析；如果一个变量是离散变量，另一个变量是连续变量，用分组统计；如果两个变量是连续变量，用相关系数分析。

（七）分析结果和提交报告

研究报告是市场营销研究成果的集中体现，营销研究人员应该把整个研究过程、分析结果、结论和建议以书面报告的形式提交给管理决策者和相关部门。根据同一数据整理和分析结果，研究人员可以作出不同的解释，衍生出不同的营销结论。市场研究报告的质量取决于研究人员拥有的研究行业专业知识、统计学、营销学水平和其他边缘学科知识水平。

#在线案例赏析：请扫码阅读本章思政案例——三只松鼠的社交媒体营销#

三只松鼠的社交媒体营销

第三节　市场需求的衡量与预测

　　企业开展市场营销研究的主要原因之一就是发现和确定市场机会。市场机会可以从许多方面来描述：需求量（市场规模）、成长性、利润率、竞争环境、对环境的依赖性等等，其中，最重要的是需求量。

一、市场需求

（一）市场需求的含义

　　企业产品销售量估计以需求估计为基础，营销人员首先必须搞清楚需求的含义。在产品研究和开发阶段的初期可以泛泛而谈某某产品是否有需求，随着研发工作的深入，逐步开始考虑营销计划时，营销人员就会面临需求的具体化。营销人员必须从三个方面（变量）具体化需求：时间（短期、中期、长期）、空间（个别顾客、地区、区域、全国、全球）和产品范围（单一产品，一组不同型号、规格的产品，产品线，公司全部营销产品，某一行业的产品，全国的全部产品），见图 3-3。

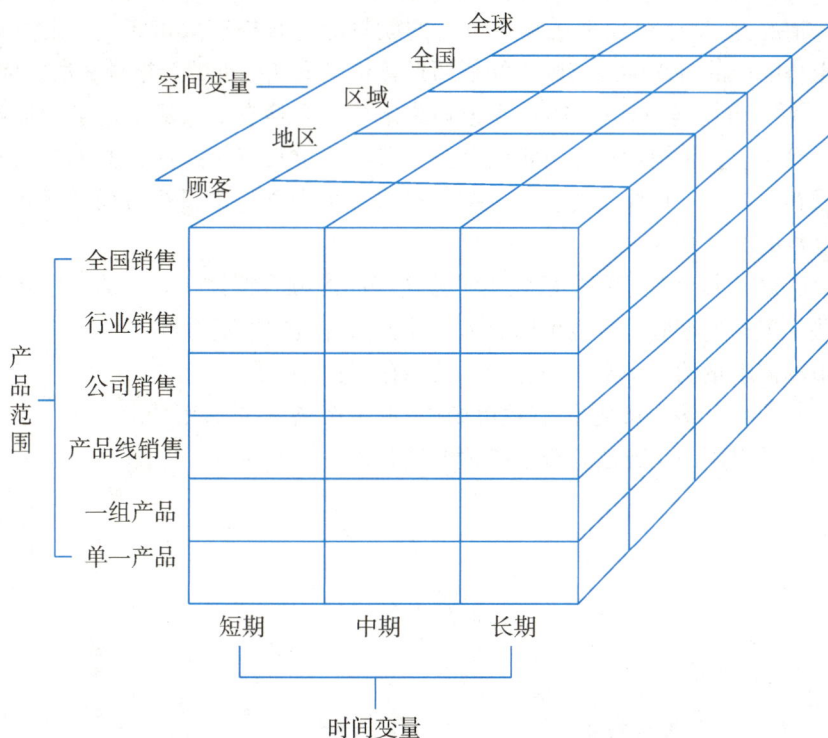

图 3-3　90 种（6×5×3）范围的需求量

公司可以根据需要估计90种不同范围的需求量，引导公司的经营活动。同时经理们还要进一步明确需求量的具体含义。

（二）市场需求量的层次

市场是对某一特定产品有需要和购买力的全部实际和潜在顾客，这一概念也可以用公式更直观地表述：

市场＝消费者+购买力+需要（欲望）

我们经常说诸如"产品的市场太小""产品有市场吗？""某某产品市场正在萎缩"此类的话，这时候的"市场"是一个更具体的概念——市场需求量。从营销管理的角度，这一市场的概念可以被划分为四个层次：

（1）潜在市场：是由那些对某个在市场上出售的产品有某种程度兴趣的人群组成的。一般情况下，营销努力不会针对全部潜在市场，但是我们必须了解潜在市场这一营销基本环境。

（2）有效市场：是由一群对某一产品有兴趣、有收入和能通过营销渠道被接近的潜在人群所组成的。通过营销经理的努力，公司提供的营销服务可以触及的市场是有巨大诱惑力的有效市场。有的商品由于国家法律或社会伦理的限制，有效市场中的一些顾客必须被放弃（如网吧不能对未成年人开放，药品中的麻醉品不能卖给瘾君子等情况）。对于公司似乎唾手可得的就只能是合格有效市场——是由对某一市场上出售的产品有兴趣、有收入和能通过营销渠道被接近的合格顾客所组成。

（3）服务市场（目标市场）：是公司决定要在合格有效市场上追求的那部分顾客群体。事实上，营销者运用特定的营销手段，追求具有某（些）共同特质和共同需要的顾客群体——目标市场。企业把营销努力集中于追求目标市场顾客才是最有效和最经济的经营行为。

（4）渗透市场：是指那些已经买了公司产品的顾客群体。公司通过顾客满意营销，这些实现的顾客应该、也可以成为传播公司价值的中坚力量。

从市场需求量的大小来看，有如下关系存在：

潜在市场 ≥ 有效市场 ≥ 服务市场 ≥ 渗透市场

我们也可以用图示方法直观地描述上述关系，见图3-4。

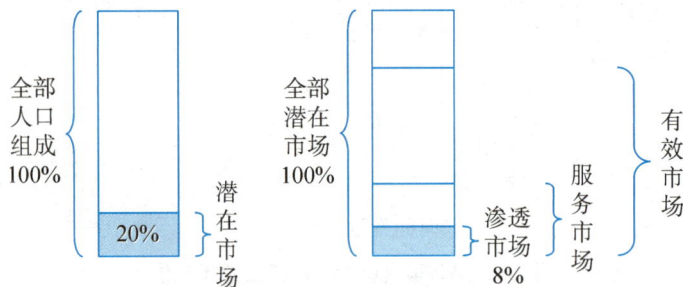

图3-4　各层次市场的分割

（三）市场需求量的界定

"市场"和"需求"这两个词的含义都比较广泛。市场需求量包含了时间、空间、产品范围三个方面（变量）和其他多个方面：

（1）时间：企业的营销计划一般分为短期（一年以内）、中期（一年至五年之间）、长期（五年以上）三个时间覆盖段。为了加强控制，营销经理还会把短期计划进一步细分成半年、季度、月甚至旬计划。与之相对应有涵盖不同时期的市场需求量，即市场需求量必须有明确的时间界限。

（2）空间：企业的产品销售可以是针对某一特定的顾客（个别营销），也可以针对某一行政地区（如某一省、市或自治区）市场、某一地理范围——区域（如华东地区、西北地区或沿海地区）市场、全国市场或全球市场。地理上的分布是形成需求差异性的重要原因，分析市场需求量应以特定的地理区域为基础。

（3）产品范围：差异化的需求需要用不同的产品去满足。单一产品能满足某一特定的消费群体；某一产品不同的型号、规格、包装——一组产品（如中秋节市场上流通的各个档次的月饼）用于满足不同消费者差异化的需求；公司的某一产品线是为消费者差异化的需求设计的（如通用公司包含各档次的轿车产品线），也可能是为同一消费群体的不同需求设计的（如宝洁公司的清洁剂产品线）；公司全部营销产品涵盖的顾客和需求更加广泛；分析某一行业和企业的产品需求量是确定企业在竞争中的地位和确定企业目标和竞争策略的基础。

（4）量：市场需求最终会落实到"量"，这个"量"是指消费者对产品的需求数量或支付的金额——产品销售收入。产品的销售收入会随产品的价格波动而变化很大。例如，手机在中国市场推广的初期，单价在 2 万元左右，而功能更加强大的手机现在平均单价仅 4 000 元左右，即使准确预测了现在的手机需求数量，用当初的单价估计现在的手机市场销售规模误差太大。

（5）消费群体：前面提到"空间"问题，事实上，在同一地理区域内的顾客需求也有差异性。面对消费者需求的差异性，运用市场细分原理是有效的营销方法，不同细分市场需求量的估计有更重大的意义。

（6）消费者的状态：在企业确定的目标市场中，由于各种原因，一些消费者会立即购买，成为企业的现实顾客；而另一些消费者可能还需要等待一段时间才能成为企业的顾客——潜在顾客。企业的任务就是把潜在顾客转化为现实顾客。

（7）营销环境：需求虽然不是创造出来的，但是，行业的营销努力（如广告的投入量，企业的公关活动，在卖场大量铺货形成的营销气氛等）会影响消费者的消费行为。估计市场需求量时，营销经理应当考虑营销环境的影响。

（8）企业的营销投入：与"营销投入"相同的因素是企业的营销努力，企业的营销投入直接影响企业的产品销售量。营销经理在估计企业产品销售量时一般会把企业的营销投入作为自变量。

二、市场潜量

特定产品的市场需求量并非一个常量，它会受多种因素的影响，随着时间的推移而变化。因变量市场需求量对应的自变量可能是消费者收入、产品自身的价格、关联产品的价格，消费者的合理预期、营销费用支出等因素。其中，营销费用支出是影响市场需求量最直接和最大的因素。就一个行业分析，两个变量之间的关系见图3-5。

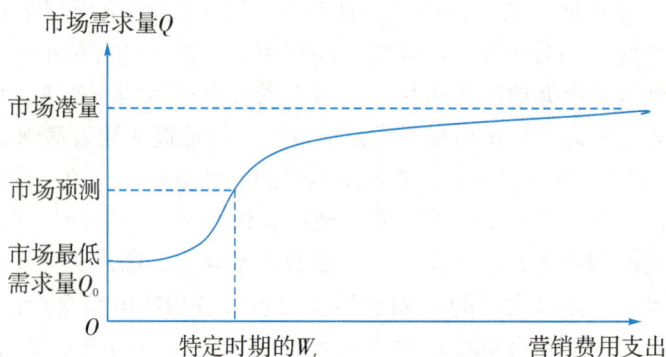

图 3-5　市场需求量——营销费用支出曲线

图3-5反映了在特定的营销环境下，市场需求量与营销费用支出的函数关系。在没有任何营销费用支出时，一个新产品的信息也会通过最原始的方式（如产品研制参与者的人员传播、生产企业的人员传播、商店的柜台陈列等）在相对较小的范围内传播，产品会有一个市场最低需求量 Q_0。随着营销活动的正式开展，营销费用支出的产生，消费者在新产品引入市场的初期有一个对其逐步认识、逐步接受的过程，这个时期市场需求量增长速度缓慢。随着营销活动的进一步深入，新的竞争者加入，营销费用支出加大到一定程度，产品的营销气氛变得热烈，消费者受到更大的刺激，市场需求量增长速度会随之加快。但是，任何产品的市场需求量都会有一个极限——市场潜量，即无论营销者花费多少时间，做出多大的营销努力，市场需求量都不可能突破"市场潜量"这一极限。

市场潜量在市场营销活动中有极其重要的意义，当市场需求量将要达到市场潜量时，进一步的营销努力是不经济的，突破市场潜量的营销努力是徒劳无益的。

企业也有一定市场需求的潜量。一般情况下，由于消费者需求的多样性和差异性，即使是行业龙头，企业想独占某一产品的全部市场也是不现实的，因此，企业也会有一个企业市场潜量，它比行业市场潜量小。

三、市场需求量的估计方法

（一）行业市场潜量的估计方法

行业市场潜量可以用下列公式估计：

$$Q = nqp$$

式中：Q——特定时期内行业市场潜量

　　　n——在特定条件下市场上的产品购买者的数量

　　　q——每一个购买者的平均购买数量

　　　p——产品的单价

上述行业市场潜量估计公式中，n 的确定是关键。一般的做法是从总人口入手，考虑消费者的收入或/和地理分布或/和产生需要等主要消费行为影响因素，以此确定 n。

例如，某制药公司开发了一种治疗某种传染病的新药，如何估计市场开发初期的产品市场潜量？首先考虑我国 10% 的人口是该传染病的慢性携带者，在市场开发的初期，宣传推广工作只能在城市进行，再考虑中国城市化水平为 58.52%，2017 年，中国的总人口为 139 008 万人，那么，市场潜量 = 8 134.75 万人（139 008 万人×10%×58.52%）。

每一个购买者的平均购买数量 q 可以通过调查获得（"统计年鉴"的"人民生活"部分有一些日常用品的人均消费数据），也可以通过技术分析获得。上面例子中的 q 可以通过治疗方案的技术分析获得。

估计市场潜量有时用"汇总法"更为准确、方便。即先估计各细分市场的市场潜量，然后汇总计算出总的市场潜量。就上例，考虑市场开发初期宣传推广工作只能在 50 万人规模以上的城市进行，而每一个地区的"某种传染病"比例也有所差异，公司可以先计算符合条件的城市的市场潜量，再汇总得到该产品总的更准确的市场潜量。

（二）区域市场潜量的估计

某些情况下，总市场潜量容易估计，而区域市场潜量的直接估计却缺乏完备统计资料。这时，企业可以综合考虑使用该区域市场的人口、居民收入、社会商品零售额等主要影响因素对总的市场潜量进行分配。

例如，估计消费品的区域市场潜量的购买力指数法就是综合考虑主要影响因素影响估计方法的一种：

$$Q_i = Q \times (0.5Y_i + 0.3R_i + 0.2P_i)$$

式中：Q_i——i 区域市场潜量

　　　Q——总的市场潜量

　　　Y_i——i 区域社会商品零售额占全国的比重

　　　R_i——i 区域个人可支配收入占全国的比重

　　　P_i——i 区域人口占全国的比重

上述公式用线性方法综合考虑各主要因素对市场潜量的影响，其中的 0.5、0.3、0.2 是三个因素的权重（权重之和一定为 1）。对于权重，企业可以根据商品的不同进行调整，也可以用相同商品或相似商品的历史数据估计。

65

（三）类比法

世界范围的消费都有趋同的倾向，经济较为发达地区的消费者的产品消费行为可以作为较落后地区的消费借鉴。例如，恩格尔系数是用来衡量消费者生活水平的指标，按照马斯洛需要层次理论，随着消费者生活水平的提高，人们会逐步按顺序追求更高层次的需要，见图 3-6。

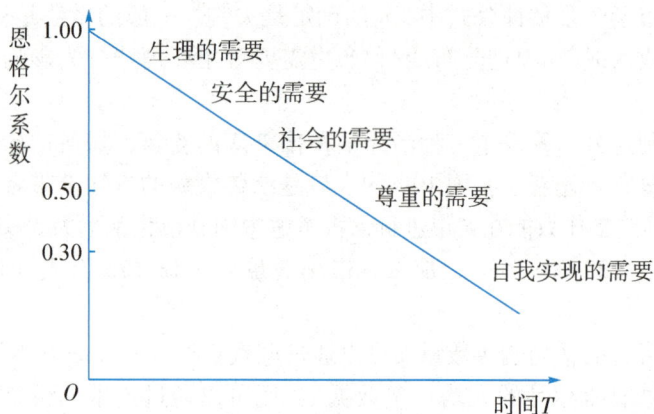

图 3-6　恩格尔系数与特定的需要

各层次的需要会催生出特定的产品，特定的产品消费与恩格尔系数有一定的对应关系。例如，当恩格尔系数接近 1 时，市场上流通的饮料几乎都是含糖的，当恩格尔系数在 0.3 时，市场上流行的饮料多数是不含糖的。经济较为发达地区的消费者的产品消费行为是其他人文条件较为接近而经济落后地区将来的借鉴。例如，据统计，2002 年美国的肉食人均消费量 120 千克，2016 年我国人均消费的肉品数量才 26.1 千克［《中国统计年鉴》（2017 年）］，我国的肉食人均消费量与美国相比还有很大的差距，肉食品及相关产品的市场发展潜力还很大。

（四）连比法估计市场潜量

国家的职能（特别是统计）部门和一些民间机构有很多现成的统计资料可供公司经理们利用。经理们可以利用一些统计数据进行参数分析、估计市场潜量，如用连比法估计市场潜量。连比法即是由一个基础数据乘上几个参数加以修正得到市场潜量，例如：

$$\text{对啤酒的需求量} = \text{人口数} \times \frac{\text{可支配收入中用于}}{\text{食品支出的比重}} \times \frac{\text{食品支出中用于}}{\text{饮料支出的比重}} \times \frac{\text{饮料支出中用于}}{\text{含酒精饮料的比重}} \times \frac{\text{含酒精饮料中用于}}{\text{啤酒支出的比重}}$$

上述参数可以通过抽样调查获得。

四、估计未来的需求量

对企业未来需求量的预测是艰巨而复杂的工作。用统计方法进行定量预测，首要任务是分析影响需求的诸多因素，分析它们之间的数量关系，建立适当的数学模型，然后才是收集数据，最后运用计算分析软件估计未来需求量。

企业通常经过三个阶段预测企业的销售量。企业首先需要对宏观经济运行环境进行预测，宏观经济的平稳发展会使需求量预测的误差减小；然后再预测直接影响企业的行业产品需求量；最后才是企业未来的需求量预测，企业估计其在行业销售中能达到的一定份额，据此预测其未来的需求量。

在估计未来的需求时，有许多成熟的统计预测方法（如回归分析、时间序列分析、计量经济学方法等）和与之相对应的软件（如 SPSS、SAS、STATA 等）可以借用，读者可以在相关课程中学习。这里给大家介绍几个简单易学的方法。

（一）购买者意图调查法

市场预测是在一组规定的条件下估计消费者可能买什么的技术。购买者意图调查法是通过一个量表对消费者的购买意愿进行度量，分析预测需求量的方法。如果购买者有清晰的意图，能付诸实施，并愿意告诉访问者，则这种调查就显得特别有价值。

例如，某调研机构对消费者购买汽车的意图进行定期调查。表 3-1 是调查机构所使用问卷中的度量表。

表 3-1　消费者购买意图度量表

你准备在 6 个月内购买一辆汽车吗					
0	0.2	0.4	0.6	0.8	1.00
不可能	有些可能	可能	很可能	非常可能	肯定

表 3-1 就是所谓的购买概率度量表（purchase probability scale）。此外，这种调查还包括询问消费者目前和未来的个人财务状况以及经济前景。各种信息的要点都综合在消费者感情度量或消费者信任度量中。消费耐用品生产商通过了解这些指标，希望预测消费者购买意图的主要转移方向，从而使企业能相应地调整其生产和营销计划。

某些产品通过度量购买概率的调查在新产品上市之前就能得到较为准确的市场反馈信息。

（二）销售人员意见综合法

若企业访问消费者有困难，则可要求它的销售人员进行估计。每个销售人员估计消费者会买多少企业生产的产品，企业再对他们的估计进行综合，得到预测结果。由于销售员最了解客户的意见和动向，故销售人员意见综合法的预测，应有较大的参考价值。

例如，假设某公司有 3 个销售人员，销售人员对未来的产品销售的估计结果如下：

销售人员甲的预测结果是：最可能销售量为 250（单位），销售量在 200～300

67

的可能性为85%；

销售人员乙的预测结果：最可能销售量为200（单位），销售量在160~240的可能性为90%；

销售人员丙的预测结果是：最可能的销售量为220（单位），销售量在170~270的可能性为80%。

假定甲、乙、丙三销售人员的预测值分别服从正态分布，最可能的预测销售量就是它的期望值。查正态分布表得：

85%的概率保证度，$(250-200)/\sigma_甲 = 1.44$

即 $\mu_甲 = 250 \qquad \sigma_甲 = 34.72$

同理得：

$$\mu_乙 = 200 \qquad \sigma_乙 = 24.24$$

$$\mu_丙 = 220 \qquad \sigma_丙 = 37.06$$

总销售量均值是三者之和，即 $250+200+220=670$

总销售预测的标准差是：

$$\sigma = (\sigma_甲^2 + \sigma_乙^2 + \sigma_丙^2)^{1/2} = 57.6$$

结论：未来需求量的均值是670，有95.4%的把握在554.8（$670-2\times57.6$）到785.2（$670+2\times57.6$）之间。

很少有企业在利用它们的销售人员的估计时不作某些调整。销售代表是有偏见的观察者。他们可能是天生的悲观主义者或乐观主义者；他们也可能由于最近的销售受挫或成功，从一个极端走到另一个极端。此外，他们经常不了解更大范围的经济发展和影响他们地区未来销售的企业营销计划；他们可能瞒报需求，以达到使公司制定低定额的目的；他们也可能没有时间去做出审慎的估计或可能认为这不值得考虑。

为了促进销售人员做出较好的估计，企业可向他们提供一些帮助或鼓励。例如，销售代表可能收到一个他过去为公司所作的预测与实际销售对照的记录，以及还有一份公司在商业前景上的设想，有关竞争者的行为以及营销计划。

吸引销售人员参加预测可获得许多好处。销售代表在发展趋势上可能比其他任何人更具敏锐性。通过参与预测过程，销售代表可以对他们的销售定额充满信心，从而激励他们达到目标。而且，一个基层销售代表的预测过程还可产生按产品、地区、顾客和销售代表细分的销售估计。

（三）专家意见法

企业也可以借助专家来获得预测。专家包括经销商、分销商、供应商、营销顾问和贸易协会。例如，汽车生产企业向它们的经销商定期调查以获得短期需求的预测，然而，经销商的估计和销售人员的估计一样有着相同的优点和不足。这些预测专家处在较有利的位置。由于他们有更多的数据和更好的预测技术，因此，他们的预测优于企业的预测。

企业可以不定期地召集专家，组成一个专门小组和做一个特定的预测。请专家们交换观点并做出一个小组的估计（小组讨论法）；或者可以要求专家们分别提出自己的估计，然后由一位分析师把这些估计汇总成一个估计（个人估计汇总法）；或者由专家们提出各人的估计和设想，由公司审查、修改，再反馈给专家们，这样反复循环几次，专家们的预测结果会逐步趋于一致（德尔菲预测法），从而深化原估计。

（四）时间序列分析法

销售预测可以以过去的销售情况为基础，运用时间序列分析估计未来的需求量。时间序列分析（time-series analysis）把影响销售量的因素分解成四大类的因素——趋势、循环、季节和偶发事件，然后，把这些因素再组合以产生销售量预测。例如，指数平滑法（exponential smoothing）是对下一期的销售预测较好的方法，综合考虑过去的历史销售平均值，越近的数据权重越大。

（五）市场测试法

在购买者没有准备仔细的购买计划，或购买者在实现其购买意图时表现得非常无规律，或专家们并非是可靠猜测者的情况下，一个直接的市场测试是必要的。直接的市场测试就是将产品在测试市场推出，统计分析销售情况，预测企业的市场需求量。直接的市场测试特别适用于对新产品的销售预测或为产品建立新的分销渠道或地区的情况。

#在线视频赏析：请扫码观看视频——营销调研中的科学性#

营销调研中的科学性

第四节　市场营销研究中的大数据应用

一、大数据应用相关概述

（一）大数据应用的特征

（1）多样化。通过大数据进行市场营销研究的数据来源和形式是多样的，数据的来源可以是 PC 互联网、移动互联网、智能电视及各种传感器等。大数据的形式也是多样的，不仅有常见的数字型数据，还有文本、音频和视频等数据，以及社会网络信息存在的非结构化数据。不同渠道、不同形式的数据，使得企业对消费者的画像刻画更加全面和准确。

（2）个性化。与传统营销单一形式、无差别的营销投入不同，新的营销研究可以基于大数据进行多元关联分析，通过机器学习从数据中发掘复杂的特征、提取隐含的知识，预测每个消费者的个性化需求，从而实现为消费者量身定制的个性化营销。

（3）时效强。时效强主要指这些大数据通常是实时可用的，这使得营销科学模型能够在消费者搜索信息、比较价格或进行购买时，及时掌握消费者最新的需求及意愿，为消费者提供实时定制的营销工具，从而提升营销的时效性。

（4）高效率。因为大数据的时效性很强，企业还可以根据实时的营销效果反馈及时对投放策略进行调整，从而最大限度地提高营销效率。

（二）大数据的具体应用

大数据在市场营销中包含多种应用，包括程序化购买、广告监测、广告创意优化、客户关系管理、线上线下销售、风险控制、研究与洞察、用户画像、企业内部管理、新产品研发等。总的来说，主要有以下六个方面：

（1）消费者洞察。企业通过大数据挖掘能够及时有效地洞察消费者行为习惯并预测用户需求，可以有效识别新的创新机会，提高营销的精准度和灵活性。

（2）产品定制化。根据多元、全面的数据，企业为消费者提供的信息、商品和服务都趋向于定制化、个性化，实现了"千人千面"的定制化产品。

（3）推广精准化。企业通过积累足够多的用户数据，分析得出用户的购买习惯与偏好，甚至做到"比用户更了解自己"，从而筛选出最有价值的用户进行产品推广。

（4）改善用户体验。营销服务人员有时难以保证接待和处理问题的及时性，导致用户互动体验不佳，传统的广告投放方式也易出现反应滞后的问题，大数据基于用户对产品的使用状况与感受提供个性化服务，改善用户体验。

（5）维系客户关系。企业可以基于数据分析客户流失的原因，并通过发送优惠券、短信提醒、个性广告等个性化的方式挽回流失客户，维系客户关系。

（6）发现新市场。准确预测未来非常困难，但是基于大数据背景能够通过历史数据进行深度分析和机器学习，从营销数据复杂的特征中学习，不断用新的概念或事实扩展存储的知识，从而做出智能决策或预测，发现新市场。

二、大数据应用的误区、机遇和挑战

（一）认识误区

其实，"大数据"这样一个称谓很容易把人们的注意力引导到关注数据本身上，而忽略了数据这样一个表象背后日渐清晰的事实：大数据所反映的社会现象在本质上是人类生存范式的一种转变和扩展。总体而言，人们对于大数据应用主要存在以下三个认识误区。

1. 误区一：大数据是万能的

大数据可以帮助企业更好地制定营销战略和策略，但它不是解决所有弊病的万能药。完全依赖大数据将落入大数据的陷阱，这意味着企业仅仅依靠过去的信息来指导未来的营销策略是非常危险的，因为新的赛道、新的机会往往很难从固有的数据中发现。企业应当站在大数据的肩膀上，并始终保持敏锐的商业嗅觉。

2. 误区二：只要数据够多，就能进行大数据营销

大数据营销的前沿案例让不少企业热血沸腾，但其在实际应用中却"困"在了数据的海洋中。大数据营销若只有海量的数据是远远不够的，数据若不经过处理分析，就仅仅是杂乱无章的数字，并不能成为能给企业带来有效价值的信息。而对数据进行处理分析的技术，往往具有较高的门槛，需要企业不断积累和攻克。因此，企业只有大数据营销的思维是不够的，需要填补理论与实践之间的沟壑。

3. 误区三：大数据应用必然带来效率提升和成本下降

大众往往认为，运用大数据就意味着"高效率""低沉本"。数据分析的准确性是使用大数据的关键，但目前中国各个平台之间的数据壁垒并没有打通，部分企业往往只能掌握片面的数据，而片面的数据并不能有效反映整体真实情况。此外，海量的数据也意味着数据中混杂着海量的冗余信息，即无法为企业带来价值的零散信息，如果企业花费大量精力去研究无效信息，分析出来的趋势也必然是错误的，并不能为企业降低成本，反而大大提升了营销成本。因此，如何从海量信息中识别有价值的信息，妥善利用大数据进行营销需要企业有深厚的功底。

（二）机遇

1. 营销活动更加精准

传统企业的营销大多采用无差别的广告投放模式，这往往会造成高额的营销成本，且转化率也不理想。在大数据背景下，无差异化营销的同质化市场基础几乎丧失殆尽。如今，企业通过对大数据的收集、整合和开发利用，企业可以分析消费者的需求，找到目标受众，发布特定的广告内容，改善整个广告流程，使营销活动更加准确和有效。

2. 营销活动更加个性化

大数据的应用可以使细分市场更"细"，甚至每个消费者都成了一个独一无二的细分市场。大数据时代的更多数据、更先进的分析工具，使企业能够从多种不同的维度对消费者进行细分，企业可以从海量的数据中提取出消费者的个性、爱好、价值观、生活方式及消费特征，使得整个营销活动更具个性化。

3. 营销活动更加可测

对未来的预测功能是大数据最重要的价值之一。大数据的特征之一是"寻找看似不相关联的东西之下隐含的相关联的相互关系，而非因果关系"，而这种关系能精准反映出行业的结构状况。如何准确量化相关行为、心理认知等，如何优化预测算法模型、提升预测准确性，是企业在数据变革中的一大机遇。

71

（三）挑战

1. 数据处理和管理的难度增加

如今，数据处理的形式越来越多元，而数据不仅仅是指数字，还有图片、视频、声音以及社交媒体中的文本等非结构性的数据。这些数据往往没有预先定义的数值，需要研究人员通过算法进行自动化编辑。虽然目前处理非结构化数据的方法正不断增加，但其预测的准确性仍存在不足。如何在庞杂的数据中去粗取精、去伪存真，是大数据给营销变革带来的挑战之一。此外，指数增长的大数据，带来的另一个挑战是如何对这些大数据进行有效的存储、压缩和管理。

2. 大数据人才缺乏

随着数字经济的快速发展，数字经济已成为推动全球经济发展的重要力量，数字人才也快速增长。世界著名管理咨询公司埃森哲和麦肯锡都先后发布报告称，对于数据科学家的需求愈加扩大，并将持续相当长的时间。在这种背景下，如何培养并招揽有高技能的数据人才，是各个有意发展大数据业务公司的重点之一。党的二十大报告强调，加快发展数字经济，坚持人才是第一资源，强化现代化建设人才支撑，必须加快培养造就一支规模宏大、结构合理、素质优良的大数据人才队伍。但目前国内大数据人才缺口持续增大，且人才分布领域不均，主要集中在互联网和金融两大领域，制造业等在产业转型升级过程中极度缺专业的高端数据人才。

3. 营销和隐私之间的矛盾

如何权衡顾客隐私与个性化之间的关系，是企业和社会在当代面临的又一大挑战。在互联网时代，部分用户可能会为了享受数字助理的决策结果，避免忍受自己做决策可能带来的认知和情感疲劳而允许数据收集，而也有用户会严厉拒绝提供个人信息以避免隐私泄露。但是，要尽可能发挥大数据的作用，是建立在获取用户真实数据的基础上的，但这可能引起用户关于隐私泄露和失去数据所有权的担忧。此外，用户隐私数据的泄露也会带来极大的网络安全危机。因此，使用大数据的伦理及法制问题不容忽视。

＊＊＊＊本章小结＊＊＊＊

目标1：掌握市场营销研究的基本概念。

市场营销研究是组织和个人为诊断特定营销问题和最终为企业市场营销决策提供依据而进行的系统的、客观的、科学的、有计划地收集、分析、判断、解释和传递信息的活动过程。市场营销研究要以正确的市场营销学理论为指导，运用恰当的统计学方法剖析市场现象，它是市场营销学和统计学的有机结合。

目标2：了解市场营销研究的阶段和步骤。

市场营销研究的内容包括市场营销环境研究、市场研究、消费者研究、产品研究、营销组合研究、竞争者研究等内容，其过程可分为四个阶段、七个步骤。其中，原始数据收集的方法有四种，即观察法、访谈法、调查法和实验法。

目标3：掌握市场需求的概念及其测量方式。

企业产品销售量估计是以需求估计为基础的。营销人员必须搞清楚需求的含义。市场需求包括多个层次，具体化市场需求还要从多方面进行界定。估计市场需求的方法包括行业市场潜量估计法、区域市场潜量估计法、类比法和连比法。估计未来的需求可以采用购买者意图调查法、销售人员意见综合法、专家意见法、时间序列分析法等。

市场营销研究主要有四个难题：如何解读一个营销管理决策问题，并将其编译为一个研究问题；如何获得解读问题或者验证假设的支撑信息（数据）；用什么分析方法分析获得的信息；如何解读信息的分析结果。

目标4：了解大数据营销的概念及其特征。

大数据营销是营销人员运用大数据技术和分析方法，将不同类型或来源的数据进行挖掘、组合和分析，发现隐藏其中的模式，进而有针对性地开展营销活动，以迎合顾客的个人喜好，为顾客创造更大的价值。大数据营销具有多样化、个性化、时效强和高效率这四个特征。如今，在消费者洞察、产品定制化、推广精准化、改善用户体验、维系客户关系、发现新市场等场景中都能看到大数据营销的应用。但是，大数据营销并不是万能的，需要认清大数据营销的三大误区并了解其未来发展的机遇和挑战。

73

#在线课件赏析：请扫码阅读本章课件及配套练习#

本章课件　　　　　　　　　配套练习

＊＊＊＊本章复习思考题＊＊＊＊

1. 什么是市场营销研究？它的主要内容是什么？
2. 市场营销研究的主要步骤包括哪些？
3. 收集原始数据的主要方法有哪些？
4. 一个市场营销设计主要包括哪些内容？
5. 如何衡量企业的市场需求？
6. 企业如何估计未来的需求？有哪些主要的方法？
7. 大数据营销的定义是什么？有什么样的特征？

第四章
市场营销环境

#在线案例赏析：请扫码阅读本章案例导读——轩妈食品的数字化之路#

轩妈食品的数字化之路

任何企业的营销活动都是在一定的环境下进行的，它的营销行为既要受到自身条件的限制，又要受到外部条件的限制和制约。制约和影响企业营销活动的一系列条件和因素，就是企业的市场营销环境。企业只有主动地、充分地使营销活动与营销环境相适应，才能使营销活动产生最佳的效果，从而达到企业的营销目标。

第一节　市场营销环境的概念与特点

一、市场营销环境的概念

市场营销环境，是指影响企业营销能力和效果的外在的各种参与者和社会影响力。这里所说的"外在的"，既是指企业的外部，有时亦是指企业营销部门的外部。企业的市场营销环境是不断地变化的，这种变化会对企业的营销活动产生重大的影响。一方面，环境的变化对企业可能形成新的市场机会；另一方面，这种变化亦会对企业造成新的环境威胁。因此，市场营销环境是一个动态的概念，企业必须经常调查研究环境的现状和预测其发展变化的趋势，善于分析和判断由于环境的发展变化而新出现的机会和威胁，以便结合企业自身的条件，及时采取趋利避害的对策，使企业的营销活动能和周围的环境相适应，以取得最佳的营销效果，达到企业的营销目标。

企业的市场营销环境可区分为微观营销环境和宏观营销环境两个层次。微观营销环境就是和企业紧密相连、直接影响企业为目标市场顾客服务的能力和效率的各种参与者，包括企业自身、供应商、营销中介、顾客、竞争者和公众。宏观营销环境则是指影响微观环境的一系列巨大的社会力量，主要有人口、经济、自然、技术、政治法律、社会文化六种。微观环境和宏观环境的主要内容及相互关系如图4-1所示。微观环境虽然直接影响企业的营销活动，但是这种影响是由宏观环境所决定的。

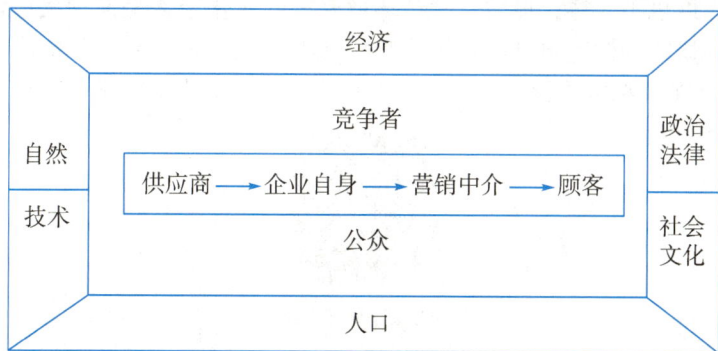

图4-1　企业的市场营销环境

二、市场营销环境的特点

市场营销环境是一个多层次、多因素和不断发生变化的综合体系，有其自身的特点。

（一）客观性

市场营销环境是客观的，是不被人和组织的意志左右的，是企业不可控制的。企业的营销行为总是在一定的环境条件下发生，这就是说，不管如何企业是无法改变和摆脱营销环境对企业营销活动的影响和制约的，企业只能通过改变营销组合来主动适应营销环境的变化，来应对环境变化所造成的各种挑战。

（二）差异性

市场营销环境的差异性不仅表现在不同企业受不同环境的影响，而且同样一种环境因素的变化对不同企业的影响也不相同。由于外界环境因素对企业作用的差异性，从而导致企业为应对环境的变化所采取的营销策略各有特点。

（三）多变性

构成企业营销环境的因素是多方面的，每一个又都随着社会经济的发展而不断变化。这就要求企业根据环境因素和条件的变化，不断调整其营销策略。

（四）相关性

市场营销环境不是由某一个单一的因素来决定的，它要受到一系列相关因素的影响。市场营销环境是一个系统，在这个系统中，各个影响因素相互依赖、相互作用和相互制约。

（五）复杂性

企业面临的市场营销环境具有复杂性，表现为各环境因素之间经常存在着矛盾

75

关系。这种复杂的相互影响程度也是使企业对外部环境难以预测和估计的重要原因。

（六）动态性

营销环境总是处在一个不断变化的过程。首先，社会在发展，环境在变化，企业的各个营销环境要素都处于一种易变的、不稳定的状态之中；其次，不同的环境要素变化的速度也不一样；最后，营销环境要素的变化经常是连锁反应性的。因此企业要不断地研究和调整自己的营销策略，以适应不断发展变化的营销环境。

#在线视频赏析：请扫码观看视频——市场营销环境分析#

市场营销环境分析

第二节　微观营销环境

企业的营销管理者不仅要关注目标市场的要求，而且要了解企业营销活动的所有微观环境因素，这些因素影响着企业服务目标市场的能力。并且，构成微观环境的各种制约力量，又与企业营销形成了协作、竞争、服务、监督的关系。一个企业能否成功地开展营销活动，适应和影响微观环境的变化是至关重要的。图4-2展示了营销微观环境的主要因素，包括企业本身、供应商、营销中间商、顾客、竞争者和公众。

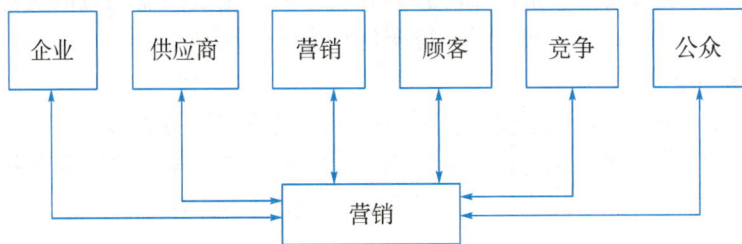

图4-2　营销微观环境

一、企业本身

现代企业为开展营销业务，必须设立某种形式的营销部门。为使企业的营销业务卓有成效地开展，不仅营销部门内各类专职人员需要尽职尽力通力合作，而更重要的是必须取得企业内部其他部门，如高层管理、财务、研究与开发、采购、生产、会计等部门的协调一致。所有这些企业的内部组织，就形成了企业内部的微观环境，如图4-3所示。

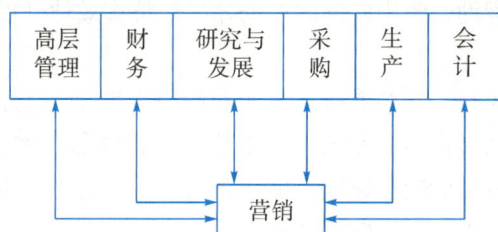

图 4-3　企业内部环境

　　企业内部的微观环境应分为两个层次。第一层次是高层管理部门。营销部门必须在高层管理部门所规定的职权范围内做出决策，并且所制订的计划在实施前必须得到高层领导部门的批准。第二层次是企业的其他职能部门。企业营销部门的业务活动是和其他部门的业务活动息息相关的。财务部门负责寻找和使用实施营销计划所需的资金；研究与开发部门研制安全而吸引人的产品；采购部门负责供给原材料；生产部门生产品质与数量都合格的产品；财务部门核算收入与成本以便管理部门了解是否实现了预期目标。这些部门都对营销部门的计划和行动产生影响。营销部门在制订和执行营销计划的过程中，必须与企业的其他职能部门互相配合、协调一致，这样才能取得预期的效果。

二、供应商

　　供应商是指向企业及其竞争对手供应为生产特定产品和劳务所需要的各种资源的工商企业或其他组织与个人。这一种力量对企业营销活动会产生巨大的影响。营销经理必须关注供应品的可获得性和成本。供应短缺或延迟、工人罢工、自然灾害和其他活动的发生，在短期内会影响销售业绩，长期来看会降低顾客满意度。供应品的成本增加会导致产品售价提高，进而影响销量。其影响主要体现在以下三个方面：

　　（1）资源供应的可靠性，即资源供应的保证程度。这将直接影响企业产品的销售量和交货期。

　　（2）资源供求的价格变动趋势。这将直接影响企业产品的成本。

　　（3）供应资源的质量水平。这将直接影响企业产品的质量。

　　如上所述，资源供求是影响企业竞争能力和产品销售量的重要条件。通常，企业应向多个供应商采购，而不可依赖于任何单一的供应者，以免受其控制。条件许可时，企业应采取后向一体化的策略，自己生产所需外购的主要资源，以增强对营销业务的控制能力，保证企业顺利实现预定的营销目标。

三、营销中间商

　　营销中间商帮助企业销售、促销并将产品送到最终购买者手中，包括经销商、物流公司、营销服务代理商和金融中介机构。这些都是市场营销中不可缺少的中间环节，生产企业必须借助营销中间商的协助才能经济有效地开展营销活动。

（一）经销商

经销商是帮助企业找到顾客或将产品销售给顾客的渠道商，包括批发商和零售商。寻找经销商并与之合作是企业的一项重要工作，也是一件比较困难的事。选择合适的经销商，并且尽可能同有影响有能力的经销商建立良好的合作关系，这将有利于开拓市场，增强竞争，提高营销活动的效率。

（二）物流公司

物流公司帮助企业储存和运送商品，将产品从原产地运往销售目的地，完成产品的空间移位工作。在和物流公司打交道的过程中，企业必须综合考虑成本、运输方式、速度和安全性等因素，从而决定运输和仓储产品的最佳方式。

（三）营销服务代理商

营销服务代理商包括营销调研公司、广告公司、媒介公司、咨询公司。它们帮助企业将产品销售到正确市场。

（四）金融机构

金融机构包括银行、信贷公司、保险公司，以及帮助企业进行融资、抵押买卖商品的其他公司。其对企业营销活动的成功具有决定性的意义。

像供应商一样，营销中间商是公司整个价值传递网络的重要组成部分。在创建令顾客满意的关系过程中，企业不仅要使自身效益最大化，还必须与营销中间商合作，使整个系统的效益最大化。

四、顾客

顾客是企业产品购买者的总称，可以是组织和个人。凡是那些已经购买了企业产品的组织或个人，就是一个企业的现实顾客；而那些现在还没有但可能购买企业产品的组织或个人，为潜在顾客。

正如我们所强调的，顾客是企业微观环境中最重要的因素。整个价值传递网络的目的是服务目标顾客，并与他们建立稳定的关系。任何企业的产品，如果未能被顾客认可和接受，就没有交换对象，就不可能得到预期的营销成果。所以，分析顾客的需要，了解顾客对企业所提供的产品的看法与态度，以及顾客对竞争对手产品的看法和态度，是企业营销管理最重要的内容之一。

营销企业的顾客一般来自五个市场，如图4-4所示。一是消费者市场，二是产业市场，三是中间商市场，四是政府市场，五是国际市场。公司可能会以五类消费者市场中的任意一类作为目标顾客。消费者市场由购买商品和服务的个人和家庭组成，一般用于个人消费。产业市场的顾客购买商品和服务是为了在后续的生产过程中进一步处理或使用，而经销商市场的顾客购买商品和服务则是为了转售以获利。政府市场由购买商品和服务的政府机构组成，用来提供公共服务，或将产品、服务转让给有需要的人。最后，国际市场由其他国家的买家组成，包括消费者、生产者、经销商和政府。每个市场类型都要求卖方认真研究该市场的特殊性。

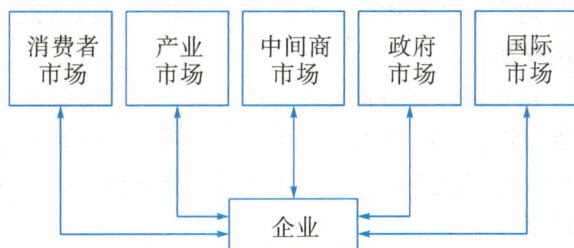

图 4-4　营销企业顾客来源市场

五、竞争者

一个营销企业的竞争者是指在同一个目标市场争夺同一顾客群体的其他企业或类似的组织。任何企业从事营销活动都会遇到各种竞争对手的较量和压力，因此，竞争者成为企业营销的重要环境因素。营销理念指出，要取得成功，公司必须提供比竞争对手更高的顾客价值和顾客满意度。因此，营销人员必须做得更多，而不仅仅是迎合目标消费者的需要。他们还必须获得战略优势，明确定位自己的产品，使之在消费者的脑海中区别于竞争对手的产品。

单一且有竞争力的营销战略并不适合所有企业。每个企业都应该根据竞争对手的情况并考虑自身的规模和行业地位来制定营销战略。在一个行业中占据主导地位的大企业可以使用的战略，小企业可能负担不起。但仅仅规模大是不够的。有成功的大型企业，当然也有失败的。小企业也可以开发自己的战略，获得比大企业更高的回报率。

六、公众

公司的营销环境还包括各种公众。公众是指对一个组织实现其目标的能力具有实际的或潜在的影响力的任何团体。我们可以识别出七种公众，见图4-5所示。

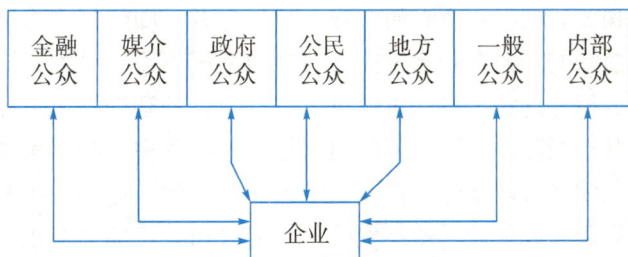

图 4-5　公众市场的种类

（1）金融公众。这个群体影响公司获得资金的能力。银行、投资分析师、股东是主要的金融公众。

（2）媒介公众。这个群体传播新闻专题和社论观点，包括报纸、杂志、电视台以及微博和其他网络媒体。

（3）政府公众。这个群体即负责管理企业营销业务的有关政府部门。因此，企业的营销管理当局在制订自己的营销计划时，需要研究政府和各种法令法规，各项政治和经济发展方针、政策和措施，使企业的营销活动符合政府的要求，以得到政府对企业营销活动的最大支持。

（4）公民公众。一个公司的营销决策可能受到消费者组织、环保团体、少数族裔和其他团体的质疑，其公共关系部门能帮助它保持与消费者和公民团体的联系。

（5）地方公众。这个群体即企业附近的邻里居民和社区组织。大公司通常会建立专门的部门和程序，以处理当地的社区问题并提供社区支持。

（6）一般公众。非组织形式的公众就是一般公众。一般公众不会对企业采取有组织的行动，公司需要考虑一般公众对产品和活动的态度。公众对公司的印象反映在其购买上。

（7）内部公众。这个群体指企业内部的全体职工，包括员工、管理人员和董事会。企业需要通过调动内部员工的积极性来提高企业的活力、增强凝聚力。当员工对他们所在的公司感觉良好时，这种积极的态度会渗透到外部公众中去。

公众对企业的命运会产生巨大的影响，因此企业一般都设有公共部门专门策划建立和各类公众的关系，需要强调的是公共关系事务并不只是公关部门的工作，而应该是企业全体职工都参与的工作。

第三节　宏观营销环境

宏观营销环境是指对企业的生存发展创造机会和产生威胁的各种社会力量，包括人口、经济、自然、技术、政治法律、社会文化等因素，如图4-6所示。公司和所有其他的利益相关者都在一个大的宏观环境下运营。即使是实力最强的公司也可能在面对时常动荡和变化的营销环境因素时变得脆弱不堪。例如，诺基亚一度是手机业的全球霸主，但是这家手机巨头错过了规模空前的智能手机革命，并在业务恶化的情况下被迫壮士断腕，将手机部门出售给微软。其中一些因素是不可预见和不可控的，还有一些因素可以通过一些技巧来预测和处理。那些能了解和适应它们所处环境的公司可以茁壮成长，而做不到这一点的公司就可能面对危机。在本章接下来的部分，我们将解读这些因素并看看它们是如何影响营销计划的。

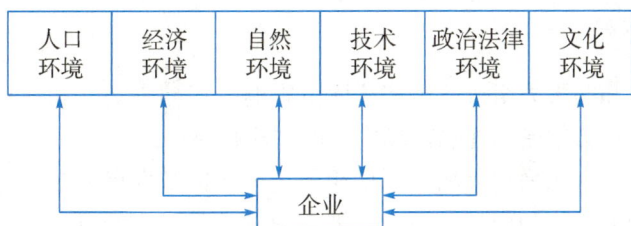

图4-6　企业宏观环境下的主要因素

一、人口环境

营销者们要重点监测的一个因素是人口，因为市场是由人组成的。企业市场营销人员所感兴趣的是：世界人口的规模、地理分布、人口密度、流动趋势、年龄构成、性别构成、出生率、结婚率、死亡率，以及人种、种族和宗教结构。

下面我们将强调当前人口出现的比较重要的趋势以及它们对营销计划的影响。

第一，人口增长放缓。截至2024年，中国总人口约为14亿，但已经出现人口负增长趋势。由于生育率持续下降和人口老龄化加剧，我国人口在未来几年预计将继续减少。随着人口增长放缓，新增消费者数量减少，市场逐渐趋于饱和。企业需要在现有市场中竞争，以争取更大的市场份额，因此企业需要更加注重精细化营销，关注品牌忠诚度和客户关系维护。

第二，人口老龄化加剧。中国正快速进入老龄化社会。65岁及以上的老年人口比例不断上升，2023年这一比例已经超过14%。老龄化导致部分产品和服务需求发生变化，也给部分行业带来了营销机遇。如随着老年人口的增加，健康产品和服务需求大幅增长，包括医疗器械、保健品、健康食品等；养老院、社区养老服务、家庭护理等养老服务市场需求扩大，相关企业可以开发更多适合老年人的服务和产品；老年人对保险、养老金和理财产品的需求增加，金融机构可以开发针对老年人需求的金融产品。

第三，家庭结构变化。小家庭化趋势：随着城镇化进程和生活方式的改变，传统的大家庭结构逐渐被核心家庭（包括夫妻和子女）取代。越来越多的家庭只有一个或两个孩子，甚至出现了丁克（双收入无子女）家庭。小家庭对家庭娱乐设备和服务的需求增加，同时健康和安全产品，如空气净化器等在小家庭中需求上升。单人家庭增加：离婚率上升和晚婚晚育趋势导致单人家庭数量增加，尤其是在大城市中，这一现象更加明显。多代同堂减少：由于生活成本和住房条件的限制，多代同堂的传统家庭模式逐渐减少，老年人独居或与配偶居住的比例增加。营销人员需要考虑现行家庭结构的变化，在产品和服务设计上满足不同家庭结构的需求，同时在营销策略上采用情感营销、体验式营销、社交媒体和内容营销等进行沟通。

二、经济环境

市场由人口和购买力组成。经济环境由影响人们购买能力和消费模式的经济因素组成。营销人员必须密切注意市场内外的主流趋势。

各个国家在收入水平和分配上不尽相同。一些国家发展的是工业经济，组成财富市场的是不同的货物和商品。另一个极端的例子是物质经济。人们消费的大部分是农业和工业输出，提供的市场机会很少。处于这两者之间的是发展中经济，它能为适宜种类的产品提供不错的市场机会。

(一) 消费者收入水平

消费者的购买力来源于其收入，分析消费者收入水平需要进行收入分配与收入分析，如图4-7所示。

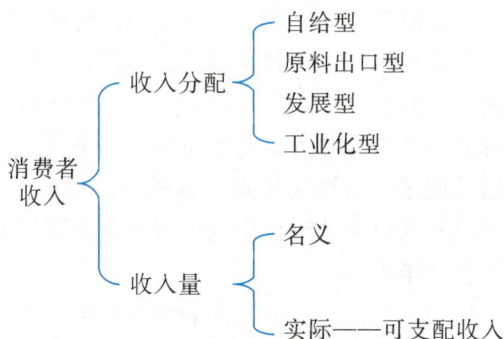

图 4-7　消费者收入水平分析

收入分配。各国收入的水平与分配差异很大，其主要取决于国家的产业结构。产业结构有四种类型，即自给型经济、原料出口型经济、工业发展中经济、工业化经济。不同的产业结构，对收入分配量的大小也有重要影响。

（1）自给型经济。在这种经济中，大多数人从事简单的农业劳动，产品的大部分自行消费，剩余的则用于交换简单的商品与服务，为市场营销人员提供的机会很少。

（2）原料出口型经济。在这类经济中，国民的大多数收入，往往来自一种或几种自然资源出口，而其他方面则很匮乏，如中东地区的石油输出国。

（3）工业发展中经济。在这类经济中，制造业占国家国民生产总值的 10%～20%，这些国家发展现代工业，主要集中在纺织、汽车、钢铁等传统工业。工业化产生了富裕的阶层和不断增加的中产阶层，他们需要新型的商品，其中有些只能靠进口来满足。在这样的国家中，也存在大量的贫困阶层，且贫富差距很大。

（4）工业化经济。工业化经济是出口制成品和输出资金的经济。这些国家出口产品以换取原材料和半成品。这些国家拥有大量的制造品以及规模很大的中产阶层。因此，国民购买力很强，是新产品、技术产品和奢侈品的主要消费国家。

现在也开始出现了知识经济国家，其主要是掌握了最先进的信息、通信和其他高新技术的国家。这些国家通过出口这些技术和产品，获得大量的财富。

收入量。对一个国家或特定的市场消费者的收入量进行分析，常用如下两个指标：个人可支配收入和个人可任意支配收入。

个人可支配收入。消费者的一切个人收入并不都是可以由自己支配的。个人收入中必须扣除应由消费者个人缴纳的各项税款和其他各种政府强制执行征收的管理费，如个人所得税、住房公积金、退休保险等以后才是个人可支配的收入。这部分个人可支配收入是真正影响消费者购买力水平的决定性因素。

个人可任意支配收入。上述个人可支配收入实际上仍不是消费者所能任意支配的，因为其中的相当一部分必须用来维持个人及家庭的生活或其他已固定的开支，如伙食、衣着、房租、分期付款、保险费用和其他固定开支，其后的余额才是个人可任意支配的收入。个人可任意支配的收入是消费者用来扩大购买量及提高消费水平的基础。

党的十八大以来，我国历史性地解决了绝对贫困问题，如期实现了全面建成小康社会目标，目前我国进入中等收入的人口超过 4 亿人，形成了全球规模最大、最具成长性的中等收入群体。党的二十大报告指出，"中国式现代化是全体人民共同富裕的现代化"，并强调要"扩大中等收入群体"。中等收入群体规模不断扩大，是实现全体人民共同富裕的基础和前提，是推进全体人民共同富裕的重要途径。

（二）消费结构

当消费者的收入逐步增加时，其消费结构也会相应地出现有规律的变化。所谓消费结构是指各类消费支出额在消费支出总额中所占的比重，因此，消费结构也称为消费支出模式。

研究消费结构变化的最主要的经济学理论是恩格尔系数。厄恩斯特·恩格尔（Ernest Engel）是德国统计学家，他在研究消费者家庭开支变化时，发现了一个规律：家庭收入越少，用于食物方面的费用在家庭全部支出中所占的百分比越大；当家庭所得增加时，用于食物的支出在支出总额中所占百分比就会逐渐减少。恩格尔发现的这一规律在以后的家庭收支研究中得到广泛的证实。

恩格尔系数求法为：

$$恩格尔系数 = \frac{用于食物的支出}{全部消费支出} \times 100\%$$

恩格尔系数可以用来衡量居民的富裕程度，同时也可表明一个国家潜在购买力的大小。按照联合国的划分标准，当一国恩格尔系数 $\geq 50\%$ 时，为贫穷；其恩格尔系数在 $30\% \sim 50\%$ 之间时，为较富裕；其恩格尔系数 $< 30\%$ 时，为富裕。企业从恩格尔系数可以了解目前市场的消费水平，也可以推知今后消费变化的趋势及对企业营销活动的影响。

（三）储蓄和信贷

在不考虑消费者储蓄变化影响的情况下，消费者及其家庭的可任意支配收入形成当期全部购买力。但是，一般情况下，消费者并不是将其全部收入完全用于当期消费，而会把收入的一部分以各种方式储存起来，如银行存款、债券、股票等。经济学家发现消费和储蓄都随收入的增加而增加，但收入增加到一定程度后，消费增加的百分比将逐渐降低，而储蓄增加的百分比将逐渐提高。

消费信贷对购买力的影响正好与储蓄相反，消费信贷实际上是购买力的预支，因此，消费信贷的扩大等同于购买力的扩大。西方国家的消费者信贷比较普遍也比较发达。许多消费者家庭普遍通过借款来增加当前消费。最常见的消费信贷有短期赊购、分期付款和信用卡信贷等多种形式。

当前，我国处于工业化发展中，因为资金的缺乏和受传统观念影响，消费者信贷还不发达。但近年来也出现了增加的势头。如为启动房地产业市场，房地产企业对消费者购买商品住房提供的银行资金按揭等。

影响购买力的因素，还包括生活消费观念的变化、社会文化风气的变化等。对于市场营销人员来说，其需要对经济环境变化经常地予以观察，以做出正确的分析和预见，这对于制定正确营销是大有裨益的。

三、自然环境

企业营销的自然环境，是指影响企业生产和经营的物质因素，如企业生产需要物质资料，企业生产产品过程中对自然环境的影响等。自然环境的变化，既可以带来严重的威胁，也可能创造有利的市场营销机会。企业营销人员必须重视自然环境的变化趋势。

(一) 某些自然资源发生短缺

地球上的资源可分为无限资源、有限可再生资源、有限不可再生资源三种。

首先，无限资源如空气、阳光等，目前还未发生问题。尽管某些环保组织认为存在长远上的危机，如臭氧层遭到破坏，但目前引起世界广泛关注的是水。它已成为某些地方的主要问题了，包括中国在内的许多国家和地区，发生了水资源短缺，而且受到严重污染。其次，是可再生有限资源，如森林、粮食等。耕地面积的减少、森林的过量采伐等损害了其再生能力从而出现短缺。最后，石油、煤、铂、锌和银等不可再生资源，由于掠夺性开采，最后将不可避免地趋于耗竭。使用这些稀有矿藏的企业面临着成本大幅度上升的威胁，而且很难将其转嫁给顾客。

面对自然资源日益短缺的威胁，人们对能节约资源耗用的产品和方法，以及稀缺原料的有效代用的需求也更为迫切，这将为从事该方面研究和开发工作的企业形成良好的发展机会。

(二) 能源成本的上升

石油这一不可能再生的有限资源，已经成为未来经济增长的最严重的问题之一。世界上的主要工业化国家对石油的依赖很严重，除非能够开发出经济的替代能源，否则，石油将继续主宰世界的政治、经济局面。20世纪70年代的油价大幅上升，

1991 年的海湾战争，已促使人们去研究替代能源。煤又重新被普遍使用，许多企业还在探求太阳能、原子能、风能及其他形式能源的实用性手段。仅仅太阳能领域，已有成百上千的企业、机构推出了一代代产品，用于家庭供暖和其他用途。越来越多的企业，正在加快研究电动汽车。

对能源替代资源的开发和更有效地使用能源导致了 1986 年原油价格的下降。低价对石油勘探不利，但却明显地使用油企业和消费者的收入提高了。企业需要更密切地关注石油及能源价格的变化。

（三）环境污染日益严重

发达国家工业发展的历史说明：工业发展的过程，同时也是环境污染日益增加的过程。例如，化学和核废料的随意丢弃，海洋中水银的危险浓度，土壤和食品中的化学污染量，以及我们周围散乱丢弃的大量无法被生物降解的瓶子、塑料袋和其他包装材料。环境污染造成的公害已引起公众越来越强烈的关注和谴责。这种动向对一切造成污染的行业和企业构成一种"环境威胁"。一方面，它们在社会舆论的压力和政府的干预下，不得不采取措施控制和消除污染；另一方面，这也给生产控制污染设施或不污染环境的产品的行业和企业造成新的市场机会，如净化、回收中心，土地填充系统工程都因此获得了巨大的市场。

（四）政府对自然资源的管理和干预日益加强

随着经济发展和科学技术的进步，许多国家政府都加强了对自然资源的管理，制定了一系列相应的法规。如荷兰成功地推行了"国家环保政策计划"，该计划以减少污染为目标。德国政府坚持不懈地追求环境的高质量。美国于 1970 年成立了环保署（EPA，Environment Protection Agency），负责制定和实施关于污染的标准，开展对污染的形成和影响的研究。但是，政府的管理与干预，往往与企业的经济效益相矛盾。比如，我国为了控制某些地区的环境污染，按照法律和合理的标准，对一些企业实行"关、停、并、转"，这样就可能造成该地区工业增长速度放慢。因此，我们一方面必须健全和完善环境保护的有关法规，加强治理环境的力度；另一方面，又必须统筹兼顾，有步骤地分阶段治理。党的二十大报告指出，"推动绿色发展，促进人与自然和谐共生。"尊重自然、顺应自然、保护自然，是全面建设社会主义现代化国家的内在要求。必须牢固树立和践行绿水青山就是金山银山的理念，站在人与自然和谐共生的高度谋划发展。

四、技术环境

科学技术是影响人类前途和命运的最大的力量。技术的进步对企业营销的影响，更是直接而显著。新技术创造了市场和机会。然而，每一项新的技术都会取代旧的技术。数字摄影的诞生影响了电影业，数字下载使光盘业务没落，微信和支付宝等数字支付对银行业也产生了重要影响。当老产业抵触或忽视新技术时，它们的业务将衰退，因此有学者将科学技术也称"创造性的破坏力"。新技术创造新的市场和机遇。营销人员应注意技术发展趋势，随时准备应变。

随着新技术的高速发展，企业需要进行数字化转型。大数据和人工智能（AI）技术使得企业能够分析大量数据，获取有价值的洞察，从而进行更精准的决策和营销。如：通过分析消费者行为和偏好，企业可以进行个性化的广告投放和推荐，提高营销效果；AI驱动的客服系统可以自动处理客户查询，提供24/7的支持，提升客户满意度。在营销渠道构建上，电子商务平台如阿里巴巴、京东和亚马逊等使得消费者可以方便地在线购物，企业需要优化电商渠道以满足消费者需求。

党的二十大报告指出，完善科技创新体系，坚持创新在我国现代化建设全局中的核心地位。当今科学技术迅猛发展，在生物技术、微电子、机器人和材料科学等领域出现了令人振奋的结果。这些新技术的研究将革新我们的产品和生活方式，给人们的需求带来更广阔的天地。企业应抓住这一历史机遇，加大研发投入，关注市场需求，灵活应对变化，不断创新产品和服务，以满足消费者日益增长和多样化的需求。

科学技术进步给市场营销带来的影响表现为：大部分产品的生命周期有明显缩短的趋势；技术贸易的比重增大；劳动密集型产业面临的压力将加大；发展中国家劳动力费用低廉的优势在国际经济中将削弱；流通方式将向更加现代化的方向发展。

因此，营销人员必须密切注意技术环境的变化，了解新技术如何为人类需要服务，以促进本企业的技术进步。企业应该和研究开发人员密切合作，鼓励以市场为导向的研究；同时，也必须警惕技术发明对使用者可能造成的危害，以防引起消费者的怀疑甚至抵制。

五、政治法律环境

企业总是在一定社会形态和政治体制中活动的，因此，企业的营销决策在很大程度上受政治和法律环境变化的影响。

这里所说的政治法律环境，主要是指与市场营销有关的各种法规以及有关的政府管理机构和社会团体的活动。纵观世界各国，在过去几年中，调节企业营销活动的法令、法规呈现出不断增加的趋势。

我国自十四大明确我国经济体制改革的目标是建立社会市场经济体制以来，已经明显地加快了经济立法的速度，迄今已陆续颁布或修订了《中华人民共和国公司法》《中华人民共和国广告法》《中华人民共和国税收法》《中华人民共和国经济合同法》《中华人民共和国反不正当竞争法》《中华人民共和国保护消费权益法》《中华人民共和国民法典》等多项法律，以规范企业行为。党的二十大报告指出，"要构建全国统一大市场，深化要素市场化改革，建设高标准市场体系。完善产权保护、市场准入、公平竞争、社会信用等市场经济基础制度，优化营商环境。"

从现代营销活动来看，政治法律环境的主要影响有：

（1）大量的立法影响企业经营活动。立法的目的主要有：第一，保护企业的利益，防止不正当竞争；第二，保护消费者的利益，使消费者免受不公平商业行为的损害；第三，保护社会利益，以防社会成员受到不符合社会公德的商业活动的影响。

（2）公众利益团体力量增强，影响扩大。企业营销人员除必须懂得法律外，还要了解有关公众利益团体的动向。在西方，这些能够影响立法倾向和执法尺度的非立法、执法性质的社会团体被称为压力集团。对市场营销有直接影响的，主要是消费者保护和环境保护方面的团体。我国从 20 世纪 80 年代开始建立了消费者协会。此后，各大中城市的消费者组织纷纷成立。消费者协会在贯彻《中华人民共和国消费者权益保护法》、维护消费者权益方面做了大量工作，发挥着日益显著的作用。许多企业都建立了新的公众事务部门来应对这些组织及其问题。企业的经营者既要善于应对消费者保护和环境保护力量的挑战，又要善于捕捉消费者保护和环境保护力量所提供的机会。

新的法律和不断增加的各种压力组织使市场营销人员受到更多的限制，他们不得不协同公司法律、公共关系和公众事务部门一起制订市场营销计划。

六、文化环境

文化是指在一定的社会区域内人们所具有的基本信仰、价值观和生活准则等的总称。而文化环境是影响人们欲望和行为的重要因素。对于不同市场消费者的社会文化背景，企业营销人员需要了解和掌握后，才能识别或掌握消费者的主要行为特征和规律。

构成一个社会文化最核心的东西是人们的价值观。价值观又分为核心价值观和次价值观。核心价值观是支配人的行为的最稳固的力量。一个人的核心价值观一经形成就具有高度的持续性。在营销活动中，企业不要试图做与消费者核心价值观相冲突的事。

次价值观是比较容易改变的。在营销活动中，企业可以通过改变人们的次价值观来影响消费者的某些行为，以营造一个有利的营销环境。

除了核心文化以外，在一个社会中还有亚文化。亚文化是指在一个共同的社会文化背景下，由于某种自然或社会原因所造成的具有差异性的不同文化群体。亚文化的存在，使一个社会或国家中存在有不同行为取向的社会群体，由此就必然会出现不同的消费群体。市场营销人员可以将这些亚文化群体作为目标市场。

第四节　环境分析与企业对策

市场环境分析也称为机会和威胁分析。市场环境分析的任务就是对外部环境诸因素进行调查研究，以明确其现状和变化发展的趋势，从中识别出对企业发展有利的机会和不利的威胁，并且根据企业本身的条件做出相应的对策。

一、环境分析的意义

分析营销环境的主要意义为：通过营销环境的分析，营销企业能识别营销机会和发现环境威胁，从而提高企业对环境的适应性。

环境威胁是指营销环境中所出现的不利的发展趋势及由此形成的挑战。如果企业不采取果断行动，这种不利的趋势将导致营销企业的市场地位被侵蚀。当出现环境威胁的时候，营销企业必须能预见并制定对应措施，否则，企业的营销活动就会遭遇困难，严重时，将使企业面临全面的危机乃至被毁灭。

营销机会是指在营销环境中所出现的对企业的营销活动具有吸引力的领域，在这一领域内，企业拥有竞争的优势或有得到更多营销成功的可能性。对于营销企业来说，营销机会是企业在市场中遇到的发展机遇。如果营销企业不能及时地抓住这些机会，就不可能取得营销活动的成功。

二、环境评价方法

（一）列表评价法

所有对企业经营有影响的环境事件，其影响可分为正影响（即机会）和负影响（即威胁）两种。不论是正影响或负影响，都有不同的强弱程度。此外，环境因素还有发生的概率问题。人们常以某个数列来定量地表述影响的强弱程度和概率的大小。例如，从最好的机会到最大的威胁分别以+5 至−5 的 11 个整数数字表示影响的强弱程度，以 0~5 的 6 个整数数字表示发生概率的大小，然后将影响强弱的得分和概率大小的得分相乘，得到的乘积就表示正影响或负影响的重要程度。

例如，某工业发达国家的某造船厂，对石油涨价这一环境因素，通过可能引发的事件对该厂业务的影响，作如表 4-1 所示的重要程度分析。

表 4-1　环境事件重要程度分析表

事件	对企业的影响	发生的概率	潜在的机会（+）或威胁（−）的重要程度
石油价格上升			
1. 油轮需求量减少	−5	5	−25
2. 运煤船需求量增加	+5	5	+25
3. 贮油设备需求增加	+3	3	+9
4. 酒精燃料技术的进步	+1	1	+1
5. 发展中国家造船技术的提高	−3	5	−15

从表 4-1 中可见，1、2、5 三个事项最为重要，是制定对策时首先应予以考虑的因素，而第 3 项是次一级考虑的因素，而第 4 项属于不重要，可以忽略。

（二）矩阵分析法

首先，将有关环境事件的影响区分为机会和威胁两类，将影响的程度和发生的概率大致上分为高低两档。然后，以发生的概率为横坐标，以机会或威胁的强弱程度为纵坐标，分别作出威胁矩阵和机会矩阵，根据各环境事件的相应数据，在坐标平面上描点，就可以区分其重要程度。仍以上例为例，我们可分别作出威胁矩阵和机会矩阵，如图4-8所示。

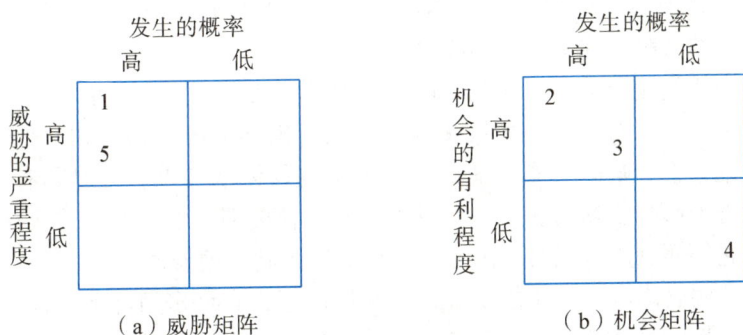

图 4-8 矩阵

列于威胁矩阵或机会矩阵左上角的因素，皆为重要性高的因素，经营者应高度重视并制定对策对其利用或避开，减小威胁或把握住机会；对列入右上角和左下角的因素，其重要程度较次，一般不需要立即制定对策，但经营者仍应严密监视其动向；至于列于右下角的因素，则可忽略不顾。

通过环境事件的重要性分析，企业对所处的环境要有一个综合的估计，即综合考虑面临的机会和威胁的程度。这种综合估计可用机会威胁综合矩阵来表示，即以机会的强弱程度为纵坐标，以威胁的强弱程度为横坐标，并各分为高低两档，这样就把企业的处境分为四种类型，如图4-9所示。

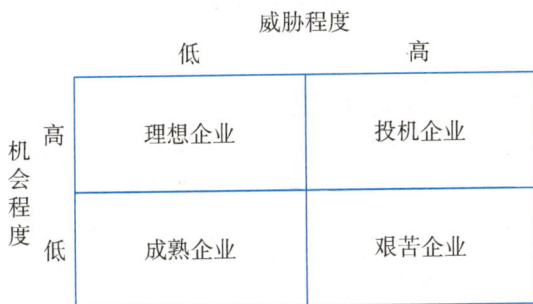

图 4-9 机会威胁综合矩阵

理想企业，即具有重大机会而无重大威胁的企业。

成熟企业，即面临的机会及威胁均低的企业。

投机企业，即面临的机会及威胁均高的企业。

艰苦企业，即机会小而威胁大的企业。

三、拟定对策

企业通过对外部环境的分析，可找出重大的发展机会和避开重大的威胁，以改进企业的地位，谋求企业的发展。

一些企业把营销环境看成"不能控制"的因素，认为自己只能去适应它。它们被动地接受营销环境，而不是试图去改变它。它们分析环境因素，然后制定策略，以避免环境中的威胁，或者利用环境中的机会。

另外，一些企业则采用了预测性环境管理的方法。这些企业不再单纯地观察环境变化再做出反应，而是采取积极步骤去影响营销环境中的公众和其他各种因素。它们雇用游说者去影响有关本行业的立法，策划媒体事件以获得对其有利的报道。它们利用广告来影响公众的观念，利用法律或向管理部门汇报的方式来保证竞争者不会出格。它们还利用合同管理的方式来更好地控制分销渠道。

然而，营销管理人员并不能永远控制环境因素，在许多情况下，他也只能观察并适应环境。例如，企业基本上不能影响经济环境，或主要的文化价值观。但只要有可能，营销管理者就应对市场环境采取主动而非被动的态度。

#在线案例赏析：请扫码阅读本章思政案例——荣耀品牌的战略转型与挑战#

荣耀品牌的战略转型与挑战

＊＊＊＊本章小结＊＊＊＊

目标1：掌握市场营销环境的概念及其特点。

市场营销环境，是指影响企业营销能力和效果的外在的各种参与者和社会影响力。市场营销环境是一个动态的概念，企业必须善于分析和判断由于环境的发展变化而新出现的机会和威胁，以达到企业的营销目标。企业的市场营销环境可区分为微观营销环境和宏观营销环境两个层次。

目标2：了解市场微观营销环境的主要因素。

微观营销环境就是和企业紧密相连、直接影响企业为目标市场顾客服务的能力和效率的各种参与者，包括企业自身、供应商、营销中介、顾客、竞争者和公众。

目标3：了解宏观营销环境的主要因素。

宏观营销环境是指对企业的生存发展创造机会和产生威胁的各种社会力量，包括人口、经济、自然、技术、政治法律、社会文化等因素。人口的数量和人口的一系列性质因素会对市场需求产生重大的影响。收入、价格、储蓄和信贷是构成经济环境的主要因素。企业营销的自然环境，是指影响企业生产和经营的物质因素。科学技术是影响人类前途和命运的最大的力量。技术的进步对企业营销的影响，更是直接而显著。营销人员应注意技术发展趋势，随时准备应变。政治法律环境，主要是指与市场营销有关的各种法规以及有关的政府管理机构和社会团体的活动。文化是指在一定的社会区域内人们所具有的基本信仰、价值观和生活准则等的总称。

目标4：掌握如何进行市场营销环境分析。

市场环境分析的任务就是对外部环境诸因素进行调查研究，以明确其现状和变化发展的趋势，从中识别出对企业发展有利的机会和不利的威胁，并且根据企业本身的条件做出相应的件作出相应的对策。通过营销环境分析，营销企业能识别营销机会和发现环境威胁，从而提高企业对环境的适应性。市场环境分析可分为：环境评价和拟定政策等步骤。

#在线课件赏析：请扫码阅读本章课件及配套练习#

本章课件　　　　　　　配套练习

＊＊＊＊本章复习思考题＊＊＊＊

1. 简述企业与市场营销环境的关系。
2. 微观营销环境由哪些方面构成？
3. 宏观营销环境包括哪些因素？
4. 市场环境分析的方法有哪些？
5. 企业对营销机会环境威胁的对策如何？

第五章
消费者市场和购买行为分析

- -

#在线案例赏析：请扫码阅读本章案例导读——索菲亚的消费者锁定#

索菲亚的消费者锁定

得市场者得天下。只有那些真正了解顾客的企业，才能发现和把握更多的市场机会。因此，企业必须认真研究目标市场消费者的欲望、偏好、购买行为以及影响消费者购买行为的因素，为企业的营销决策提供客观依据，从而使企业在竞争中获得优势，获得自身的发展。

第一节　消费者市场

一、消费者市场需求的主要特征

消费需求是随着社会经济、政治和文化的发展而不断产生和发展的。尽管消费需求千变万化，但其总有一定的趋向性和规律性。消费需求的基本特征，主要表现在以下几个方面：

（一）多样性和差异性

由于消费者在地理位置、收入水平、文化程度、生活习惯、民族传统、职业、性别、年龄等方面存在差异，因而其对产品和服务的需要无论在对象本身还是满足方式上都不一致。消费者有各式各样的爱好和兴趣，对商品的需要丰富多彩、千差万别，即使满足的是相同需要，产品或服务也会存在着差异。企业应注重产品综合开发与整体市场的结合，以满足消费者需要。

（二）发展性

消费水平不会停留在一个水平上。随着科学技术的进步，社会生产力水平的提

现代市场营销学

高，消费者的经济收入也会随之提高，人们对市场上的商品和服务的需求也会不断发生变化；原有的需求得到满足，又会产生新的需求。这种需求的发展性一般是由低级到高级，由简单到复杂，从追求数量上的满足向追求质量上的满足发展。这种发展性表现为曾经流行的畅销品在一定时期后可能成为过时的滞销品，新产品和高档产品的比重将不断增大。

（三）层次性

消费需求会受到货币支付能力和其他条件的约束。在一定条件下，消费者对各类消费资料的需求有缓有急、有低有高，表现出层次性。一般来讲，消费需求可以被划分为三个基本层次：生存需求、享受需求和发展需求。生存需求是最基本的需求，属于低层次需求，享受和发展需求属于高层次需求。只有低层次的需求得到满足后，人们才会产生高层次的需求。虽然每一个消费者的需求在一定时期内处于一个层次上，但从全社会来说，则同时存在着高、中、低档不同层次的需求。针对这一特点，企业应根据不同时期不同消费者的需求层次，适时开发出不同层次的产品。

（四）伸缩性

人们的消费需求受各种因素的影响。这些因素的变化会引起消费需求的相应改变，既可能变多，也可能变少，从而表现出消费需求的伸缩性。这种伸缩性在不同的产品上表现不同。一般来讲，生活必需品的需求弹性很小，其需求的伸缩性也小；非生活必需品，尤其是高档消费品的需求弹性很大，其需求的伸缩性也较大。根据这一特征，企业可综合考虑内、外部条件，确定最佳的商品供应量。实践证明，人们随着经济、社会地位的改变，一般都会相应增加或减少对某些商品的需求。

（五）可诱导性

消费者的需求是可以诱导和调节的。由于大多数消费者不具备专门的商品知识，在企业广告宣传的诱导下，消费需求会发生转移，本来打算购买甲产品的可转而购买乙产品；潜在需求，经过诱导，可以上升为现实的需求；未来的购买欲望可以转变为近期的购买行为。针对这种可诱导性，企业应该了解消费者的心理，搞好产品的促销，引导消费需求向健康的方向发展。

（六）关联性和替代性

关联性是指一种商品的销售可能带来另一些相关产品的销售。替代性是指一种商品销售量的增加可能导致另一种商品销售量的减少，替代性商品具有逆向关联性。研究消费需求的关联性和替代性，对企业选择目标市场、确定营销战略十分重要。

二、消费者市场的一般特点

消费者市场又叫消费品市场，是由为满足个人生活需要而购买商品的所有个人和家庭组成的，是组织乃至整个经济活动为之服务的最终市场。

由于消费需求的多样性，市场供求状况的多变性，消费者市场必然是一个复杂而又多变的市场。同其他市场相比，消费品市场具有以下特征：

93

（1）分散性和广泛性。这是指消费品市场上的购买者人数众多，消费者的分布地域广。从城市到乡村，消费者无处不在，市场广阔，潜力极大。

（2）小型化。这是指消费品是以个人和家庭作为基本购买单位的，因而每次交易的数量与金额相对较少，多属零星购买，购买频率较高。

（3）多变性和流动性。由于消费需求的多样性和发展性，消费品市场必然呈现多变性，使购买力在不同的商品之间不断发生转移。同时，消费品的地区流动性很大，旅游业越发达，人口流动性越大，消费品市场的流动性就越明显。

（4）替代性和互补性。这是指消费品的专用性不强，大多数的商品有较强的替代性，有些商品可以互换使用，因而具有互补性。

（5）非专家性。消费品的购买者对所购买的每一种产品大都缺乏专门知识，容易受其他因素的影响，他们通常根据个人的感觉和喜好做出购买决策。

（6）非营利性。消费者是为了满足自己的需要而购买，而不是为了营利。

三、消费者购买行为的内容

消费者购买行为是指为满足个人或家庭生活需要而购买所需商品或服务的活动以及与这种活动有关的决策过程。企业的营销人员在研究消费者购买行为时，应了解消费行为所包含的内容和行为方式，即：

（1）市场由谁（Who）构成，即购买者。购买主体是购买决策的执行者。企业可以根据消费者的年龄、性别、职业、收入等将消费者划分为不同类型，了解谁会是企业某种产品的购买者，分析最有可能购买某种商品的消费者类型。

（2）购买什么（What），即购买对象。这是指消费者主要购买的商品和商品的类型、品牌、规格、型号、颜色、式样、包装、价格等。

（3）为何（Why）购买，即购买目的。这是指消费者购买商品的目的和真正的动机。它是由消费者的需要和其对需要的认识引起的。

（4）谁（Who）参与购买，即购买组织或执行购买的人。消费者购买的商品不同，购买的复杂程度就不同，所需解决的问题也不一样，参与购买行为的人，即购买组织也不尽相同。

（5）怎样（How）购买，即购买行动或购买方式。这是指购买主体在购买行为中的购买方法与货币支付方式。购买方法可分为邮购、函购、自购、托人购买、电话购买、网上购买等；货币支付方式可分为现金支付、信用卡、支票、延期付款、分期付款、在线支付、移动支付、数字人民币支付等。

（6）何时（When）购买，即购买的时机。企业应该了解消费者购买商品有无季节性及消费者喜欢和经常在什么时间购买商品。

（7）何地（Where）购买，即购买地点。消费者对购买地点的选择一般是有规律性的，企业应该分析消费者经常购买商品的地点。

一般来讲，企业对目标市场顾客购买行为中的"6W+1H"了解得越清楚，越能掌握市场需求、顾客偏好的变化规律，也越能设计出有效的营销战略和营销组合。从方法上来讲，营销企业必须要了解顾客购买行为的规律，通过市场调查或消费者调研来了解并掌握目标市场消费者的购买行为。

四、消费者购买行为模式

行为模式是指一般人或大多数人如何行动的典型方式。消费者购买行为模式是指一般人或大多数人如何购买商品的典型方式。现代行为科学在分析人类行为时，建立了不少的分析模式，其中最著名的是"刺激—反应"模式。营销研究人员根据这一模式建立了消费者购买行为模式，如图 5-1 所示。

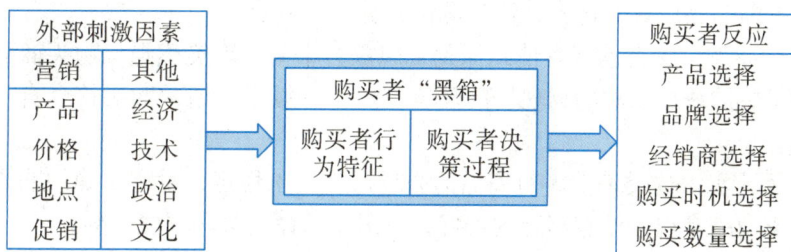

图 5-1　消费者购买行为模式

消费者的购买行为是在受到某种刺激后做出的一种反应。刺激因素归为两种类型：营销因素，即由产品、价格、渠道和促销组成的 4Ps；非营销因素，即政治、经济、社会文化以及技术等因素。消费者在购买过程中做出的决策是对产品、品牌、经销商、购买时间及数量做出的选择，是对刺激因素的"反应"。现在的问题是，对于同一个刺激因素，消费者做出的反应往往并不一样。这是因为对于相同的刺激或不同的刺激，不同行为个体的心理反应不同，就会产生行为的差异。企业不能对特定个体的心理完全了解，在消费者购买行为中，这种现象被称为购买者"黑箱"。

在瞬息万变的市场上，营销人员不可能完全了解市场上成千上万的购买者"黑箱"，但是其通过对行为中带有规律性的反应的观察和分析，就能够基本掌握行为的规律性。这正是建立"消费者购买行为模式"的意义。同时，营销人员通过建立这个行为模式，也能得到如何研究消费者购买行为的基本方法，即通过分析"购买者黑箱"中的"购买者行为特征（的影响因素）"和"购买者决策过程"这两个行为心理过程，来掌握消费者购买行为的形成与变化规律。

消费者对各种外界影响的反应如何是企业研究消费者行为的中心问题。那些真正了解消费者对不同产品特征、价格、广告的反应的企业，较之竞争对手有更大的优势。因此，营销人员和科研人员一般会用大量的精力去研究营销刺激和消费者反应之间的关系。

消费者购买行为模式是对实际购买行为的抽象和简化。消费者的实际购买行为是千差万别的，但其中有许多人的购买行为却非常相似，这就构成了这部分人的购买行为模式。在实际生活中，消费者的购买行为模式有以下几种典型的形式：

（1）理智型。这类消费者头脑比较冷静，购买时有主见，不易受外界因素的影响。购买商品前，该类消费者会广泛收集信息，购买时十分谨慎，反复挑选。

（2）冲动型。这类消费者感情比较外露，容易受外界因素影响而出现随机购买行为。该类消费者购买商品前没有足够的准备，往往凭一时感觉做出购买决策，易受促销手段的影响，较易做出快速购买行动。

（3）习惯型。这类消费者根据长期养成的消费习惯，总是按过去购买过的某种品牌、规格等去购买商品或习惯去同一销售点购买商品，较少受广告宣传和时间的影响。

（4）经济型。这类消费者十分注重商品的价格，购买时追求实惠，常根据价格的高低来判断商品质量的优劣，认为应该一分钱一分货。

（5）情感型。这类消费者情感深刻，想象力丰富，审美感强，购买商品时容易受促销和情感的诱导，对购物现场的环境反应十分敏感，通常购买符合自己感情需要的商品。

（6）不定型。这类消费者对商品的心理尺度尚未稳定，没有明确的购买目的和要求，缺乏商品常识，没有固定的偏好，一般是奉命购买和顺便购买。

（7）疑虑型。这类消费者害怕上当，对所买商品疑心重重，导致在购买过程中犹豫不决。

企业认真研究消费者的购买行为模式和特点，就能采取有效的措施和营销策略，提高其为市场服务的能力，提高效益。

第二节　影响消费者购买行为的主要因素

消费者的购买行为特征是受许多因素的影响而形成的，消费者购买行为主要受到文化、社会、个人和心理因素的影响，如图 5-2 所示。

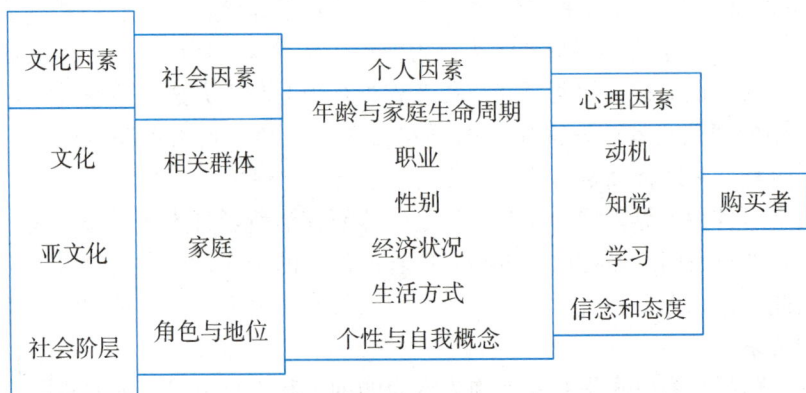

图 5-2　影响消费者购买行为的主要因素

一、文化因素

文化是决定人类欲望和行为的最基本要素，对消费者的行为具有最广泛和最深远的影响。文化因素的影响包括购买者的文化、亚文化和社会阶层对购买行为的影响。

（一）文化

文化是在一定的物质、社会、历史传统基础上形成的特定的价值观念、信仰、思维方式和习俗的综合体，是人类欲望和行为最基本的决定因素。低级动物的行为主要受本能的控制，而人类的行为大部分是学习来的。人们从小就生活在一定的文化中，学习和接受各自的文化，在成长中学到基本的价值、知觉、偏好和行为的整体观念。文化渗透在人们的观念、行为和思维方式中，进而影响人们的消费观念、消费内容和消费方式。

（二）亚文化

每一种文化都包含着能为其成员提供更为具体的认同感和社会化的更小型文化群体，即亚文化群体。在同一文化的不同亚文化群体中，人们的价值观念、风俗习惯及审美观等表现出不同的特征。亚文化群体分为四种类型。

（1）民族亚文化群体。不同的民族还存在以民族传统为基础的亚文化，不同的民族有着不同的兴趣、崇尚和生活习惯以及不同的消费行为。

（2）宗教亚文化群体。不同宗教的戒律和教规不同，表现出与其特有的文化偏好和禁忌相联系的亚文化，在购买行为上显现出不同的特征。

（3）种族亚文化群体。不同的种族有其特有的文化风格、生活态度和生活习惯，其购买行为各不相同。

（4）地理亚文化群体。不同地理区域的消费者有各自的生活方式和行为特征，当然会表现出不同的购买行为。

（三）社会阶层

人类社会存在着社会层次。在一个社会中，社会阶层是具有相对同质性和持久性的群体。他们是按等级排列的，每一阶层的成员具有类似的价值观、兴趣爱好和行为方式。社会阶层有以下几个特点：

（1）同一社会阶层的人的行为要比其他社会阶层的人的行为更相似。

（2）人们以自己所处的社会阶层来判断各自在社会中占有的地位。

（3）社会阶层受到职业、财富、收入、教育和价值观等多种变量的制约。

（4）一个人能够改变自己所处的社会阶层。

在诸如服装、家具、娱乐、汽车等领域，各社会阶层表示出对不同产品和品牌的偏好。一些企业把注意力集中于某一阶层，原因就在于此。社会阶层是客观存在的，但在不同的社会形态下其表现形式可能有所不同。

二、社会因素

消费者的购买行为也受到一系列社会因素的影响，主要包括相关群体、家庭、角色与地位。

（一）相关群体（reference groups）

一个人的行为受到许多群体的影响。一个人的相关群体是指那些直接或间接影响其态度、看法和行为的群体。凡是直接影响一个人的态度和行为的群体就成为成员群体，这个人直接属于这个群体，并且各群体成员相互影响、相互作用。成员群体还可以具体分为首要群体和次要群体两种。首要群体是指对一个人经常发生直接影响和相互影响的群体，如家庭、朋友、邻居和同事，但这种影响是非正式的。次要群体是指对一个人的影响不是经常的和频繁的群体，但是这种影响是比较正式的，如宗教组织和专业协会等。

除了成员群体，一个人的行为也经常受到非成员群体的影响，包括崇拜性群体和隔离群体。崇拜性群体是指一个人希望从属和加入的群体，如青少年对明星的崇拜，并希望有朝一日能成为其中的一员。隔离群体是指价值观和行为方式被一个人拒绝接受的群体。

相关群体对个人行为的影响，促使企业重视目标市场顾客的参考群体是如何对个人行为产生影响的。一般来讲，相关群体通过三种方式对个人行为产生影响：

（1）相关群体使一个人受到新的行为和生活方式的影响。

（2）相关群体影响一个人的态度和自我概念，因为人们通常希望能迎合某些群体。

（3）相关群体会产生某种趋于一致的压力，从而影响个人对产品和品牌的选择。

相关群体对个人行为的影响程度在产品选择和品牌选择中并非都是相同的，即对产品和品牌的影响是不一样的，如相关群体对汽车和手机的产品选择及品牌选择影响都很大；对家具和衣服的品牌选择有较大的影响；对啤酒和香烟的产品选择有很大的影响。

相关群体的影响力也会随产品生命周期的不同而发生变化。在产品导入期，消费者的产品购买决策受相关群体的影响很大，受品牌选择的影响很小；在产品成长期，相关群体对产品及品牌选择的影响力都很大；在产品成熟期，相关群体对品牌选择的影响很大；在产品衰退期，相关群体对产品选择和品牌选择的影响都很小。

一个相关群体的凝聚力越强，群体内的沟通过程就越有效，人们越愿意遵循这个群体提倡的行为取向，包括消费行为取向，因此这样的相关群体对群体成员购买行为的影响愈明显。

（二）家庭

家庭是以血缘或财产继承关系组成的社会生活的最基本单位。家庭是许多消费品的基本消费单位，对消费者行为起着至关重要的影响。在家庭中，夫妻及子女在各种商品的采购中所起的作用不同，并互相产生影响。

家庭可分为两种类型，即导向型家庭和核心家庭。其中，核心家庭是最常见的家庭结构类型。

核心家庭是指由夫妻和子女组成的家庭。核心家庭是社会中最重要的消费单位，因为社会主要是以这种家庭组成的。在核心家庭中，由于家庭分工或有经济地位差异会造成支配力不同，从而使不同的家庭对消费品的决策权各不相同，如丈夫支配型、妻子支配型、协商型和各自做主型。另外，夫妻在产品购买行为和购买决策中所发挥的作用会随产品的种类不同而各异，如购买一般的生活消费品多是妻子支配型；购买高档耐用品可能是丈夫支配型或协商型；购买个人生活用品是各自做主型。

（三）角色与地位

一个人在一生中会加入许多的群体——家庭、俱乐部、各类组织，一个人在各群体中的作用和位置可以依据他在某一群体的角色和地位来确定。角色是周围人对一个人的要求，是指一个人在各种不同场合中应起的作用。每一种角色都伴随着一种地位，地位着重反映了社会对一个角色作用的总评价，有高低之分。例如一名女经理与她的父母在一起，她扮演女儿的角色；与她的丈夫在一起，她是一位妻子；与她的儿子在一起，她是一个母亲；但在她的企业，她就是女经理。女儿、母亲、妻子与经理角色都伴随着不同的地位。

人们在购买商品时，往往会结合自己在社会中所处的地位和角色来考虑，因为许多产品已经成为地位的标志。人们也常常选择某些产品向社会表示他们所处的地位。但是，地位标志会随着不同社会阶层、地理区域和时间的推移而有所变化。

三、个人因素

购买行为也受个人特征的影响，如购买者的年龄与家庭生命周期、职业、性别、经济收入、生活方式、个性以及自我概念等。

（一）年龄和家庭生命周期（family life cycle，FLC）

人们在一生中随着年龄变化，所购买商品也是不断变化的。对不同商品进行选择、评价的价值取向也会随着年龄的改变而发生变化。不同年龄消费者的欲望、兴趣、爱好和需求也不尽相同，如幼年、青年、成年、老年对衣食住行均有不同的偏好。

家庭生命周期可以划分成不同的阶段。在这些不同阶段，随着年龄与婚姻状况的变化，家庭需要的或感兴趣的产品与服务将不断发生改变。家庭生命周期主要分成未婚期、新婚期、满巢期和鳏寡期。处在不同生命周期阶段的家庭，对商品的需求有很大差异。正是由于存在这种差异，所以企业应该制订专门的市场营销计划来满足处于某一或某些阶段的消费者的需要。

（二）职业

一个人的职业也会影响其消费模式。不同的职业对商品的需要和爱好往往有所不同。企业应该识别不同的职业群体，甚至专门为某一特定的职业群体生产其所需的产品。

（三）性别

不同的性别在购买某些商品时的行为差异是十分明显的。除了价格因素外，男性一般更注重产品的品牌、质量，女性更注重产品的外观和感情色彩；男性受广告等促销手段的影响较小，而女性则受促销的影响较大；男性顾客购买商品比较果断和迅速，而女性顾客则往往比较注重细节。

（四）经济状况

一个人的经济状况会严重影响其对产品和品牌的选择。人们的经济状况由他们的消费收入、储蓄和资产、借款能力以及对消费与储蓄的态度所构成。它决定个人的购买能力，并在很大程度上制约个人的购买行为。消费者一般都会在可支配收入的范围内考虑以最合适的方式来安排支出。

（五）生活方式

一个人的生活方式是指一个人在世界上所表现的活动、兴趣和看法的生活模式。不同的生活方式会使人做出截然不同的消费行为。来自相同的亚文化群、社会阶层，甚至来自相同职业的人们，也可能具有不同的生活方式。企业可以按活动、兴趣和看法来划分出各种类型的生活方式，并通过市场营销向消费者提供实现其各种不同生活方式的产品或服务。

（六）个性和自我概念

个性是指一个人所特有的心理特征，它会带来一个人对其所处生活环境相对一致的、持续不断的反应。

人们在描述一个人的个性时，通常会使用自信、支配、自主、顺从、交际、保守、适应、内向、外向等术语。个性是一种心理特征并表现出比较固定的行为倾向。如果具有某种个性特征的顾客在选择某些商品或品牌时有明显的相同之处，企业就可以将个性作为分析消费者购买行为的一个可用变量。实际上，某些个性类型同产品和品牌的选择之间有密切的关系。企业也可以将消费者的个性特征作为设计品牌形象和制定促销策略的依据。比如，对于颜色的偏爱就与个性有关，这使得营销人员在设计产品的外观时，需要考虑目标顾客是以哪种个性为主。

自我概念（self concept）或称自我形象（self image）是与个性相关的一个概念，指一个人所持有的关于自身特征的信念，以及他对于这些特征的评价。比如，那些认为自己很有才能，能力与众不同的人，喜欢选择那些具有能体现其内心自我评定或符合自我形象的品牌或产品。一些市场营销者常常通过投放特定的含有理想化人物形象的广告来诱发消费者进行社会比较，这一过程将促使消费者试图将自己的形象与广告人物形象进行比较，最终可能导致自己效仿该人物的消费行为。企业可以通过开发品牌个性来符合目标市场顾客的自我形象。

四、心理因素

消费者的购买行为也受到动机、知觉、学习以及信念和态度等心理因素的影响。

(一) 动机

研究人的行为，经常需要探讨行为产生的背后的动机。购买行为是在一定动机的支配之下产生的。动机是指可以及时引导人们去探求满足目标需要的一种需要。人具有许多需要。但是，人们不会针对每一时刻所产生的每种需要都做出积极的行动，去寻找如何满足的方法。只有针对很少的一些需要，人们才会积极地行动起来去寻找满足方法。针对另外一些需要，人们并不会一开始就寻求满足，但随着该需要的不断积累，所引起的人的某种心理和生理不适就会达到促使产生购买行动的程度。动机也是一种需要，是一种已经升华到了必须要满足的需要。这种需要如果不能及时得到满足的话，就会造成某种紧张和难受。由于动机是一种积极行动的需要，因此其也被称为人的行为的驱使力。

最流行和著名的需要—动机理论有：弗洛伊德的动机理论、马斯洛的需要动机理论和赫茨伯格的动机理论。

1. 弗洛伊德的动机理论

弗洛伊德认为，形成人们行为的真正心理因素大多是无意识的。一个人在成长的过程中，会不断产生大量的需要和欲望，而有些需要和欲望又会受到社会和周围环境的压制，因此不能得到满足。但是这些没有得到满足的需要和欲望并不会消失，而是被压抑在内心中潜伏起来，成为一种心理的"无意识"。这些"无意识"的东西，有一个最好的表现地方，即人的梦中。所以，弗洛伊德发明了通过解析人的梦来推断一个人的行为动机的理论。除了梦以外，在人的其他行动中，也会"无意识"地表现出其曾经受到压制的需要和欲望。因此，弗洛伊德认为，一个人的行动是在受到多种因素刺激后产生出的一种"无意识"或是"下意识"的结果。用弗洛伊德的理论来讲，消费者的购买行为就是消费者在购买某种产品的时候，可能受到了多种因素的刺激，唤起了"无意识"或"潜意识"的结果。比如，购买电视机的消费者受到了电视机的颜色、声音，或是某个节目中的事件的刺激，唤起了购买欲望，从而做出购买行为。根据弗洛伊德的理论，营销人员需要采用多种因素来刺激消费者的购买欲望，特别是需要采取各种带有情感色彩的因素来刺激消费者做出购买行为。

2. 马斯洛的需要动机理论

马斯洛认为，人是有欲望的动物，需要什么取决于已经得到了什么，只有尚未被满足的需要才会影响人的行为，已经被满足的需要不再是一种激励因素或动因。人的需要是以层次的形式出现的，可以分为五个层次，按其重要程度的大小，由低级向高级逐级发展，依次为生理需要、安全需要、社会需要、尊重的需要和自我实现的需要，即需要有等级之分。只有在较低的需要得到满足后，较高层次的需要才会出现并要求得到满足，也就是说，需要的满足是从低到高按秩序排列的，如图 5-3 所示。

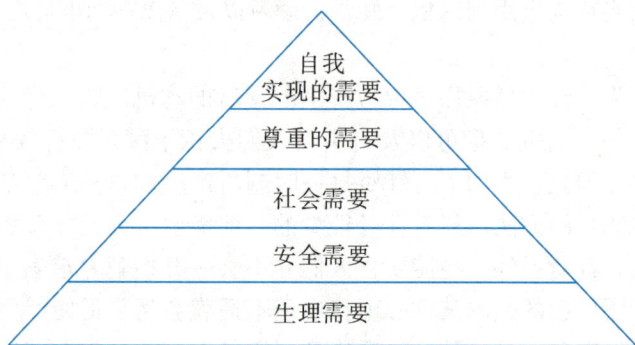

图 5-3　马斯洛需要层次理论

根据马斯洛需要层次理论，掌握消费者的购买动机即是了解消费者想要满足什么样的需要，从而根据消费者的需要确定恰当的营销策略。现在，许多营销企业都非常注意自己的产品能满足购买者什么类型的需要，以便为产品确定恰当的市场定位和营销方向。

3. 赫茨伯格的动机理论

赫茨伯格的动机理论在现代的管理学科中比较流行。赫茨伯格的需要动机理论认为人的行为受到两种因素的影响，一种是"保健因素"，另一种是"激励因素"。因此赫茨伯格的需要动机理论也被称为"双因素"论。保健因素是指如果没有得到满足就会使人产生"不满意"情绪的因素。激励因素是指如果得到了满足，就会使人产生"满意"情绪，而没有得到，只会产生"没有满意"情绪的因素。与保健因素不同的是，激励因素在没有得到满足时，不会产生不满意情绪，即保健因素的对立面是"没有不满意"，而"激励因素"的对立面是"没有满意"，如图 5-4 所示。

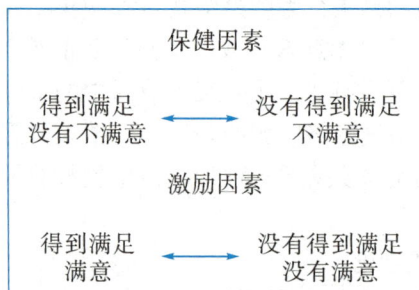

图 5-4　赫茨伯格的双因素理论

根据赫茨伯格的双因素理论，如果一个人的保健因素得不到满足的话，会产生破坏性的结果；而如果一个人的激励因素得不到满足的话，不会产生破坏性的结果。但是，保健因素得到满足，并不会使人采取更为积极的行动，只有激励因素得到满足才会使人更积极地行动。在消费者的购买活动中，某些因素会被看成是保健因素，例如，产品的一般性能质量是一个消费者购买产品所起码要求得到的。因此，如果企业对质量非常负责，提出各种相应的质量保证措施的话，消费者就会放心地购买。但是，一个得到质量保证的产品，不一定会使消费者在当下就积极地做出购买行为，如果企业对这样的产品再提供更多的附加服务或刺激（促销）措施的话，比如，免费送货、给予购买奖励、价格折扣等，就会使消费者更愿意立即实现购买。而如果像质量这类保健因素得不到满足，消费者甚至会因为不满意而有可能采取反对企业的行动。没有激励因素的话，消费者的行动只是缓慢些，不会对企业产生破坏性的结果。所以，企业需要慎重地对待购买活动中的保健因素，以免对企业的形象和产品的形象产生难以挽回的恶果；同时，企业需要灵活地运用购买活动中的激励因素，以促使消费者更快地做出购买行为，从而在竞争中占据一个有利的地位。

（二）知觉

一个被激励的人随时准备行动，然而如何行动则受到他对客观事物知觉程度的影响。两个处于相同激励状态和相同目标状态下的消费者，会因为对客观事物的知觉各异，而做出大不一样的行为。知觉过程是由三个阶段所组成的，即暴露、注意、解释。这个过程让消费者对外界刺激赋予意义。在暴露阶段，人通过五种感官——视觉、听觉、嗅觉、触觉和味觉对刺激物产生反应。在注意阶段，人会在众多刺激中关注某种刺激并意识到它的存在。解释阶段是对个体感受赋予某种意义的过程。每个人吸取、组织和解释这些感觉到的信息的方式不尽相同，从而会产生不同的知觉，进而产生不同的购买行为。

通常人们会经历三种知觉形成过程，从而产生对同一事物的不同知觉，并且出现行为的差异性。

1. 选择性注意

人们在日常生活中总是处在众多的刺激物包围下，一个人不可能对所有的刺激物都加以注意，而只会更多地注意那些与当前需要有关的刺激物，更多地注意他们期待的刺激物，更多地注意有较大差别的刺激物。

选择性注意要求营销人员制定有效的沟通策略，以引起消费者对企业产品的注意。

2. 选择性曲解

选择性曲解就是人们将信息加以扭曲，使之符合自己见解的倾向。消费者即使注意到刺激物，也不一定与企业预期的方式相吻合。消费者往往根据自己以往的经验、见解对信息进行解释，按照自己的想法、偏见或先入之见来曲解客观事物。每个人总想使得到的信息适合于自己现有的思想形式。

所以，消费者对于其所信赖的产品或是印象好的企业信息就表现出信任；反之，对于其不信赖的产品或企业，消费者就会从不利的方面来理解企业的信息和其对产品的介绍。因此，在市场营销中，企业应努力提高自身的市场形象和地位。当面对的是对其印象不好或对企业产品持有怀疑态度的消费者时，企业需要就首先解决目标消费者的态度和"先入之见"的问题，这样才能取得消费者的信任。

3. 选择性记忆

人们会忘记他们所知道的许多信息。他们只会记住那些能够支持其态度和信念以及需要记住且能够记住的信息。

由于存在选择性保留，所以要想消费者能记住一个产品的相关信息，企业除了要具有良好的形象和信誉外，还需要对一些重要的营销或产品信息，在一定时期内经常地进行重复，以提醒消费者。

受三种知觉形成过程的影响，人们的知觉表现出明显的主观性，使人们对相同的外界刺激，产生不同的行为。

（三）学习

学习是指由于经验和知识的积累而引起个人行为的改变。人类的绝大部分行为是通过驱使力、刺激物、诱因、反应和强化的相互影响而产生的。

驱使力是指促成行动的一种强烈内在刺激。当驱使力被引向刺激对象时，其就会成为一种动机，如某人具有自我实现的驱使力，而当他看见计算机时，他就可能产生购买计算机的想法。购买计算机的反应又受其周围各种诱因的制约。诱因是指那些决定一个人何时、何地以及如何做出反应的次要刺激物，如他的亲人的鼓励、计算机广告、计算机特别售价等。

如果他买了一部手机，并选择了华为品牌，使用后感到非常满意，那么他对手机的反应也随之加强。而后，他又想买一台平板电脑，他注意了一些品牌，其中包括华为的平板电脑。由于他认为华为能生产最好的手机，进而推断其也能生产最好的平板电脑，所以，他把对计算机的反应推广到类似刺激物——平板电脑上。

推广的相反倾向是辨别。当他试用其他公司的平板电脑时，发现该机型比以往的选择更好，于是他做出了辨别。辨别意味着他已经学会了在一系列的同类刺激物中认识和寻找差异，并能据此调整自己的反应。

对营销人员来说，学习理论的实际价值在于，可以通过把学习与强烈的驱使力联系起来，运用刺激性暗示和提供积极强化等手段来建立对产品的需求。一家新企业能采用与竞争对手相同的驱使力并提供相似的诱因形式进入市场，这是因为购买者大都容易把对原先产品的忠诚转向与之相类似的品牌，而不是转向与之相异的品牌。公司也可以设计具有不同的驱使力的品牌，并提供强烈的暗示诱导来促使购买者转向其他品牌。

（四）信念和态度

人们通过学习和积累经验，能够获得自己的信念和态度，这些信念反过来又影响人们的购买行为。

信念是指一个人对某些事物所持有的看法或评价。信念可能是建立在事实基础上，也可能是一种偏见，也可能是出于某种感情因素而产生的。信念是对事物的一种描述性看法，没有好坏之分。

　　态度是指一个人对某些事物或某种观念长期持有的好与坏认识上的评价、情感上的感受和行动上的倾向。人们几乎对所有的事物都持有态度。态度导致人们对某一事物产生好感或厌恶感、亲近或疏远的心情。与信念不同的是，态度是人对事物表现出来的价值判断，他使人们对于事物表现出拒绝或接受的"顽固性"倾向。态度三相模型认为，态度是由感情（affect）、行为反应倾向（behaviour intention）和认知（cognition）三种成分所组成的。其中，感情指消费者对态度对象的感觉和情绪；行为反应倾向包括人们想要对某一态度采取的行动意向，与实际行为不一定一致；而认知则指消费者对一个态度对象所持有的信念。态度的形成方式一共有三种。在标准学习方式中，消费者是基于认知信息加工所产生的态度。在低介入方式中，消费者是从行为学习过程中产生情感、形成态度。在经验方式中，消费者是从享乐性的消费中产生认知、形成态度。

　　态度能使人们对相似的事物产生相当一致的行为。人们没有必要对每一事物都以新的方式做出解释和反应。态度是难以改变的，要改变一种态度就需要在其他影响形成态度的方面作重大和长久的努力。

　　对企业来讲，态度直接影响消费者的购买行为。消费者一旦形成对某种商品或品牌的态度，以后就倾向于根据态度做出重复的购买决策，而不再对不同的产品进行分析、比较和判断。消费者如果对企业产品持肯定的态度，就会成为其产品的忠实购买者，若持否定的态度，则很难购买该产品，因此这种态度很难改变。一般来说，营销人员不要试图做改变消费者态度的尝试，而应改变自己的产品以迎合消费者已有的态度，使企业的产品与目标市场顾客现有的态度保持一致。因为前者需要付出的努力或花费是远远小于后者的。当然，如果需要，企业也可以"付出艰苦的努力"来改变目标市场消费者的态度。所耗费的昂贵费用和付出的艰辛努力，在成功改变了消费者的态度后，是能得到丰厚补偿的。不过，企业在进行这种尝试时，应该对这个过程的艰苦性和持久性有足够的认识和准备。

　　消费者购买行为受到众多因素的影响。一个人的选择是文化、社会、个人和心理因素之间复杂影响和作用的结果。其中很多因素是营销人员无法改变的，但是这些因素在识别那些对产品感兴趣的购买者方面是十分有用的。其他因素则受到营销人员的影响，并提示营销人员如何开发产品、价格、地点、促销，以便引起消费者的强烈反应。

　　#在线视频赏析：请扫码观看视频——理解消费者市场以及消费者购买行为的主要影响因素#

理解消费者市场以及消费者购买行为的主要影响因素

第三节　消费者购买决策过程

消费者购买决策过程描述了消费者是如何实际做出购买决策的，即由谁做出购买决策、购买行为的类型以及购买过程的具体步骤。

一、购买角色

就多数商品而言，识别商品购买者非常容易。然而，在购买某些商品时，所涉及的人往往不止一个，而是由多个人组成的一个购买决策单位。为此，企业有必要区别人们在一项购买决策过程中可能扮演的不同角色。

（1）发起者，是指首先提出或有意购买某一产品或服务的人。

（2）影响者，是指其看法或建议对最终决策者具有一定影响的人。

（3）决策者，是指对是否买、为何买、如何买、在哪里买等方面作出决定的人。

（4）购买者，是指具体实施购买行为的人。

（5）使用者，是指实际消费或使用产品和服务的人。

企业有必要认识这些角色，因为这些角色对于产品的设计、确定信息和安排促销预算是有关联意义的。在生活中，我们经常可以看到这样的事情：一个消费者（家庭）决定购买一架钢琴，用以培养孩子的音乐才能。孩子的父母可能是发起者，家庭的其他成员、邻居、父母亲的同事、同学都对购买决策或多或少地产生影响，父母亲是最后的决定者，并充当购买者，而使用者只能是孩子。了解购买决策过程中的主要参与者和他们所起的作用，有助于营销人员协调其营销计划。

二、购买行为的类型

消费者购买决策随其购买决策类型的不同而发生变化。在购买不同商品时，消费者决策过程的复杂程度有很大的区别，一些商品的购买过程很简单，而有些商品的购买过程却很复杂，如消费者在购买牙膏、网球拍和计算机、汽车时的购买过程就存在很大的不同。复杂的、花钱多的决策往往凝结着消费者的反复权衡，而且包含更多的购买决策的参与者。根据购买者在购买过程的介入程度和产品品牌间的差异程度，我们可以把消费者的购买行为分为四种，如图5-5所示。

购买的介入程度

		高	低
品牌差异	大	复杂的购买行为	寻觅多样化的购买行为
	小	不协调减少的购买行为	习惯性购买行为

图5-5　四种类型的购买行为

购买过程的介入程度是根据消费者对购买所持的谨慎程度以及在购买过程中所花费的时间和精力的多少来划分的。品牌差异程度是根据不同品牌产品的同质性或产品属性差异来划分的。品牌差异程度是指商品在花色、品种、式样、型号这些属性上的差异。

(一) 复杂的购买行为

当消费者面对他们不熟悉的、购买单位价值高和重复购买率低的产品时，购买行为最复杂。消费者在购买昂贵的产品，偶尔购买的产品或风险产品时的购买行为就属这种类型。一般来说，消费者不知道产品的类型，不了解产品的属性，更不知道产品的特征和各品牌间的重要差别，并且缺少购买、鉴别和使用这类产品的经验和知识，因此消费者需要花费大量的时间收集信息，做出认真的比较、鉴别、挑选等诸多的购买努力。

在这种类型的购买行为中，消费者经历了一个认识和学习的过程，即首先产生对产品的信念，然后逐步形成态度，对产品产生偏好，最后做出慎重的购买选择。

在复杂的购买中，消费者具有较大或更多的购买风险，所以其需要收集很多的购买信息，花费较长的时间来进行考虑和挑选，才能做出购买决策。例如，购买计算机就比购买电视机要复杂得多。对消费者来说，复杂的购买行为意味着一个新的学习过程。营销人员需要就如何收集满足消费者的市场信息，如何抵御市场风险影响等做出营销安排。此外，企业还需要作高度介入的广告，如利用社交媒体刊登各类广告，以使消费者在购买活动中得到尽量多的信息。对于新产品来说，企业还需要安排比较长时间的产品介绍、市场推广及试销活动。企业必须了解消费者是如何收集信息和对其进行评价的，帮助消费者区别各品牌的特征，利用较长的叙述广告来描述产品的优点，加强对零售环节的促销，以影响购买者最后对品牌的选择。

#在线视频赏析：请扫码观看视频——描述新产品的采用及扩散过程#

描述新产品的采用及扩散过程

(二) 不协调减少的购买行为

有时，消费者对于各种看起来没有什么差别的产品和品牌的购买也持慎重态度，非常专心地进行选择。消费者会到处选购商品，并可能对一个合适的价格，购买方便的时间和地点做出主要反应。以购买家具为例，它是一项高度介入的决策，又是一种需要自我识别的购买行为。购买产品后，消费者有时会产生一种不协调的感觉，感到不满意，比如产品某个地方不够称心，或者听到别人称赞其他同类的产品等。于是在使用、消费过程中，消费者会了解、学习更多的东西，并寻找种种理由来减轻这种不平衡感，对自己的选择做出有利评价，努力证明自己的购买决策是正确的。

这是消费者在做出购买行为后的一种心理调适过程。针对消费者有这一心理变化过程，营销企业应通过有效的促销策略，帮助消费者减少失调感，并注重运用价格策略、分销策略来影响消费者，使其迅速做出购买决策。

合理的价格、良好的地点、有效的推销将对产品品牌的选择产生重要影响。营销沟通的主要作用在于增强信念，使购买者在购买之后对自己所选择的品牌有一种满意的感觉。

（三）习惯性的购买行为

这是一种最简单的购买行为。许多购买行为是在消费者低度介入、品牌间无多大差别的情况下完成的。消费者在购买大多数价格低廉、经常购买的产品时介入程度很低，不需要做什么购买决策。消费者熟悉这些产品的类型、特征、主要品牌，而且知道喜欢其中的哪些品牌。消费者购买某种品牌，并非出于对产品的忠诚，而只是依习惯行事。

在这种购买行为中，消费者并没有经过正常的信念、态度、学习行为等一系列过程。消费者没有对产品品牌信息进行广泛地研究，也没有对品牌的特点进行评价，对购买什么产品品牌也不重视；他们只是在看电视或阅读印刷品广告时被动地接受信息。重复的广告，会提高消费者对品牌的熟悉程度，而不是对品牌的信念。消费者不会形成对某一品牌的态度，他之所以选择这一品牌，往往不是因为偏爱而是因为对它熟悉。购买产品后，由于消费者对这类产品无所谓，也不会进行购后评价。因此这种购买行为就是通过被动的学习而形成品牌信念，随后产生购买行为，对购买行为有可能做出评价，也可能不做评价。购买日常居家生活用品大都属于这类购买行为，如肥皂、牙膏、洗衣粉等。对于这类产品的销售，运用价格和促销手段是十分有效的，因为购买者不强调品牌。

企业在对低度介入产品进行广告推广时，要注意：①应强调视觉标志和形象化构思，以便于消费者记忆，并与品牌联系起来。②应该反复运用广告促销活动，如电视广告。电视是一种低度介入的宣传媒介，适合于被动学习。③广告计划要根据传统的控制理论来制定，因为购买者往往是通过广告反复宣传某一产品的特点而认识产品的。

企业也可以采取诸如将该产品与相关的问题联系起来的营销措施，提高低度介入产品的介入程度，使之转变成较高度介入的产品。如将牙膏同保持健康联系起来，或者把产品同某些涉及个人的具体情况相联系，或者可以通过广告活动来吸引顾客，或者在一般产品上增加一种重要的特色，如在饮料中增加维生素等。当然，这些营销手段只能把消费者从低介入提高到一种适度的介入，而无法将消费者的购买行为推入复杂的购买行为行列。

（四）寻觅多样化的购买行为

某些购买情况是以消费者低介入，但产品品牌差异很大为特征的。在这种情况下，消费者会经常改变品牌选择。对品牌选择产生变化的起因在于产品的多品种，而不是由于消费者对产品不满意。例如，消费者在中秋节购买多种品牌的月饼，是因为想尝尝更多口味的月饼。因此，企业应该尽力增加自己产品的花色品种，以增加自己产品的营销机会，使消费者在选购时，基本上能够通过本企业的产品获得品种效益，增加企业产品的销售量。

不协调减少的购买行为和寻觅多样化的购买行为属于有限问题的解决行为。所谓有限问题是指消费者可能熟悉产品的品种、品牌、属性、性能和特征，所以消费者需要解决的问题只是有限的。

三、购买决策过程中的各个阶段

消费者的购买行为是一个从产生需要到购后行为的长过程，消费者会经历五个阶段：认识需要，收集信息，评价可供选择的方案，购买决策和购后行为。这一模式强调了购买过程早在实际购买行为前就发生了，并且购买后还会有持续的影响。这个模式强调了企业在营销活动中应把注意力集中在购买过程中，而不是在购买决策上。图5-6显示了购买过程的各个阶段。

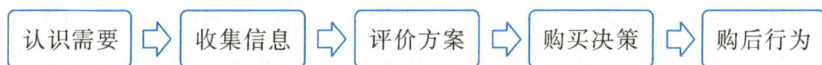

认识需要 ⇨ 收集信息 ⇨ 评价方案 ⇨ 购买决策 ⇨ 购后行为

图5-6　购买行为过程

这个模式表明消费者的每一次购买都要经历五个阶段。但事实上并非完全如此，低度介入的产品、不同类型的消费者的购买行为都是不一样的，这种模式主要适用于分析"复杂的购买行为"，对于其他类型的购买行为，消费者会跳过或省略其中的某些阶段。这个模式表明，消费者的购买行为发生在实际购买活动之前，并一直延续到使用过程中。

#在线视频赏析：请扫码观看视频——识别并讨论购买决策过程中的各个阶段#

识别并讨论购买决策过程中的各个阶段

（一）认识需要

购买过程从消费者对某一问题或需要的认识开始。所谓认识需要，就是消费者发现现实的状况与其所追求的状况之间存在着差异时，产生了相应的解决问题的要求。内在的原因和外在的刺激都可能引起需要，诱发购买动机。

内在的原因可能是由人体内在机能的感受所引发的。一个人的正常需要如饥饿、干渴、寒冷等上升到某一界限，就会成为一种驱使力。人们从以往的经验中学会了如何对付这种驱使力，从而激励自己去购买所知道的能满足这种驱使力的某一种产品。

消费者的某种需要也可能是外来的刺激所引起的。例如，路过商店看见新鲜的面包会激起人的食欲，羡慕他人购买的一辆新车或看见一则去泰国旅游的电视广告，都能引起消费者认识某一问题和需要。

在这一阶段，企业应了解引起消费者产生某种需要和兴趣的环境，应该研究需要和问题是如何产生的，消费者是如何认识问题和需要的，特别是对一种特定产品的需求。找到这些刺激因素，有助于营销人员制定有效的促销沟通战略。

(二) 收集信息

产生需要的消费者一般都会收集信息，消费者的信息收集有两种状态：被动收集和主动收集，如图 5-7 所示。

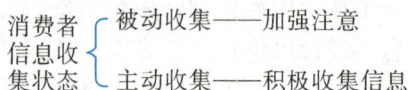

消费者信息收集状态   被动收集——加强注意
主动收集——积极收集信息

图 5-7   消费者信息收集状态

如果一个被唤起需求的消费者的驱使力不大或不明显，不急于解决问题，那么这个消费者就处于适度或被动收集信息的状态，即加强注意的状态。如果有相关的信息传输过来，消费者会注意这些信息，但不会主动收集信息，消费者通常将把这些信息保留在记忆中。

如果消费者的驱使力很强，需求到了需要急迫满足的程度，消费者就会处于主动收集信息的状态。在这种状态下，消费者会主动寻找有关的信息材料，向有关企业咨询，参加有关的商业促销活动等。消费者收集信息要到达什么程度，取决于其驱使力的大小，已知信息的数量、质量和满意程度以及进一步收集信息的难易程度。

营销人员需要了解消费者对于特定产品信息的主要来源。消费者的信息来源一般有四个方面：

（1）个人来源，即从家庭、朋友、邻居和熟人那里收集信息。这是可信度最高，但信息量最少的一个来源。

（2）商业来源，即从广告、推销员、经销商、商品包装、展览会等收集信息，这是可信度最低、信息量最大的来源。

（3）公共来源，即从报纸、杂志等大众传播媒体的客观报道和消费者团体评论收集信息。其可信度高于商业来源，但信息量小于商业来源。

（4）经验来源，即消费者亲自处理、检查、试验和使用产品来收集信息。这有较高可信度，但在复杂购买中总是缺少信息的来源。

这些信息来源相互影响，并随着产品的类别和消费者的特征不同而有所变化。一般来说，就某一产品而言，消费者的大多数信息来源于市场，而大多数有效的信息来源于个人。每一个信息来源对购买决策的影响会起到不同作用。市场信息一般起到通知的作用，而个人信息等非商业性来源信息起着验证和评价的作用。如一个医生从商业来源知道某种新药，但却求助于其他使用过这种新药的医生对这种药的评价信息。所以企业要在调查分析的基础上，设计和制定适当的信息传播途径和沟通方式，以便有效地引导消费者的购买行为。

通过收集信息，消费者对某种产品的品牌和特征都会有一定的了解，会逐步缩小对将要购买的商品品牌选择的范围。以购买计算机产品的决策为例（如图 5-8 所示），如果一个消费者打算购买一台家用电脑，市场所有的品牌构成全部品牌组，但消费者通过收集信息只知道其中的一部分品牌，即知晓的品牌组。在知晓的品牌中，消费者对那些没有好感或缺乏了解的品牌将不予考虑，剩下的就是可以考虑的品牌组。在可以考虑的品牌组中，消费者在进一步收集信息，征询别人的意见后，只将少数品牌列入准备进行购买评价的行列，即选择的品牌组。最后消费者将做出决策，从要选择的品牌组中做出最后的购买决定。

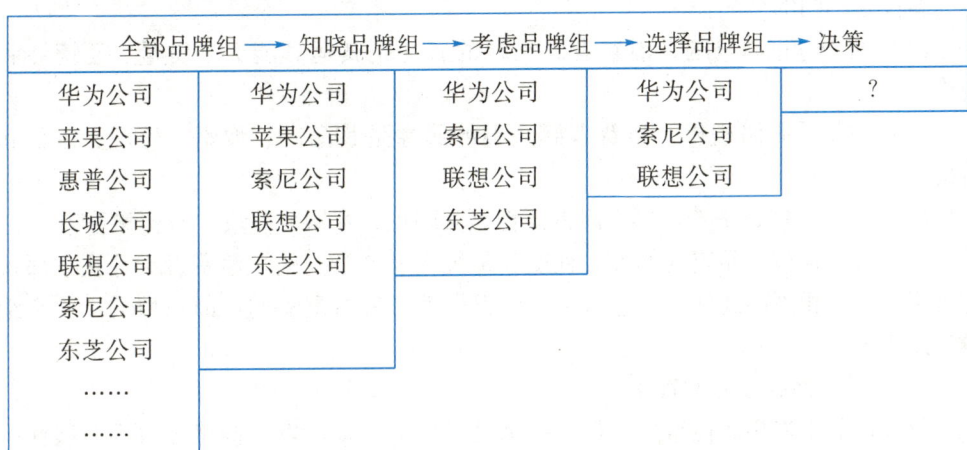

全部品牌组 →	知晓品牌组 →	考虑品牌组 →	选择品牌组 →	决策
华为公司	华为公司	华为公司	华为公司	？
苹果公司	苹果公司	索尼公司	索尼公司	
惠普公司	索尼公司	联想公司	联想公司	
长城公司	联想公司	东芝公司		
联想公司	东芝公司			
索尼公司				
东芝公司				
……				
……				

图 5-8　消费者决策过程

很显然，如果企业的品牌没有处于选择品牌组，消费者不会购买该企业的产品，因此该企业没有营销机会；如果企业的品牌连知晓品牌组都没有进入，要得到营销机会，将完全不可能。消费者信息组合的意义在于揭示了营销沟通的原理，企业营销人员必须在设计营销组合时，考虑如何正确传递消费者所需的各种信息，以使潜在顾客熟悉、考虑其品牌，进而成为其选择的对象组，否则企业将丧失机会。企业还应该了解消费者的信息来源和不同来源的重要程度，即消费者是如何知道某个品牌的，接受了哪些信息，他们是怎样看待不同信息的重要程度等，这对有效地沟通目标市场非常重要。

在当下的网络时代，消费者越来越多地利用线上资源对产品信息进行收集，这种线上信息搜寻方式本身甚至在改变消费者的购买决策。网络媒介成为了消费者组织信息并且决定点击何处的一个关键点。消费者依赖网络媒介对线上市场信息进行过滤和整合，以使其能够更高效地鉴别和评估备选产品。一些专业比价网站的出现让消费者能够轻易地对比出销售同一产品的不同商家所开出的价格。

（三）可供选择方案的评价

现在需要解决的问题是消费者如何在可供选择的品牌或购买方案中做出选择，即从备选方案中选中某一方案。令人遗憾的是，至今还没有一种能描述消费者在所有情况下都可以运用的、简单明确的信息评价过程。但不管怎样，消费者对产品的评价过程应该是建立在自觉的和理性的基础之上的，即认识导向的评价模式，也称"期望—价值模型"。

消费者需要了解下面一些基本概念：

1. 产品属性

产品属性是指产品能够能满足消费者某种需要或利益的功能或性能。消费者一般都将产品看成是能提供实际利益的各种产品属性的组合。消费者对不同产品感兴趣的属性是不同的，如：

（1）对于笔记本电脑，消费者感兴趣的属性是其运算能力、质量、便携性和价格。

（2）对于数码照相机，消费者感兴趣的属性是其品牌、像素、外观、体积和价格。

（3）对于口红，消费者感兴趣的属性是其颜色、容器、质量、声誉和香味。

消费者对各种产品属性的关心程度和重视程度是不同的。消费者十分注意那些与其想要产品相关的属性。企业常常可以根据消费者所重视的产品属性的不同来细分产品市场。

2. 产品属性的重要性程度

每种产品由许多属性组成，从产品满足需要的角度出发，消费者对不同属性有一定的偏重，即不会将它们看得同等重要，而消费者感兴趣的属性也不一定是最重要的属性。也就是说，不同的属性具有不同的重要性权数。企业应根据消费者对各种产品属性的重视程度，对各种产品属性进行加权，赋予不同的重要性权数。

3. 品牌形象

消费者可能会根据产品的属性，形成不同的信念。消费者对某一品牌所具有的一种信念就被称为品牌形象。由于受个人经验和选择性注意、选择性曲解、选择性记忆的影响，消费者对品牌的信念可能与产品的真实属性并不一致。

4. 效用函数

效用函数是指消费者所期望的产品满足感是如何随着产品属性的不同而发生变化的。消费者购买产品是期望从产品中得到满足。消费者购买一台笔记本电脑得到的满足会随其运算能力、质量、便携性的增加而增加，会随着电脑价格的增加而减少。对消费者来讲，最理想的笔记本电脑是质量高而价格又相对很低的产品。这种理想产品在市场上实际上是不存在的，消费者只能考虑购买最接近理想产品的现实产品。

有了上面的几个基本概念，消费者就可以对可供选择的方案进行评价，并由此形成态度和偏好。那么消费者是如何进行评价的？是如何应用评价程序进行决策的？

这里仍然用购买个人电脑的事例来加以说明。假定某个消费者想购买一台笔记本电脑，选择的对象有四个品牌，消费者感兴趣的产品属性是其运算能力、质量、便携性和价格。消费者对每种属性的信念通过打分来表示，如果一种属性的满分为 10 分，此属性就是最好的。如果一个品牌被评价的所有属性都得到 10 分，这个品牌就是最理想的品牌。但事实上，这种品牌往往是不存在的。假定有个品牌在其他属性上都比竞争者的品牌好，那么，一般而言，其价格将是最贵的。因此，理想品牌是不存在的，仅仅是提供一个评价标准，这就是此种评价方法也被称为"理想品牌评价法"的原因。评价如表 5-1 所示。在此基础上，企业可预测消费者将要购买哪种品牌的电脑。

表 5-1 消费者对电脑品牌的评价表

评分	产品属性				选择
	运算能力	质量	便携性	价格	
计算机品牌	0.4	0.3	0.2	0.1	
A	10	8	6	4	8.0
B	8	9	8	3	7.8
C	6	8	10	5	7.3
D	4	3	7	8	4.7

如果某一品牌的各种属性都优于其他品牌，我们就能预测消费者会购买这台电脑。如果消费者最重视产品的某一种属性，仅仅根据一种属性来购买产品，这也比较容易预测消费者的购买选择，如消费者最重视产品的运算能力，他就会购买 A 品牌的电脑；如果消费者最重视产品的价格，就会购买 D 品牌的电脑。实际上，大多数购买者都综合考虑产品的几个属性，并对不同属性给予不同的重要性权数，为此就可以比较准确地预测消费者的选择了。

为了确定对每一种电脑的理解价值，用重要性权数乘以每台电脑的信念，再相加，便可以得出以下理解价值。

电脑 A：$0.4 \times 10 + 0.3 \times 8 + 0.2 \times 6 + 0.1 \times 4 = 8.0$

电脑 B：$0.4 \times 8 + 0.3 \times 9 + 0.2 \times 8 + 0.1 \times 3 = 7.8$

电脑 C：$0.4 \times 6 + 0.3 \times 8 + 0.2 \times 10 + 0.1 \times 5 = 7.3$

电脑 D：$0.4 \times 4 + 0.3 \times 3 + 0.2 \times 7 + 0.1 \times 8 = 4.7$

经过计算和分析，会得到不同品牌的期望值，根据期望值的大小，我们可以推测消费者将购买 A 品牌的计算机，所以这种方法也被称为消费者选择的期望值模式。

如果消费者根据自己的需要设想出一种理想品牌，每一属性的理想水平不一定是最高分。假定消费者给这四种产品属性的理想分是 6 分、10 分、10 分、5 分，然后将四种实际品牌与理想品牌进行对比，同这种理想品牌最接近的实际品牌就是消费者最偏爱的品牌，这种方法就成为消费者选择的理想品牌模式。

对于其他没有被选择的企业来讲，如果面对的大多数顾客都是通过上述期望值形成产品偏好，这些企业就可以做大量工作来影响购买者的决策。现在以生产 C 品牌笔记本电脑的企业为例，该企业可以采用的营销策略有：

（1）改进现有的计算机，即对产品进行重新设计，以达到消费者期望的产品属性特征，使产品更适应消费者的要求和偏好。这种策略被称为实际再定位，如品牌 C 可以提高运算能力，降低便携性。

（2）改变品牌信念，这是指改变品牌在一些重要属性方面的购买者信念。一般当消费者低估了品牌属性的时候，就可以采取这种策略。这种策略也被称为心理再定位策略，如品牌 C 可以告诉消费者其质量被低估了。

（3）改变对竞争对手品牌的信念。企业可以设法改变消费者对竞争对手品牌在不同属性上的信念，特别是在消费者误认为竞争者品牌的质量高于实际的质量时，如提供品牌 C 的企业可以告诉消费者品牌 A 的质量实际并没有那么高。这种策略被称为竞争性反定位，常常通过连续的比较广告来达到这一目的。

（4）改变重要性权数，即说服消费者把他们所重视的属性更多地放在品牌 C 具有优势的属性上，强调这一属性才是消费者最应注重的品牌属性。如提供品牌 C 的企业如果能让消费者将"便携性"置于比"质量"更重要的地位，则可能使品牌 C 得到比品牌 A 更高的评价期望值。

（5）唤起对被忽视属性的注意。设法引导消费者重视某些被忽视的属性，而这些属性也正是该品牌具有的优势。如提供 C 品牌的企业可以告诉消费者笔记本电脑的耗电量、重量都是需要注意的属性，如果品牌 C 正是在耗电量与重量上具有比其他品牌更多的优势，则可以提高自己产品的消费者期望值。

（6）改变购买者的理想品牌。企业可以试图说服消费者改变其对一种或多种属性的理想标准。如使消费者在购买计算机时，按"便携性""质量""运算能力"这样排列，将使品牌 C 有最高的评价期望值。

（四）购买决策

经过选择评价，消费者就形成了购买意图，并大都会购买最喜欢的品牌。但是在购买意图和购买决策之间，有三种因素会相互作用，影响消费者的最终决策，如图 5-9 所示。

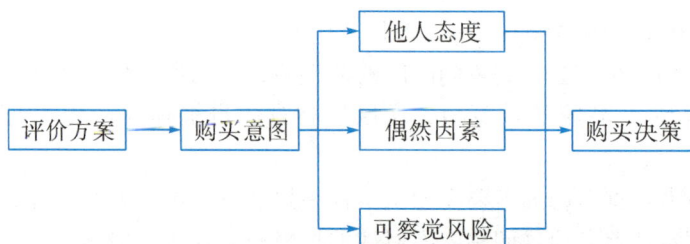

图 5-9 购买意图向购买决策转化过程

第一个因素是他人态度。他人态度会影响一个人的选择，其影响程度取决于其他人对购买者所喜欢的品牌持否定态度的强烈程度及购买者愿意遵从旁人愿望的程度。

第二个因素是未预期到的意外情况，即偶然因素。未预期到的意外情况也许会突然出现，比如接到即将下岗的通知，从而会改变消费者及家庭对收入的预期而改变购买意图。

第三个因素是可察觉风险。可察觉风险的大小随着购买需支付的货币数量、产品属性不确定性的比例以及消费者的自信程度而变化。营销人员只有通过一定的方法和途径来减少消费者的这种可察觉风险，才能促使消费者积极采取购买行动。

所以购买意图还不是完全可以信赖的，不能作为购买行为的可靠预测因素。国外一项研究表明，100 个人开始说在未来 12 个月会购买品牌 A 的某种产品，最后仅有 51 个人购买了这种产品，其中只有 37 个人购买了 A 品牌，14 个人购买了其他品牌。

如果在购买意图与购买决定之间存在某种规律性的东西，或企业能够掌握明显的影响因素，营销人员就可以预测顾客的购买取向和购买行动可能发生的时间。消费者一旦决定实现购买意图必须做出五种子决策：①品牌决策，最终决定购买哪种品牌；②经销商决策，在哪家商店购买；③数量决策，购买几个产品；④时机决策，什么时间购买；⑤付款方式决策，采用什么方式付款。

（五）购后行为

购后行为包括消费者在产品使用后可能产生的心理活动以及购买以后的典型行为。针对这些消费者购买之后的心理活动和行为，营销人员可采取相应措施来增加消费者的满意和未来的销售。所以说，企业的营销工作一直要延伸到产品售出以后。

1. 购买感受

消费者在做出购买决策之后产生的心理不舒适状态被称为购后失调（post-purchase dissonance）。购后失调的消费者往往对购买产生焦虑，怀疑自己的决策是否最佳、在价格等方面是否还有所补充或修改。通常消费者对于价值较高的产品发生购后失调的可能性较大。

消费者购买产品后是否感到满意，取决于消费者购前的预期绩效与产品购后的可见绩效之间的差异：如果产品的可见绩效达到了预期绩效，消费者就会感到满意；如果可见绩效超过了预期绩效，消费者将感到非常满意；如果可见绩效没有达到预期绩效，消费者将会感到不满意。

由于消费者是根据收集到的各种信息，特别是市场信息形成的期望，如果企业夸大了产品的性能，就会使消费者的预期绩效过高，从而导致消费者产生不满的感觉。这两者的差距越大，消费者的不满会越大。当然，有些消费者会夸大这种差距，这就表示消费者极度不满；有些消费者会缩小这种差距，表示消费者有较少的不满。根据这一理论，企业应当如实宣传产品，甚至不要隐瞒产品的缺陷和不足之处，使

115

消费者的预期绩效与可见绩效能保持尽量一致。有的企业在进行广告宣传时，采取留有余地的做法，目的在于在消费者购买产品后产生可见绩效大于预期绩效的感受。

2. 购后行动

消费者对产品的满意或不满意会影响购买以后的行为。一个满意的消费者可能会在以后重复购买，并为企业的产品做活广告，"满意的顾客是企业最好的广告"。

不满意消费者的反应则截然不同，他可能在做出行动和不做出行动之间进行选择；如果做出行动，可以做出公开行动或私下行动。公开行动包括向企业要求赔偿，采取法律行动索赔，向各种社会群体申述、抱怨等。私下行动包括停止购买该产品，向其他消费者进行反面宣传，诋毁该产品等。

企业应采取各种措施，尽可能减少消费者购后的不满意程度，如向顾客征求改进产品的意见，加强售后服务，提供产品使用咨询等。

了解消费者的需要和购买过程是企业市场营销成功的关键。企业了解消费者的购买行为和影响因素，就能为其目标市场制订有效的市场营销计划。

总而言之，消费是人民美好生活需要的直接体现，消费者行为会受到一系列内外因素的影响，消费者的购买决策也是由一系列环节、要素构成的完整过程。系统了解并熟悉消费者的行为特点与影响因素，既关乎于国家经济的发展，也关乎于百姓民生的幸福生活。党的二十大报告强调，"增强国内大循环内生动力和可靠性，提升国际循环质量和水平"。这体现出当前要坚持扩大内需这个战略基点，深化消费体制改革，不断增强消费对经济发展的基础性作用，增强国内大循环的巨大需求牵引力。由此，各类市场主体应积极主动地推动新兴消费发展，领会和包容不同群体的消费观，了解消费者心理、行为及决策过程，从而满足人民日益增长的美好生活需要。

#在线案例赏析：请扫码阅读本章思政案例——《流浪地球》：文化塑造与消费者行为#

《流浪地球》：文化塑造与消费者行为

＊＊＊＊本章小结＊＊＊＊

目标 1：理解消费者市场以及消费者购买行为的主要影响因素

消费者市场是由为满足个人生活需要而购买商品的所有个人和家庭组成的，是组织市场乃至整个经济活动为之服务的最终市场。其需求具有多样性、差异性、发展性、层次性、伸缩性、可诱导性、关联性和替代性等特征。影响消费者购买行为的主要因素包括文化因素（文化、亚文化、社会阶层）、社会因素（相关群体、家庭、角色和地位）、个人因素（年龄、家庭生命周期、职业、性别、经济状况、生活方式、个性和自我概念）和心理因素（动机、知觉、学习、信念和态度）四大类。

目标 2：了解消费者购买行为的内容及其行为模式

消费者购买行为的内容主要包括"6W+1H"，即市场由谁（Who）构成，购买什么（What），为何（Why）购买，谁（Who）参与购买，怎样（How）购买，何时（When）购买以及在何地（Where）购买。消费者购买行为模式遵循了"刺激—反应"模式，最终表现为理智型、冲动型、习惯型、经济型、情感型、不定型、疑虑型等模式。

目标 3：识别并讨论消费者购买决策过程的各个阶段

消费者购买决策过程包括认识需要、收集信息、评价方案、购买决策、购后行为五个阶段，体现了一个从产生需要到购后行为的长过程。该过程主要适用于分析"复杂的购买行为"，强调购买过程早在实际购买行为前就发生了，并且购买后还会有持续的影响。

#在线课件赏析：请扫码阅读本章课件及配套练习#

本章课件

配套练习

117

1. 请说明消费品市场消费者需求的主要特征是什么？
2. 请列举影响消费者购买行为的主要因素有哪些？
3. 请讨论为什么说文化对消费者行为有最广泛、最深刻的影响？
4. 请说明什么是相关群体？相关群体是如何影响个人的消费行为的？
5. 请说明消费者购买决策包括哪些主要阶段？

现代市场营销学

第六章
竞争分析与竞争战略

- -

#在线案例赏析：请扫码阅读本章案例导读——大疆创新：数字化时代的无人机生态系统引领者#

大疆创新：数字化时代的无人机生态系统引领者

企业要想在市场竞争中获得成功，其不仅要提供能满足顾客需要的产品或服务，而且还要比竞争对手更快更好地满足顾客需要。如何战胜竞争对手来达到企业预定的营销目标，这是营销管理的最重要的内容之一。企业确定竞争战略包括三个主要步骤：分析竞争者、选择竞争者与制定竞争战略。

第一节　分析竞争者

为了制定一个有效的营销战略，一个企业必须研究其竞争者。企业实际的和潜在的竞争者范围是广泛的。一个企业最密切的竞争者是那些试图满足相同的顾客和需求，并提供相同产品或服务的企业。一个企业同样应当关注其潜在的竞争者，它们可能会提供新的其他方法来满足同样的需求。

#在线视频赏析：请扫码观看视频——识别、分析和选择竞争对手#

识别、分析和选择竞争对手

119

一、行业界定与竞争者辨别

从营销的角度对竞争者进行分析，企业必须明白自己处于什么市场位置，与谁进行竞争以及与竞争者相较而言，自己的优势与劣势。因此，行业界定及行业特点分析是识别竞争对手的前提与基础。对于单一业务的企业而言，行业界定比较简单，竞争对手识别也相对容易。而对于多业务的企业而言，行业界定相对困难，它需要企业对每个业务进行行业界定，进而对每个业务进行竞争者识别。另外，由于互联网技术的快速发展，现有行业界限更加模糊，企业依据行业界定来辨别竞争者也存在问题，如智能手机的竞争者是其他智能手机还是网络电视，或者平板电脑？它可不可以也是相机的竞争者呢？所以进行行业界定之前，我们首先要从四个层面来分析竞争者。

（一）四个层面的竞争：依据产品替代程度

1. 品牌竞争

当其他企业以相似的价格向相同的顾客提供类似产品与服务时，企业将其视为竞争者。例如：长虹公司的主要竞争者是康佳、创维、TCL 等彩电制造商。

2. 形式竞争

当企业提供的产品或服务类别相同，但规格、型号、款式不同时，这种层面的竞争就产生了。例如，长虹公司认为所有彩电制造商都是其竞争者。自行车中的山地车与一般城市用自行车之间的竞争也是这一层面的竞争。

3. 一般竞争

企业还可进一步地把所有争取同一消费者的人都视作竞争者。比如面包车、轿车、摩托车、自行车都是效能工具，都满足人们代步的需求，但是它们是不同种类的产品。再如，现在的共享单车、公交车和地铁也是满足人们出行需求的产品或服务。这些产品或服务的提供者之间互为一般竞争。

4. 意愿竞争

企业也可更为广泛地把满足不同需求的产品，但消费意愿存在替代的情况视作竞争。如当消费者在某个时刻，可支配的消费额度为 1 万元，他所面临的选择有电脑、摄像机、出国旅游等。此时，购买其中一个产品或服务，则意味着对其他选择的放弃，那么电脑、摄像机、出国旅游之间就形成了意愿竞争。

上述四类竞争，从上至下其竞争范围越来越广，竞争程度（市场集中度）则越来越弱。

（二）行业界定与分析

行业是一组提供一种或一类相互密切替代产品的公司群。例如，汽车行业、石油行业、医药行业等。行业结构由五种力量决定，即新进入者及进入壁垒、供应者力量、购买者力量、替代者力量、业内竞争者力量。这五种力量的合力共同决定了行业的竞争强度和盈利能力。因此决定行业结构的主要因素如下：

1. 销售商数量及其差别程度

描述一个行业的出发点就是要确定销售商是否只有少数或许多，以及产品是否同质或是高度差异的。这一特点产生了四种行业结构类型：完全垄断、寡头垄断、垄断竞争和完全竞争。行业竞争的结构会随时间的变化而变化。

完全竞争市场和完全垄断市场的条件非常苛刻，在现实中根本无法全部满足，因此其只是理论上的一个假设。

2. 进入障碍

从理论上说，企业应自由进入具有利润吸引力的行业。它们的进入会使供给增加，而且最终会使利润下降到正常报酬率的水平。然而，各个行业能进入的难易程度差别很大。进入的主要障碍包括对资本的要求高、规模经济、专利和许可证条件、缺少场地、原料或分销商、信誉条件，等等。其中，一些障碍是某些行业所固有的，而另一些障碍则是企业采取了单独的或联合行动所设置的。即使一家企业进入了一个行业之后，当它要进入行业中某些更具吸引力的细分市场时，也可能会面临阻碍。

3. 退出障碍

从理论上讲，企业应自由退出利润对它无吸引力的行业，但它们也面临退出的障碍，包括：对顾客、债权人或原有职工的法律和道义上的义务；政府限制和社会压力集团的影响；资产的再利用性，即过分专业化或设备技术陈旧引起的资产利用价值低；可供选择的机会太少；企业中下层人员的反对；等等。

进入和退出障碍共同决定了企业参与行业市场竞争的"自由度"。

4. 成本结构

每个行业都有驱动其战略行为的一定的成本组合。企业将把最大的注意力放在它们的最大成本上，并从战略上来减少这些成本。

5. 纵向一体化

在某些行业，后向和前向一体化是非常有利的，例如石油行业。石油生产者进行石油勘探、石油钻井、石油提炼，并把化工生产作为他们经营业务的一部分。纵向一体化可降低成本，还能在它们所经营的业务的细分市场上控制价格和成本。而无法进行纵向一体化的企业将处于劣势地位。

企业对行为的界定不宜"过宽"，也不宜"过窄"。过宽会增加竞争分析的难度，分析结果针对性和适应性也会降低；过窄则可能患上"营销近视症"，即企业把主要营销精力放在产品或技术上，而不是消费需求上，只从生产和技术上去界定行业。这会使得企业忽略一些替代品和潜在竞争者的威胁，因为产品的某种具体形式是满足消费需求的手段之一，一旦有新的产品形式出现，现有产品形式就会被替代，如手机替代数码相机，尽管这两者从生产和技术上来讲不属于同一个行业。

(三) 竞争者识别

结合市场的观点与行业的特征，企业可以更准确地确定自己的竞争对手。比如企业可以先按照行业观点确定一些竞争者，再根据企业的需要，从消费者角度估测产品间的替代率，把所有与自己争夺顾客或市场的企业都看作竞争者，最后把那些对自己威胁较大的作为重点的竞争分析对象。

在企业的实际操作中，也有管理者根据实际经验提出了一些更具有操作性的竞争者辨识方法，如"三近四同模型"等。

#在线案例赏析：请扫码阅读案例分享——竞争者辨识的"三近四同模型"#

竞争者辨识的"三近四同模型"

二、识别竞争者的战略

企业最直接的竞争者是那些为相同的目标市场推行相似战略的人。一个战略群体就是在一个特定行业中推行相同战略的一组企业。

企业通过对战略群体的识别可以发现以下情况：第一，各战略群体设置的进入障碍的难度不尽相同。第二，如果企业成功地进入一个战略群体组别，该组别的成员就成了它的主要对手。如果希望取得成功，它在进入时应具有某些战略优势。

企业了解战略群体的目的是了解竞争者在特定业务上的竞争目标和战略、营销能力以及面对环境变化可能做出的反应，为企业评估其优劣势和选择营销战略提供依据。竞争者战略分析的主要内容如表6-1所示。其中，相关业务指与本企业对竞争者进行分析时所关注的业务。

所以，对竞争者的战略分析，包括企业战略的三个层次和四个方面。三个层次是公司战略、相关业务的经营单位战略和营销战略；四个方面是竞争者的公司战略、竞争者相关业务的竞争战略、竞争者在公司层面的营销能力和战略以及竞争者在相关业务上的营销能力和战略。

同时，值得注意的是，竞争不仅仅在战略群体内展开，在群体与群体之间也存在着对抗。主要的原因有以下几点：第一，某些战略群体所吸引的顾客群相互之间可能有所交叉。第二，顾客不能区分不同群体的供应品差异。第三，各个群组可能都想扩大自己的市场细分范围，特别是在规模和实力相当以及在各群组之间流动障碍较小的时候。

现代市场营销学

表 6-1　竞争者战略分析的主要内容

竞争者的公司战略	竞争者在公司层面的营销能力和战略
● 公司背景：成立时间、地点、注册资本、雇员数量、组织结构、所有者结构、管理团队 ● 愿景与使命：产品、市场、技术领域和价值观 ● 核心能力：组织的学习能力、资源整合能力和创新能力 ● 业务组合与构成：单一业务或多业务；相关或不相关多元化；各业务的构成比例、支柱业务 ● 竞争者的财务表现与资金实力：销售额、利润额、投资收益率、销售利润率、销售增长率、资金结构、筹资能力、现金流量、资信度、财务比率和财务管理能力 ● 发展目标：盈利能力、竞争地位、业务发展	● 产品组合：宽度、深度和关联性 ● 品牌运作能力：品牌数量、畅销品牌数量、畅销品牌占比、品牌定位、品牌强度 ● 产品研发与生产能力：产品研发投入、新产品的数量、研发人员的数量和素质、专利数量、生产规模、生产设备的技术先进性与灵活性等 ● 市场开拓能力：营销渠道的覆盖面、营销渠道管理与控制能力、销售队伍的规模和质量、广告规模与效率、售后服务能力 ● 营销策划与管理能力：营销预算、市场调研的投入与效率、信息传递的有效性、对环境变化的适应性与反应速度、营销管理人员的素质等
竞争者相关业务的竞争战略	竞争者在相关业务上的营销能力与战略
● 相关业务背景：业务成立的时间、发展路径、注册资本、雇员数量、组织结构、所有者结构、管理团队以及母公司主要领导人与此业务的联系 ● 相关业务在公司业务组合中的地位：该业务在母公司业务组合中销售占比、利润占比、现有地位、重要性以及与其他业务的关系 ● 相关业务的财务表现：销售额、利润额、投资收益率、销售利润率、销售增长率和股权收益率 ● 相关业务的竞争目标：销售额目标、利润额目标、市场占有率目标、技术领先目标和品牌竞争力目标 ● 相关业务的竞争优势与竞争战略：成本优势或特色优势；成本领先、差异化或聚焦战略 ● 相关业务的价值链与获取竞争优势的途径：价值链的构成、各环节获取竞争优势的能力和获取竞争优势的关键环节	● 产品线、产品项目的数量与构成；品牌的数量与构成 ● 顾客价值与成本：产品价值、服务价值、人员价值、形象价值、货币成本、时间成本、精力成本和体力成本 ● 品牌定位和品牌强度：品牌数量、每个品牌的定位与针对的目标市场；每一个品牌在各市场的占有率、知名度和美誉度 ● 产品定价：价格档次、定价方法和依据、对价格竞争的态度以及经营采用的价格行为 ● 营销渠道：构成、策略、运作效率、控制能力以及与其他企业的合作程度 ● 沟通与宣传：促销方式整合能力、沟通与宣传的重点、广告规模与效率、媒体组合 ● 关系运作能力：顾客分布、顾客满意度、顾客忠诚度、与重要顾客的关系、与政府的关系、与银行的关系、与上下游企业关系、企业内部关系、与其他利益相关者的关系

资料来源：庄贵军. 营销管理：营销机会的识别、界定与利用 [M]. 北京：中国人民大学出版社，2011.

三、确定竞争者的目标

在识别了主要竞争者及他们的战略后，我们必须了解竞争者的目标。即每个竞争者在市场上追求什么？每个竞争者的行为驱动力是什么？

一般说来，竞争者都将尽量争取利润最大化，但存在长期利润与短期利润之分。此外，有些企业是以"满足"为市场目标，即它们建立目标利润指标，只要这些目标能够达到，它们便感到满足了。

有时候，竞争者追求的不是单一的目标，而是目标组合，只是侧重点不同。我们需了解竞争者对目前的获利可能性、市场份额增长、现金流动、技术领先和服务领先等所赋予的相对权数。了解了竞争者的加权目标组合，我们便可了解竞争者是否对其目前的财务状况感到满意，它对各种类型的竞争性攻击会作出何种反应，等等。

四、评估竞争者的优势与劣势

竞争者能否实施它们的战略并实现其目标，这取决于每个竞争者的资源和能力。企业需要识别每个竞争者的优势与劣势。首先，企业应当收集每个竞争者近期业务的关键数据，特别是销售量、市场份额、毛利、投资报酬率、现金流量、新投资及设备能力的利用情况。每种数据的获得都有助于它们更好地评估每个竞争者的优势和劣势，并帮助新竞争者决定向谁发起挑战。其次，企业也可通过二手资料、个人经验或传闻来了解有关竞争者的优势和劣势。它们可通过向顾客、供应商和中间商进行第一手营销调研来增加对竞争者的了解。最后，在寻找竞争者的劣势时，企业应设法识别它们为其业务和市场所作的假想有哪些已经不能成立。如果企业知道竞争者已在按照一个严重错误的设想在经营，企业就可以利用它，并超过它。

五、评估竞争者的反应模式

单凭竞争者的目标和优势与劣势不足以说明其可能采取的行动以及对诸如削价、加强促销或推出新产品等做出的反应。此外，每个竞争者都有其经营哲学、企业内部文化和某些起主导作用的信念。一个企业需要深入了解竞争者的思维体系，并预测竞争者可能做出的反应。

下面是几种常见的反应类型。

（一）从容型竞争者

某些竞争者对某一特定竞争者的行动没有迅速反应或反应不强烈。企业必须弄清竞争者从容不迫行为的原因：可能是它们感到其顾客是属于自己的；它们的业务需要收割榨取；它们对其他竞争者行动反应迟钝；它们缺乏做出反应所需要的资金。

（二）选择性竞争者

竞争者可能只对某些类型的攻击做出反应，而对其他类型的攻击则无动于衷。了解主要竞争者会在哪方面做出反应可为企业提供最为可行的攻击类型。竞争者可能对削价做出反应以表明对手是枉费心机。但它可能对广告费用的增加不做任何反应，认为这些并不构成威胁。

（三）凶猛型竞争者

这类企业对向其所拥有的领域发动的任何进攻都会做出迅速而强烈的反应。它意在向其他企业表明最好不要向其发动进攻，因为防卫者将奋战到底。

（四）随机型竞争者

有些竞争者并不表露可预知的反应模式。这一类型的竞争者在任何特定情况下，可能会也可能不会做出反应，而且无论根据其经济、历史或其他方面的情况，都无法预见其反应。

了解竞争者的基本反应模式，有助于企业选择和确立行动时机。

#在线视频赏析：请扫码观看视频——中兴与华为的竞合#

中兴与华为的竞合

125

第二节　选择竞争者与一般战略

一、选择竞争者

企业不仅需要识别和了解自己的竞争者，而且还要明确与谁竞争对自己有利，因此，存在一个选择竞争对手的问题。而企业通过对竞争者进行分类，有助于对竞争对手的挑选。竞争者的分类及挑选方法如下。

（一）强竞争者和弱竞争者

大多数企业一般愿意选择弱竞争者为攻击对象。攻击弱竞争者可以在较短时间内提高市场份额，所耗费的资源也较少，但在提高自身能力方面，没有多少帮助。攻击强竞争者，有助于企业提高自己的生产、管理和经营能力，更大幅度地扩大市场份额和利润，但付出的代价较高。

（二）近竞争者和远竞争者

多数企业会同那些与其地域相近、行业相同的竞争者竞争。例如，胶卷生产商可能会与其他品牌的胶卷生产商竞争，而对数码照相机、摄像机的发展反应麻木。然而，企业必须识别当前的竞争者。例如，可口可乐将自来水当作最大的竞争者，而不是百事可乐。

因此，企业一方面要避免"竞争者近视症"；另一方面还要避免陷入"螳螂捕蝉，黄雀在后"的境地。例如，在"消灭"容易对付的竞争者的同时，又招来了更强大的竞争对手。

(三)"良性"竞争者和"恶性"竞争者

每个行业都会有"良性"竞争者和"恶性"竞争者。企业应理智地支持"良性"竞争者，攻击"恶性"竞争者。一般说来，"良性"竞争者遵守行业规则和市场秩序；根据行业增长的潜力，提出切合实际而不是"非分"的设想；依照与成本的关系来合理定价；把自己限制在行业的某一部分或某一细分市场；推动他人降低成本，提高差异化程度；接受为它们的市场份额和利润规定的大致界限。而"恶性"竞争者则会违反行业规则，破坏市场秩序；企图靠花钱购买而不是靠努力去扩大市场份额；敢于冒大风险；生产能力过剩仍然继续投资；打破了行业平衡，给全行业带来"麻烦"。

二、市场竞争的一般战略

竞争战略是企业通过什么途径形成相对竞争优势的打算。成功的企业在市场竞争的整体作战中，都能寻找出一个独特的市场定位以期有利于竞争，并由这种差异化策略获取竞争优势及市场空缺。在市场竞争中，企业的产品或服务仅仅满足顾客某方面的需要，让其觉得物有所值，还不足以在市场竞争中胜出。要在市场中获得竞争优势，企业必须比竞争对手的产品或服务有更高的利价比（顾客价值与顾客成本之比）。所以，企业要使其产品或服务有较大的竞争优势，可以有两方面的思路：一是强调顾客价值的提升，即以相同或相似的价格向顾客提供较高的顾客收益；二是强调顾客成本的降低，即以更低的价格向顾客提供相同或相似的顾客收益。在竞争中，前者就是差异化战略，后者则为低成本战略。而当企业尝试在某个细分市场获得成本优势或特色优势时，即为集中化战略。因此策略大师迈克尔·波特（Michael Porter）在其著作《竞争战略》中指出，竞争策略有三种基本形式：总成本领先、差异竞争和目标集中战略。

(一)总成本领先战略

总成本领先战略指企业尽可能降低自己的生产和经营成本，在同行业中取得最低的生产成本和营销成本。降低总成本能增强企业同竞争者的竞争力，因为降低成本，企业可获得相对利益；可应对买方行使讨价还价的能力；可为新竞争者的进入设置巨大障碍；有利于应对竞争者的替代品等。

企业要想实现总成本领先，需要相对高的市场占有率或其他优势，诸如获得有利的原材料途径。

企业实施这一竞争战略的基本条件是：持续的资本投入和取得资本的途径；一定的加工工艺技能；设计容易制造的产品；建立低成本的分销系统。

总成本领先战略需要的基本组织条件是：严密的组织结构和责任；严格的成本控制；严格的控制报告。

总成本领先战略具有的风险为：技术变化使以往的投资或知识无效；新的竞争者通过仿效向尖端技术水平的设施进行投资而使成本降低；由于注意力集中于成本上，无法看到产品的变化或市场营销的变化；成本的飞涨缩小了公司维持足够的价格差异的能力。

(二) 差异竞争战略

差异竞争战略是指企业提供差别化的产品或服务，以便有可能成为本行业的等级领袖。使产品或服务差异化的途径很多：产品款式或品牌形象、产品技术、产品特点、客户服务、零售网及其他方面的差异性。

差异竞争战略是企业应对竞争者强有力的武器，是当前企业在市场营销活动中主流的竞争做法。其竞争特点为：产品差异化造成了竞争者进入的障碍；有效地抵御了其他竞争对手的攻击；削弱了买者讨价还价的能力；有获取超额利润的可能。

差异化战略需要的一般条件为：企业有相应的能力和财力，诸如很强的市场营销能力；很强的基础研究能力；具有高质量及高技术的声誉；有独特的具有明显优势的产品工艺设计和产品加工技术；善于吸收其他技能的独特组合方式；具有很强的分销渠道的合作等。

产品差异化战略存在一系列风险：

①实行产品差异化战略的企业成本高于低成本战略，这可能导致产品差异对顾客失去吸引力；

②顾客偏好变化时，产品差异对顾客不再有吸引力；

③竞争对手的模仿会缩小产品差异。

(三) 目标集中战略

目标集中战略是指企业集中力量于某几个细分市场，而不是将力量均匀投入整个市场。

目标集中竞争战略的主要特点是：所涉及的细分市场都是特定的或专一的，也就是说，是为一个特定目标服务的。采用这种竞争战略的最后结果是企业在一个较小的细分市场获得一个较大的市场份额。如美国 AFG 玻璃公司主要生产和销售有色的钢化玻璃。厂商在为特定目标市场服务时，或采取产品差异，或降低成本，或两者兼用之，以取得这种针对狭隘市场目标的领先地位。

目标集中竞争战略需要的市场条件与组织条件，随集中的目标不同而变化。

目标集中战略具有一定的风险：覆盖整个市场的那些竞争对手因为规模经济大幅度降低成本时，可能会导致采用集中竞争战略的企业成本优势不再存在；竞争者从战略目标中找到了细分市场，使原来企业的目标集中战略经营缺少特色；集中目标指向的特定细分市场的需求变得太小，而转移产品到其他的细分市场相当困难。

三种竞争战略的区别如图 6-1 所示。

127

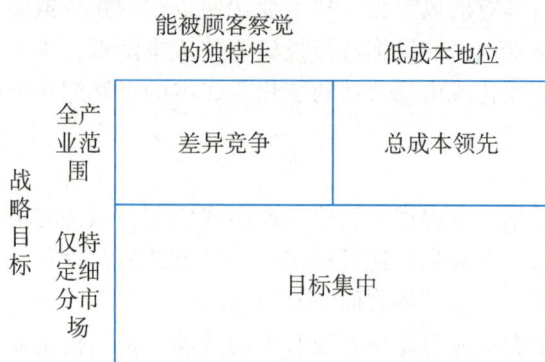

图 6-1　按营销组合因素区分的三种竞争战略

三、按不同竞争地位划分的营销者类型

根据企业在目标市场所处的地位，我们可以把企业分为四类：市场领导者、市场挑战者、市场追随者和市场补缺者。

（一）市场领导者

市场领导者是指在相关的产品市场中占有最大的市场份额的企业。绝大多数的行业都有一个被公认的市场领导者，它在价格变化、新产品开发、分销渠道的宽度和促销强度上，起着领导作用，并受到同行业企业的承认。它是竞争者的一个导向点，是其他企业挑战、模仿或躲避的对象。如空调电器市场的格力集团、电商购物市场的京东集团、直播购物市场的抖音公司、共享单车市场的美团单车、在线游戏市场的腾讯公司、家用投影市场的极米科技公司，等等。这种领导者各行各业几乎都有，它们的地位是在竞争中形成的，但也是可以变化的。

（二）市场挑战者和市场追随者

市场挑战者和市场追随者，是指那些在市场上处于次要地位，在行业中占有第二、第三和以后位次的企业。这些次要地位的企业可采取两种态度中的一种：争取市场领先地位，向竞争者挑战，即市场挑战者；或者是安于次要地位，在"共处"的状态下求得尽可能多的收益，即市场的追随者。每个处于市场次要地位的企业，都应根据自己的实力和环境所提供的机会与风险，来决定自己的竞争战略是"挑战"还是"追随"。

（三）市场补缺者

市场补缺者是指那些在市场上选择不大可能引起大企业兴趣的市场或某一部分，进而从事专业化经营的小企业。由于这些企业对市场的补缺，可使许多大企业集中精力生产主要产品，因而这些小企业获得了很好的生存空间。

#在线案例赏析：请扫码阅读本章思政案例——层层闯关，小米驶向全新征程#

层层闯关，小米驶向全新征程

第三节　市场领导者战略

市场领导者如果没有获得合法的垄断地位，必然会面临竞争者的挑战。因此，它必须时时保持警惕和采取适当的策略，否则就很可能丧失领先的地位，而降到第二位或第三位。市场领导者想要继续保持第一位的优势，就需要在三个方面进行努力：一是扩大市场总需求量；二是保持现有市场份额；三是扩大市场份额。

一、扩大市场总需求量

当市场总需求量扩大时，处于领先地位的企业得益最大，因为其市场占有率最高。

一般说来，市场领导者可以从三个方面扩大市场总需求量。

（一）寻找新用户

每种产品都有吸引新顾客、增加新使用者的潜力。因为有些顾客不了解这种产品，或价格不合理，或产品有缺陷。

领导者企业可以从以下三个方面寻找新的使用者：①新市场战略，即针对未用产品的群体用户，说服他们使用产品。比如说服男子使用香水。②市场渗透战略，这是对现有细分市场中还未使用产品的顾客，或只偶尔使用的顾客，说服他们采用产品。比如说服不用香水的妇女使用香水。③地理扩展战略，即将产品销售到国外或是其他地区市场去。

（二）开辟产品的新用途

为产品开辟新的用途，可扩大需求量，使产品销路久畅不衰。杜邦公司的尼龙提供一个个新用途扩大市场就是一个典型事例。尼龙最初是用作降落伞的合成纤维；然后作为妇女丝袜的纤维；再之后，它作为男女衬衣的主要原料；后来，它又用于制作汽车轮胎、沙发椅套和地毯。

（三）扩大产品的使用量

扩大产品的使用量是扩大市场需求的重要途径。例如，宝洁公司告诉用户飘柔洗发水洗头的效果，每次用两份比一份更好。

二、保持市场份额

处于市场领导地位的企业，必须时刻防备竞争者的挑战，保卫自己的市场阵地。例如可口可乐必须防备百事可乐。

市场领导者如何防御竞争者的进攻呢？最根本一点是市场领导者不要满足于现状，而要不断创新，并在产品创新、提高服务水平、提升分销渠道的有效性和降低成本等方面，真正处于该行业的领先地位；同时抓住对手的弱点，实行进攻。比如在军事上就有一个观点："进攻是最好的防御"。

市场领导者如果不发动进攻，就必须实行防御策略，即防备其他竞争者的进入。堵塞漏洞的代价可能很高，但是放弃一个细分市场的代价更高。市场领导者应当权衡哪些阵地应不惜一切代价防守，哪些阵地可以放弃而不影响大局，并将其资源集中用于关键的地方。

市场领导者可以采用以下六种防御策略，如图 6-2 所示。

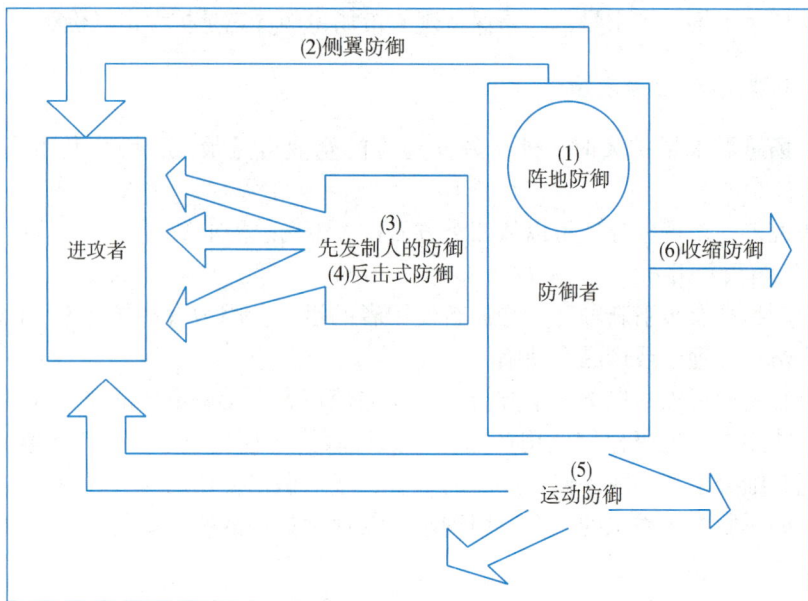

图 6-2　防御战略

①阵地防御。这是指在企业的四周建造一个牢固的守卫工事，这是防御的基本形式，属于静态防御工事。简单地防守现有地位或产品是一种营销近视的方式。例如，当年的亨利·福特关于 T 型汽车的近视，使一个有着 10 亿美元现金储备的福特公司从顶峰跌到了崩溃的边缘。所以，受到攻击的领导者把他的全部资源用于建立保卫现有产品堡垒的做法是错误的。

②侧翼防御。市场领导者不仅要守卫自己的阵地，还要建立一些侧翼或前沿阵地，作为防御阵地，必要时其可作反击的基地。例如，某食品公司为了保持超级市

场的领导地位，不断增加食品零售花色品种的搭配组合，以迎接新的挑战。

③先发制人的防御。这是指在竞争对手向企业发动进攻前，其先向对手发动进攻，这是一种比较积极的防御策略。

有时候，先发制人的打击是在心理上展开的，而并不付诸实践。市场领导者发出市场信号，劝告竞争对手们不要进攻。有些市场领导者享有高的市场资源，能平安度过某些攻击，也可以沉着应战，不轻易发动进攻。

④反击式防御。这是指当市场领先者受到攻击时，其反攻入侵者的主要市场阵地，这是一种有效的防御。

⑤运动防御。这是指领导者不仅要防御目前的阵地，而且还要扩展到新的市场阵地，作为未来防御和进攻的中心。市场扩展通过市场拓展和市场多样化两种方式实行。

⑥收缩防御。市场领导者为了加强实力，放弃薄弱的市场而增强其市场竞争力，集中优势应对竞争者。

三、扩大市场份额

市场领导者可以通过进一步增加它们的市场份额而提高其利润率，以维持其领导者的地位。有关研究认为，盈利率是随着市场份额线性上升的。市场份额在10%以下的企业，其平均投资报酬率在9%左右，而市场份额超过40%的企业将得到30%的平均投资报酬率，或者它的投资报酬率是市场份额在10%以下企业的三倍。

并不是任何企业提高市场占有率都意味着投资报酬率的增长，其还取决于企业提高市场占有率采取的策略。企业为提高市场占有率所付出的代价，有时付出的成本会高于它所获得的利益。因此，企业提高市场占有率要考虑以下三个因素。

第一是引起反托拉斯行动的可能性。当企业的市场占有率超过一定限度时，其就有可能受到指控和制裁。

第二是经济成本。市场份额在达到某个水平以后还继续增大，盈利能力有可能会下降。

第三是企业在夺取市场份额时所采用的营销组合策略是否正确。某些营销组合变量可以增加市场份额，却不能导致利润增加。只有在下面两个条件下，高市场份额才会导致高利润：一是单位成本随着市场份额的增加而减少；二是产品价格的提高大大超过为提高产品质量所投入的成本。

总之，市场领导者必须善于扩大市场总需求量，保卫自己现有的市场领域，并有利可图地增加自己的市场份额，这样才能持久地占据市场主导地位。

第四节　市场挑战者的竞争战略

在市场上居于次要地位的企业，如果要向市场领导者和其他竞争者挑战，首先必须确定自己的战略目标和竞争对手，再选择适当的进攻策略。

一、确定战略目标和竞争对手

大多数市场挑战者的战略目标是增加它们的市场份额，因为这将导致较大的盈利率。市场挑战者确定目标时，要明确谁是竞争对手，并采取不同的策略。

（一）攻击市场领导者

这是一个既有高度风险但又具有潜在高报酬的战略。如果市场领导者不是一个"真正的领先者"，而且也没有很好地满足市场需求，那么攻击将会产生重大意义。因此，市场挑战者应仔细调查研究领先企业的弱点和失误，其有哪些未满足的市场需求以及有哪些使顾客不满意的地方。发现了实际未被满足或不满意的市场，其就可作为进攻的目标。此外，市场挑战者还可在整个细分市场上，创新产品超过领导者，以夺取市场的领导地位。

（二）攻击与自己实力相当者

挑战者把一些与自己规模相仿，而目前经营业务不良、财力拮据的企业作为进攻对象，设法夺取它们的市场阵地。

（三）攻击地方性小企业

对一些经营不善、财力拮据的本地小企业进行吞并。

总之，选择对手和选择目标的问题是相互影响的。如果进攻的企业是市场领导者，则它的目标是夺取一定的市场份额。如果进攻的是一个小的本地企业，则它的目标是把这个小企业吞并掉。它必须遵守一条原则：每一个行动必须直接指向一个明确规定的、决定性的和可达到的目标。

二、选择进攻策略

在明确了战略目标和竞争对手之后，市场挑战者还需考虑采取什么进攻策略。这里有五种进攻策略可供选择，如图6-3所示。

（一）正面进攻

市场挑战者集中全力向对手的主要方面发动进攻，即进攻对手而不是进攻弱点。在这个纯粹的正面进攻中，市场挑战者必须在产品、广告、价格等方面超过对手，即其需要有超过竞争者的实力和持久力，才能使正面进攻获得成功。正面进攻的常用做法是用减价来同对手竞争。这种进攻可以采用两种方式：①针对市场领导者的价格制定较低的售价；②降低生产成本，以价格为基础攻击竞争对手。因此，价格进攻是建立持续的正面进攻战略的最有效的基础之一。

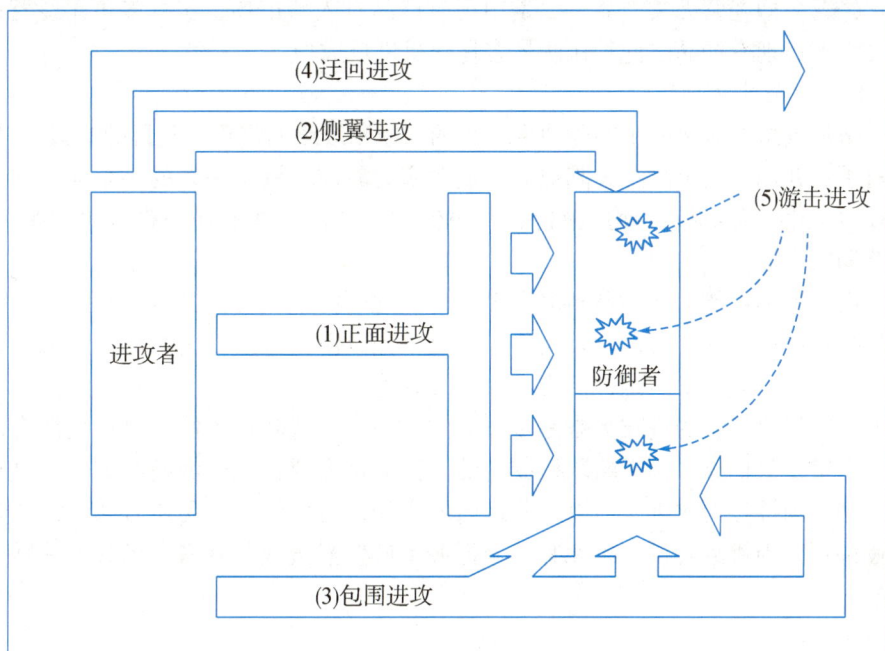

图 6-3　进攻战略

（二）侧翼进攻

现代进攻战的主要原则是："集中优势兵力打击对方弱点。"当市场挑战者难以采取正面进攻时，它就会考虑采用侧翼进攻，即采用避实就虚的战术来制胜。侧翼进攻可分两种情况：①地理性进攻，即在本国或世界上选择绩效水平不佳的对手进攻。②细分性进攻，即寻找未被市场领导者服务覆盖的细分市场，在这些小市场上迅速填补空缺。

侧翼进攻符合现代营销观念——发现需要并设法满足它们。侧翼进攻也是一种最有效和最经济的策略，较正面进攻有更高的成功机会。

（三）包围进攻

如果说单纯的侧翼进攻是指集中力量填补竞争者在现有市场上无法覆盖的缺口，那么包围进攻则是通过"闪电"战术，夺取对手大片阵地的一个策略。这种进攻是全面性进攻，即同时从正面、侧面和背面向对手发动一个大的进攻。只有一个进攻者拥有优于对手的资源，并确信包围计划的完成足以击败对手时，这种包围战略才有意义。比如精工公司对手表市场的进攻就是一个包围战略的实例。它的流行款式、特征、使用者偏好以及种类繁多等压倒了它的竞争者并征服了消费者。但必须指出，并非所有包围进攻都能奏效。

（四）迂回进攻

进攻者避开了竞争对手的现有市场阵地，而是绕过对手攻击较容易进入的市场，以扩大自己的市场。这是一种最间接的进攻战略。迂回进攻可采取三种方法：一是多角化经营,即经营无关产品;二是用现有产品打入新市场,实行多角化经营;三是以技术替代现有产品。此种作法最容易获得进攻成功。

(五) 游击进攻

游击进攻指对对手的不同阵地发动小的、断断续续的进攻,其目的是骚扰对方,拖垮对手,并使自己牢固占领阵地。其适合实力较弱、资金缺乏的小企业在向大企业进攻时采用。游击战可使用减价、密集促销等方法,并最好进攻小的、孤立的、防守薄弱的市场。

游击进攻不可能彻底地战胜竞争对手,它必须有较强大的进攻为后盾。所以,市场挑战者往往是在准备发动较大的进攻时,先以游击进攻作为全面进攻的战略准备。因此,游击战并不一定是低成本的作战活动。

上述市场挑战者的进攻策略是多方面的,一个挑战者不可能同时运用所有的策略,但也很少只依靠一种策略取得成功的。其通常需要把几个战略组成一个进攻战略,并随时间推移而改进,借以改善自己的市场地位。但并不是所有属于次要地位的企业都可充当挑战者,如果没有充分把握不应贸然进攻领导者,最好是追随而不是挑战。

第五节 市场追随者和市场补缺者的竞争战略

一、市场追随者战略

大多数居于第二位的企业喜欢追随而不是向市场领导者挑战。市场追随者与挑战者不同,它不是向市场领导者发动进攻,而是跟在市场领导者之后维持和平共处的局面。这种"自觉共处"状态在资本密集且产品同质的行业,如钢铁、化工行业中是很普遍的现象。这些行业的产品差异化和服务差异化很小、价格敏感性很高、价格战随时都可能爆发,容易造成两败俱伤。因此,大多数企业不以短期的市场份额为目标,彼此不互相争夺客户。它们常常效仿市场领导者,为购买者提供相似的产品,市场份额高度稳定。

但是,这不等于说市场追随者没有战略。一个市场追随者必须知道如何保持现有的顾客和如何争取新顾客;必须设法给自己的目标市场带来某些特有的优势,如服务、融资。追随者是挑战者攻击的主要目标,因此,市场追随者必须保持低成本和高产品质量及服务质量。追随战略并非被动的追随。市场追随者具有自身的策略,一般选择既跟随市场领导者,又不会引起竞争性报复的策略。追随战略可分为以下三类。

(一) 紧密追随

紧密追随是追随者在尽可能多的细分市场和营销组合方面模仿市场领导者的做法。在这种情况下,市场追随者很像是一个市场挑战者,但只要它不从根本上侵犯到领导者的地位，就不会发生直接冲突。有些追随者甚至寄生于市场领导者的投资之下生活。

（二）有距离的追随

这种策略是追随者总是和市场领导者保持一定的距离，如在产品的质量水平、功能、定价、促销力度、广告密度以及分销网点的密度等方面。市场领导者十分欢迎这种追随者，而且乐意让它们保持相应的市场份额，以使自己免遭独占市场的控诉。这种追随者一般靠兼并更小的企业来获得增长。

（三）有选择的追随

这种策略是追随者在某些方面紧密地追随领导者，而在另外一些方面又走自己的路的做法。也就是说，它不是盲目追随，而是择优追随。这类企业具有创新能力，但是它的整体实力不如对方，需要避免与领导者的直接冲突。其可望在以后成长为市场的挑战者。

二、市场补缺者的战略

几乎每个行业中，都存在一些小企业，或大公司中的小型业务部门专营某些细小的细分市场，它们不与主要的企业竞争，而只是通过专业化的经营来占据市场小角落，为那些可能被大企业忽略或放弃的市场进行有效服务，并通过出色的补缺战略来获取高利。

作为市场补缺者，它们常设法找到一个或几个既安全又有利的补缺市场。一个理想的补缺市场应该具有以下特征：

（1）有足够的规模和购买力，从而能获利；

（2）有成长潜力；

（3）被大的竞争者所忽视；

（4）企业有市场需要的技能和资源，可有效地为补缺市场服务；

（5）企业能依靠已建立的顾客信誉，保卫自己，对抗大企业的进攻。

补缺战略的关键是专门化，即在市场、顾客、产品或营销组合方面实行专业化。一般而言，这类企业在下列几方面可以找到专业化的竞争发展方向。

（1）最终使用者专业化：企业专门为某一类型的最终使用顾客服务。如计算机行业有些小企业专门针对某一类用户，如银行进行营销。

（2）纵向专业化：企业专门在营销链的某个环节上提供产品或服务。如专业化的清洁公司。

（3）顾客规模专业化：企业可集中力量专为某类顾客服务。许多补缺者专门为小客户服务，因为他们往往被大企业所忽视。

（4）地理区域专业化：企业把销售集中在某个地方、地区或世界的某一区域。如市场补缺者可把营销范围集中在交通不便的地理区域，即大企业所不愿经营的地方。

135

（5）产品或产品线专业化：企业只生产一种产品或产品线，而其所涉及的这些产品是被大企业放弃的。这为补缺者留下了发展空间。如家用电器维修安装业务。

（6）定制专业化：企业按照客户的订货单定制产品。这是一个很有希望的市场。如在住房装修、家具等产品和服务方面。

（7）服务专业化：企业专门提供某一种其他企业没有的服务项目。如银行进行电话贷款业务，并为客户送钱上门。

（8）渠道专业化：企业只为一种分销渠道服务。如某一软饮料公司只生产超大容量的软饮料，并只在加油站出售。

市场补缺者有三个任务：创造补缺、扩展补缺和保卫补缺。市场补缺者要承担的主要风险是补缺市场可能耗竭或遭到攻击。所以，这类企业必须连续不断地创造新的补缺市场，而且要选择多个补缺市场，以确保企业的生存和发展。总之，只要善于经营，这类企业也有许多机会在获利的条件下为顾客服务。

竞争战略是企业驰骋业界的利剑，精准的竞争战略有利于企业应对复杂的外部变化，并由此获取丰厚的价值回报。党的二十大报告指出要"完善中国特色现代企业制度，弘扬企业家精神，加快建设世界一流企业"，这为我国企业改革发展指明了方向和目标。在中国式现代化建设进程中，现代企业不仅要充分面对市场竞争，制定适合自身的竞争战略，更要将自我长远发展与国家发展相融合，不断探索在国际竞争中的生存之道，为成为世界一流企业而不懈奋斗。

#在线视频赏析：请扫码观看视频——竞争战略#

竞争战略

＊＊＊＊本章小结＊＊＊＊

目标1：掌握竞争者辨别的四个层面及评估竞争者的反应模式

为了制定一个有效的营销战略，一个企业必须研究其竞争者。依据产品替代程度划分的四个竞争层面分别为：品牌竞争、形式竞争、一般竞争和意愿竞争。评估竞争者的反应的模式为：从容型竞争者、选择型竞争者、凶猛型竞争者、随机型竞争者。

目标2：了解企业面对激烈的市场竞争应当采取的竞争战略类型

企业要使其产品或服务有较大的竞争优势，可采取的一般性竞争战略包括：总成本领先战略、差异竞争战略和目标集中战略。三者依次强调成本的降低，即以更低的价格向顾客提供相同或相似的顾客收益；强调顾客价值的提升，即以相同或相似的价格向顾客提供较高的顾客收益；强调企业尝试在某个细分市场获得成本优势或特色优势。

目标3：掌握按不同竞争地位划分的营销者类型

根据企业在目标市场所处的地位，我们把企业为四类：市场领导者、市场挑战者、市场追随者和市场补缺者。

#在线课件赏析：请扫码阅读本章课件及配套练习#

本章课件　　　　　　配套练习

137

＊＊＊＊本章复习思考题＊＊＊＊

1. 请列举几种市场竞争的一般战略。
2. 请描述几种一般竞争战略的内涵。
3. 请说明应如何辨识竞争者？
4. 请讨论不同竞争角色的竞争战略是什么？

第七章
市场细分与目标市场营销战略

#在线案例赏析：请扫码阅读本章案例导读——RIO 鸡尾酒的精准市场细分#

RIO 鸡尾酒的精准市场细分

市场营销活动是以消费者的需要为基础的，而消费者或用户对某种产品或服务的期望和要求是不同的。尤其是在买方市场条件下，消费者购买或使用商品，除了考虑商品的功能等效用特征外，往往追求商品的个性化，从而形成不同消费者群体对同类商品或服务的需求偏好差异。因此，在现代社会中千篇一律、千孔一面的商品必然受到消费者的冷落。营销活动实践证明：成功经营的企业，不仅要明确为什么样的需要服务，尤其要明确为谁的需要服务。为谁的需要服务是企业的一种经营选择，这种选择就是选择目标市场。正确地选择目标市场，明确企业特定的服务对象，是企业制定营销战略的首要内容和基本出发点。市场细分是企业选择目标市场的基础和前提，在现代企业营销活动中占有重要的地位。

现代企业营销战略的核心被称为"STP 营销"，即细分市场（segmenting）、选择目标市场（targeting）和市场定位（positioning）。STP 营销，即目标市场营销能够帮助企业更好地识别市场机会，从而为每个目标市场提供适销对路的产品。

目标市场营销分为三个基本步骤（如图 7-1 所示）：①市场细分，即根据购买者对产品或营销组合行为的不同需要，将市场划分为不同的顾客群体，并勾勒出细分市场的轮廓；②选择目标市场，即选择要进入一个或多个细分市场；③市场定位，即为产品和营销组合确定一个富有竞争力的、与众不同的质量和特性。

```
┌─────────────┐      ┌─────────────┐      ┌─────────────┐
│  市场细分    │ ───→ │ 选择目标市场 │ ───→ │  市场定位    │
└──────┬──────┘      └──────┬──────┘      └──────┬──────┘
       │                    │                    │
       ↓                    ↓                    ↓
┌─────────────┐      ┌─────────────┐      ┌─────────────┐
│ 判断市场细分 │      │ 评估每个细分 │      │ 为选择的细分市场 │
│ 因素和细分市 │      │ 市场的吸引力，│      │ 确定可能的定位概 │
│ 场：勾勒细分 │      │ 选择目标市场 │      │ 念；          │
│ 市场轮廓     │      │             │      │ 选择、发展和沟通 │
│             │      │             │      │ 所选择定位概念 │
└─────────────┘      └─────────────┘      └─────────────┘
```

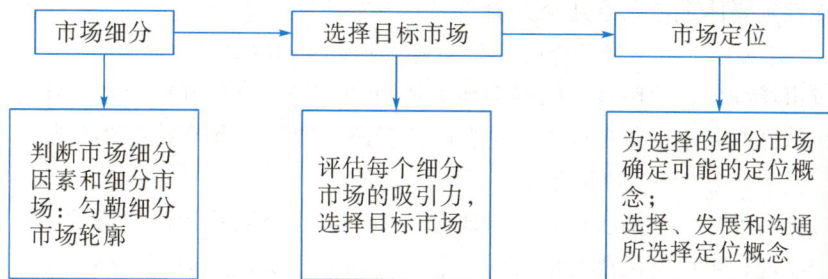

图 7-1　目标市场（STP）营销步骤

第一节　市场细分与细分因素

一、市场细分概念

市场细分（marketing segmentation）是指营销者利用一定的需求差别因素（细分因素），把某一产品的整体消费者市场划分为若干具有不同需求差别群体的过程或行为。营销者细分市场的过程亦称市场细分化。

对于营销企业来说，在细分后的市场上，每一个消费者群体就是一个细分市场，亦称子市场。每一个细分市场都是由具有类似需求倾向或要求、行为等的消费者群体所构成。

分属不同细分市场的消费者对于同一产品的需要和欲望存在明显的差别，而属于同一细分市场的消费者对于同一产品的需要和欲望则较为相似。

市场细分是对需求和欲望各异的消费者进行分类，而不是对产品进行分类。市场可细分的基础是对同一产品在需求上存在差异性。由于需求的差异性形成了市场需求的多样性和消费的个性化，企业通过满足这种个性化的消费，可以提高对需要的满足程度。因此，细分市场越细，消费者的需求满足程度越高。但同时，这也会增加企业的营销费用和营销难度。

市场细分的目的在于把消费行为，即需求类似的消费者加以分类，以便营销者了解顾客需求的差异，发现有利的营销机会。市场细分并不总是意味着把整个市场进行分解，实际上细分常是一个聚集与分解共同作用的过程。所谓聚集，就是把最易对某种产品特点作出反应的人们或用户集合成群。聚集可以依据多种变量连续进行，直到鉴别出其规模能实现企业利润目标。分解则意味着在共同的、普遍的或基本的需求中，找到差别化的东西，由此得到更多的营销机会，提高顾客的满意程度。

二、市场细分的必要性和重要性

市场细分是目标市场营销的基础和前提。在市场营销活动中，市场细分的必要性和重要性主要体现在以下几个方面。

（一）能区分市场中消费者的需要差别，并从中选取目标市场

通过市场细分，营销者可以详细地了解市场结构、市场规模及本企业在市场上的位置，从而有利于企业更好地利用有限的资源生产目标市场所需的产品。

（二）能发现市场营销机会

通过市场细分，营销者可以有效地分析和了解各个消费者群的需求满足程度和市场竞争状况；可以发现哪些消费的需求已经得到满足，哪类需求满足不够，哪类需求尚需适销的产品去满足；可以发现哪些细分市场的竞争激烈，哪些竞争较少，哪些细分市场尚待开发。满足程度低的市场通常存在着极好的市场机会，不仅销售潜力大，竞争者也较少。企业如果能抓住这样的市场机会，结合企业的资源状况，形成并确立适宜自身发展的目标市场，并以此为出发点设计出相应的营销战略，就可能迅速赢得市场优势地位，提高市场占有率。

（三）有助于提高企业的竞争能力和经济效益

市场细分能够增加企业的适应能力和应变能力，在较小的细分市场上开展营销活动可以增强市场调研的针对性。细分市场上的市场信息反馈较快，有利于企业掌握消费需求的特点及变化趋势，这有利于企业及时、正确地规划和调整产品结构、产品价格、销售渠道和促销活动，使产品保持适销对路并迅速到达目标市场，从而达到扩大销售的目的。建立在市场细分基础上的企业营销，可以避免在整体市场上分散使用力量。企业有限的财力、人力、物力资源能够集中使用于一个或几个细分市场，扬长避短，有的放矢地开展针对性营销，不仅费用低，竞争能力也会因此而得到提高。

（四）它是制定市场营销组合的基础

企业的市场营销活动是依据相应的营销组合工具，即产品、价格、地点和促销来进行的。只有能向消费者提供使之满意的产品或服务，营销工具的使用才是有效的。设计这些营销组合，必须依据细分市场的要求，即消费者或顾客的需求来进行。市场细分有助于企业提高产品开发的科学性和适用性，价格的合理性，渠道选择的针对性，促销方式的有效性。在现代市场营销活动中，没有细分市场，就不可能设计出合适的营销组合。

（五）有利于增进社会效益，推动社会进步

市场细分有利于满足不断变化的、千差万别的社会需要。众多的企业奉行市场细分化策略，尚未满足的消费需求就会逐步成为企业一个又一个的市场机会，即目标市场。这样，新的产品或服务就会层出不穷，同类产品的花色、品种就会丰富繁多，消费者或用户也就有可能在市场上购买到称心如意的商品。

三、市场细分的模式

按顾客对产品两种主要属性的重视程度来划分市场，就会形成不同偏好的细分市场。以消费者对酒类产品的香型（细分因素 A）及酒精浓度（细分因素 B）这两个属性的重视程度来进行市场细分为例，可以形成三种市场细分模式，如图 7-2 所示。

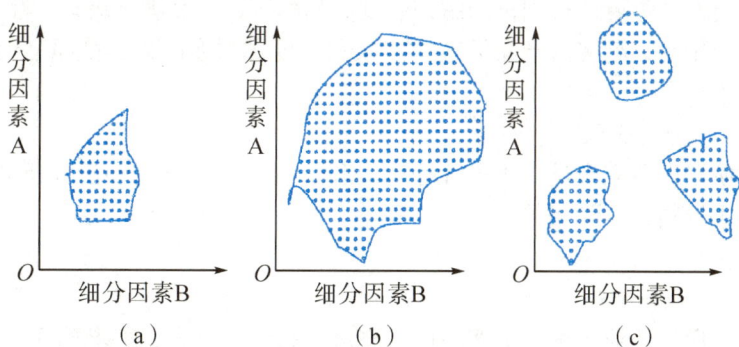

图 7-2　三种市场细分模式

（一）同质偏好

消费者的偏好非常明显而且相似。在图 7-2 的 a 图中，市场上的消费者都表现出对酒的偏好为香型适中，酒精浓度适中。这样，所有的消费者具有大致相同的白酒偏好，不存在自然形成的细分市场。可以预见，在同质偏好的市场上，现有的品牌基本相似，且集中在偏好的中央。对于这类市场企业通常采用无差异营销策略。

（二）扩散偏好

消费者对白酒的需求偏好非常分散，正所谓"萝卜白菜各有所爱"。在图 7-2 的 b 图中，消费者的需求偏好散布整个空间，各自的偏好相差很大。企业无论将产品定位于何处都只能使很少部分的消费者得到很好的满足，而其他消费者的需求满足程度极低。进入该市场的第一家品牌很可能定位于偏好的中心，以迎合大多数消费者。定位于中心的品牌可以将消费者的不满足程度降到最低。第二个进入该市场的竞争者应定位于第一品牌附近，以争取市场份额，或定位于某个角落，以吸引对中心产品不满的消费群体。如果市场上同时存在几个品牌，那么他们很可能定位于市场上的各个空间，分别突出自己的差异性来满足消费者的不同偏好。在这类市场上，企业通常采用差异营销策略。

（三）集群偏好

市场上消费者对白酒的需求偏好形成了某种类型的相对集中，形成具有不同偏好的消费者群体。在图 7-2 的 c 图中，消费者的需求偏好呈现集群式的分布。在这种类型的市场上，进入市场的第一家公司将面临三种选择：①定位于偏好的中心，以迎合所有的消费者，即实行无差异营销；②定位于最大的细分市场，即实行集中性营销；③同时开发几种品牌，分别定位于不同的细分市场，即实行差异性营销。

四、市场细分的程序

细分市场的过程分为三个阶段：①市场调研阶段；②市场分析阶段；③市场描

141

述阶段。

（一）市场调研阶段

在这一阶段，通过对一手和二手资料的调查，企业可以搜集到顾客的需求偏好，购买产品的属性及重要性排列；品牌知名度、品牌声誉、品牌等级；产品使用方式、使用频率和使用量；顾客对产品类别的印象和态度；顾客的人文变量、心理变量和传媒变量等资料。

（二）市场分析阶段

在这一阶段，研究人员采用定性分析法和定量分析法分析和研究所搜集到的原始资料和二手资料，剔除相关性很大的变量，然后用集群分析法划分一些差别较大的细分市场。

（三）市场描述阶段

在这一阶段，企业应根据顾客不同的态度、兴趣、行为、需求偏好、人文变量、心理特征、媒体选择等划分每个群体，然后对各细分市场进行详细说明和清晰表述，并根据主要的不同特征为每个细分市场命名。虽然这样描绘、刻画的是细分市场中典型消费者的一般形象，但是它有助于营销人员发现和了解产品的潜在使用者，从而有利于企业开发出针对这类客户的最好营销组合。

五、细分消费者市场的因素

受年龄、性别、收入、家庭人口、居住地区、生活习惯等因素的影响，不同的消费者群体有不同的欲望和需要。这些不同的欲望和需要是企业据以进行消费者市场细分的依据，即"细分因素"。这些细分因素能概括一群具有相同需求的消费者，是细分消费者市场的基础。

细分消费者市场的依据可以概括为四类：地理因素、人口因素、心理因素和行为因素。以上四类因素，要根据消费者需求的差异，综合运用。需求差异大的产品，应该用较多的细分因素进行区分，反之，则可以运用较少的细分因素。凡是需求差异大、市场竞争激烈的产品，企业往往要经过多次细分，才能从中筛选出符合本企业条件的细分市场，并以此作为目标市场。

（一）地理细分

地理细分是指企业根据消费者所在的地理位置、地形气候等因素来细分市场，然后选择其中一个细分市场作为目标市场。对于销路广阔的消费品，地理细分往往是进行市场细分的第一步。我国幅员辽阔，人口和民族众多，风俗差异很大，地理细分便是市场细分的第一步。

1. 地理和行政区

按照地理位置或经济区域的不同，消费者的需求会有很大差异。例如，对食品的消费，不同地区有不同的口味，南方以米饭为主食，北方以面粉为主食。

2. 城市或乡村

工商业与交通业发达与否，人口密度的稠密或稀疏，是区分大中小城市的主要依据。我们通常将地理区域分为大城市、中小城市、乡镇和农村四类。大城市与中小城市、城市与农村、城市与乡镇等，都有不同的消费需求。

3. 地形与气候

按地形地理区域可以分为山区、平原、丘陵；按气温可以分为热带、温带、寒带；按湿度可以分为干旱区、多雨区。不同的地形区域的消费品，对许多消费品都有不同的要求。

4. 交通运输

交通运输是地理环境的主要内容之一。按运输方式我们可以将交通运输方式分为陆运、水运和空运。陆运又可以分为铁路运和公路运；水运也可以分为海运、内河线运等。交通工具有先进落后之分，装卸效率也有高低之别。交通运输细分，对于有时间性和有保质期要求的产品尤为重要。

从对以上地理因素的典型分类来看，处在不同地理位置的购买者群体有不同的需要和欲望。他们对企业所采取的市场营销战略，即对企业推出的产品、产品价格、销售渠道、促销方式等措施的反应也有所不同，这就是按地理细分的依据。

（二）人文细分

人文细分就是指企业按照人口调查统计的内容和相关的人文因素，如年龄、性别、收入、职业、教育水平、家庭大小、生活阶段、宗教信仰等"细分变量"来细分市场。由于消费者的欲望和使用程度与人文因素有因果关系，而且人文因素比其他因素更容易衡量，因此，人文因素一直是细分市场的重要依据。

1. 年龄

根据我国的习惯，我们可以按年龄将人们大致分为学龄前儿童、小学生、中学生、大学生、少年、青年、中年和老年几个阶段。学龄前儿童通常是指不满 6 周岁的儿童，小学生一般是指 6~12 岁的人群，中学和大学生是 13~24 岁的人群。至于少年、青年、中年和老年则很难截然划分。按对消费品的消费来划分，通常少年为 16 岁以下的未成年儿童，16~35 岁的人群为青年，中年为 35~60 岁的人群，60 岁以上的人群为老年。经营服装、食品、书刊等的企业，往往是以年龄来细分市场的。

2. 性别

男性和女性在需求上存在很大差异，因此理发、化妆品和服装等行业，长期以来按照性别来细分市场。譬如在化妆品行业，过去一提化妆品，好像就是女用的，近几年来，已细分出男用化妆品市场。

3. 家庭大小

目前在我国，核心家庭一般由三口人组成，但随着当下国家"二胎""三胎"政策的引导，未来四人及以上的核心家庭将成为一定的趋势。甚至，受传统文化的影响，我国社会仍有一定量的导向性家庭存在，人口多至 10 多人。我们可以把家庭分成 2 以下人、3~4 人、5~6 人和 6 人以上等。细分任何市场，都需要了解核心家庭的人口数量，因为这是家庭的主要形式。

4. 生活阶段

这是根据人生的各个年龄阶段来细分市场的。成人自立后，可以分为未婚、已婚无子女、已婚有学龄前子女、年长、子女独立、鳏寡单身等。在西方国家，汽车、住房等行业基本按生活阶段细分市场。在正常情况下，随着生活阶段的推进，人们的收入、地位都随之相应提高，这样，其在不同生活阶段的需求和偏好差异很大。在我国，房产行业同样可以按生活阶段来细分市场。人们处在单身和新婚阶段，住房小一些问题不大。有了子女以后，在学龄前子女还可以将就，但随着子女的成长，住房的矛盾就凸显出来，这时就需要大一些或多一些的房间。

5. 收入

按照当前的平均收入水平，我们可以将人群区分为高收入人群、中等收入人群和低收入人群。需要时，企业可以就一种产品可能形成的购买力来确定收入水平。细分市场时，企业应该通过市场调查或顾客调查，来确定哪种收入水平的人群是适合的细分市场顾客。

6. 生活习惯

对于衣、食、住、行、用等所有行业的企业，几乎都应考虑按消费者的生活习惯来细分市场。以罐头食品为例，猪肉类罐头不能销往回族居民居住地区，因为回族居民不吃猪肉，且不论是否是宗教信仰，作为该民族的传统生活习惯，也应得到尊重。

7. 多因素人口细分

在营销活动中，许多企业是按照两个或两个以上的人口因素来细分市场的。例如，企业细分服装市场时必然要考虑服装的穿着者的性别、年龄、收入、教育程度、职业类别、社会地位以及穿着场合等。细分市场之后，企业还要调查研究每个细分市场的平均购买率和竞争程度。综合分析这些资料，企业就可以估计每一个细分市场的潜在价值，然后权衡得失，选择其中一个或几个自己力所能及的、最有利的细分市场作为企业的目标市场。

（三）心理细分

心理细分是以社会阶层、生活方式以及个性等因素为基础来划分消费者群体的。一个人口因素相同的群体，可以展示出不同的心理现象。

1. 社会阶层

社会阶层对于人们在汽车、服装、家具、闲暇活动、阅读习惯等方面的偏好有较强的影响。有些企业专为特殊的社会阶层设计产品或提供服务，打造足以吸引目标社会阶层顾客的某些特色。

2. 生活方式

生活方式是指一个人或群体对消费、工作和娱乐的特定习惯和倾向性的方式。生活方式会影响人们对各种产品的兴趣，而他们所消费的产品也能反映出他们的生活方式。不同产品和品牌的生产企业可以根据消费者的生活方式细分市场。例如，有的汽车制造商就按生活方式设计了汽车。他们为"奉公守法"者设计、制造了强调经济、安全和污染环境程度较小的汽车；为"玩车者"设计制造操纵灵敏度高、花哨的汽车。又如，有些妇女服装企业为"朴素型妇女""时髦型妇女"和"有男子气质的妇女"分别设计和生产不同款式和颜色的服装。化妆品、酒类饮料、家具等行业也都是以生活方式来细分市场的。

3. 个性

企业经营者们也会使用个性因素来细分市场，他们试图赋予其产品以适合消费者个性的"品牌个性"，以树立品牌形象。

(四) 行为细分

行为细分是指以购买者对产品的知识、态度、使用或反应为基础来划分消费者群的。不少经营者相信行为因素是创建细分市场的最佳起点。

1. 使用时机

这是指根据购买者对产品产生需要、购买或使用的时机来细分市场。譬如，航空服务与人们出差、度假或探亲等时机有关，航空公司可以在这些时机选择为人们的特定目的服务。

2. 追求利益

这是根据购买者对产品所追求的不同利益所形成的另一种有效的细分市场方式。例如，同样是购买牙膏，有的消费者重视保护牙齿、防止龋齿的作用；有的追求保持牙齿的洁白光泽；有的对牙膏的味道很注意；有的则强调经济实惠。因此，生产牙膏的企业，假如要以追求利益来细分市场，就必须使自己的牙膏突出某种特性，并分别确定各自的品牌，最大限度地吸引某一个或几个消费者群。

3. 使用者情况

有时，企业可以按照使用者对产品的情况将市场细分为非使用者、曾经使用者、潜在使用者、初次使用者和经常使用者。对于不同的使用者，企业在促销工作中，显然要采用不同的手段和内容。一般来说，市场占有率较高的企业，致力于使潜在使用者变为实际使用者；而规模较小的企业则希望使用者从使用竞争者的品牌转向使用本企业的品牌。

4. 使用程度

这是指按消费者对产品的使用频率来细分市场，即将市场分为少量使用市场、中量使用市场和大量使用市场，所以这种方式也被称为"数量细分"。大量使用者通常占市场总人数的比重不大，但其消费量占消费总量的比重却很大。

5. 信赖情况 (品牌忠诚度)

消费者的信赖形式同样可以用来细分市场。消费者的信赖可以表现在对品牌、商店以及其他方面的信赖上。假设有 A、B、C、D、E 五种品牌，我们以消费者对品牌的信赖程度为依据，将购买者分成四组不同的消费者群：

(1) 坚定的品牌信赖者。消费者在任何时候都只买某一种产品，一贯信赖某一种品牌，其购买形式表现为 A、A、A、A、A。

（2）多核心的品牌信赖者。消费者信赖两三种品牌，其购买形式表现为 A、A、B、B、A、B。

（3）转移的信赖者。消费者从信赖某种品牌转移到信赖另一种品牌，其购买形式表现为 A、A、A、B、B、B，表示消费者从信赖 A 转移到信赖 B。

（4）不信赖者。消费者并不信赖某一种品牌，其购买形式表现为 A、C、E、B、D、B，表示消费者是"分配倾向"者（凡是出售的产品都买）或者"变化倾向"者（需要不同的东西）。

每个市场都包含有上述四种消费者群。

6. 购前阶段

在任何时候，消费者总是处在对某种产品的购前阶段。有的消费者不知道有这种产品，有的已知道，有的已得到信息，有的感兴趣，有的想买，而有的正准备购买。企业可按照处于不同购前阶段的消费者进行细分，然后运用适当的市场营销措施进行产品营销。

7. 对产品的态度

企业还可以按消费者对产品的态度来细分市场。我们通常可以把消费者的态度分成五种：热情的、肯定的、漠不关心的、否定的和敌对的态度。企业对待不同态度的消费者应当采取不同的市场营销措施。

总之，细分消费者市场是一个以调查研究为基础的分析过程。上面对消费者市场细分因素的说明，虽然并不完全，但似乎已经十分繁复。企业对每种产品进行细分是可行的。因为市场细分可以循序渐进，越分越细，而每一次细分可以只取两个或几个因素作为依据。

六、细分产业或组织市场的因素

产业市场或组织市场与消费者市场相比最显著的特征是中间消费和组织购买。细分产业市场的因素与细分消费者市场的因素有一部分是相同的。对产业市场的购买者进行细分可以按地区以及行为因素来进行，如追求利益、使用者情况、使用程度、对品牌的信赖程度、购前阶段、使用者对产品的态度等。

细分产业市场的具体因素包括：

（1）人文变量，即所属行业、公司规模、组织类型和地理位置。

（2）经营变量，即技术、使用者情况及使用数量、顾客能力、采购方式、结构组织、现有客户关系、采购政策、购买标准。

（3）情景变量，即紧急程度、特别用途、订货数量等。

（4）个性变量，即购销双方的相似点、对待风险的态度、忠诚度等。

细分产业市场较为常见的方法是使用"最终用户"这个因素。不同的最终用户往往有不同的利益要求，企业对不同类型的最终用户要相应地运用不同的市场营销组合。

七、有效细分市场的标准

细分市场采用的方法灵活多变，细分因素也有许多，但无论用哪种方法或采用什么细分因素，并不一定就能保证细分市场的有效性。譬如，如果将食盐市场划分为老年人、中年人或青年人，就看不出年龄与购买食盐有什么必然关联。而且，如果所有的食盐购买者每月购买相同数量的食盐，并确信所有的食盐都一样，价格也相同，那么从市场营销的观点来看，完全没有必要对这个市场进行细分。要使市场细分对企业有用，细分市场必须具有以下特征。

（一）可衡量性

这是指各个细分市场的购买力和规模大小能被衡量（用包括定量的或非定量的标志值度量）的程度。有些细分因素是很难被衡量的，譬如，年轻人饮料细分市场究竟有多大，就不易衡量。

（二）可进入性

这是指企业有能力进入被细分后的市场的程度。假设一个生产香水的企业，发现其品牌的主要使用者是一些晚上出门的独生子女，除非这些使用者群居住在一定的地点，在一定的地方选购以及被一定的宣传工具所吸引，否则，要进入这个细分市场是比较困难的。

（三）可盈利性

这是指企业所选定的细分市场规模达到足以使企业有利可图的程度。一个细分市场至少应该是适合为之设计独立的市场营销组合或营销计划的最小单位。如汽车制造商不会单独投资一种适合于身高超过 2 米的特殊人群使用的汽车。因为在市场中，找不到足够多的客户使企业盈利。

（四）可行动性

这是指企业有效的市场营销计划可以用来系统地说明细分市场的可行性和符合细分市场的程度。例如，一家小型航空公司，虽然可以区分出七个细分市场，但是该企业的组织规模有限，职工太少，不足以为各个细分市场制订个别的市场营销计划。

八、评价细分市场

企业对不同的细分市场进行评价时，要考虑以下三个因素：细分市场的规模和发展前景、细分市场结构的吸引力、企业的目标和资源。

（一）细分市场的规模和发展前景

评价细分市场时，企业要提出的首要问题是：潜在的细分市场是否具备适度的规模和发展特征。"适度"规模是个相对的概念。大企业一般比较重视销售量大的细分市场，而常常忽视或避免进入销售量小的细分市场。而小企业则避免进入规模较大的细分市场，因为需要太多的资源投入。

细分市场的发展前景通常是一种期望值，因为企业总是希望销售额和利润能不断上升。但要注意，竞争对手会迅速地抢占正在发展的细分市场，从而抑制本企业的盈利水平。

（二）细分市场结构的吸引力

有些细分市场虽然具备了企业所期望的规模和发展前景，但可能缺乏盈利潜力。波特指出，经理人员应当识别决定某一市场或细分市场结构和利润吸引力的五种力量（群体）。企业要评价五种群体对长期盈利的影响，即同行竞争者、潜在的竞争加入者、替代产品、购买者和供应商。

（三）企业的目标和资源

即使某个细分市场具有较大的规模、良好的发展前景和富有吸引力的结构，企业仍需要结合自己的目标和资源进行综合考虑。企业有时会自动放弃一些有吸引力的细分市场，因为它们不符合企业的长远目标。当细分市场符合企业的目标时，企业还必须考虑自己是否拥有足够的技能和资源，能否保证在细分市场上取得成功。任何细分市场都有一定的成功条件，如果企业缺少这些必要条件，而且无法创造这些条件，就应放弃这个细分市场。企业即使具备了必要的能力，还需要发展自己的独特优势。只有当企业能够提供具有高价值的产品或服务时，其才有可能进入这个细分市场。

#在线视频赏析：请扫码观看视频——市场细分与细分变量#

市场细分与细分变量

第二节　目标市场与营销战略选择

一、目标市场及其选择

（一）目标市场的概念

目标市场（target market）是营销者准备用产品或服务以及相应的营销组合为之服务或从事经营活动的特定市场。简单地讲，目标市场就是企业营销活动所要满足的市场，或者说是企业为实现预期经营目标而要进入并从事营销活动的市场。

对一个整体市场来说，目标市场可能覆盖了该整体市场的全部，也可能只是其中的一个或几个细分市场。因此，企业确定目标市场的途径有两种：一是先进行市场细分，然后选择一至数个细分市场，即子市场作为自己的目标市场；二是不进行市场细分，而是以市场消费者对一个特定产品的共同需求部分为目标市场。

随着社会生产力的提高和科学技术的进步，消费者的需求和欲望得以满足的程度越来越高，市场需求表现出多样性和复杂性。尤其是买方市场的到来，使竞争加剧，一个企业受到其资源和能力的限制，不可能满足消费者多方面的需求，或为一个市场的所有消费者提供使其满意的商品或服务。因此，企业应在细分市场的基础上进行目标市场的选择，即目标市场营销成为现代市场经济条件下企业最普遍的营销活动方式。

（二）选择目标市场的意义

依据上述程序评价和确定目标市场的意义在于：

1. 能够系统地考虑每一个细分市场，更好地发掘市场机会

研究各个细分市场的大小、需求被满足的水平、竞争者的活动等情况，可以确定本企业在该细分市场的销售潜力。企业这么做可以发现哪些市场尚未开发，哪些已经饱和，从而帮助企业掌握机会，避开威胁。

2. 有利于企业判断该细分市场的机会和成本

分析对各细分市场可以采用的市场营销组合，并据以判断该细分市场的机会是否足够收回所费成本，对企业具有重大的意义。要是企业的资源有限，则其可以集中力量于一个或少数几个能赚钱的细分市场，实行集中市场营销；反之，企业的资源丰富，拥有广度和深度较大的产品组合，便可以依据不同细分市场的相对吸引力来分派力量，覆盖全市场。

3. 有利于企业建立市场营销目标和分配预算

市场营销人员可以依据不同市场的需求和吸引力，从下到上，一步一步地建立起可行的市场营销目标和决定预算分配。相反，如果企业由上至下，硬性地制定市场营销目标，不分轻重地随意分派力量到各细分市场，不仅会浪费企业的资源，还会使企业做出错误的市场营销努力，严重影响企业的收益。

#在线视频赏析：请扫码观看视频——目标市场选择#

目标市场选择

（三）目标市场营销的作用

目标市场营销主要有以下几个方面的作用：

1. 目标明确，有利于企业的经营活动

每个企业都有其经营目标。这个战略目标应该建立在满足顾客需要与欲望的基础上，否则，企业很难在市场上立足，也经不起竞争，更不可能提高其经济效益。影响市场的因素既多又复杂，人口、地理、心理和行为类型很不一样，需求也各异。

149

一个企业的资源——人力、物力、财力、信息和技术水平总是有限的，如果市场营销目标不明确，"全线出击"，势必分散企业的整体力量，导致企业处于被动的地位。譬如，一个企业片面追求顾客多、销区广，市场营销人员必定陷入穷于应付的境地，而顾客仍会感到服务不周，生产部门也会因品种、规格过于繁多而难以组织生产。目标市场营销的重要意义在于经过市场细分后，企业能够充分认识并分清市场的消费需要与欲望，从而使企业有限的资源发挥出最大的经济效益。

2. 发挥优势，有助于企业参与竞争

一个企业总有其长处和短处，如何扬长避短，便成为一个企业应该经常探讨的重要课题。在互联网时代和高水平对外开放背景下，企业只要善于对国内外市场进行细分，抓住机会，发挥优势，选择具有潜力的目标市场，就能有新的参与竞争。

3. 针对性强，便于调整市场营销组合

生产什么样的产品，辅以哪些服务工作，选择、建立和培植什么样的渠道，需要运用何种促销手段，价格应如何确定等，这一系列的问题都需要企业不断进行调查、分析和研究，并做出决策。经过市场细分后，目标市场一旦明确，企业便可以有针对性地进行调查研究，制定决策。只有这样的决策才有可能符合客观实际或者比较接近实际。

4. 分析细致，易于发掘市场机会

一个成功的企业必定要善于发掘市场机会，甚至创造市场机会。市场细分实际上就是一个以调查为基础的分析过程。对市场进行细分，有可能发掘很多市场机会，从而确定目标市场。

#在线视频赏析：请扫码观看视频——目标市场选择的伦理与道德#

目标市场选择的伦理与道德

二、目标市场范围与战略

（一）目标市场范围

企业通过市场细分后，根据自己的任务、目标资源和特长等，权衡利弊，决定进入哪个或哪些细分市场或子市场。企业决定进入的细分市场或子市场，就是该企业的目标市场。企业可以在五种目标市场范围战略中进行选择（如图7-3所示）。

1. 产品/市场集中

企业的市场营销管理者决定只生产某一种产品，只供应给某一个顾客群。小企业通常选择这种战略，如图7-3中的a图。

2. 产品专业化

企业的市场营销管理者决定只生产某一种产品，但将此产品供应给不同的顾客群，如图7-3中的b图。

3. 市场专业化

企业的市场营销管理者决定生产多种产品，但只将这些产品供应给某一个顾客群，如图7-3中的c图。

4. 选择性专业化

企业的市场营销管理者决定同时进入若干互不相关的细分市场，因为这些细分市场都能提供有吸引力的市场机会。这种形式往往是一种市场机会增长战略的产物，如图7-3中的d图。

5. 整个市场（全面进入）

企业的市场营销管理者决定生产多种产品，并将这些产品供应给不同财力和不同个性的顾客群。这是较典型的某些大企业为谋求领导市场而采取的战略，如图7-3中的e图。

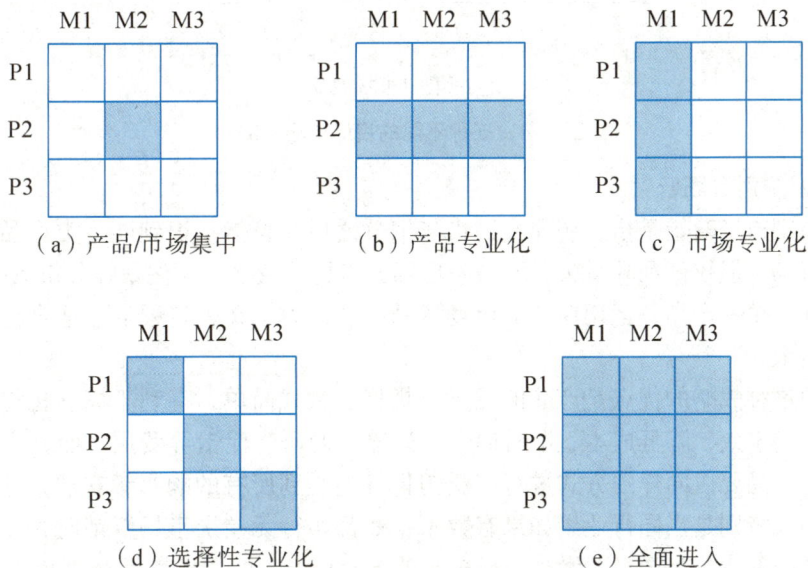

（a）产品/市场集中　　（b）产品专业化　　（c）市场专业化

（d）选择性专业化　　（e）全面进入

图7-3　5种目标市场选择类型

（二）确定目标市场战略

企业细分市场的目的是实行目标市场营销。因为通过市场细分，企业可以发现一些理想的市场机会，诸如潜在需求和未被满足的需求，这就为目标市场营销准备了条件。企业决定选择哪些细分市场作为目标市场，实际上取决于它能进入哪些目标市场。

可供企业选择的目标市场战略有三种（如图7-4所示）。

151

| 企业营销组合 | → | 市场 |

无差别市场营销

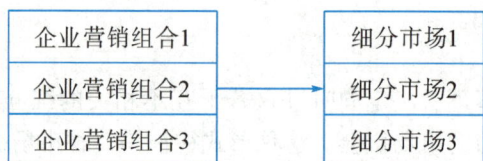

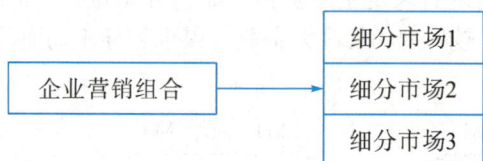

企业营销组合1		细分市场1
企业营销组合2	→	细分市场2
企业营销组合3		细分市场3

差别市场营销

		细分市场1
企业营销组合	→	细分市场2
		细分市场3

集中市场营销

图 7-4 三种不同的目标市场战略

1. 无差别市场营销

无差别市场营销是指，企业经过市场细分之后，虽然认识到同一类产品有不同的细分市场，但权衡利弊得失，不去考虑细分市场的特性，而注重细分市场的共性，决定只推出单一产品，运用单一的市场营销组合，力求在一定程度上适合尽可能多的顾客需求。

采用这种战略的优点是产品的品种、规格、款式简单，有利于标准化与大规模生产，提高工效，降低成本，节省储存、运输、调研、促销等费用。而其主要的缺点是单一产品要以同样的方式进行广泛销售并能受到所有的购买者欢迎，这几乎是不可能的。特别是当同行业中如果有数家企业都实行无差别市场营销时，在较大的细分市场中的竞争将会日益激烈，而较小的细分市场上的需求就得不到满足。

2. 差别市场营销

差别市场营销是指，企业决定同时为几个细分市场服务，设计不同的产品，并在渠道、促销和定价等方面都做出相应的调整，以适应各个细分市场的需求。企业的产品种类如果同时在几个细分市场都占有优势，就会提高消费者对企业的信任感。目前越来越多的企业都采用差别市场营销。但是，由于产品种类和市场营销组合的多样化，这种战略会使企业的生产成本和市场营销费用相应增加，如产品翻改费用、生产费用、管理费用、存货费用以及促销费用等。

3. 集中市场营销

某些小企业，受到资源或能力的限制，往往做出第三种战略选择，即仅选择一个或较少的几个细分市场，争取在这些细分市场上取得较大的产品或服务的市场占有率，以替代在较大市场上较小的产品或服务的市场占有率，这就是集中市场营销。前面提到的无差别市场营销和差别市场营销，都是以整体市场作为目标市场的；而集中市场营销，却是集中企业的所有力量，以一个或几个性质相似的细分市场或子市场作为目标市场。采用集中市场营销战略的企业比较容易在这一特定市场取得有利地位。因此，一方面细分市场选择恰当的话，企业可以获得较高的投资收益率。但是，另一方面，实行集中市场营销有较大的风险性，因为这个目标市场的范围比较狭窄，一旦市场情况突然变坏，如消费者的偏好发生转移，价格猛跌，或者出现强有力的竞争者等，企业就可能陷入困境。所以，许多企业实行多角化经营，把目标分散到几个细分市场中去，以减少风险。

三、确定目标市场应考虑的因素

企业在确定采用何种目标市场战略时应该考虑如下因素。

（一）企业的资源

如果企业的人力、物力、财力、信息等资源不足，无力把整体市场作为自己的目标市场时，最好采用集中市场营销战略；如果企业的资源雄厚，就可以考虑采用差别市场营销。

（二）产品的同质性

同质性产品的差异较小，如钢铁、大米、食盐等，比较适合采用无差别市场营销战略。如果产品设计的变化较多，如照相机、汽车、服装、食品等，则适合采用差别市场营销战略或集中市场营销战略。

（三）产品所处的生命周期阶段

当企业向市场推出新产品时，通常只介绍单一款式，因此适宜采用无差别市场营销战略或者集中市场营销战略。当产品进入成熟期后，企业应转向采用差别市场营销战略，以开拓新的市场。

（四）市场的同质性

如果所有购买者的爱好都相似，每一时期的购买数量相近，对市场营销刺激的反应也相同，就说明市场是同质的或相似的，企业可以采用无差别市场营销战略；反之，则宜采用差别市场营销战略或集中市场营销战略。

（五）竞争对手的目标市场营销战略

当竞争对手已进行积极的市场细分，即已经实行差别市场营销战略时，企业如果再采用无差别市场营销战略来竞争，则无异于自杀。此时企业应当用更为有效的市场细分，寻找新的市场机会，实行差别市场营销战略或集中市场营销战略。反之，当竞争对手采用无差别市场营销战略时，企业应跟踪追击，实行差别市场营销战略或集中市场营销战略。当然，如果竞争对手较弱，企业也可以实行无差别市场营销战略。

四、选择差异化策略

企业一旦选择了目标市场，就要在目标市场进行产品定位。市场定位的最终目标是提供差异化的产品或服务，使之区别和优于竞争对手提供的产品或服务。反过来讲，在细分市场的基础上实现产品或服务的差异化是产品定位的前提，没有差异化就谈不上产品的定位。差异化和市场定位是企业全面战略计划中的重要组成部分，它关系到企业及其产品是否与众不同，与竞争者相比是否突出的问题。消费者会对企业向目标市场提供的产品有一个特定看法和印象，这主要决于企业是如何实现产品或服务的差异化和产品市场定位的。

（一）产品差异化方法

产品差异化是指企业设计和突出一系列产品差别，使之区别于竞争对手提供的产品的营销行为。

1. 产品差异化的途径

在日趋激烈的买方市场条件下，企业赢得竞争优势的有效途径是产品或服务的差异化，即做到"别人不做的我做，别人没有的我有，别人做不到的地方，我做得到"。产品差异化有助于企业依据为顾客创造附加价值来提高产品的竞争能力。

企业可以通过四种主要途径来突出产品的差异化，即提供更好、更新、更快、更便宜的产品来创造附加价值。更好是指企业的产品性能、品质优于竞争对手，一般是通过对现有产品稍作改进来实现。更新是指开发前所未有的产品。它比对产品进行改进要承担更大的风险，但一旦成功，就可以获得更高的收入。

需要指出的是如果企业只能通过降低成本或价格来突出产品的差别，就容易出现经营错误。具体来说，表现在以下几个方面：

（1）产品比竞争对手的低廉，易使消费者感觉"便宜没好货"，即使产品的质量确实不错。

（2）企业为了降低价格会减少服务项目，这会失去部分顾客。

（3）竞争对手可以寻找成本较低的生产基地，提供更便宜的产品，从而使本企业已取得的产品优势丧失。

因此，如果一个企业只能使其产品价格便宜，而没有其他方法来突出产品的差异，那么公司迟早会被竞争对手击败。

2. 产品差异化和保持竞争优势的三种策略

（1）卓越的经营，即以具有竞争力的价格向顾客提供质量可靠、易于购买的产品或服务。

（2）与客户保持密切的联系，即做到对顾客非常了解，能对顾客的特定和特殊需求迅速做出反应。

（3）领先的产品，即向顾客提供优于竞争对手的创新产品和服务，以提高顾客的资产效用。

3. 产品差异化的方法

企业要突出自身产品和竞争对手产品之间的差异性，可以使用四种方法来实现，即产品、服务、人事或形象的差异化。具体来说，企业可以努力实现以下几个方面的差异化：

（1）产品特征。产品特征是指对产品基本功能予以补充的特点。大多数产品都有不同的特征，企业在产品基本功能的基础上，通过增加新的特征来推出新的产品。产品特征是企业实现产品差异化极具竞争力的工具。

（2）工作性能。工作性能反映的是产品首要特征的运行水平和质量。用户在购买价格昂贵的产品时通常要比较不同品牌产品之间的工作性能。只要产品的性能好，且价格不高出顾客所预期的范围，顾客一般都愿意接受。

（3）一致性质量。一致性质量是指产品的设计特征和工作性能与预期标准相符合的程度，它能反映各件产品是否结构相同，是否符合规格等。一致性质量低的产品，其许诺的功能无法实现，购买者就会感到失望。

（4）耐用性。耐用性是指产品的预期使用寿命。购买者常常愿意为耐用的产品支付高价格，如汽车的耐用性，住宅的使用年限等。但这一点要受到某些限制。价格不要定得太高，而且产品要不受技术落后的干扰，否则顾客就不会支付高价购买太耐用的产品。

（5）可靠性。可靠性是指产品在一定时期内不会发生故障或无法工作的指标。

（6）易修理性。易修理性是指产品失灵或无法工作时，易于修理。如果汽车由标准件组装，易换零部件，则该汽车的易修理性就较高。理想的易修理性是指使用者无需成本或时间，自己可以修理好的产品，购买者只需换下损坏的零件，换上新零件就可以了。

（7）式样。式样是指产品给予购买者的视觉效果和感觉。购买者一般愿意为具有自己喜欢的式样和外观的产品支付高价。例如，时装、汽车、家具、家电等产品的外形独特、新颖美观能赢得杰出的声誉。在许多情况下，式样可以创造出其他竞争者无法模仿的产品特征。

（8）设计。设计是一种整合的力量，产品的性能特征、质量、耐用性、可靠性、易修理性和式样等品质特性都是设计的参数。从企业的角度来看，设计完美的产品应能易于制造和销售；从顾客的角度来看，设计完美的产品应能赏心悦目，易于打开、安装，操作、修理和处理方便。随着竞争的加剧，设计将成为企业对产品和服务实行差别化以及市场定位的强有力措施。卓越的产品设计能吸引顾客的注意力，提高产品的质量和工作性能，降低生产成本，并能更好地将产品的价值信息传递给目标市场。

（二）服务差别化

除了对有形产品实行差别化战略外，公司还可以对服务进行差别化。尤其在难以突出有形产品的差别时，竞争成功的关键常常取决于服务的数量和质量。区分服

155

务水平的主要因素有送货、安装、顾客培训、咨询服务等。

1. 送货服务

送货服务是指公司如何将产品和服务送到顾客手中。它包括送货的速度、准确性和对产品的保护程度。购买者经常选择能按时送货的供应商。这种选择常常取决于他们对供应商送货速度和可靠性的预期。如京东通过自营物流实现当天送达服务。

2. 安装服务

安装服务是指将产品安放在计划的位置上，使之开始运转。重型设备的买主都希望供应商能提供良好的安装服务。供应商在安装服务的质量上是有差别的。

3. 顾客培训服务

顾客培训服务是指对购买者进行培训，让他们能正确有效地使用供应商的设备。例如，麦当劳公司要求特许店店主到汉堡包大学进修两个星期，学习合理经营特许店的方法。

4. 咨询服务

咨询服务是指销售商向购买者免费（或收取一定费用）提供资料，建立信息系统，给予指导等。

5. 修理服务

修理服务是指公司向产品购买者提供的修理项目。汽车购买者就对经销商的修理服务水平十分关心。

6. 其他服务

公司还可以发现许多其他途径来区分服务和服务质量，增加产品的价值。公司可以提供比竞争对手更优的产品保证和维修合同。

（三）人员差别化

公司可以通过雇用、培训比竞争对手更优秀的员工来赢得强大的竞争优势。训练有素的员工应能体现出以下六个特征：

（1）胜任，即员工具备必需的技能和知识。

（2）礼貌，即员工对顾客的态度友好，充满敬意，能为顾客着想。

（3）可信，即员工值得公司的信任。

（4）可靠，即员工能自始至终准确地为顾客提供服务。

（5）反应敏捷，即员工能对顾客的需要和有关问题做出迅速的反应。

（6）善于交流，即员工能尽力去理解顾客，并能准确地与顾客进行沟通。

（四）形象差别化

即使其他竞争因素都相同，但由于公司或品牌的形象不同，购买者也会做出不同的反应。品牌可以形成不同的"个性"，供消费者识别。

1. 个性与形象

成功的品牌个性不会自然出现，而是公司有意识的个性创造的结果。创造个性的工具有名称、标志、标语、环境、赞助的各种活动项目等。创造个性的过程可以创造出公司所期望的品牌形象。公司要能区别个性和形象这两个概念。个性是指公司期望向公众展现的特征；而形象则是公众对公司的看法。公司设计个性是为了在公众心目中塑造形象，但其他因素也会影响公司的形象。公司要在形象设计中追求一定的产品特征，要通过特有的信息传播途径来确定产品的主要优点和市场定位。公司传播该信息的途径要与众不同，以免与竞争对手的类似信息相混淆。形象设计必须具有"情感动力"，能在购买者的心目中引起震撼。

设计鲜明的产品形象需要创造力和艰苦的工作。形象不可能在一夜之间在公众心目中形成，塑造形象也不可能凭借一种媒体就可以实现。形象需要经过各种可能的沟通渠道进行传播，并不断地扩散。

2．标志

鲜明的形象应包括一个或多个易于识别的公司或品牌的标志。为了方便顾客识别，公司应设计出企业和品牌的标志。

3．书面与听觉—视觉媒体

公司或品牌个性的广告宣传中，必须融入已选定的标志。

广告要能传播与众不同的信息——一条消息、一种情感、一定质量水平。公司的标志和信息还应在其他的出版物上反复出现，如年度报告、宣传手册和目录等。公司的信笺和商业卡也可以传播公司所宣传的形象。

4．环境

生产与运送产品或服务的有形空间正成为另一种有力的形象宣传工具。星巴克设计的门店外观，内部氛围体现了它的独特形象；帝博兰（Timberland）公司在店内设计了一个木屋，以突出其朴素的户外形象。

5．活动项目

公司可以通过赞助的活动项目的类型来塑造个性。

#在线案例赏析：请扫码阅读本章思政案例——百度外卖崛起的背后力量#

百度外卖崛起的背后力量

第三节　市场定位策略

一旦选定了目标市场和差异化策略，为了便于目标顾客识别企业的产品和服务，从而与竞争对手区别并形成独特的营销风格或做法，企业就要在目标市场上对产品实行市场定位。

一、市场定位的概念及意义

(一) 市场定位（market positioning）

市场定位是指企业为了适应消费者心目中的某一特定的看法而设计、产品、服务及营销组合的行为。

市场定位根据定位的对象不同，分为企业定位、产品定位、服务定位等。市场定位是通过为自己的企业、产品、服务创立鲜明的特色或个性，从而塑造出独特的市场形象来实现的。企业必须使自己的公司、产品、品牌、包装、广告、服务等在市场中为消费者所识别，必须要给予这些有关的营销变量专门的特色，使它们和竞争者的营销组合变量有明显的区别，并使消费者可以方便地或习惯地认定这些变量。营销企业必须为这些因素确定一定的标志值。

(二) 产品定位（product positioning）

对产品所实行的市场定位行为就是产品定位。

具体来讲，产品定位是指根据竞争者现有产品在市场所处的位置，针对消费者或客户对该种产品某种特征或属性的重视程度，强有力地塑造出本企业产品与众不同的、给人印象鲜明的个性或形象，并把这种形象生动地传递给顾客，从而使该产品在市场上确定适当的位置。产品定位是塑造一种产品在市场上的位置，这种位置取决于消费者或用户怎样认识这种产品。产品定位是营销者通过为自己的产品创立鲜明的特色和个性，从而在顾客心目中塑造出独特的形象和位置来实现的。产品的特色和个性可以从以下几个方面来表现：

（1）产品实体，如产品的形状、成分、构造、性能、外观、造型等。

（2）消费者心理，如豪华、朴素、时髦、典雅等。

（3）价格水平。

（4）质量、档次、品牌。

企业在进行产品定位时，一方面要了解竞争对手的产品具有何种特色，另一方面要研究顾客对该产品各种属性的重视程度（包括对实物属性的要求和心理上的要求）。根据对这两个方面的分析，企业就可以选定本企业产品的特色和独特形象。

(三) 产品—市场定位的作用

（1）赋予产品特定的个性，从而有利于企业为产品树立特有的形象。

（2）适应细分市场消费者或顾客的特定要求，以便更好地满足消费者的需求。

（3）增强产品的竞争力。

二、产品定位的具体策略

一般来讲，凡是可以用来细分市场的因素，大都可以作为产品定位的因素，并成为相应的定位策略。

产品市场定位策略可以归纳为以下七种：

（一）根据属性和利益定位

产品本身的"属性"以及由此获得的"利益"能使消费者体会到产品的定位。

（二）根据价格和质量定位

一件赝品裘皮大衣和一件真正的水貂皮大衣如果定位相同，是没有人会相信的。同样，出售廉价商品的小店里的不锈钢餐具与铁弗龙的纯银制品的定位如果相同，也不会有人相信。"价格"与"质量"两者分属不同的地位。一般来说，质量取决于制作产品的原材料（如真正的亚麻台布或纯金的饰物），或者制作工艺（如一块优质的瑞士表或一件手工编织的毛衣），而价格也往往反映其定位。

（三）根据使用的用途定位

为老产品找到一种新用途是为该产品创造定位的好方法。例如，烘焙用的小苏打，曾一度被许多家庭广泛地用作刷牙剂、除臭剂、烘焙配料等。现在却有不少新产品取代了小苏打的上述一些功能。

（四）根据使用者定位

企业经营者们常常试图把他们的产品指引给适当的使用者或某个细分市场，以便根据那个细分市场的看法创建起恰当的形象。例如，啤酒可以定位为高阶层饮料或者蓝领工人的饮料。有一家公司将其产品定位为"瓶装啤酒中的香槟"，以针对较高阶层、广大的妇女细分市场，最后又转变定位为追求饮用量颇大的劳动者细分市场。各种品牌的香水是针对各个不同的细分市场的，有些品牌的香水定位于雅致的、富有的、时髦的妇女；有些品牌的香水则定位于生活方式活跃的青年人。

（五）根据产品档次定位

产品还可以定位为与其相似的另一种类型的产品档次，以便与之进行对比。例如，有一种冰淇淋，其广告宣传为与奶油的味道一样。或者，产品定位的目的是强调与其同档次的产品并不相同，特别是当这些产品是新产品或独特产品时。譬如，不含阿司匹林的某种感冒药片、不含铅的某种汽油等，都是新类型的老产品，定位时应强调与其他同档次产品的差异特点。

（六）根据竞争定位

产品还可以定位于与竞争直接有关的不同属性或利益。例如，国外某一出租汽车公司围绕着"我们是老二，我们要急起直追"的口号，设计了一个整体广告运动，意在暗示要比居于第一位的某出租汽车公司提供更好的服务。

（七）各种方法结合定位

企业经营者可以综合使用上述多种方法来创立其产品定位。例如，美国加利福尼亚梅脯委员会试图为梅脯创建一个美好的形象，曾经以好口味（属性定位）、用于快餐或早餐均相宜（用途定位），吃过的各类顾客中包括玩棒球的儿童、精神饱满的青少年、成年人以及老年人（使用者定位）等来进行促销。

企业经营者在确定产品定位的方针后，还得细致地策划，运用市场营销组合的各个因素去创建定位。各个因素的设计应有助于形成选定的产品形象。

三、重新定位应考虑的主要因素

企业的产品在市场上的定位即使很恰当，但在遇到以下情况时，就应考虑重新定位：

（1）竞争者推出的产品定位于本企业产品的附近，侵占了本企业品牌的部分市场，使本企业品牌的市场占有率有所下降。

（2）消费者的偏好发生变化，从喜爱本企业某品牌转移到喜爱竞争对手的某品牌。

企业在做出重新定位的决定前，还应考虑以下主要因素：

（1）企业将自己的品牌定位从一个细分市场转移到另一个细分市场的全部费用。

（2）企业将自己的品牌定位在新的位置上的收入所得有多少。收入多少取决于这个细分市场的购买者和竞争者有多少，其平均购买率有多大，在这个细分市场上的销售价格能定多高。

企业的市场营销人员应将上述的支出与收入进行比较，权衡利弊得失，然后决定是否要重新定位在新的位置上，以免得不偿失而造成反复。

四、产品定位原则

企业进行产品定位时，必须尽可能地使产品具有十分显著的特色，以最大限度地满足顾客的需求。通常，企业在评价产品差异化特征时，有以下几个标准可供选择：

（1）重要性，即产品差异体现出的需求对顾客来说是极为重要的。换句话说，就是该产品的差异性向众多购买者提供高度价值的利益。

（2）显著性，即企业产品与众不同，同竞争对手的产品之间有明显差别。

（3）独占性，即产品差异很难被竞争对手模仿。

（4）优越性，即企业要取得同等利益，该差异比其他方法都要优越。

（5）沟通性，即这种产品差异能够很容易为顾客认识、理解和认同。

（6）可支付性，即目标顾客认为因产品差异而付出的额外花费是值得的，从而愿意，并有能力购买这种差异化的产品。

（7）盈利性，即企业能够通过实行产品差异化而获得更高的利润。

五、定位步骤

产品定位的步骤分为：

（一）确定细分市场特性

这是指针对选定的细分市场确立一些重要的专门特性，尤其应当考虑影响购买决定的那些因素。每个人在对产品和服务做出购买决定时都采用不同的标准，使用产品或服务的目的也可能影响评价标准，比如人们对财产保险和人身保险的评价标准是有差异的。使用服务的时间同样影响决定，比如人们会为工作日午餐和周六晚餐选择不同的餐馆。另外，决策单位与最终的决定也有关系，比如个人使用产品与服务或集团使用产品或服务时决策方式是不同的，如家庭将比个人更重视酒店的友好态度。

顾客基于自身所感受的不同产品和服务之间的差异来做出选择，有时这种差异并非本行业最重要特性之间的差异。比如，乘坐飞机的旅客通常都把安全性作为首要选择标准，但事实上，大多数航空公司提供的飞行安全性相差无几，旅客的选择实际上是以舒适性、适时性以及随机提供的显著特性为基础的。

要明确目标细分市场要求的显著特性和专门利益，最重要的是了解顾客希望这些相关的显著特性可以带来什么利益，并设法让顾客感受到这种利益的存在。借助计算机的帮助，许多分析研究工具可以用于确认显著特性，比如因果分析、多元相关和回归分析、差分方程分析等。

（二）将特性置于定位图

在确定最重要的特性之后，企业应将具备这些特性的竞争者的相对位置在定位图上显示出来。如果存在一系列重要特性，企业可以通过统计方式将之综合并简化为二维的能代表顾客偏好的主要选择特性。

定位图表示出竞争企业选择出的特性的市场位置，其中空白之处暗示企业的潜在市场机会。如果企业有多个细分市场，则其可根据顾客在不同市场上对服务和利益的不同评价做出多个定位图。

定位图既可基于客观特性，也可基于主观特性。中国一家电器公司在一项研究中使用的定位图就采用了质量和价格这两个客观变量。定位图也可以将客观特性和主观特性结合起来，比如银行在进行定位研究时可分别以"最优贷款利率"和"友好服务"这两个客观与主观特性作为二维的衡量指标。图 7-5 显示了通常采用的二维定位图。

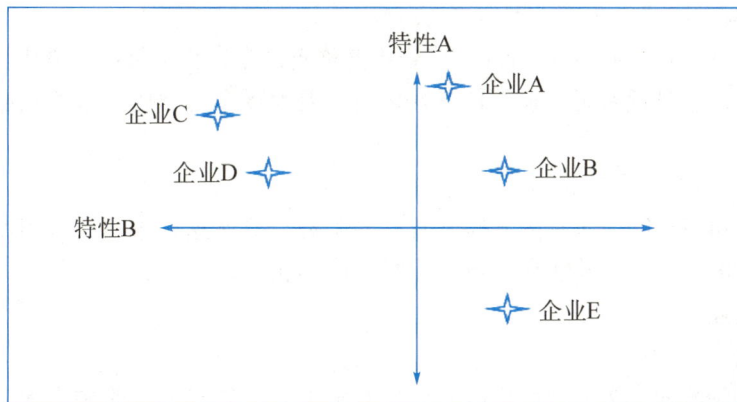

图 7-5　二维定位图

利用定位图，企业不仅可以确定竞争企业的位置，而且能够发现顾客核心需求所在，从而沿着满足核心需求的路径对其进行重新定位。

（三）评价定位选项

利斯和德鲁克曾提出三种定位选项：

1. 强化当前位置，避免迎面打击

例如，一家出租车公司在全国排名第二，为了避免来自第一的打击，它把第二这个市场位置当作一项资产，宣传时使用"我们仅是第二，为何不跟我们走？我们会更努力的"。这样既宣传了自己，又激发顾客的同情心和信任度，从而强化当前的市场位置。

2. 确定空缺的市场位置，打击竞争者的弱点

该项战略要求寻找那些未被竞争者占据的市场空隙。例如，当京东选择一级城市消费者为目标市场推出高质量产品和高水平服务时，拼多多以三四级城市顾客为目标客户提供高性价比的产品。

3. 重新定位竞争

纽约附近的长岛有一家小银行叫长岛信托公司，面临着来自纽约的城市银行、化学银行等大银行日益激烈的竞争。市场调查表明长岛信托在六家银行中按分支行数目、服务范围、服务质量、资本金等指标衡量排名最后。为此，长岛信托把自己重新定位为"长岛人的长岛银行"，所有指标的排名立即得到大幅度的提高。

（四）执行定位

企业和服务的定位需要通过所有与顾客的隐性和显性接触来传达出去。也就是说，公司的职员、政策和形象都应当反映类似的形象，并将传递期望中的市场定位。

六、成功定位的要求

企业在确立自己的市场位置后，应当努力维持或提升其相对于竞争者的市场利益。成功定位必须具备以下特征：

（一）定位应当是有意义的

新加坡 Westin Stamford Hotel 在广告中宣称自己是世界上最高的酒店。这是独一无二的定位，但对顾客而言是不具备意义的。因为顾客到酒店追求的核心利益是舒适休息。

（二）定位应当是可信的

许多公司声称能为所有的人提供所有的服务，显然这是难以令人信服的。而且往往行业中的领先者，并非那些声称无所不能的企业，而是集中于某一专门区域的可信任的企业。

（三）定位应当是独一无二的

计算机领域的许多公司声称他们在技术水平上的领先程度是独一无二的，事实上这大多是一种妄言。企业应当在既定的目标市场上，发掘能持续地使自己保持领先地位的市场定位。市场上存在许多不同的差异化途径能够使企业成为领先者。

企业在考虑上述定位选择时，应当首先回答以下问题：

（1）哪一种定位最能体现企业差异化优势？

（2）哪一种定位为主要竞争对手所占据？

（3）哪些定位对每一目标细分市场最有价值？

（4）哪些定位充斥着众多竞争者？

（5）哪些定位目前的竞争尚不激烈？

（6）哪些定位最适合企业的产品和产品线定位战略？

以上关于定位选项的选择，是从消费者感知服务的角度来分析的。事实上，考虑定位的角度有多种，因为企业的位置会受到竞争群体和顾客群体的影响，企业、竞争者和顾客便构成一个定位感知网络，这个网络对企业实施营销战略的方式有深远影响，如图7-6所示。

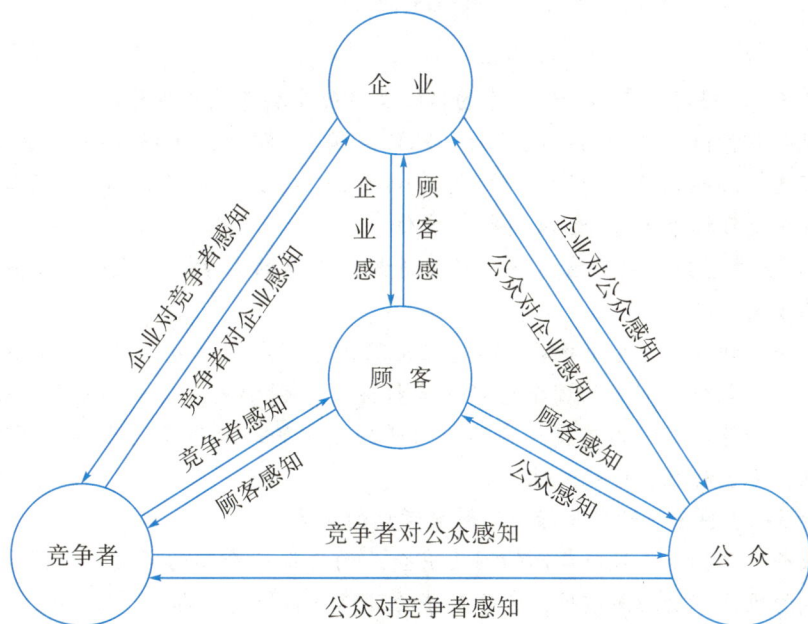

图7-6　定位感知网络图

应当注意到，企业对自身的感知与竞争者和顾客的看法经常相悖。立足于企业层次的定位必须致力于管理和宣传自己差异化的位置，以提高企业的知名度和可信度。为此，企业必须不断与顾客进行对话，以支持并提升本企业的市场位置。

总而言之，企业开展市场细分和市场定位的最终目的是实现差异化。消费升/降级促进了市场变化，由此改变着消费细分，但无论如何变化，企业要做到的都应该是充分理解并重视以人为本的消费需求。党的二十大报告提出要"把实施扩大内需战略同深化供给侧结构性改革有机结合起来"。面对数字经济时代的激烈竞争，企

163

业更需要了解市场供给应如何与市场需求更好地加以匹配融合，并有效推动消费细分和市场供应匹配；同时，积极采取现代化新媒体技术更好地刺激消费者，通过富有道德责任感的个性化营销，有效提升市场推广效果，满足不同细分市场群体的消费需求。

#在线视频赏析：请扫码观看视频——市场定位策略#

市场定位策略

＊＊＊＊本章小结＊＊＊＊

目标 1：掌握现代市场营销战略的核心及目标市场营销的步骤。

现代企业营销战略的核心被称为"STP 营销"，即细分市场（segmenting）、选择目标市场（targeting）和产品定位（positioning），由此开展的目标市场营销的步骤有市场细分、目标市场选择、差异化和定位。

目标 2：掌握细分消费者市场、产业或组织市场的因素，以及衡量细分市场是否有效的重要标志。

现代企业细分消费者市场的因素包括地理细分、人文细分、心理细分和行为细分。细分产业或组织市场的因素包括人文细分、经营细分、情景细分和个性细分。衡量细分市场是否有效的重要标志体现为所划分出的细分市场是否具备可衡量性、可进入性、可盈利性和可行动性。

目标 3：掌握企业确定目标市场时应考虑的因素。

企业确定目标市场时应考虑的因素有企业的资源，产品的同质性，产品所处的生命周期阶段，市场的同质性，竞争对手的目标市场营销战略。

目标 4：了解并掌握产品定位的基本原则和策略。

产品定位的基本原则是：重要性、显著性、独立性、优越性、沟通性、可支付性、盈利性。产品定位策略包含根据属性和利益定位、根据产品价格和质量定位、根据产品使用的用途定位、根据使用者身份定位、根据产品档次定位、根据竞争定位、各种方法组合定位等。

现代市场营销学

#在线课件赏析：请扫码阅读本章课件及配套练习#

本章课件　　　　　配套练习

＊＊＊＊本章复习思考题＊＊＊＊

1. 请说明什么是目标市场营销？
2. 请说明市场细分的本质和意义是什么？
3. 请列举市场细分的主要变量有哪些？
4. 请阐述有效市场细分的主要标志是什么？
5. 请阐述市场细分和目标市场的关系是什么？企业应如何选择目标市场？
6. 请说明企业选择目标市场的主要战略有哪些？主要差别是什么？
7. 请列举产品定位和定位的主要策略有哪些？
8. 请说明企业获得差异化的主要方法有哪些？
9. 请联系实际分析如何成功地进行定位？
10. 数字经济时代，企业 STP 战略有何变化？给企业 STP 实践带来哪些挑战？

第八章
产品策略

#在线案例赏析：请扫码阅读本章案例导读——用友科技的平台型和数字化产品策略#

用友科技的平台型和数字化产品策略

产品是营销组合中最基本的因素，是满足顾客需求的最基本载体。为了更好地满足顾客需求，实现经营目标，企业必须向市场提供有价值的产品或服务。产品策略是企业市场营销组合中最重要的策略，直接影响到其他策略的制定，直接关系到企业营销活动的成败。

第一节　产品的概念、层次及分类

一、产品概念

产品是指能够提供给市场供关注、获得、使用或消费，并可以满足需要或欲望的任何东西。[①] 企业提供给市场的产品有多种表现形式，包括有形产品、服务、体验、事件、人物、地点、财产、组织、信息和创意等。

现代市场营销中的产品概念非常广泛，表现形式也多种多样，但都具有两个基本性质：

（1）产品具有使用价值，是用来满足需要和欲望的；

（2）产品是提供给市场，是用来进行交换的。

---

① 加里·阿姆斯特朗，菲利普·科特勒. 市场营销学（原书第 10 版）[M]. 赵占波，何志毅，译. 北京：机械工业出版社，2011：146.

#在线视频赏析：请扫码观看视频——产品基本概念#

产品基本概念

二、产品的层次

企业向市场提供产品时，必须考虑产品的五个层次（见图8-1）。每个层次都向市场提供了各自的顾客价值，共同构成了顾客价值层级（customer value hierarchy）。

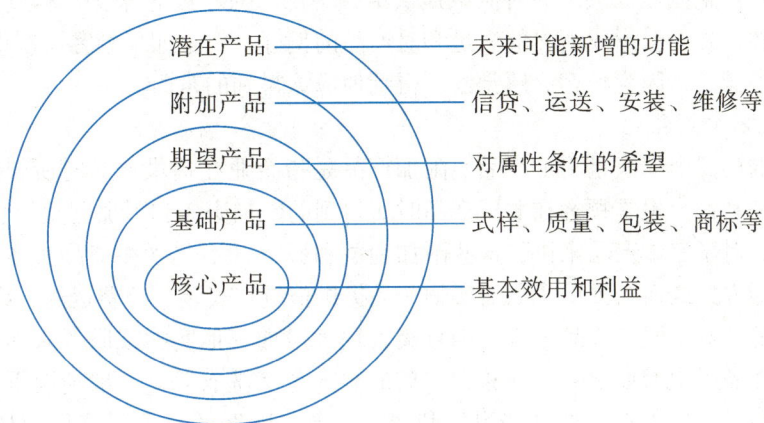

潜在产品 ———— 未来可能新增的功能
附加产品 ———— 信贷、运送、安装、维修等
期望产品 ———— 对属性条件的希望
基础产品 ———— 式样、质量、包装、商标等
核心产品 ———— 基本效用和利益

图 8-1　产品的 5 个层次

（一）核心产品

产品的第一个层次是核心利益，也称核心产品。所谓核心产品就是指消费者购买某种产品时所追求的基本利益或服务，是顾客真正要购买的东西。核心产品在产品的五个层次中是最基本和最主要的层次，因为它回答了在一次购买活动中"顾客真正要购买什么"的问题。消费者购买某种产品，不仅是为了获得产品本身，最根本的是需要获得产品所具有的能够满足他们某些需求的效用或基本利益。所以，企业在形式上是出售产品，但在本质上出售的是顾客所需要的核心利益或服务。企业通过出售产品，使营销者成为顾客利益的提供者。核心利益在形式上不能独立于产品的实体或服务的活动方式存在，因此它是无形的，只有在顾客使用或消费产品时，核心利益才能表现出来。

（二）基础产品

产品的第二个层次是基础产品。所谓基础产品就是产品的基本表现形式。基础产品是核心产品的表现形式，即企业向市场提供的实体产品和服务的外在形态，是核心产品的具体化和扩大化。

167

基础产品对于有形产品来讲，就是实体产品；对服务产品来讲，就是进行这项服务所采用的活动方式。就有形产品来说，基础产品包括的主要内容有产品式样、特点、质量、品牌、包装；对于服务产品来说，基础产品包括服务的设施、服务内容和服务环境与气氛。

（三）期望产品

产品的第三个层次是期望产品。期望产品是指购买者购买某种产品通常所希望和默认的一组产品属性和条件。

一般情况下，顾客在购买某种产品时，往往会根据以往的消费经验和企业的营销宣传，对所欲购买的产品形成一种期望。例如，住酒店的客人，期望有干净的房间、24 小时热水、免费 Wi-Fi、安静的环境等。顾客所得到的，是购买产品所应该得到的，也是企业在提供产品时应该提供给顾客的。对于顾客来讲，得到这些产品的基本属性，并不会形成太多的满足和对产品的偏好，但是如果顾客没有得到这些，就会非常不满足，因为顾客会感觉没有得到他应该得到的东西。

（四）附加产品

产品的第四个层次是附加产品。附加产品是指企业在提供产品时所包含的各种附加服务和利益，也是顾客在购买产品时所得到的附加服务和附加利益的总和。

通常，对于实体产品来讲，这些附加利益和服务，不包含在产品实体中，而是用一种外加方式或活动提供，如对实物产品提供信贷、安装、免费运送、维修服务、质量保证等；对于服务产品来说，则直接表现为增加其他实物或服务来提高产品的内涵，如在酒店中增设健身设施和为住店的客人免费洗衣等。一般情况下，营销者在出售产品时，如果不增加这些附加利益或服务，顾客还是可以享用到核心产品；但是，当增加这些利益和服务后，就可使顾客更好地享受到核心产品。可见，附加产品主要的意义就在于能使顾客更好地享受到核心产品或增加顾客购买产品时得到的利益。

在如今的营销活动中，竞争主要发生在产品的附加层次上面。产品的附加内容使得企业必须正视购买者的整体消费系统（consumption system）。消费者购买某种产品是为了满足某种需要，他们希望得到满足该需要的一切事物和方法。附加产品是构成产品差异化的重要基础，因此在竞争中显得特别重要。在营销管理中，企业需要高度重视产品差异化的决策问题。企业为产品提供附加价值和利益，就可以提高其产品的市场竞争能力。

（五）潜在产品

产品的第五个层次是潜在产品。所谓潜在产品是指一个产品最终可能实现的全部附加部分和新增加的功能。

许多企业通过对现有产品的附加与扩展，不断提供潜在产品，所给予顾客的就不仅仅是满意，还能使顾客在获得这些新功能的时候，感到喜悦。所以潜在产品指出了产品可能的演变，也使顾客对于产品的期望越来越高。潜在产品要求企业不断寻求满足顾客的新方法，不断将潜在产品变成现实产品，这样才能使顾客得到更多的意外惊喜，更好地满足顾客的需要。

三、产品分类

顾客对不同类型产品在市场需求和营销反应等方面具有不同的特点。为了更高效地开展营销活动，企业需要对产品进行分类，从而为每一类产品制定适合的营销战略或策略。

对产品进行分类，我们可按不同的分类标准进行。

（一）耐用品、非耐用品和服务

产品可以根据其耐用性和有形性分为三类：

（1）非耐用品。凡是经过一次、几次或短期使用就丧失其既有使用价值的产品，就是非耐用品。非耐用品属于有形产品，使用时间较短，消费速度快，重复购买率高。如绝大部分日常生活用品都属于此类。对非耐用品的基本营销策略是：定价中毛利率要低，销售网点要多（市场覆盖率高），要多做提醒性（低介入度）广告，以培养消费者的品牌熟悉度。

（2）耐用品。能多次重复使用或较长时期使用的产品就是耐用品。耐用品属于有形产品，通常使用时间长，重复购买率低，单位产品毛利和定价高。适合的营销策略是：应提供较多的附加服务、应有质量保证、应向顾客提供较多的担保和售后服务、需要较多的说服性（高介入度）广告从而培养顾客的品牌偏好。

（3）服务。服务是为满足顾客需求而围绕顾客提供的各种活动。如美容美发、医疗服务、企业咨询等。

（二）消费品的分类

消费品是指用于消费者个人或家庭消费使用的产品。根据消费者的购买习惯，产品可以分为方便品、选购品、特殊品和非渴求品四类。

（1）方便品。方便品是指顾客经常需要购买、基本不作购买计划、也不会为之作购买努力的产品。比如，顾客购买一块肥皂，就没有必要去"货比三家"。

方便品可进一步分为日用品、冲动品和应急品三类。

①日用品是与消费者日常生活有关的、经常需要购买的产品。

日用品都是非耐用品，消费者一般对日用品的价格、品牌、质量和销售地点等都比较熟悉，在购买时也不会做更多的购买努力，通常是习惯性购买。因此营销策略的基本考虑应注意两点：一是尽可能扩大市场覆盖率（铺货率），从而方便顾客就近购买、增加顾客对产品的可获得性；二是要经常做提醒式广告，增加消费者的品牌熟悉度，因为消费者为求购买的方便，往往选择其所熟悉的品牌。

②冲动品是消费者受外部环境刺激致使自身内在心理上发生情感或情绪冲动而购买的产品，如电商网站开展"双11""618"等促销活动时会有顾客因冲动而大量购物等。

③应急品指消费者为缓解或解决特定场景下的现实压力或问题而购买的产品，如身体突然不适要购买的药品，在集市上突然遇到下雨要购买的雨伞等。

（2）选购品。选购品是指顾客在购买过程中，要对产品的适用性、质量、特色、样式、价格等进行比较、挑选后才会购买的产品。耐用消费品一般属于这一类，如冰箱、家具、服装等。选购品还可分为两种：

一种是同质品，指消费者认为在质量、外观等方面没有什么差别的产品。这类产品对消费者来说，就是要选择价格尽可能低的产品。因此，对于同质品，价格是非常有效的促销工具。

另一种是异质品，即消费者认为在其关心的产品属性上，不同的产品具有一定的差别，因此，要按照自己的偏好进行挑选。比如购买服装时，不同的消费者对不同的式样就有个人偏好。异质品对于顾客来说，产品差异比产品价格更为重要。比如，用同样质料制作的服装，消费者首先挑选的是服装样式而不是价格，因此，购买价格昂贵而式样满意的服装产品，在服装市场上是屡见不鲜的。营销异质品时，营销者更应该重视产品质量、花色、品种、特色等产品属性与顾客的偏好相匹配，并向顾客传递这方面的信息。

营销过程中，企业对选购品提供的售中售后服务应比方便品更多。选购品对于购买的方便性一般要求不高，因此，少设销售网点可以节约营销费用开支。

（3）特殊品。特殊品是指具有独有的特征和（或）有独特品牌价值的产品。消费者在购买这类产品时愿意做出更多的购买努力。这类产品通常包括特殊品牌和特殊式样、花色的产品，如小汽车、数码产品、摄影器材和男士西服等。顾客购买这类产品的时候，最关心的是能否购买到正宗的产品。这类产品不涉及产品比较，经销商不必考虑销售地点是否方便，但要让顾客知道购买的地点。

（4）非渴求品。非渴求品是指消费者不知道或者知道也不一定会购买的产品。如人寿保险、百科全书、刚上市的新产品等。对这类产品，企业必须加强产品的促销，大力开展广告宣传和推销活动，以刺激消费者产生需要，在了解、熟悉产品的基础上产生消费欲望。

（三）产业用品

产业用品是指用于机构（企业及非营利组织）进一步加工或用于机构组织运营的产品。产业用品一般分为材料和部件、资本项目、供应品与服务三类。

材料和部件是指经机构加工运营后完全进入最终产品的产业用品，通常包括原材料、制成品和部件。在生产中，这类产品的物质实体和价值是一次性转移到生产的最终产品或其他的中间产品中去的。对于材料和部件，由于其标准化程度一般较高，因此价格和服务是主要的营销因素，品牌和广告显得不那么重要。

资本项目是指在机构的加工运营过程中起辅助作用的产品，在完成加工运营过程后部分进入最终产品的产业用品。这类产品是指在用作工业生产时，其物质实体和价值不是一次而是多次转移到最终产品或被加工生产的其他中间商品中去的。资本项目包括主要设备如建筑物（厂房、办公室），固定设备（大型设备、生产流水线、大型计算机系统），附属设备如手动工具、运输卡车等，以及办公设备如办公家具、计算机等。

供应品和服务是完全不进入最终产品的产业用品，属于产业领域的便利产品。其与产品生产过程无直接关系，产品的价值主要是通过"管理费用"项目综合分摊到最终产品。供应品和服务包括操作供应品如润滑油、办公用纸、照明灯具等，维修和维护物品如清洁剂、油漆等，以及业务咨询服务如法律、管理咨询、广告等。

#在线视频赏析：请扫码观看视频——服务#

服务

由产品的分类可以看出，产品的自身特征和用户的使用及购买特征，是决定营销策略的重要因素之一。

第二节　产品组合决策

企业为了更好满足顾客的需要，需要在产品上不断开拓和创新，任何一个企业都不能停留在单一的产品上，因此就产生了产品组合决策的问题。

一、产品组合的有关概念

产品组合是指一个企业营销的全部产品的结构状态，是企业营销的产品在品种和规格上的构成，也是企业提供给市场的一组产品。

一个企业的产品组合包括若干产品线，每条产品线中又包含若干产品项目。表 8-1 是农夫山泉公司的产品组合示意。该企业的产品组合中一共有 5 条产品线，有 43 个产品项目。

表 8-1　农夫山泉的产品组合

产品线	品牌/品名/品种	规格（产品项目）
水类	农夫山泉	380ML，550ML，1L，1.5L，4L，5L，19L
	果味水	水葡萄，水柚子，水荔枝，水柠檬
功能类	尖叫	纤维型——柠檬味，多肽型——西柚味，植物型——复合果味
	力量帝维他命水	石榴蓝莓味，蓝莓树莓味，柑橘味，热带水果味，柠檬味，乳酸菌风味

表8-1（续）

产品线	品牌/品名/品种	规格（产品项目）
果汁类	农夫果园	芒果、菠萝和番石榴，番茄，胡萝卜
	水溶C100	柠檬，西柚，青皮桔
	NFC果汁	橙汁，苹果香蕉汁，芒果混合汁
	17.5°	苹果汁，橙汁
茶类	东方树叶	红茶，绿茶，茉莉花茶，乌龙茶
	茶π	西柚茉莉花茶，蜜桃乌龙茶，柚子绿茶，柠檬红茶，玫瑰荔枝红茶
	打奶茶	红茶，抹茶
鲜果类	17.5°橙	—

产品线是指密切相关的一组产品。所谓密切相关是这些产品采用了相同的技术或结构、具有相同使用功能、通过类似的销售渠道销售给类似的顾客群、价格在一定幅度变动但规格不同的一组产品。

产品项目是构成产品组合和产品线的最小产品单位。它是指在某些产品属性上能够加以区别的最小产品单位。

产品组合可以用产品组合的宽度、产品组合的长度、产品组合的深度和产品组合的关联性作为测量尺度。我们可以以此进行产品组合的分析判断。

产品组合的宽度指产品组合中所包含的产品线数。产品组合中包括产品线的数目越多，企业的产品组合就越宽。表8-1的产品组合中，共有5条产品线。

产品组合的长度是指产品组合中的产品项目总数。通常，为了在不同企业之间进行比较，也用产品线的平均长度来表示产品组合的长度。产品线的平均长度等于总的长度除以产品线的数量。表8-1的产品组合中，共有43个产品项目、5条产品线，所以产品组合的长度为43，产品组合的平均长度为8.6。

产品组合的深度是指产品线中的每一产品有多少品种。

产品组合的关联性是指产品组合中的各产品线在最终用途、生产条件、分销渠道或者其他方面相互关联的程度。如化妆品生产企业的产品线可能很多，但使用者相同，生产技术条件没有差异，都可以通过百货公司和化妆品商店销售，所以产品组合的关联性好；而化工产品生产企业，如果既生产产业用化工产品，也生产家用化工产品，最终用户不同，销售渠道不同，产品组合的关联性就差。产品组合的关联性强，企业的营销管理难度相对就小，但经营范围窄，营销风险要大些；反之，企业产品组合的关联性差，营销管理难度大，经营的范围广，风险相对要小些。

产品组合的四个测量尺度，为企业制定产品组合决策提供了依据和主要的决策内容：企业可以增加产品组合的宽度，即增加产品组合中的产品线数，以扩大经营范围或更新旧产品线来增加盈利；企业可以延长其现有的产品组合的长度，即增加产品线中产品项目，以更多的花色品种来满足顾客的需求差别，增加产品市场占有率；企业可以加深产品组合的深度，即增加其中一条或几条产品线的产品项目，使这些产品线适应多方面的需要；企业也可以通过改变产品组合关联性，在减少营销风险或降低管理难度上进行选择，以适应营销环境的变化。产品组合方式的不同，反映了企业经营的复杂程度。一般来讲，产品组合的宽度和深度越大，其经营的复杂程度就越大，关联性就越小，反之亦然。

二、产品线决策

企业的产品组合由若干产品线组成，在一条产品线上企业可以开发不同的产品功能、增加产品项目来更好地满足顾客要求。

（一）产品线分析

产品线的分析主要从两个方面进行：

一是对现有产品线中不同产品项目的销售额和利润额进行分析。一条产品线可能包括多个产品项目，每个产品项目的销售额和利润贡献是有差别的。图 8-2 表示某企业的某条产品线中有 5 个产品项目：项目 1 的销售量占整条产品线销售量的 50%，利润占该产品线的 30%；项目 2 销售量和利润都占 30%。这 2 个产品项目就占该产品线总销售量的 80% 和利润的 60%。这意味着如果这两个项目或其中一个项目在市场中出现问题，就会对整个产品线的销售额和利润产生巨大影响，所以企业必须对这两个项目给予足够的重视，确保其在市场中的地位和获利水平。项目 3 和项目 4，利润百分比比销售量高得多，说明很有潜力，如果设法提高它们的销售量，就可尽快增加利润。而对项目 5，销售量和利润都只占 5%，可以考虑将其从产品线上除掉。

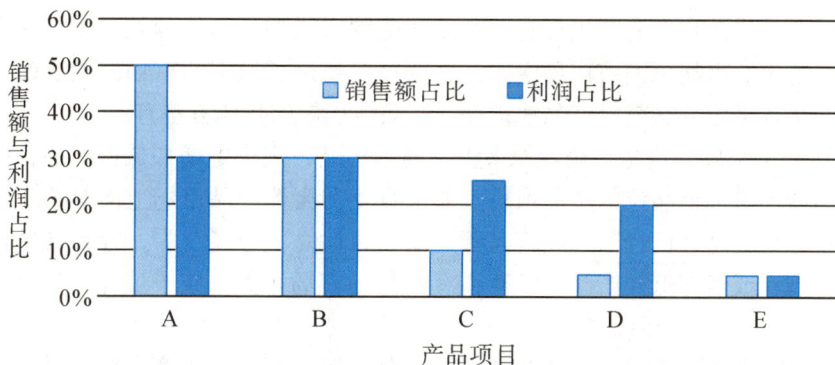

图 8-2　产品项目销售量与利润贡献分析

二是分析各产品线的产品项目与竞争者同类产品的对比状况。对现有产品项目的销售额、利润额的分析，只能说明各产品项目在产品线中的地位高低、贡献大小，反映不出各产品项目与竞争者同类产品的竞争状况。如某个产品项目对整个产品线的销售额和利润额贡献都很大，但在市场中处于劣势，并且有被竞争者超过的趋势，那么对于该产品项目，企业应该仔细分析、扬长避短、慎重选择营销决策。

企业营销管理人员必须决定产品线的最佳长度，它是企业面临的主要问题之一。企业通过对产品线中各产品项目的销售量和利润贡献的具体分析，保留盈利产品项目，去除亏损和无利产品项目，适当增加一些高盈利的新项目，就可使得一条产品线达到最佳长度。

在现代市场营销活动中，企业产品线具有不断延长的趋势。这是因为：

（1）在生产能力过剩的情况下会促使产品线经理开发新的产品项目。

（2）产品的销售人员和经销商也希望产品项目更全面，即增加产品的花色品种，以满足消费者的需要，获得更多的销售量和利润。

（3）在现有产品线上增加一些花色品种，远比开发新产品要容易些，这也促使产品经理增加产品线上的项目。

但是，在产品线过度增长的情况下，设计费用、工艺装备的制造费用、仓储费用、转产费用、订货处理费用、运输费用以及对新项目的促销费用等会明显上升，这就会导致利润的下降，从而阻止产品线延长的趋势。此时企业通过对产品线的分析，就会发现那些亏损的产品项目。为了提高产品线的盈利能力，企业就会将这些项目从产品线中除掉。先是产品线的随意增长，随后是缩短，这种模式将会出现多次，从而达到产品线长度的最佳状态。

产品线的长度受到公司经营目标的影响，保持产品线的最佳长度，是营销管理决策人员的一项重要的、经常性的工作。企业可以采用两种方法来增加其产品线的长度：一种是产品线的扩展，另一种是产品线的充实。

1. 产品线的扩展

产品线扩展是指企业超出现有的产品线范围来增加产品线的长度。每一企业的产品都有特定的市场范围或市场定位，企业只要超过了原有的市场范围或改变了产品原有的市场定位，这就是产品线扩展。产品线扩展的具体方法有：

（1）向下扩展。这是指企业原来生产高档产品，现决定增加低档产品，即在现有的产品线中增加低品位的产品项目。如果企业在高档产品市场上面对需求不足或发展困难；或者企业已经通过经营高档产品项目树立了市场声誉，容易在低档市场上谋求发展；或者在低档产品市场存在有明显的市场空隙，应予填补，都可采取此项策略。

（2）向上扩展。这是指企业原来生产低档产品，现决定生产高档产品，即在原有的产品线中增加高品位的产品项目。如果市场对高档产品的需求增长较快；或者在高档产品市场存在明显的产品空隙；或者企业在低档产品经营中，积累了经验，能够有效地提高生产技术和产品质量，都可采取此项策略。

（3）双向扩展。如果同时在以上两方面存在市场机会，企业又具有营销优势，就可以采取同时向下和向上两个方向扩展，扩大企业的市场营销范围。

2. 产品线的充实

产品线充实是指在现有产品线的范围内增加一些产品项目，以此来增加产品线长度的策略。采取产品线充实策略有以下几个动机：获取额外的利润；满足因产品线不足而引起的销售额下降；充分利用企业的剩余生产能力；争取成为产品线全面的企业；填补市场空隙，防止竞争者的侵入。

如果企业产品线的充实导致新旧产品之间自相残杀，或造成消费者认知上的混乱的话，那就说明产品线充实过头了。企业一定要使产品线上增加的新产品项目与现有产品具有明显的差异，必须能使消费者在心目中区分企业产品线上的每一个项目，并能识别各品牌之间的差别。

（三）产品线现代化决策

在某些情况下，企业的产品线长度也许是适宜的，但是企业仍面临产品线现代化的问题。如企业产品线的设备已经过时了，各产品项目在功能、结构、样式、技术等方面可能比竞争对手的差，这就会使企业败在产品线更加现代化的竞争者手中。

产品线是逐渐现代化，还是一步到位？逐渐现代化可以使企业在改进整个产品线之前，观察顾客和经销商是否喜欢新样式的产品，也可使企业的资金耗费较少。但是，由于更新的速度较慢，可能会被竞争对手抢占市场机会。一步到位，需要企业在短时间内筹备较多的资金，但企业却获得了抢占有利市场机会的条件。

（四）产品线的特征决策

选择产品线中一个或几个产品项目，赋予有别于其他产品项目，甚至是市场上所有同类产品没有的特点和属性，就是产品线的特征决策。常见的做法有：

（1）把产品线上的低档产品作为企业产品线的特征，使之充当开路先锋的角色，开拓企业产品的销路，以此吸引消费者，并对其施加影响，以带动一般定价产品项目和高档产品的销售。

（2）把产品线上的高档产品作为企业产品线的特征，即在产品线中，推出具有最高的、市场上所有产品都没有的性能，并采用极高的标价。但企业不指望这种性能的产品项目能售出多少，只是用来表明企业产品的质量水平，从而提高整个产品线的市场等级和地位，以使购买者对企业一般产品的质量更具有信心，由此带动普通售价的产品项目的销售。世界上不少的汽车生产厂家常采用这种决策。

（五）产品线削减决策

企业的营销管理人员必须定期检查企业的产品项目，以保证企业产品线的合理性及产品线的适应性。通常在两种情况下要考虑产品线的削减：

一种情况是产品线中含有会使利润减少的项目。企业可以通过销售额分析和成本分析来发现这些产品项目，并削减这些项目，使利润增加。

另一种情况是企业缺乏使所有的产品项目都达到预期产量的能力。企业经理必须检查各产品项目的获利能力，集中生产利润较高的产品，削减那些利润低或亏损的产品。一般来讲，当需求紧迫时，企业通常缩短产品线；而在需求松缓时，则延长产品线。

#在线视频赏析：请扫码观看视频——产品的两种重要决策#

产品的两种重要决策

第三节　品牌决策

在制定个别产品的营销策略时，品牌策略是其重要的组成部分。尤其是在现代市场营销活动中，制定正确的品牌策略，对企业营销的得失与成败，具有举足轻重的地位。

企业的品牌决策在战略层面涉及品牌战略定位、品牌战略选择等，战术层面涉及品牌识别体系设计、品牌使用者决策、品牌名称决策等。

#在线案例赏析：请扫码阅读本章思政案例——"年轻"的小蚁，怎么成为老资格的"大卖"？#

"年轻"的小蚁，怎么成为老资格的"大卖"？

一、品牌的概念

（一）品牌的含义

品牌是一个名称、术语、标志、符号或是一个设计，或是它们的组合，用以辨别一个或若干个营销者的产品或服务，并使之同竞争对手的产品或服务区别开来。实际上，品牌就是产品标识物的一个总称，用来使顾客能够辨识产品的生产者和经销者是谁。品牌的拥有者，通常称为品牌主，它可能是一个营销者，也可能是若干个营销者。

品牌具有广泛的含义，是由品牌名称、品牌标记和商标组成。

（1）品牌名称是品牌中的声音信息部分，如"五粮液""长虹"等名称。

（2）品牌标记是品牌中可以识别，但不能用语音表述的部分，如符号、设计、独具一格的色彩或造型等。

（3）商标。商标是产品文字名称、图案记号或两者相结合的一种设计，企业经向有关部门注册核准登记后，依法享有其专有权的标志。

企业把品牌或品牌的一部分按照商标法注册登记，就成为商标。凡是取得了商标身份的品牌就具有专用权，并受到法律的保护。因此，商标实质上是一种法律名词，是指已获得专用权并受法律保护的一个品牌或一个品牌的一部分。所以品牌和商标不是一个相同的概念，既有联系又有区别：

①在品牌中，凡不属于商标的部分，是没有专用权的，别人也可以使用，在法律上不构成侵权；而只有商标，才是具有专用权的。

②商标可以为企业独占而不使用；而品牌一定是要使用的，不管它是否为使用者所独占。

③品牌和商标的区别还在于，品牌是可以按企业的创意要求来设计和创造的，所以品牌有简有繁；而商标则要受国家商标登记注册机关的登记注册办法所制约，不允许过于复杂，否则不便于登记注册。

品牌区别了产品的经营者，在商标法的保护下，享有对品牌使用的专用权；品牌实质上是对购买者的一种承诺，即对产品特征、利益和服务的承诺。最好的品牌就是对质量的保证。但品牌的意义绝不仅仅于此，品牌还具有更为复杂的象征。

（二）品牌的内容

一个品牌是一个复杂的组合，它传递了六个层次的意义信息。

1. 属性

一个品牌对于顾客来讲，首先使他们想到的是某种或某些产品的属性。如"奔驰"代表着高档、制作优良、耐用、乘坐舒适、昂贵和声誉；"海尔"代表适用、质量和服务等。属性是顾客判断品牌接受性的第一个因素。因此，在为品牌定位的时候，营销者要首先考虑为品牌赋予恰当的属性，并在广告宣传中采用一种或几种属性作为重点的宣传内容。

2. 利益

品牌不只是一组属性。顾客购买一个品牌时，真正购买的不是它的属性而是利益。品牌的每种属性，都需要转化为功能和情感的利益。如"耐用"这个属性可转化为功能性的利益："几年内不需要再购买"；"昂贵"这个属性可以转化为情感性利益："感到自己很重要和受人尊敬"；"制作优良"的属性可以转化为功能性和情感性的利益："一旦出事时有安全保障"。品牌要体现利益，即营销者在确定赋予品牌属性时，应考虑这种属性是否能够提供顾客所需要的利益。

3. 价值

品牌在提供属性和利益时，也意味着经营者在提供价值。对于顾客来讲，购买一件产品，是希望获得利益，顾客购买的是他认为有价值的品牌，如"奔驰"品牌就意味着高性能、声望、安全等价值。营销者在考虑品牌战略时，需要明确或预测一个品牌将对哪些顾客表现为是有价值的，或者说企业的营销人员必须发现对品牌

177

的价值感兴趣的购买者群体。

4. 文化

品牌可能代表一种文化，象征一种文化或文化中某种令人喜欢或热衷的东西。最能使品牌得到高度市场认同的是品牌能体现文化中的核心价值观。华为代表着不屈不挠、奋不顾身的进取精神和群体奋斗的文化。

5. 个性

品牌也具有一定的个性。品牌的个性表现为它就是"这样的"，使购买者也能具有相似的认同或归属感。品牌塑造个性，通常用一种联想的方法来实现，即当顾客使用或看到一个品牌时，他们会想到什么。这是品牌能得到目标顾客接受和认同的最好方法。

6. 使用者

品牌通过上述各层次的综合，形成特定的品牌形象，也就明确了购买或使用产品的消费者类型。品牌具有特定的使用者，这说明成功的营销者需要使品牌具有像人那样鲜活的生命。

以上六个层次的意义表明了品牌是一个复杂的识别系统。品牌化的挑战就在于制定一整套的品牌含义。当一个品牌具有以上六个方面的意义时，这样的品牌就是具有内涵和深度的品牌，否则它只是一个肤浅的品牌。所以营销人员必须深化品牌意义；不仅要重视品牌的属性，更应重视品牌的利益。但这还不够，品牌最持久的意义是其价值、文化和个性，它们构成了品牌的实质和生命力。

二、品牌化决策

企业的品牌策略就是企业应如何合理地利用品牌，发挥品牌的积极作用。在品牌的营销决策问题上，企业会面临若干具有挑战性的决策。企业所面临的第一个决策是关于使用品牌与不使用品牌的决策。其有两种可能的做法：一是产品使用品牌，叫作品牌化；二是产品不使用品牌，叫作非品牌化。

（一）品牌化及品牌的意义

企业的产品使用品牌，并相应地进行商标注册登记，是品牌化的做法。显然，采用品牌化，企业的营销成本会提高，因为这要花费品牌设计费、包装费、注册登记费和商标维护费以及品牌推广费等费用；在品牌的市场声誉或形象变坏时，企业还会遭受相应的营销损失。所以品牌化使企业承担了更大的营销风险。但是，现代的市场营销活动中，品牌化占了主导地位。这是因为，品牌对于产品营销者具有重要的作用：

（1）品牌能够区别同种或类似商品的不同生产者或经营者，使顾客能够知道生产该产品或该项服务的营销者是谁。

（2）品牌可以使企业方便地处理各种交易事务。企业在签署订货单据、订立交易合同、进行商业谈判、安排产品的储运活动时，有品牌与没有品牌相比，有品牌要方便得多，而且可以有效地避免在上述活动中出现差错。

（3）品牌有助于对营销者的权益提供法律保护。这主要是通过商标的注册和申请版权而实现的。品牌给商标和版权的申请工作提供了相应的基础，并便于法律机关接受申请和注册登记。

（4）品牌化使企业有可能吸引更多的品牌忠诚者。品牌忠诚者使企业在竞争中得到某些保护，并使企业在规划市场营销组合时具有较大的控制能力。

（5）品牌可以增加企业资产的价值。品牌是企业的无形资产。品牌价值超过企业有形资产价值的事例并不鲜见。所以，将自己的品牌培育成市场名牌，成了许多企业和企业家梦寐以求的事情。

（6）品牌化有助于树立良好的企业形象，可以加快企业的技术进步。

另外，大多数购买者也需要品牌化，因为这是购买者获得商品信息的一个重要来源。因此，品牌化可使购买者得到一些利益，如购买者通过品牌可以了解产品的质量水平；品牌化也有助于购买者提高购买效率。综上所述，实行品牌化是现代市场营销活动中的主流。

（二）非品牌化决策

企业如果不给自己的产品使用品牌并进行无品牌销售，就是非品牌化。非品牌化具有如下优点：

（1）可以降低营销费用。因为企业不必对产品进行市场宣传和品牌促销，可以省去品牌的设计费、包装费、注册登记费等费用。

（2）产品具有价格竞争力。营销费用降低后，企业可以低价销售产品，这对于寻求低价格的消费者具有极大的吸引力，但潜在的风险是消费者可能会认为这些无品牌的产品质量较为低劣。

非品牌化通常适用于标准化程度高、同质化强、技术相对简单的产品。这些产品虽然可以不使用品牌，但企业也要注明生产者，以对消费者负责。

三、建立品牌识别体系

企业实行品牌化，首先必须建立完整的品牌识别体系。品牌识别体系的最基本要素包括品牌名称、品牌标识和广告口号。

（一）品牌名称

品牌名称是品牌要素的文字部分。好的品牌名称不仅朗朗上口，通常还富有寓意，能引发正面联想，从而有助于品牌的塑造与传播。

确定品牌的名称时，通常要从以下标准来评判：

（1）目标顾客喜欢。

（2）符合市场定位。

（3）简洁精练。

（4）容易传播。

（5）与产品所提供价值有关。

（6）与众不同，独特新颖。

（7）能产生正向联想。

考察市场上的知名品牌，我们可以发现其品牌基本上都符合上述标准中的大部分内容，如"耐克"与"李宁"，"可口可乐"与"农夫山泉""娃哈哈"，"苹果"与"华为"等。

（二）品牌标识

品牌标识是品牌要素中的视觉识别部分，品牌标识对于品牌信息传播、品牌形象塑造具有重要的不可替代的作用。

品牌标识的设计策划，通常参考下述标准进行：

（1）具有远见。能够预见未来，适应未来社会、市场发展的需要。

（2）具有意义。能够反映出品牌所凝练的价值。

（3）表达真实。能够反映出品牌的定位及其内在的品质。

（4）独特新颖。要与众不同，便于识别。

（5）具有持续性。能跟随市场的发展而保持相对稳定。

（6）保持一致。在不同的环境下保持一致的使用和表达。

（7）内在的灵活性。有助于未来可能的品牌延伸。

（8）承诺。对品牌质量作出承诺。

（9）创造价值。

在市场知名品牌中，像"麦当劳"的黄色拱门、"可口可乐"独特的花体字、"奔驰"的三叉星、"大众"的 V 与 W 两字母组合等，也基本上符合上述标准中的大部分内容。

（三）广告口号

广告口号是一种较长时期内反复使用的特定的商业用语，它的作用就是以最简短的文字把企业、品牌的理念、价值追求或商品的特性及优点表达出来，并借助于反复持续的传播在顾客心目中建立起对品牌价值的认知。

相对于品牌标识，广告口号更具有传播性。如海尔的"真诚到永远"、格力的"让世界爱上中国货"、宝马的"驾驭的快乐"、奥利奥的"扭一扭、舔一舔、泡一泡"等，都在顾客心目中留下了深刻的记忆。

四、品牌使用者决策

在决定使用品牌后，制造商面临选择使用制造商自己的品牌，还是使用经销商的品牌，或者采用混合品牌。

（一）制造商品牌

制造商品牌也称全国性品牌（national brand），一直是市场的主角。大多数生产企业都创立了自己的品牌。这是因为，品牌本身是由生产者对自己的产品所做的标记，产品的设计、质量、特色都是由制造商决定的。

　　制造商使用自己的品牌，可以建立自己产品的长期市场，可以获得品牌化的各种好处，但也增加了营销成本和风险。一般来说，制造商在具有良好市场信誉、拥有大市场份额的条件下，多使用制造商自己的品牌。制造商的品牌成为名牌后，使用制造商的品牌更为有利。相反，在制造商资金能力薄弱，市场营销能力不足，不了解新开辟的市场时，或者市场上制造商的声誉不如经销商的声誉时，其可以使用经销商的品牌。

（二）经销商品牌（private brand）

　　传统上，经销商都是使用制造商的品牌进行产品营销。自从商业脱离产业而成为独立的部门，商业的迅猛发展使不少商业企业获得了好的声誉，在顾客中形成了良好的形象。由于大多数顾客对所要购买的产品并不都是内行，不具有充分的选购知识，因此顾客在购买商品时，除了以商品生产者的品牌作为购买的依据外，另一个根据就是经销商的品牌。顾客总是愿意购买具有良好商誉的经销商出售的产品。随着市场经济发育程度的提高，在发达国家的市场上，经销商使用自己的品牌进行营销，从 20 世纪 70 年代中期开始，经过 80 年代的扩展，越来越成为市场营销活动中的潮流。

　　经销商使用自己的品牌，是要承担一些风险的。比如：

　　（1）经销商必须就产品的质量对顾客负责，因而需要努力寻找能提供质量保证的制造商；而制造商在不用自己的品牌销售时，其对质量的负责程度远不如比用自己的品牌销售来得好。

　　（2）经销商使用自己的品牌经销，必须进行大批量订货，其存货占压的资金会大幅度增加。经销商还得花很多钱进行品牌宣传和广告工作。所以在使用自己品牌的时候，经销商的成本大大提高了。

　　但是，使用经销商品牌可以给经销商带来以下利益：

　　（1）经销商使用自己的品牌，可以找到用较低的成本生产和供货的生产商，从而大大降低进货成本。

　　（2）经销商直接面对顾客，具有比生产商更好的"地理优势"。即在接近顾客、信息沟通、市场了解方面，其往往比生产制造商便利。所以，经销商在营销费用的开支，如广告费、产品的储运费、市场调查费等方面可更为有效地使用，从而降低单位产品的销售费用。

　　（3）使用自己品牌的经销商由于总的经营费用降低，可以获得超过平均利润水平的超额利润，使经销商品牌显示出极大的经济利益。

　　（4）在获得超额利润的同时，使用经销商品牌的经销商仍可以较低的市场交易价格进行产品销售，从而使其价格竞争力增强。

　　（5）由于产品在销售时的"展示面积"，即通常说的货柜、货架、橱窗、展台等，掌握在经销商手中，当经销商使用自己品牌销售产品时，其会将更多的"展示面积"用于自己品牌的产品。

（6）经销商在使用自己的品牌销售产品时，要独立对顾客提供各种销售服务，这比依赖生产制造商提供此类服务，要周到、及时和完美得多，因而能使品牌具有更强的市场号召力。

在市场经济高度发育的国家，经销商品牌已显示出比制造商品牌更强的市场竞争力，制造商品牌和经销商品牌相互之间的竞争被称为"品牌战"。有市场评论家预言："除了最强的制造商品牌以外，经销商品牌最终将击败所有的制造商品牌。"

（三）合作品牌

合作品牌（co-branding）也称双重品牌（dual branding），是指在一个商品上联合使用两个或更多的品牌。通过合作品牌，每个被合作的品牌能强化品牌的偏好或购买意愿，能增加对产品的信任感，以保留和吸引新的顾客。

五、品牌名称决策

使用自有品牌的制造商面临着进一步的品牌名称决策。品牌名称策略至少有四种。

（一）个别品牌名称

个别品牌名称是指企业决定对其各种不同的产品分别使用不同的品牌名称。这种策略的优点是：适应不同消费者的不同需要，以扩大市场，争取更多的消费者；可以减少企业承担的风险，即使有一种品牌产品的声誉不佳，也不至于影响其他的产品；可以使企业为每一款新产品寻找最佳的称号，一个新的品牌名可以形成新的刺激，建立新的信念。这种策略在管理上的缺点是：管理中困难较多，广告宣传、设计费用较高。

（二）统一品牌名称

统一品牌名称是指企业对其全部产品使用同一个品牌，即对所有产品使用共同的家族品牌名称。这种策略的好处是：节省品牌的设计费用；由于不需要大量的广告，可以降低产品的促销费用；可以利用已经成功的品牌推出新产品，扩大企业的影响，提高企业声誉，有利于新产品打开销路。如美国通用电气公司所有产品都统一使用"GE"的品牌名称。但是，如果企业的产品质量不同，使用统一品牌策略就会影响企业品牌的信誉，从而损害具有高质量的产品的形象。所以采用这种策略是有条件的：第一，这种品牌在市场上已获得一定的信誉；第二，各种产品的质量有大致相同的水平。

（三）分类品牌名称

这种策略是对企业的各类产品分别采用不同的品牌，而对同一类的各种产品采用同一品牌。这种策略适用于产品种类多，各产品种类差别较大，质量截然不同的情况。它兼有前两种战略的优点。一个拥有多条产品线或具有多种类型产品的企业，或虽然是生产同一类型产品，但是企业为了区别不同质量水平的产品，也可以考虑采用这种策略。

（四）企业名称和个别品牌名称连用

这是一种将企业名称与每种产品的个别品牌名称相联系的策略。企业的名称可以使个别产品享受企业的声誉，而个别品牌的名称又可以使产品具有不同的特色，使产品个性化，更具市场竞争力。市场中有很多著名企业采用这种品牌策略。

六、品牌战略决策

（一）品牌战略定位

品牌战略将根据功能性品牌、形象性品牌或体验性品牌来选择不同的定位。

1. 功能性品牌

功能性品牌（functional brand）是以满足顾客所需要的功能而定位的品牌。消费者购买这种品牌是为了满足功能性的需要，如消除疼痛，美容减肥等。如果消费者认为某种品牌提供了非凡的作用或非凡的价值，那么其就在功能性品牌上得到了最大的满足。功能性品牌在很大程度上取决于"产品"和"价格"。

2. 形象性品牌

形象性品牌（image brand）是为产品和服务设计或塑造一个独特形象的品牌定位。形象品牌的出现是由于产品和服务的同质性，不同产品难以区分，质量难以评价，感受难以表达。形象性品牌在很大程度上取决于"创造性的广告"和"庞大的广告支出"。形象品牌战略通常为品牌设计一个明显的标志，或者将品牌与社会名流使用者相联系，或者创造一个强有力的广告形象，以区别不同的产品和服务。

3. 体验性品牌

体验性品牌（experiential brand）是为那些不仅仅希望通过购买获得商品而且还需要获得体验的顾客开发的品牌定位。体验是消费者亲自参与由企业营销活动为消费者在其购买过程中所提供的一些刺激或个别事件。体验通常是由于对事件的直接观察或是参与造成的，包括"人"和"地方"。体验会涉及顾客的感官、情感、情绪等感性因素，也会包括知识、智力、思考等理性因素，同时也可以是身体的一些活动。体验能使顾客产生喜欢、赞赏、讨厌，或者认为体验性品牌是可爱的、刺激的，等等。

（二）品牌发展战略

随着时间的推移，企业可以为品牌开发不同的策略。

1. 产品线扩展

产品线扩展（line extensions）是指企业在现有产品类别中增加新的产品项目，并以同样的品牌名称推出。如在现有的产品线中增加新的口味、外观、样式、包装规格等。在顾客的需要发生变化和发现新的顾客需要时，企业进行产品线扩展，可以获得更多的销售机会。另外，产品品种、花色、样式等的增多，也可以刺激顾客的购买欲望。

产品线的扩展有多种方式，企业可以根据情况，分别采用创新方式、仿制方式和更换包装的方式。企业的新产品开发大多数属于产品线扩展。企业进行产品线扩展的原因是：生产能力过剩往往驱使企业推出更多的产品项目；企业想满足消费者多种多样的需要；企业发现竞争者成功地实现了产品线扩展；企业进行产品线扩展是为了从中间商那里占据更多的货架空间；等等。

产品线扩展也面临种种风险，从而导致"产品线扩展陷阱"。如产品线扩展导致品牌名称失去其特定的含义；产品线扩展的另一风险是销售不足，销售收入不能抵偿开发与促销成本；有时即使销售收入增加了，但这种增加是以企业其他产品项目销售下降为代价的。对企业来讲，成功的产品线扩展是在竞争中获得本企业产品销售的增长，而不是本企业产品的自相残杀。

2. 品牌延伸

品牌延伸（brand extensions）是指企业利用现有品牌名称来推出与现有产品类别不同的新产品。运用这一策略的要点，首先是要创牌子，其次还要保牌子。如索尼公司为新推出的电子产品都采用相同的名字，迅速为每个新产品建立了高质量的认知。

品牌延伸的优点是：利用知名品牌，可以使市场很快认识、注意和接受新产品项目；使企业对新产品的促销变得很容易，因此可降低新产品促销费用，加快市场推广速度。

品牌延伸同样具有风险：如果新产品不能使顾客满意的话，就可能影响原来已成功产品的销路；更为严重的是，可能使品牌的声誉受到破坏。

3. 多品牌

多品牌策略是指企业对同一种产品采用两个或两个以上的品牌。宝洁公司在其营销的一种清洁剂上最多使用了八种不同的品牌。

企业采用多品牌战略的理由是：

（1）企业可以占用更多的货架，同时也增加了零售商对制造商的依赖性。

（2）很少有顾客始终只购买一种品牌的产品，而不购买其他品牌的产品。

（3）新品牌的产生可以给企业组织机构带来刺激和效率。

（4）多品牌定位于不同的利益和要求，因此每一品牌可以吸引不同追求者。

（5）每一种品牌的产品承担的风险相对较小。

（6）通过建立侧翼品牌以保护主要品牌。

在决定是否推出新的品牌时，企业应考虑下列问题：

（1）能否为新品牌构想出一个独特的原因，这一原因能否令人信服？

（2）新品牌能超过多少企业的其他品牌和竞争对手的品牌？

（3）新品牌的销售额能否补偿产品开发和产品促销的费用？

使用多品牌往往会出现下述情况：品牌之间的竞争发生在企业的同一个产品项目之间，而不是所期望的那样发生在竞争者品牌上。所以，企业需要分析，使用多品牌后，单个品牌的销量减少，总的销量是否会增加？只有总销量是增加的，才是值得做的，否则就是得不偿失。

4. 新品牌

不论一种品牌在市场上最初是如何进行的，由于环境的变化，企业必须重新确定某些品牌在市场上的位置，即重新定位。这是因为：竞争者推出新的品牌，与本企业争夺市场，削减了企业的市场份额；消费者需求的改变，对某种品牌的产品需求下降；品牌设计存在的问题影响销售；某种品牌的产品在消费者心目中地位不好等。出现这些情况，企业都可以考虑品牌的再定位。但在做出品牌再定位的选择时，企业必须考虑两个因素：

第一个因素是将品牌转移到另一细分市场所需的费用，包括产品质量改变的费用、包装费和广告费等。一般来讲，重新定位离原位置距离越远，则所需费用越高；改进品牌形象的必要性越大，所需的投资就越多。

第二个因素是定位于新位置的品牌能获得多少收益。收益的大小取决于：细分市场消费者的数量，消费者的平均购买率，在同一细分市场竞争者的实力，以及在该细分市场为品牌付出的代价。

#在线视频赏析：请扫码观看视频——品牌#

品牌

第四节　包装决策

产品包装是整体产品的一个组成部分，是实现产品价值与使用价值并提高产品价值的一种重要的手段。包装的优劣往往影响到企业经营的成败，因此包装策略已成为市场策略的一个重要组成部分。

一、包装的概念

包装的概念是与包装化的概念相联系的。

包装化（packaging）是指为产品设计和生产某种容器或包扎物的一系列活动。这些容器或包扎物就称为包装（package）。所以包装就是盛放产品的容器和包扎物。

在现代市场营销活动中，包装是一个重要的产品因素。有人甚至提出应把包装看作是第五个 P，由此可见包装对产品决策的重要性。

产品的包装，可分为三个层次：

（1）首要包装。首要包装是指紧贴于产品的那层包装，是从产品出厂至使用终结，一直与产品紧密结合的包装。如牙膏皮、酒瓶、照相胶卷的暗盒等。没有这类包装，产品就根本无法使用或消费。所以企业设计首要包装时，要根据产品的物理化学性质和用途、卫生等要求，选用适当的材料和方式，并且包装的质量要与产品的价值相一致。

（2）次要包装。次要包装指方便陈列、携带和使用的产品外部包扎物件。次要包装起两个作用：一是保护首要包装，使之在营销过程中不会损坏；二是美化产品外观，或便于品牌化。这种包装的设计要美观大方，图案要生动形象、不落俗套，使人耳目一新，而且要突出厂牌、商标、品名、规格和容量。

（3）运输包装。运输包装是产品在运输、储存、交易中所需要的包装。其特点是包装物的容积较大，材质结实，具有耐碰撞、防潮、便于搬运作业等特点。

二、包装的作用

产品之所以需要使用包装，是因为包装具有以下重要作用：

（1）保护产品。可以说包装最初的作用只是保护产品。在现代营销活动中，虽然包装有越来越复杂的倾向，但保护产品仍是包装最基本的也是最应该起的作用。

（2）方便使用。有些产品的包装，其本身就是产品使用价值的组成部分，如盛装饮料的各种容器；有些包装，虽不是消费产品所必需的，但可以使产品便于消费，如药品按服用剂量包装，便于顾客正确使用。

（3）美化产品。设计和制作精美的包装，可以使产品具有令人赏心悦目的外观，令消费者喜爱或激起顾客的购买欲。包装是否好看，在一定意义上也能反映出产品生产制造的工艺水平，而生产制造的工艺水平的高低又会给人以产品内在质量相应的外在印象。

（4）增加产品的价值。好的包装，能有效地保护产品或延长产品的生命，从而提高产品的价值，因此可用更高的价格销售相同的产品；而且，好的包装，能够激起消费者更为强烈的购买欲，使之愿意支付较高的交易价格。

（5）促销。包装使消费者产生对产品的好印象，使消费者更愿意购买，即包装具有"诱导购买"的作用。包装上面所印制的品牌名称、企业名称，使包装可起广告作用。如果包装能伴随产品的全部消费过程甚至延伸到使用结束之后，则包装还能发挥长期广告促销的作用。

三、包装设计

为新产品制定有效的包装是企业产品决策的重要组成部分。

（一）包装设计方法

包装设计要制定一系列决策。首先，包装设计的任务是建立包装概念（packing concept）。所谓包装概念是指对某一特定产品包装的基本界定，如规定包装的基本形态和主要作用。

其次，包装设计要对包装物的大小、形状、材料、色彩、文字说明以及品牌标记做出决策。企业为了保证包装的各个要素之间相互协调，应该对这些决策进行检验，如对包装的颜色要仔细地选择，因为不同的颜色代表了不同的含义，如红色表示喜庆和热烈活泼，蓝色象征宁静和严肃，绿色表示生命和健康等，色彩的选择应符合目标市场产品的定位和顾客需求。

最后，包装的设计还要考虑与产品定位、定价、广告和其他营销要素相互协调，以及包装的环境和安全问题。

（二）包装设计测试

包装设计必须进行各种测试，主要的测试方法有：

（1）工程测试。工程测试的目的是保证包装在实际使用时能够耐用和经得起磨损。

（2）视觉测试。视觉测试的目的是保证包装能达到理想的视觉效果，如字迹是否清楚，色彩是否协调。

（3）经销商测试。经销商认为包装是否具有吸引力，方便处理和区别。

（4）消费者测试。测试包装对消费者的吸引力，以及消费者对包装的反应。

（三）包装设计的一般要求

企业在设计包装时，应符合以下的要求：

（1）有效地保护产品。这是包装设计首先要解决的问题。比如，易腐、易脆、易受潮的产品，包装应该采用能起相应防护作用的材料制造。另外，对于经常被假冒的产品，包装还必须考虑如何采用防止假冒的技术和鉴别手段。

（2）造型美观、具有强烈的美学效果。如图案生动、颜色搭配适当，或者具有独到的艺术性，使消费者能从包装中获得美的享受，并产生购买欲望。

（3）包装应与产品的价值或质量相适应。包装不是越昂贵、越高档越好。企业应根据产品的品位和价值及顾客购买要求来决定包装适当的档次。

（4）应尊重民众的风俗习惯和文化背景。包装上的文字、图案、标识等，不能和当地的风俗习惯、宗教信仰、价值观等发生冲突。

某些产品的包装，还要按国家的法令法规设计制作。如食品类的包装，必须印制出厂日期、保存期；药品类还要印制其中所含的有效成分、服用方法、禁忌等。

四、包装策略

包装策略是产品策略的重要组成部分。一个最好的产品需要最好的包装来配套；而一个最好的包装不仅依赖于独特的设计，还依赖于正确的策略方法，这样才能有效地促进销售。

（一）类似包装策略

类似包装策略是指企业生产的各种产品在包装上采用相同的形状、色彩和其他共同的特征。企业采用这种策略，可以加强消费者对企业产品的认识，加强对产品包装的印象，使顾客一看到包装就知道是哪个企业的产品，这样可以扩大企业的影响，促进产品的销售；同时还可以节省包装设计费用，降低成本。这种策略一般只适用于生产质量水平相同产品的企业，如生产名牌产品的企业，大都采用这种策略。如果企业产品品种和质量相差较大，则不宜采用这一策略。

（二）品种和等级包装策略

企业对不同档次、不同质量、不同等级、不同品种的产品可分别采用不同的包装。采用这种策略的优点是，能显示产品的特点，使包装和产品的质量一致，便于消费者购买，不足的是设计费用较高。

（三）组合包装策略

企业按消费者的消费习惯把各种有关联的产品放在同一包装容器中，同时出售，以方便消费者的组合使用。这种包装便于顾客配套购买产品，可以增加销售；如果将新产品和老产品包装在一起，还可以使消费者在不知不觉中接受新产品，减少产品的推广费用。但不能把不相干的产品搭配在一起，强行销售。

（四）多用途包装策略

这种策略是指将原包装的产品使用完以后，它的包装还可以重复使用，或者移作他用。这种策略的目的是通过增加消费者的额外利益来扩大企业产品的销售。这种包装策略有利于诱发消费者的购买动机，增强商品的吸引力。空包装还有代替广告宣传的作用。如把酒瓶设计得十分精致，消费者可把精致的包装当作美化家庭的装饰品等，但这种包装一般成本都较高。

（五）附赠品包装策略

企业在商品的包装上或包装内附赠有价值的实物，以吸引消费者购买，扩大产品的销售。这是当前较为流行的一种策略，这种策略极易诱发消费者重复购买的欲望，尤其是在儿童用品市场。

（六）改变包装策略

企业对落后的旧的包装进行改进或者重新设计。改变包装和产品创新一样，都可以以新促销，但不能以这种策略来搞变相涨价或推销伪劣产品。

第五节　产品生命周期分析

产品市场生命周期理论是关于产品在市场上生命力的理论。它对于正确制定产品的决策，及时改进现有产品、发展新产品，有计划地进行产品更新，正确地制定企业各项营销策略，都具有重大的意义。

一、产品生命周期的概念

任何产品在市场上的销售量和获利能力都是随着时间的推移而不断变化的。这种变化规律像生物的生命一样，从诞生、成长到成熟，最终走向衰亡。企业的产品也必然经历一个从投入市场、占领市场到最后被淘汰的生命发展过程。人们在实践中发现，产品一般都要经过引入、成长、成熟和衰退四个明显不同的阶段，这一过程就是产品生命周期或产品市场生命周期。所以产品生命周期就是一种产品从开始进入市场营销直到退出市场营销所经历的时间过程，反映的是这种产品的销售历史过程。产品生命周期是一个极重要的概念，其理论在现代市场学中被广泛地应用。

一般地讲，产品生命周期是按其在市场上的销售量和所获得的利润额来衡量的。典型的产品生命周期包括四个阶段，即引入期、成长期、成熟期、衰退期，如图 8-3 所示。产品销售量曲线与利润曲线的变化大致相同，但变化时间却不同。当利润曲线下降时，销售量曲线仍在继续上升，这是由于竞争从而压低售价所造成的。

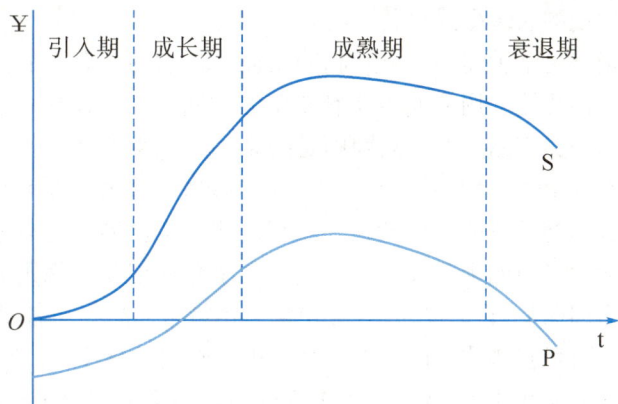

图 8-3　产品生命周期

产品在其生命周期内，销售量和利润表现为一个从小到大再到小，即从微弱到旺盛，直到最后衰亡的变化过程。犹如人或有机体的生命一样，从幼年到成年，最后到老年直至死亡。图 8-3 中曲线 S 表示产品销售量变化，曲线 P 表示利润变化，其形状为"S"形。

二、产品生命周期理论的营销意义

研究和应用产品生命周期原理必须明确和注意以下几个方面：

（1）任何产品都有一个有限的生命，其市场营销时间是有限的，企业为了其生存和发展必须不断地开发新产品。

（2）产品在这一有限的生命周期内，要经历各不相同的市场变化，这些变化具有一定的规律性。

（3）在产品生命周期的不同阶段，产品的销售量和利润都会发生高低不同的变化。正因为如此，企业必须为其产品开发不同的营销组合战略。

（4）产品的生命周期是产品的市场生命，不能将其与产品的使用寿命相混同，二者没有必然的联系，市场生命长的产品其使用寿命可能长也可能短；市场生命短

189

的产品其使用寿命也可能长或可能短。

（5）产品生命周期是一种典型模式，也是一般的、长期的趋势，其作用是帮助企业推断产品所处的阶段，分析该阶段的特征，并据以确定经营措施和决策。它既未指明每一阶段的确切时间，更不能表明各种产品生命周期的具体差别和许多例外情况，企业如果机械地套用这一模式，必然导致失误。

（6）不同的产品其生命周期及各阶段的持续时间是不相同的。不同的产品，其市场情况、技术进步速度、用户需要与变化、产品制造周期和费用等是不同的，因而不同产品的生命周期是千差万别的。就生命周期的每一阶段来说，各产品的延续时间也同样有很大的差别，即使是同类而品牌不同的产品，其生命周期差别也很大。

（7）产品种类、产品形式和产品品牌的生命周期不同。这是由于产品定义范围不同，产品生命周期的表现形式也就不同。

产品种类是指满足某种需要、具有相同功能及用途的所有产品。产品形式是指同一类产品中，辅助功能、用途或实体有差别的不同产品，如样式上、质量上、功能上具有差异的同一类产品。产品品牌则是指某个企业生产和销售的特定产品。一般来讲，产品种类的生命周期要比产品形式和产品品牌的生命周期长，有些产品的生命周期在进入成熟期后可能无限延长。产品形式的生命周期是典型的，一般都在生命周期中有规律地经历四个阶段。产品品牌的生命周期是不规则的，一般也是最短的。品牌的生命周期受市场环境及企业市场营销策略、品牌知名度等的影响很大。品牌知名度高的、市场营销成功的品牌，产品生命周期一般较长，反之较短。

（8）产品生命周期的其他形式。并非所有的产品都呈现典型的产品生命周期，有不少的产品生命周期呈现为特殊的形式。这是由于在实际的经济生活中，受各种主客观因素的影响，部分产品在市场上不能按产品生命周期的典型规律变化，而呈现出其他的形式。如：

①"成长—衰退—成熟"模式。产品进入市场后，销售量迅速上升，在达到最高点后，销售量又迅速下降，之后销售量将稳定在一个市场可接受的水平之上，并保持相当长的一段时期。之所以销售量可以长期稳定在一个水平上，是因为这种产品的后期购买者才开始购买，而那些早期采用者已在进行第二次购买了。但是，二次购买的规模不如首次购买。像小型办公用家具、厨房用具等就有此种情况。如图8-4中的 a 图所示。

②"循环—再循环"（cycle-recycle）模式。这种产品生命周期具有两个循环期。如果企业能对进入衰退期的产品进行成功的"市场再营销"活动，如加大促销力度、改进产品等，就可能使一个要衰亡的产品再次进入一个新的生命周期，从而出现产品生命周期的第二个循环。但再循环的持续时间和销售量可能都不如第一个循环。如图8-4中的 b 图所示。

③"扇形"模式。其由一系列连续不断的生命周期所组成。在产品进入成熟阶段，由于发现新的产品特性、新的用途、新的市场，采用各种措施，使得本已进入

成熟或衰退期的产品重新进入快速增长的时期。美国杜邦公司在 20 世纪 40 年代开发的"尼龙",当时主要是作为第二次世界大战期间军用降落伞的用料,有极大的销售量。第二次世界大战结束后,尼龙的销售量明显低落,杜邦公司又将尼龙用作衬衫、袜子的材料,使尼龙有了更大的市场销量。由于穿着不舒适,不久,尼龙的市场销售量就又开始低落。杜邦公司为尼龙又找到了做成汽车轮胎帘布的用途,使尼龙销量至今仍极其可观。如图 8-4 中的 c 图所示。

④"三角"模式。产品进入市场后,立即进入成长阶段,而在销售量达到顶点后,陡然下降甚至为零,如节假日用品、纪念章、魔方、飞盘等。如图 8-4 中的 d 图所示。

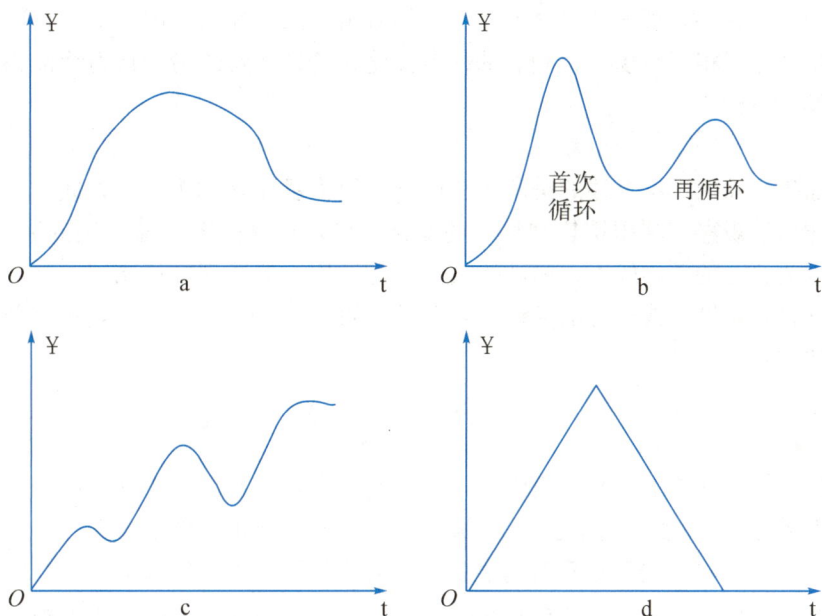

图 8-4 产品生命周期的不同形态

因为有以上不同产品生命形态,所以企业在运用产品生命周期理论时,应对具体市场情况进行科学的营销分析。

三、产品生命周期的确定

产品生命周期理论揭示了产品在营销中,销售与利润的变化规律。引起销售量和利润变化的原因主要有三个方面:①消费者偏好的变化。产品投入市场后,经过消费者的使用,会对原有的产品提出更高的要求,因而导致消费者不再愿意购买现有的产品,转向追求其他新产品。②技术的进步。新技术的出现和对现有产品的技术革新,会使原有产品在功能、性能、质量和经济上显得落后,从而得不到消费者的喜爱,失去市场。③竞争。企业为了更好地满足消费者的需要,都会不断地推出性能更好、功能更完善的新产品,竞争使得企业产品更新换代的速度加快,从而加快了原有产品的淘汰速度。

现在的问题是，如何确定企业现在营销的产品是处于生命周期的哪个阶段以及各阶段的划分，如何预测各阶段的持续时间，以便企业能够制定正确的营销战略和策略。令人遗憾的是营销理论直到目前为止，也没有提出一个能够运用于任何产品的令人满意的生命周期阶段划分方法。这主要是由于不同的产品，其市场销量的变化情况相差很大，并且，起作用的因素对不同的产品差异也很大。

（一）经验类比法

此即根据相类似产品已有的生命周期变化情况来类比现有产品的生命周期发展变化情况。如根据传统电视机的销售增长率、市场占有率、利润等资料来预测网络电视机的发展趋势。很显然，这种类比，其适用的范围极其有限，一般只适合在相同行业中并处于相同市场（消费者的社会文化背景、主要的消费行为特征相同的市场）环境中的产品。

（二）销售增长率比值法

产品生命周期理论描述的是产品在市场上销售量变化的规律，因此，从理论上说，企业可以观察和利用销售增长率的变化来确定产品处于生命周期的哪一阶段。不过，因为行业的差异较大，测试的数据不能通用，但原理应该相同。具体做法是以年实际销售量增长或下降的变动率来衡量。如以 U 表示产品销售量的增长率，则计算方法为：

$$U = \frac{\Delta S}{S_{t-1}} = \frac{S_t - S_{t-1}}{S_{t-1}}$$

其中，U 为销售增长率；ΔS 为销售增长量；S_t 为本期销售量；S_{t-1} 为上期销售量。

当 U 小于 10% 时，产品处于引入期；当 U 大于 10% 时，为成长期；当 U 值下降到 10% 以内，并在相当阶段没有明显变化时为成熟期；当该比值下降到 0 以下时为衰退期。采用这种方法，要注意时间间隔要足够长，不要把暂时的市场销售量下降视为衰退期的到来。

（三）产品普及率判断法

一般来说，普及率小于 5% 时为引入期，普及率为 5%~50% 时为成长期，普及率为 50%~90% 时为成熟期，超过 90% 时为衰退期。这种方法一般适应于耐用品。

四、产品引入期的市场特征和营销策略

在营销管理中，产品生命周期最重要的意义就是为处于生命周期不同阶段的产品确定正确的营销战略。

（一）产品引入期的市场特征

产品引入期是新产品刚进入市场的时期。其市场特点主要有：

（1）产品刚进入市场，必然会遇到市场上原有消费结构和消费形态的阻力，产品的性能和优点尚未被顾客所了解、信任和接受，购买者较少，产品销售有限，市

场增长缓慢。

（2）购买这种产品的消费者多属好奇和冲动，大多都是高收入者和年轻人。

（3）产品生产批量小，生产成本高。生产上的技术问题可能还没有完全解决，设计和生产工艺还没有完全定型，生产和管理都不完善，不能大批量投产。

（4）新产品刚上市，需要进行大量的促销活动和支付巨额的促销费用。

（5）产品在市场上一般没有同行竞争或竞争很少。

（6）由于生产成本和销售成本都较高，从而导致产品的价格高，产品销售量少，所以利润很少，甚至亏损。

（二）产品引入期的营销策略

一般说来，企业在产品引入期要千方百计解决技术问题，提高产品质量，选择适当的分销渠道，降低生产成本和促销费用，降低产品价格，同时大力做好宣传、广告、促销工作，以打开新产品的销路。这一阶段在营销策略上一般要突出一个"短"字，尽可能缩短产品引入期，以便在短期内迅速进入和占领市场，打开局面，为进入成长期打下良好基础。

企业在产品引入期采用的策略应注重产品的价格和促销水平。从价格和促销两方面来看，一般有四种不同方式，只要运用得当，就能打开市场，获得成功，如图8-5所示。

		促 销	
		高	低
价格	高	快速掠取策略	慢速掠取策略
	低	快速渗透策略	慢速渗透策略

图 8-5 引入期的营销策略

（1）快速掠取。企业以高价格和高促销的方式向市场推出新产品。企业采用高价格是为了从产品销售中获得尽可能多的利润；采用高促销则是希望通过大规模的促销活动，使顾客尽快地了解产品，加速市场渗透，以便迅速占领市场。这一策略的实施，应在一定的市场环境下：产品具有特色，对顾客有较强的吸引力；顾客不了解产品，市场潜力较大；企业面临潜在竞争者的威胁和想建立品牌偏好；目标顾客求新心理强，对价格不敏感。

（2）慢速掠取。企业以高价格和低促销方式向市场推出新产品。企业采用高价格是为了尽可能获得较多的利润，低促销是为了降低营销费用，两者结合可以在市场上获得尽可能多的利润。实施这一策略的市场条件是：产品的市场规模有限，竞争的威胁不大，大多数潜在顾客对产品比较了解，且对价格不敏感，愿意出高价。

（3）快速渗透。企业以较低价格和高促销的方式向市场推出某种新产品。低价格可以使市场的接受速度加快，而高促销又可加快目标顾客认识和接受产品的速度。所以，采用这种策略的目的在于先发制人，期望以最快的市场渗透，获得最高的市场占有率。实施这一策略的市场条件是：市场规模大，目标顾客不了解产品，大多数购买者对产品价格十分敏感，产品极易被仿制，潜在的竞争威胁很大，随着生产规模的扩大和经验的积累，单位产品的生产成本会下降。

（4）慢速渗透。企业以低价格和低促销的方式向市场推出某种新产品。低价格可使市场较快接受该产品；而低促销费用又可降低营销成本，使企业能实现更多的早期利润。采取此策略的市场条件是：市场规模较大，市场上的消费者大都熟悉或知晓该产品，目标市场的绝大多数消费者都是价格敏感型的，需求弹性高，潜在的竞争较为激烈。

一个不断向市场推出新产品的企业，是市场的开拓者、领先者，它应该谨慎地选择上述的营销策略。

五、产品成长期的市场特征和营销策略

（一）成长期的市场特征

产品成长期是指新产品经过促销努力，产品知名度有了很大的提高，开始为市场所接受，产品销售量迅速膨胀，利润直线上升。这一时期的特征主要有：

（1）顾客对产品已经有所了解，购买人数激增。

（2）多数消费者开始追随领先者，顾客属于早期使用者。

（3）销售量迅速增长。

（4）生产工艺和设备已成熟，可以组织大批量生产，产品成本显著下降。

（5）产品知名度提高，促销费用减少，销售成本大幅度降低。

（6）价格不变或略有下降，销售量大增，企业转亏为盈，利润迅速上升。

（7）生产经营者增加，竞争开始加剧。

（二）成长期的营销策略

这一阶段应是企业产品的黄金阶段，营销策略要突出一个"快"字，以便抓住市场机会，扩大生产能力，以取得最大的经济效益。企业为了尽可能长地维持较高的市场增长，可采取下列策略：

（1）努力提高产品的质量，增加产品的品种、款式和花色，改进产品包装，创立自己的品牌，树立消费者偏好。不断提高和改进产品质量，对成长期的产品尤为重要。

（2）对市场进一步细分，发现新的细分市场，不断改进和完善产品，进入新的目标市场。

（3）增加新的分销渠道，积极开拓新的市场，扩大产品销售。

（4）改变广告的宣传方针，建立企业产品的形象，进一步提高企业产品在社会

上的声誉，突出品牌，劝说和诱导消费者接受和购买产品。

（5）应在适当的时候调整产品的价格，从而提高企业的竞争力，扩大企业的市场占有率。

企业推行这些市场扩展战略，将会大大增强企业的竞争能力，但是也伴随着总成本的大量增加。因此企业在成长阶段将面临如何选择企业的经营目标：是以提高市场占有率，还是以获得当前的高额利润为目标。如果企业把大量的资金用在产品改进、促销和分销上，它将获得更加优势的市场地位，但要放弃获得当前最大的利润。这一利润亏损可望在下一阶段得到补偿。

六、产品成熟期的市场特征和营销策略

（一）成熟期的市场特征

产品成熟期是指产品已稳定地占领市场并进入畅销阶段。通常这个阶段是产品生命周期中持续时间最长的一个阶段。根据成熟期产品销量的变化情况，我们可把成熟期分为三个阶段：一是成熟中的成长，在这一阶段销售增长率开始下降，尽管有新的顾客进入市场，但销售渠道已经饱和；二是成熟中的稳定，这时市场已经饱和，大多数潜在顾客已经试用过这种产品，新的购买者要来自于人口的增长和重复购买；三是成熟中的衰退，这时销售量开始下降，消费者转向购买其他产品或代用品。一般来讲，企业大多数产品都处于生命周期的成熟阶段，企业大部分的营销活动都是针对这些成熟产品，所以它是企业必须面对的挑战。总的来看，成熟期的市场特点是：

（1）产品已被大多数顾客所接受，产品的性质、用途广为人知，消费者购买果断，甚至指名购买。

（2）原有的购买者重复购买，新的购买者为一般大众，多属经济型和理智型人群。

（3）销售量达到了顶峰，市场趋于饱和，销售增长放慢，且趋于稳定。

（4）各种品牌的同类产品和仿制产品进入市场，市场竞争十分激烈，竞争的手段也更加复杂，竞争引起价格下降，甚至出现激烈的"价格战"。

（5）生产成本降到最低点，利润达到最高点，但营销费用增加，利润稳定或开始下降。

（二）成熟期的营销策略

这一阶段企业的产品销售量很大，总利润也较大，因此，营销战略要突出一个"长"字，尽量延长产品的成熟期，保持已取得的市场占有率和尽量扩大市场份额。营销战略的主要内容是改进，相应的策略是：

1. 市场改进

市场改进策略是指企业在不改变产品的情况下努力开拓新的市场，寻找新的顾客，其目的就是努力发掘现有产品和现有市场的潜力。企业可以发现过去没有发现

的市场，发现产品的新用途，发掘和创造新的消费方式，或者通过市场渗透来形成新的市场，增加销售量。

企业产品的销售量主要受两个因素的影响：一是产品的使用人数，二是产品的使用率。销售量与使用人数和使用率成正比。因此，凡是可以增加产品使用人数和使用率的方法都可以增加企业产品的销售量。

（1）转变未使用人或寻找新的用户。企业通过各种营销努力，把没有使用过本企业产品的人吸引来使用本企业的产品，从而扩大销售。

（2）进入新的细分市场。企业通过对市场的进一步细分或者是对现有的细分市场需求的新分析，确定产品可以进一步适应的消费对象。如"娃哈哈"口服液，过去是向儿童促销，以后增加了向老年人促销的内容，即在"吃了娃哈哈，吃饭就是香"的电视广告中，增加老年人形象，说明老人服用后"吃饭也香"。

（3）争取竞争对手的顾客。企业可以通过分析竞争对手的顾客采用竞争者产品的主要想法，有针对性地告诉顾客本企业的产品或者是优于竞争者产品，或者是说明本企业的产品也具有竞争对手产品的特点，使顾客在品牌转换中，成为本企业产品的购买者。

（4）增加产品的使用次数和每次的使用量。企业可以通过各种途径向顾客宣传增加产品的使用次数和（或）每次的使用量才是正确的使用方法，或者才能更大地发挥产品作用和效能，满足消费者需要。

（5）发现产品的新用途。企业应努力发现产品的各种新用途，或者努力发现一些顾客未了解或不知道的新用途，扩大产品的市场范围，增加产品的销售量。

2．产品改进

处于成熟期的产品，可以通过发展变型或派生产品，适当地提高产品的性能，扩大产品的用途，来适应和满足各种用户的不同需要，保持和提高企业的市场份额。企业具体可对产品的质量、特点、式样进行改进。

（1）质量改进。质量改进主要是提高和改进产品的质量，可以通过增加产品的功能、特性来实现，包括产品的耐用性、可靠性、易操作性、适用性等。企业往往需要向顾客宣传产品质量改进给顾客所带来的额外好处。质量改进策略的有效范围是：质量的确有改进的可能性，并且，改进质量所增加的费用，营销企业主要不是依靠提高售价而是通过增加销售量来取得资金补偿或使利润增加。

（2）特点改进。这种策略的重点在于以特性扩大产品的使用功能，增加产品的新特点，如产品大小、重量、材料、附件、添加物等方面，以此提高产品多方面的适用性、安全性、便利性，使产品更好地满足消费者的需要和使用。

特点改进策略对企业有重要的作用。为产品不断地增加某些新的特点，往往可使企业的产品保持强大的市场吸引力，给销售人员和分销商带来热情，给顾客和消费者带来更多的刺激和消费欲望，赢得细分市场的忠诚。同时特点改进投入少，效果大，有利于树立企业进步和领先的市场形象。特点改进策略的不利之处，是新特点很容易被竞争者模仿。所以只有那些勇于进取，率先推出新特点的企业，才有可能获利，否则可能得不偿失。

（3）式样改进。这种策略注重产品的美学效果，通过提高产品在审美上的评价，来增强产品的市场竞争能力，通过不断改进产品的外观、款式、包装和装潢，来刺激消费者的需要。如企业不断推出新轿车的类型就是式样竞争，而不是质量或特点竞争。式样改进策略有可能使企业的产品具有独特的市场个性，从而引起顾客的追求或忠诚。但是式样竞争也会带来一些问题，如难以预料市场对新式样的反应；式样改变通常意味着不生产老样式，企业又可能失去某些喜爱老样式的顾客。

（4）附加产品的改进。附加产品是产品整体的重要组成部分，提供新的或更多的附加产品也是产品改进策略的重要内容。附加产品的改进就是增加和改进提供给顾客的附加服务和利益，包括向顾客提供优良服务，提高服务质量，增加服务项目，改进服务方法，提供更多的优惠、技术咨询、质量保证、消费指导等。因此附加产品的改进有助于提高企业产品的竞争力，扩大产品的销售。

3. 营销组合改进

这种策略是为了适应市场的变化，通过改变企业的市场营销组合，来延长产品的成熟期。企业的市场营销组合不是一成不变的，企业应该根据环境的变化做出相应的调整。产品进入成熟期，市场营销环境发生了明显的变化，所以企业就应该对营销组合进行必要的改进，用以保持企业的销售量，延长产品的成熟期。营销组合改进策略是指通过对产品、价格、渠道、促销四个营销组合要素进行综合改变，刺激市场需求，保持和提高企业产品的销售量。企业在提高产品质量、改进产品性能的同时，还可以从以下几个方面进行营销组合的改进：

（1）价格。企业可以通过直接降价或者间接降价如特价、折扣、津贴运费、延期付款、提供更多的服务等方法，来刺激消费者，保证企业产品的销路。

（2）分销。企业可以通过建立新的分销渠道，广设销售网点，以增大产品的市场覆盖面。

（3）广告。企业可以对广告的有效性进行分析，调整广告媒体的组合，改变广告的时间、频率等，改变广告的方针、主题，以唤起顾客的注意。

（4）促销。在产品的成熟期，企业应采用更为灵活的促销方式，来刺激市场的需求。如提高销售人员的数量和质量，采用新的销售奖励办法，划分新的销售区域；有奖销售、让价销售、降价销售等；加强宣传和公共关系。

七、产品衰退期的市场特征和营销策略

（一）衰退期的市场特征

衰退期是指产品已经不能适应市场的需要，市场已经出现了更新、性能更完善的新产品。大多数的产品形式和品牌销售最终会衰退，这种衰退也许是缓慢的，也许是迅速的，销售有可能下降为零，或者在一个低水平上持续多年。

销售衰退的原因很多，包括技术进步，消费需求的改变，国内外竞争的加剧等。所有这些都会导致生产力过剩，削价竞争增加，利润侵蚀。在这种情况下，继续经营衰退的老产品是非常不合算的。企业应该经常分析各种产品的销售额、市场占有率、成本、利润的发展变化趋势，及时发现哪种产品处于衰退期，以便采取适当的对策。这一时期的主要特征表现为：

（1）顾客数量不断下降，现有的消费者主要是年纪较大、比较保守的后期追随者。

（2）产品的弱点和不足已经暴露，出现了性能更加完善的新产品。

（3）除少数品牌的产品，大多数产品的销售量下降，并由缓慢下降转为急剧下降。

（4）市场竞争突出地表现为价格竞争，产品市场价格不断下降，利润减少，甚至无利可图。

（5）生产经营者减少，竞争减弱。

（二）衰退期的营销策略

对于已经进入衰退期的产品，除非特殊的情况可维持外，企业通常应有计划、有步骤地主动撤退，把企业资源转移到有前途的产品上。所以这个时期的营销策略要突出一个"转"字。在衰退期，企业可采用如下决策：

（1）继续经营。企业寄希望于大批竞争者的退出，这种产品还可维持原有的销售量，企业还可维持和增加赢利。因此企业继续沿用过去的营销决策，相同的目标市场、相同的销售渠道、价格和促销方式，直到这种产品完全退出市场。

（2）集中经营。企业把资源和能力集中在最有利的细分市场，以获取利润。这样有利于缩短产品退出市场的时间，同时又能产生一定的利润。

（3）收缩经营。企业大幅度降低促销水平，尽量减少营销费用的支出，以增加当前的利润水平。这样有可能导致产品衰退的速度加快。

（4）放弃决策。企业对毫无前途的产品，应当机立断，放弃经营。当企业决定放弃一个产品时，其面临进一步的决策：可以把产品出售或转让给别人或完全地抛弃；也可以决定是迅速地放弃还是缓慢地放弃该产品。

#在线视频赏析：请扫码观看视频——产品生命周期#

产品生命周期

第六节 新产品开发

新产品的开发对企业具有十分重要的意义。持续地创新能给企业带来新的营销机会，促进企业的不断发展。创新是一种挑战，是一种风险，更是一种机遇，关键在于企业要根据市场的需要和自身的实力，开发研制满足消费者需要的新产品。

一、新产品的概念及类型

什么是新产品？从不同的角度去理解，可以得出不同的概念。市场营销学中所说的新产品可以从市场和企业两个角度来认识。对市场而言，第一次出现的产品就是新产品；对企业而言，第一次生产销售的产品也就是新产品。所以，市场营销学中的新产品与科技上的新产品是不同的。作为企业新产品的定义是：企业向市场提供的较原产品在使用价值、性能、特征等方面具有显著差别的产品。因此那些在科技发展上已不是新的产品，在市场上已存在多年的产品，对企业来说仍然可能是新产品。企业的新产品可分为四类：

（一）全新产品

全新产品是指应用新原理、新结构、新技术、新材料、新工艺等制造的前所未有的具有全新功能的产品，它是科学技术的发明在生产上的新应用，无论对企业还是对市场都是新产品。如电灯、电话、汽车、飞机、电视机、计算机等第一次出现时都属于全新产品，没有其他任何产品可以替代。由于开发这一产品的难度很大，需要大量的资金和先进的技术，产品开发的风险十分巨大，所以绝大多数企业都很难问津全新产品。有调查表明，全新产品在新产品中所占的比例为10%左右。

（二）换代产品

换代产品是指在原有产品基础上，部分采用新技术、新材料、新元件、新工艺研制出来的、性能有显著提高的新产品。如电视机由黑白电视机发展的彩色电视机、高清晰度电视机和数字电视机。换代产品与原有产品相比，产品的性能有所改进，质量也有所提高，有利于满足消费者日益增长和变化的需要。

（三）改进产品

改进产品是指对现有产品在性能、结构、功能、款式、花色、品种、使用材料等方面有所改进的产品。其主要包括质量的提高，式样的更新，花色的增加，用途的增加，等等。改进产品受技术限制较小，开发成本相对较低。

（四）仿制新产品

仿制新产品是指企业仿照市场上已有的某种产品的性能、工艺而生产的有企业自己品牌的同类产品。如引进一种产品的生产线，制造和销售这种产品。这类产品对市场来说已不是新产品，但对企业来讲，设备是新的，工艺是新的，生产的产品

199

与原来的不同，就是企业的新产品。

（五）新市场产品

对市场重新定位，以进入新的市场或细分市场为目标的现有产品。

（六）低成本新产品

由于技术或工艺的改进，以更低的成本向市场提供的同样性能的新产品。

二、新产品开发的必要性和意义

企业必须大力开发新产品，这是由于以下几个方面的原因：

（一）产品生命周期理论要求企业不断开发新产品

产品生命周期的理论说明，任何产品都只有有限的生命，企业要维持旺盛的生命力就必须不断地开发新产品，以保证企业长期稳定发展。

（二）消费者需求的变化需要企业不断开发新产品

随着经济的发展和收入的增加，消费需求将发生很大的变化。无论是消费需求本身，还是消费水平、消费结构以及消费的选择性都将发生深刻的变化。这一方面给企业带来了威胁，另一方面也给企业提供了机会。企业为了更好地满足消费者的需要，只有不断开发新产品，才能适应消费者变化了的需要。

（三）科学技术的日新月异也推动企业不断开发新产品

科学技术的迅速发展给企业提供了无限创新的机会。新技术、新材料、新工艺等的出现，加快了企业产品更新换代的速度。技术的进步有利于企业开发性能更好、功能更全、质量更高的产品，来满足消费者的需要。如果一个企业不具备利用新技术进行创新活动的能力，那么这个企业注定要被市场遗弃。

（四）市场竞争的加剧将促使企业不断开发新产品

企业要在日益激烈的市场竞争中立于不败之地，只有不断提高企业的竞争能力。企业必须不断创新，努力为市场开发新的产品，更好地满足消费者的需要，使企业在市场上保持竞争优势。这是企业在竞争中求生存、求发展的客观要求。

所以，新产品开发对企业有其必要性。同时，新产品开发对企业也有着重要的作用和意义：

（1）新产品开发是企业生存和发展的根本保证。

（2）新产品开发有利于企业充分利用各种资源，调动各方面的积极性。

（3）新产品开发能提高企业的声誉，增强企业的竞争能力，减少经营风险。

（4）新产品开发能使企业更好地满足消费者的需要。

（5）新产品开发是企业使命和社会责任的具体体现，是企业对社会的贡献。

三、新产品开发的方向和方式

（一）新产品开发的方向

随着时代的发展，消费者需求也随着科学技术和经济的发展而不断地发展，为了适应这种发展需要，企业的新产品开发必须适应时代要求。不同时代有不同的主旋律，新时代的进步为新产品的发展方向提出了更高的标准和要求。从总的趋势来看，新产品的发展方向主要表现在以下几个方面：

（1）保健型。产品除了有使用价值和功能外，还要有益于人类的身体健康，即具有保健作用。

（2）功能型。一种产品具有多种功能，能同时给消费者带来多种使用价值和利益。一种产品有多种用途，就等于打开了几个市场。产品除了具有好的使用或实用功能外，还要有保健、娱乐、环保、开发智力、科普、防护、教育等各种功能。

（3）舒心型。产品除了有良好的使用性能外，还应使消费者在使用或消费时感到舒心愉快，即产品具有美感，式样新颖、结构合理、美观大方，这是符合当前消费发展趋势的。

（4）组合型。产品都向组合化发展，包括从原材料组合到结构、造型的组合。组合产品是由基本件和组合件构成，特点是节约材料、占地面积小、式样新颖、用途多样化。

（5）立体型。产品的结构、造型、装潢、图案都向立体化发展，以便有效利用各种资源，使产品造型新颖美观。

（6）便捷型。产品在保证其功能和性能的前提下，向微型化、轻巧玲珑方向发展，即产品在满足使用的前提下，要尽量做到轻、薄、短、小。

（7）仿质感型。这是为了适应消费者回归自然的需要，即使用人工化学合成材料制造的产品，外观和手感都与天然物质一样，而且使用性能一般还优于天然物质。

（8）资源型。新开发的产品要节约资源。

（9）独特型。新产品要有一定的特色、与众不同、具有个性。

（10）标准化和配套化。新开发的产品应是标准的和配套的。

此外，随着人们生活水平的提高，产品向个性化和高档化发展的趋势也越来越明显。

（二）新产品开发的方式

在市场经济条件下，企业的新产品开发并不意味着必须由企业独立完成新产品的全部开发工作。企业除了依靠自己力量，还可以通过各种方式和途径开发新产品。

（1）独立研制开发。企业依靠自己的科研力量开发新产品，一般有三种形式：一是从基础理论研究开始，经过应用研究和开发研究，最终开发出新产品；二是利用已有的基础理论，进行应用研究和开发研究，开发出新产品，这种形式投资少些，研制时间也较短，许多大中型企业都在采用；三是利用现有基础理论和应用理论的成果进行开发研究，开发出新产品，这种形式需要的人力、财力较少，只要具备一定科研能力的企业都可以采用，但新产品保持的优势较少。

（2）技术引进。企业通过购买别人的先进技术和研究成果，开发自己的新产品，他们可以从国外引进技术，也可以从国内其他地区引进技术。

201

（3）研制与技术引进相结合。企业在开发新产品时既利用自己的科研力量研制又引进先进的技术，并通过对引进技术的消化吸收与企业的技术相结合，创造出本企业的新产品。

（4）协作研究。企业与企业、企业与科研单位、企业与大专院校之间协作开发新产品，这种方式有利于充分利用社会的科研力量，弥补企业开发实力的不足，有利于把科技成果迅速转化为生产力，使其商品化。

（5）合同式新产品开发。企业雇佣社会上的独立研究人员或新产品开发机构，为企业开发新产品。

（6）购买专利。企业通过向有关研究部门、开发企业或社会上其他机构购买某种新产品的专利权来开发新产品。这种方式在现代市场条件下极为重要，可以大大节约新产品开发的时间。

四、新产品开发的风险

在现代市场条件下，激烈的市场竞争意味着，如果企业不开发新产品，将要冒很大的风险，甚至可能倒闭。由于消费者需求不断变化，技术日新月异，产品生命周期日益缩短，竞争日趋激烈，因此，如果企业不开发新产品，企业的产品和企业本身将面临淘汰。

企业还必须认识到，进行新产品开发同样也具有很大的风险。国内外的研究表明，新产品的开发失败率是相当高的。较高的失败率使许多企业止步不前，不敢问津。究其原因，主要有：

（1）市场分析失误。目标市场选择不准，或者对目标市场的需求估计过高，前期的市场调查和预测不准确，造成信息失真，没有把握住消费需求的变化趋势。

（2）产品本身的缺陷。新产品没有达到设计要求，或者没有特色，性能和质量不能满足市场要求。

（3）开发成本太高。新产品开发成本大大超过预算成本，产品投产后不能给企业带来满意的利润。

（4）营销策略失败。在新产品投入市场的过程中，营销组合策略严重失误，造成产品定位偏移，产品价格过高，上市时机不合适，销售渠道不畅，销售力量薄弱，促销不力，等等。

（5）竞争激烈。竞争对手的实力太强，竞争十分激烈，超出企业的预计。企业在竞争中处于劣势，导致新产品投放市场失败。

新产品的开发风险是越来越大了，对任何企业都是一种巨大挑战。企业为了使新产品开发成功，所需解决的问题和面临的困难也越来越多：

（1）缺乏新的思想、新的构思和灵感，好的创意越来越少。

（2）市场过于细分，激烈的竞争导致市场更加细分化，企业不得不把新产品对准较小的细分市场，这意味着每种产品只能得到较小的销售量和较少的利润。

（3）新产品开发的限制、标准越来越多，如消费者安全、节省资源、加强环保和生态平衡等。

（4）新产品开发的高投入、高成本和高代价，使企业难于提供或筹集真正创新研究所需的资金，以至于企业热衷于产品的改型和仿制，而不愿从事真正的创新工作。

（5）产品的成熟期缩短。当一种新产品成功后，竞争者会很快地进行模仿，从而缩短了新产品的成长阶段，使企业不能获得预期的收益。

对于新产品开发中的风险，企业不能回避，必须重视，这将有助于新产品开发工作的顺利进行，提高新产品开发的成功率。

五、新产品开发的程序

新产品的开发是一项艰巨而又复杂的工作，它不仅要投入大量资金，冒很大风险，而且直接关系到企业的经营成败。因此，为了减少开发成本，取得良好的经济效益，企业必须按照科学的程序来进行新产品开发。开发新产品的程序因企业的性质、产品的复杂程度、技术要求及企业的研究与开发能力的差别而有所不同。一般说来要经过以下的程序。

（一）收集新产品的设想和构思

一切新产品的开发，都必须从设想和构思开始。一个成功的新产品，首先来自于一个大胆而有独创性的构思或设想。没有好的构思，开发出好的新产品是不可能的。所以，企业在开发新产品时，要广开思路，收集各种新的设想，而且对各种设想和建议切忌横加指责或评论，因为要否定一个有缺点设想是轻而易举的，而要提出有独创性的构思却相当困难。企业在收集新产品的构思过程中，要注意构思的来源和收集的方法。

1. 企业新产品构思的主要来源

（1）企业内部。企业内部是新产品构思的最大源泉。企业职工，包括普通职工或高层管理人员，在长期的营销实践中，会不断产生出许多新产品开发的设想和构思。企业可以从市场营销、研究和开发、新产品部门获得大量的构思；也可以从企业的技术人员、工程师、生产部门的职工、销售和推销人员中获得大量的构思。

（2）顾客。顾客是企业新产品构思产生的第二大源泉。按照营销观念，顾客的需求和欲望是寻找新产品构思的出发点，也是企业开发新产品最可靠的基础。顾客是企业产品的使用者，新产品开发最后能否成功，取决于是否能满足顾客的需要和欲望。顾客对产品的建议或设想都是新产品构思的来源，虽然其建议或设想往往只涉及产品概念、形式、技术的某一方面，而且很少提出完整的产品概念。

（3）科学家、工程师、设计人员和科研机构与大专院校。这些人员和机构长期进行科学技术研究工作，对于技术发展方向，产品的发展前景有极为丰富的专业知识与判断能力，因而是新产品构思的重要源泉。

（4）竞争对手。竞争对手在新产品开发上已取得的成功、经验和教训，都是企业可以借鉴的，可能对企业的新产品开发有重要的启迪。企业要密切关注竞争对手的产品，了解竞争者产品的特点和市场需求，通过分析竞争对手的产品来构思企业的新产品。不过，一个真正成功的企业，从来不会将模仿别人的产品作为开发新产品的主要方法。

（5）企业产品的经销商。企业的经销商经常直接与顾客、竞争对手打交道，最了解顾客和竞争对手的情况，对市场熟悉，具备一定的专业知识和信息收集整理能力，是企业新产品构思的又一重要来源。

（6）其他来源。可作为新产品构思来源的其他渠道还很多，如市场研究公司、广告公司、咨询公司、新闻媒体等。

2. 收集新产品构思的主要方法

（1）产品属性列举法。即将现有产品的属性一一列出，然后设想改进每一种属性的方法，以改进这种产品。

（2）强行关系法。即列举若干不同的物体，然后考虑每一种物体与其他物体之间的关系，由此产生新产品的创意。

（3）顾客问题分析法。向顾客调查他们使用某种产品或某类产品所发现的问题，而每一个问题都有可能成为一个新产品创意的来源。

（4）头脑风暴法。即企业挑选若干性格和专长各异的人员一起座谈，并就某个问题交换观点，畅所欲言，以争取得到大量的创意和设想。

（二）构思筛选

在新产品的构思阶段，企业收集了大量的新产品设想，由于企业资源的有限性，并不是每种构思都可以进行开发，所以其需要对构思进行筛选。在这些构思中，有些应该剔除，有些应该保留，有些应该投入开发，这就要通过筛选来解决。筛选的目的就是要淘汰不可行的或可行性差的构思，使企业的有限资源能集中运用于成功机会较大的构思上。企业在筛选过程中应着重考虑两个因素：一是该构思是否符合企业的经营目标；二是企业的资源是否能得到充分的利用，即企业是否具有开发该新产品所需的各种能力。企业应召集各方面的专家与人员，从多方面对产品的构思做出评价。

在筛选过程中，企业应避免两种错误：一是该选的被筛选掉了；二是不该选的被选上了。不管犯了哪一种错误，都会给企业带来巨大的损失。为了保证该选的都选上，不该选的都被筛选掉，企业的筛选过程具体可以分为两步，即粗选和精选。

（三）产品概念发展与测试

构思经过了筛选后，企业需要将其发展成产品概念。因为产品构思仅仅是一种可能的产品设想，企业在产品开发时必须将这种设想发展成为更明确的新产品概念。产品概念是指企业从消费者的角度对这种构思所做的相近描述，即用对消费者有意义的术语表达产品的构思。然后再将产品概念发展成产品形象，即消费者能得到的实际产品或潜在产品的特定形象。

概念发展就是将产品的构思转化为一种产品概念，即将产品的设想具体化为一种能实现的方法。因为消费者是不会买产品构思而是购买产品概念的。一种产品构思可能有多种产品概念，根据对产品的具体定位而发生变化。比如，一家奶制品公司打算开发一种富有营养价值的奶制品，这属于产品构思。企业在把这种构思发展成为产品概念的过程中，必须考虑目标消费者（老年、中年、青年、少年、幼年）、产品所带来的利益（口味、营养、能量、方便）和使用场合（早、中、晚、睡前）等因素。企业根据这三方面的因素就可以组合出许多不同的产品概念，如老年人在早餐时饮用的高营养价值的奶制品，少年在睡前饮用的味道鲜美的奶制品等。企业对发展出来的这些产品概念要进行评价，从中选出最好的产品概念，并分析它可能在市场上同哪些现有的产品和潜在的产品竞争，进而制定产品或品牌的市场定位策略，最后形成特定的产品形象。

在确定了产品概念，进行了产品或品牌市场定位以后，企业就应该对产品概念进行测试。概念测试就是用文字、图画描述产品概念或者用实物将产品概念向目标消费者展示，以观察他们的反应。目的在于检验产品概念是否符合消费者的要求，或者是否表达了他们的需要和欲望。产品概念测试一般要明确这样一些问题：

（1）产品概念的描述是否清楚明白。

（2）消费者是否能发现该产品的独特利益。

（3）在同类产品中消费者是否偏爱本产品。

（4）顾客购买这种产品的可能性有多大。

（5）顾客是否愿意放弃现有的产品而购买这种新产品。

（6）该产品是否能真正满足目标顾客的需要。

（7）在产品的性能上，是否还有改进的余地。

（8）购买该产品的频率是多少。

（9）谁将购买这种产品。

（10）目标顾客对该产品的价格反应如何。

通过了解上述问题，企业就可以判断该产品概念对于消费者是否有足够的吸引力，从而可以更好地选择和完善产品概念。

（四）制定市场营销战略

现在，企业的产品经理或者主持新产品开发的营销负责人需要提出一个将这个产品投入市场的初步营销战略计划。营销战略计划包括三个组成部分：

（1）描述目标市场的规模、结构和行为，新产品在目标市场的定位，预计前几年的销售量、市场占有率、目标利润等。

（2）描述产品的计划价格、分销策略和第一年的营销预算。

（3）描述预期的长期销售量和利润目标，以及不同时间的市场营销组合。

（五）营业分析

新产品开发过程的第五个阶段是营业分析，即分析新产品的预计销售量、预期利润和成本复核，以决定开发这个新产品是否能满足企业的战略目标和市场目标。

205

如果能够满足，就可以进行新产品开发阶段。营业分析被否定的产品概念，将会被淘汰，因此，提交进行分析的新产品概念应不止一个。

1. 销售量估计

新产品的预计销售量至少应达到企业营销战略目标所规定的利润贡献目标或是取得一个满意的投资回报率。估计销售量涉及对市场需求的预测和可能出现的竞争情况的分析，其难度较大。有效的方法是通过严密科学的市场需求调查和预测方法进行。企业可以自己组织也可以委托专业市场调查分析机构进行。

2. 测算成本和利润

测算成本，应从营销者的角度和顾客的角度两方面来进行。从营销者的角度来说，主要涉及生产成本和销售成本。主要方法是对成本的各个项目进行分析，分析要得到在一定生产经营规模下，长、短期成本的水平，并与预期的利润进行比较。从顾客角度分析，主要应了解或测定产品的使用成本。对于顾客来说，产品的使用成本过高，不仅会降低首批购买者数量，也会影响重复购买率，从而使产品总的市场销售量受影响。企业的市场营销策略和手段，一方面可以促进新产品的销售，另一方面也会使成本增加。因此合理确定营销预算，对于降低成本、增加盈利是十分重要的。

（六）产品开发

产品概念通过了商业分析，研究与开发部门以及工程技术部门就可以把这种产品概念发展成实体产品。实体产品没有出来之前，这个新产品还是一段文字描述一个图样或原始模型。产品开发是新产品开发投资的第一个高峰。这一步骤主要是将这些产品概念与构思转化成技术上可行和商业上可行的一个实体产品（产品原型）。如果失败，对于企业来讲，所耗费的资金将全部付诸东流。

在这一阶段，技术方面的可行性论证是由工程技术部门来负责的，一般有外形设计分析、材料与加工分析、价值工程分析三个方面。开发部门将对新产品的原理、结构、生产方式等进行确认或鉴定，并拿出该产品概念对应的实体产品。其中主要包括技术设计，工艺设计，产品原型设计等。就企业的营销管理部门来说，主要解决包装设计、品牌设计、产品花色设计，并且在产品特色、样式、用户的要求等方面向技术设计部门提出要求，使设计出的新产品能够最大限度地符合顾客期望。特别是在产品的原型出来以后，营销部门应组织消费者调查和消费者测试工作，以使技术部门能够进行有效的或有针对性的改进设计。

经过产品开发，试制出来的产品如果符合下列要求，就可以认为是基本成功的：①产品具备了产品概念中所列举的各项主要指标；②在正常条件下，产品可以安全地发挥功能；③产品的成本控制在成本预算的范围内。

（七）市场试销

产品实体开发出来并进行了顾客测试后，如果顾客满意，就需要为该产品制订一个预备性的营销方案，在更为可信的消费者环境中进行测试，这就是市场试销，目的在于了解消费者和经销商对此产品有何反应，并再次鉴定这个产品的市场有多大，然后再决定是否大批量生产。不过，并非所有的新产品都必须经过试销这一阶段，是否试销主要取决于企业对新产品成功率的把握。如果企业已通过各种方式收集了用户对该产品的反映意见，并已进行了改进，了解到产品具有相当大的市场潜力，就可以在市场上直接正式销售；如果企业对新产品的成功没有把握，进行试销是有必要的。

市场试销的规模决定于两个方面：一是投资费用和风险大小，二是市场试销的费用和时间。投资费用和风险较高的产品，试销的规模应大一些；反之，投资费用和风险较低的新产品，试销规模可小一些。所需市场试销费用越多、时间越长的新产品，市场试销规模应小一些；反之，则可大一些。一般来讲，市场试销费用不宜在新产品开发投资总额中占太大的比例。

试销范围的确定，主要根据目标市场的地理位置来决定。在目标市场地理位置不太集中或企业市场范围过广时，企业应选择最具代表性的市场位置进行市场试销。

市场试销的方法因产品类型而异。对经常购买的消费品，企业应从试用率和再购买率两个指标来考察。如果某新产品的试销市场是高试用率和高再购买率的，则表明这种新产品可以继续发展下去；如果市场是高试用率和低再购买率的，则表明顾客对这种产品不满意，必须重新设计或放弃这种产品；如果市场是低试用率和高再购买率的，则表明这种新产品很有前途，但要加强广告宣传和促销工作；如果试用率和再购买率都很低，则表明这种产品没有前途，应当放弃。

（八）商品化

新产品在市场试销中成功后，企业可以正式投入批量生产，把新产品全面推向市场。一旦企业决定把新产品正式投入市场，企业就必须再次投入大量的资金，用于建设或租用全面投产所需的设备和投入大量的市场营销费用。在新产品投放市场阶段，企业要对下列重大问题进行决策。

1. 投放时机

企业要确定在什么时间将新产品投放市场是最适宜的。投放时机的把握，对新产品最初的销售量影响很大。一般来说，对季节性较强的新产品，投放时机应选择在旺季，以便尽快提高销售量；如新产品投放市场是为了填补一个需求很强的市场空白，就应尽早投放市场，以便在其他产品进入前形成优势；换代新产品的投放时机更应注意，一般在老产品处于成熟期的中期时，便应开始开发、投入新产品，这样一方面可以利用老产品的收益补偿新产品投入时期的亏损，另一方面，在老产品进入衰退期时，新产品已进入成长期，可保证企业的整体效益。

2. 投放地区

企业一般要制订市场投放计划，特别是中小企业。企业应该选择最有吸引力的市场首先投放。企业在选择投放地区时，要考察市场潜力、企业在该地区的声誉、投放成本、该地区对其他市场的影响等。通常，企业应集中在某一地区市场上投放新产品，然后再向其他地区辐射。如果企业资金雄厚，销售网络广阔，对新产品的成功有较大的把握，也可以直接在全国或更大范围的市场上同时投放。

3. 向谁投放

在新产品投放市场时，企业必须将其分销和促销目标对准最有希望的购买群体，利用这些顾客来带动一般顾客，以最快的速度，最少的费用，扩大新产品的市场占有率。企业可以根据市场试验的结果，来发现最有希望的顾客。对新产品来讲，最有希望的顾客群体一般具备以下的特征：他们是早期采用者、大量使用者、新观念倡导者或舆论领袖，接近他们的成本较低。当然，完全符合这些条件的顾客往往很少，但是企业可以根据这些特点去寻找相对最好的目标顾客群体，以使新产品在投入市场的初期，发展得比较顺利。

4. 投放方式

企业要制定新产品开始投放市场的市场营销战略。企业首先要对各项市场营销活动分配预算，其次规定各种营销活动的组合顺序，从而有计划地开展市场营销管理。

总之，高质量的产品和高价值的品牌是现代企业参与市场竞争的核心生命力。党的二十大报告指出，要"推进高水平对外开放。依托我国超大规模市场优势，以国内大循环吸引全球资源要素，增强国内国际两个市场两种资源联动效应，提升贸易投资合作质量和水平。"由此，在促进国内国际双循环的进程中，企业应充分理解品牌对于自身的价值，积极打造民族品牌，寻找适合我国品牌的形成方式，让高质量的中国制造和中国服务走出本土，走向世界，不断完善品牌战略布局，从而形成消费忠诚。

＊＊＊＊本章小结＊＊＊＊

目标1：了解产品的层次、分类以及企业对产品线和产品组合的决策。

企业向市场提供产品时，必须考虑产品的五个层次：核心产品、基础产品、期望产品、附加产品和潜在产品。每个层次都向市场提供了各自的顾客价值，共同构成了顾客价值层级。根据不同标准，消费者市场和组织市场产品均可被划分为多种类别。

企业关于产品的决策不仅在于单个产品，还包括产品线和产品组合。产品组合是指一个企业营销的全部产品的结构状态，其中产品线是指密切相关的一组产品。产品组合可以用产品组合的宽度、产品组合的长度、产品组合的深度和产品组合的关联性作为测量尺度，进行产品组合的分析判断。为此，企业的相关决策涉及产品线分析、产品线长度决策、现代化决策、特征决策和削减决策。

目标2：讨论企业对打造和管理品牌所应考虑的决策。

企业对打造和管理品牌应考虑的决策分为战略层和战术层。其中，战略层决策涉及品牌战略定位、品牌战略选择等，战术层决策涉及品牌识别体系设计、品牌使用者决策、品牌名称决策等。

目标3：了解企业包装的基本要求和常用的包装策略。

企业对产品的包装应能达到有效地保护产品，造型美观、具有强烈的美学效果，与产品的价值或质量相适应，尊重民众的风俗习惯和文化背景等基本要求。为此，企业需考虑或执行的包装策略有：类似包装策略、品种和等级包装策略、组合包装策略、多用途包装策略、附赠品包装策略和改变包装策略。

目标4：描述产品生命周期各阶段的市场特征以及相应的营销策略。

产品生命周期是按其在市场上的销售量和所获得的利润额来衡量的。典型的产品生命周期包括四个阶段，即引入期、成长期、成熟期、衰退期。四个阶段均有着各自的市场特征及其适用的营销策略。

目标5：了解并掌握新产品的类型及其开发程序。

对市场或企业而言，新产品通常指全新产品、换代产品、改进产品、仿制新产品、新市场产品和低成本新产品。企业开发新产品一般说来要经过以下程序：收集新产品的设想和构思、构思筛选、产品概念发展与测试、制定市场营销战略、营业分析、产品开发、市场试销和商品化等。

#在线课件赏析：请扫码阅读本章课件及配套练习#

本章课件

配套练习

＊＊＊＊本章复习思考题＊＊＊＊

1. 请说明产品五个层次的概念及营销意义是什么？
2. 请列举产品的基本分类有哪些？
3. 请说明如何进行产品组合决策？
4. 请说明品牌的含义包括哪些方面？
5. 请说明什么是品牌化决策？
6. 请说明企业如何进行品牌名称的决策？
7. 请说明企业如何开展包装设计？
8. 请说明包装决策的主要内容是什么？
9. 请说明产品生命周期的概念和营销意义是什么？
10. 请列举产品成长期的市场特征和营销策略有哪些？
11. 请说明新产品开发的意义和类型有哪些？
12. 请说明新产品开发的主要过程有哪些？

第九章
价格决策

#在线案例赏析：请扫码阅读本章案例导读——鲍洛奇：定价是一门艺术#

鲍洛奇：定价是一门艺术

价格，在营销 4Ps 组合因素中，是唯一的、产生收入的因素，其他因素则为成本。但是，在企业营销活动中，高价并不一定意味着能带来更高的收入；而低价，可能带来破坏性的价格战，并且也可能导致消费者感知到的品牌价值降低。市场需求的复杂性决定了定价不仅直接影响收入，也对企业整个营销战略的实现产生重要影响。因此，企业的营销经理人员需要小心对价格做出决策。在本章中，我们主要从六个方面介绍价格策略：一是如何制定定价，这主要是针对企业新产品营销；二是新产品定价的主要策略；三是企业如何制定不同价格使产品组合的盈利最大化；四是在制定了标准价格的基础上，如何针对不同市场情况与营销目的，对价格进行调整，产生一个可执行的价格；五是价格变动，即当环境因素、营销条件、营销目标变化时，对价格进行调整，包括降价或提价；六是简介在数字化背景下，产品定价的特殊之处。

第一节　制定价格

制定价格，就是对第一次向市场销售的产品，或是首次进入某个全新细分市场进行销售的产品或服务确定价格。

从历史上看，买主与卖主进行交易时，是通过一对一的谈判进行的。进入工业经济社会以后，机器大生产的社会生产方式一经确立，这种一对一的价格谈判进行的交易，因交换效率很低逐渐被废弃。在现代市场经济中，除了一些特殊行业的产品和服务还在采用一对一价格谈判来确定产品售价外，一般的产品，在送往市场前，

现代市场营销学

营销者已经为其确定了统一的销售价格。

在决定营销组合的 4Ps 因素中，价格看起来最容易，以至于许多企业的经理人员将价格决策认为是可以随意进行"试验"的。"如果卖不掉，降价就行了"。这正是在价格决策和管理方面经常出现的错误。

托马斯和瑞德在 1995 年出版的著作《定价的战略与战术》中认为：美国许多大公司都犯过定价上的错误，这些公司的领导能够创造巨大的顾客价值和市场需求，却不能持久获得可观的利润。因此，为了形成较强且持久的获利性，公司必须把定价作为整个经营战略的一个组成部分。也就是说，公司在营销组合策略的考虑中，应摒弃原来的战术定价方法而改用战略定价。"战略定价不仅要求观念上的变化，还要求定价时间、定价方法以及定价决策者等方面的变化。战略定价还要求管理当局制定出一整套与公司战略目标协调一致的定价政策和程序"[①]。党的二十大报告明确指出："要坚持以推动高质量发展为主题，把实施扩大内需战略同深化供给侧结构性改革有机结合起来，增强国内大循环内生动力和可靠性，提升国际循环质量和水平，加快建设现代化经济体系。"因此，企业必须更加重视价格在市场配置资源过程中的重要作用。

企业制定价格时，首先需要解决价格的定位问题。就顾客的购买行为来讲，其是通过将企业提供的产品或服务的价值与价格相比较，并与竞争对手的产品与价值比较后，来判断与一个企业进行交易是否理性。因此，企业定价时，基本定价策略的选择，可通过如图 9-1 所示的定价战略组合矩阵来选取。

定价战略组合矩阵实际上分为三个部分，从左上角到右下角为一种战略类型，这类价格战略体现为质量＝价格，属于常规"高质高价，低质低价"的战略；对角线右上部，则是质量＞价格，属于低价或市场渗透战略，即低价格销售高质量的产品；而在对角线左下部，则是质量＜价格，属于高价或市场撇脂战略，即用高价格销售低质量的产品。

价格

	高	中	低
产品质量	溢价战略	高价值战略	超值战略
	高价战略	普通战略	优良战略
	一次性战略	虚假经济战略	经济战略

图 9-1　9 种价格/质量战略

如何选取适宜的定价战略，企业应该仔细分析自己提供的产品所具有的顾客价值和顾客可能的接受程度；同时，需要考虑竞争对手提供的产品价值与顾客对竞争

---

① THOMAS NAGLE, GEORG MULLER. The strategy and tactics of pricing [M]. Oxford: Taylor and Francis, 2017.

者产品或服务的认同后，选择适合的价格定位。因此，定价时，企业需要按照确定价格的步骤进行。

企业确定价格时，有6个步骤，如图9-2所示。

图9-2　定价步骤

一、选定定价目标

企业为产品或服务确定价格，首先表现为企业想实现的目标是什么，主要定价目标有5个（见图9-3）：

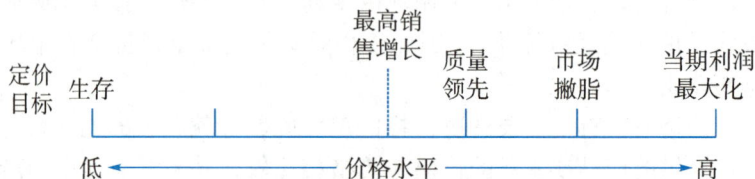

图9-3　定价目标与价格水平

（一）生存

生存目标是指当企业遇到严重的经营问题或激烈的竞争时，如市场需求发生非预料的下降，竞争对手突然发动市场攻击，这时企业首先需要考虑的是生存，即能够维持企业当前继续开工，或能够使大量的库存产品尽快脱手。生存比起利润来说，总是重要得多。企业采用这一定价目标时，要制定一个尽量低的销售价格，所谓"尽量低"，是指价格仅仅可以弥补可变成本或抵偿小部分固定成本。最极端的情况是连固定成本的抵偿都无法考虑，只要能抵补变动成本就行。在图9-3的定价目标水平图上，生存目标的定价最低。

（二）最高销售增长

最高销售增长实际是一种追求最大市场份额的定价。这样的定价目标是想通过最大份额的谋取，获得长期利润。这一目标包含这样的判断：市场上的顾客对价格特别敏感，他们宁肯为少支付价格做出足够的努力，而不太在乎产品质量方面的指标，即质量只要能够接受就行。这种定价目标一般是偏低定价。

如果企业的营销战略目标是增强市场竞争实力，或者为了能得到市场控制权，或者为了在一个竞争激烈的市场中巩固自己的营销地位，并且有"比较陡峭的经验曲线"，那么，企业可以考虑采用这种定价目标，使自己产品的市场份额尽量超过其他竞争对手。这时，企业将制定一个尽量偏低的价格。所谓"尽量偏低"，是指企业的产品价格比绝大多数的竞争对手的产品价格低。在图9-3中，这种定价表示的价格水平是靠近低端的。

（三）质量领先

企业如果主要考虑实现最好的营销形象和有最好的产品形象，或者市场上存在数量较多的关心产品质量胜于关心价格的顾客，可考虑采用质量领先定价目标。在这种情况下，企业提供超过平均质量水平的产品，采用超过平均定价水平的定价。在图9-3的定价水平图中，其表现为是一个偏高的定价，即企业产品价格高于市场上绝大多数竞争对手产品的价格。质量领先的定价目标的实行，公司必须与塑造品牌形象联合起来使用，必须抵制市场份额对当期利润的影响诱惑。因为公司一旦放弃对质量的定位，其将很难再次回到这样的位置上。我们所熟悉的星巴克咖啡、瑞士钟表、宝马汽车等产品系列都将自己定位为本行业的产品领先者，集高价、质量、奢华为一体。其中瑞士钟表在中国市场，一直没有放弃过其高档定位。因此，它没有占有大份额，但多年来，却以占有中国市场不到30%的销售量获取过半个钟表市场的利润。

（四）市场撇脂

所谓"撇脂"，是指制定尽可能高的价格，以"撇取"到市场上最高支付能力可以出得起的价格，使单位产品的获利最大。计算机行业中的 Intel 公司，对于新研制出来 CPU，就采用这样的定价方法。市场撇脂首先对于市场可能接受的最高价格水平进行估计，然后按照这样的估计来制定价格。因此，其主要特点是单位产品的价格很高，或者单位产品的毛利很高，但总的销售收入是否最高，需要依市场实际能达到的购买量来定。撇脂定价有一个明显的特点，就是价格的不稳定性，它总是在撇完一层后，再次降低价格，以对下面的消费层再进行撇脂。因此，撇脂定价要冒顾客对公司产生"欺诈"的反感风险。消除撇脂定价负面影响的方法是将其"透明化"：公司将价格的下调计划或步骤告诉顾客，这对于那些等不及的顾客，其在高价阶段购买了但也不会认为受到欺骗——国外许多汽车公司对自己的产品就采用这样的方法；或者形成一种市场惯例化做法，就是公司有新产品推出时，将老产品降价。但公司将不断地通过公众信息传播渠道公布新产品开发进度和预计上市时间，使顾客能够判断现有产品降价期限——Intel 公司就是采用这样的方法。

（五）当期利润最大化

当期利润最大化指企业置长远的财务绩效与营销影响于不顾，主要考虑能在当下产生最大利润。当期利润最大化，并不是指将价格定得极高，因为价格与市场需求是反比关系。因此，能使利润最大化的价格从经济学原理来说，是指边际收入与边际成本相等的价格。在定价操作上，当期利润最大化指尽量增大当期的现金流量，如降低产品的品质、减少服务或者使用廉价的代用材料，等等。由于不考虑这样做会对企业长期营销效果和财务带来什么不利影响，因此，"利润最大化"就只能对当期收入来说成立，但不能保证在这种定价目标下，能维持长期利润。在图9-3的定价水平图中，其表现为处于价格水平的最高端。但在定价时，应符合"边际收入等于边际成本"的经济学定理。很显然，这需要经理人员对于企业的需求函数、收入函数、成本函数都能精确了解才行。实际上，在许多企业中，因为面临环境因素的不断变化与竞争对手对于价格反应的不同，这往往很难做到。

二、确定需求

企业在决定或制定价格的时候，首先需要考虑需求水平。因为无论选定哪种定价目标，特别在高价目标的时候，价格要有意义，就必须要求在此价格下有一定的需求。而需求与价格呈反比关系，即价格越高，需求水平越低，所以我们说，需求是对价格最高可以达到水平的"钳位"因素。

（一）需求曲线

需求曲线的理论是微观经济学的基本理论，也是企业制定价格的基本理论之一。普通的需求曲线如图9-4所示，在图中，纵坐标代表价格P；横坐标代表需求量Q，需求曲线d在这样的直角坐标系下，表现为是一条向右下方倾斜的曲线，说明价格与需求量具有反比关系，当价格在P_0时，需求量对应在Q_0；当价格降到P_1时，需求量增加到Q_1。

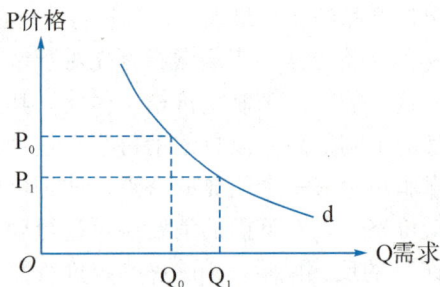

图9-4　普通的需求曲线

在经济学中，需求量与价格成正比关系特殊商品也存在，在这种情况下，需求曲线在以价格P为纵坐标、以需求量Q为横坐标的直角坐标系下，将是向右上方上升的一条曲线，如图9-5所示。在这样的需求曲线下，当价格在P_0时，需求量在Q_0；当价格上升到P_1时，需求量也上升到Q_1。具有这种需求曲线形态的产品，理论经济学中称之为"吉芬商品"，其是由英国经济学家吉芬发现的。在理论经济学中，"吉芬商品"的含义是"劣质品"；但在营销理论研究却认为，具有这种需求曲线的产品与"吉芬商品"的含义完全不同，是一种"威望产品"。比较典型的如化妆品，当价格很低时，即被看成是"劣质品"时，顾客不愿购买；相反，如果为化妆品制定较高甚至很高的价格，顾客反而愿意购买；某些顾客关心质量胜于价格的产品，也有这种现象，当价格降低时，顾客因为对产品质量有怀疑或失去信心，反而不愿意购买。

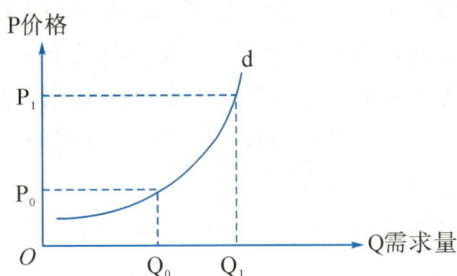

图9-5 吉芬商品或威望商品需求曲线

(二) 影响价格敏感性的主要因素

很显然，上述两种需求曲线，实际将市场的顾客划分成两种：普通需求曲线，表明顾客受价格影响大，价格是主导其购买的因素，这称为价格敏感型顾客；威望需求曲线，表明顾客受质量影响大，质量是影响购买的主要因素，这称为质量敏感型顾客。

顾客是否是价格敏感性型，受下列因素影响：

①独特价值的影响。如果产品越具有独特的、受顾客欢迎的特点，则顾客的价格敏感性越差，而对于同质化产品则价格敏感。

②替代品的价格与知名度。替代品与特定的产品价格越接近或替代品的知名度越高，顾客的价格敏感性越高。

③难以比较的影响。如果顾客对于替代品的质量和价值越难同特定的产品进行比较，则他们对价格越不敏感。

④支出比重。如果购买一个产品，需要的支出占顾客总消费支出的比重越小，顾客对于价格越不敏感。

⑤最终利益的影响。如果顾客购买使用产品的费用中，购买的费用所占比例越低，则他们的价格敏感性越低。

⑥分摊成本的影响。如果购买一个产品的成本可由另外的人或组织分摊，则顾客的价格敏感性越低——如顾客通常在保险公司支付修车费用的时候，购买最好的零件；而如果没有保险公司为其支付时，可能购买的是能用的零件；享受公费用车的人就喜欢购买尽可能高档的汽车。

⑦积累购买的影响。如顾客购买的产品是需要与以前购买的产品联合起来使用，则他们的价格敏感性低。如顾客对汽车装饰件的价格敏感性低于购买汽车的价格敏感性。

⑧质量影响。如果顾客认为产品的质量好，有声望或是属于更高的档次，则他们的价格的敏感性就差。

⑨存货的影响。如果顾客自己无法存储产品，他们对价格的敏感性就差。

(三) 对需求量影响的非价格因素

通常，人们在谈论价格对需求影响时，其实都需要假定其他对需求发生影响的

215

因素没有变动。但是，这些因素却是时刻在影响着需求的变动。因此，我们应该针对非价格因素对需求的影响进行分析，这样才知道在需求变化时，价格的变化所产生的影响，其真正作用的程度有多大。影响需求变化的非价格因素主要有：

①消费者当前的偏好。消费者对某种产品当前的偏好高时，即便价格没有变动，对该产品的需求量也会上升，反之亦然。

②收入。当消费者的收入增加时，即便产品的价格没有降低，需求量也会上升，反之亦然。

③替代品价格的变化。某一产品如果有替代品的话，当替代品价格下降，将导致该产品的需求下降，反之亦然。

上述 3 个非价格因素，对需求量的影响，表现为使需求曲线以原有的斜率平行地（矢量相同）升高和降低。图 9-6 中，如果原来的需求曲线为 d，当非价格因素发生变动并产生影响时，需求曲线按同样的矢量方向下降低到 d_1 位置，或者上升到 d_2；这时，即便价格没有变化（都是 P_0），需求量也会降低（移动到 d_1 时）或增加（移动到 d_2 时）。因此，就给定的一条需求曲线，说价格变动会引起需求量改变时，必须假定这 3 项因素不发生变化或设想这 3 项因素的变化。

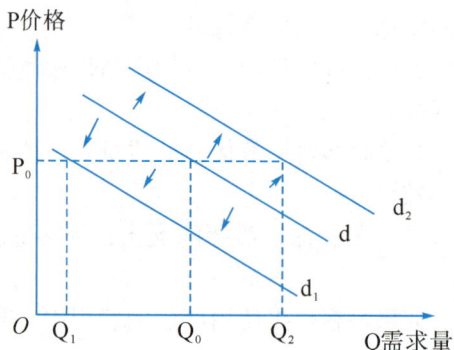

图 9-6　非价格因素对需求量的影响

(四) 需求的价格弹性

价格的变动，对市场需求量会产生影响。但是，在同样价格变动量的情况下，需求发生变动的大小或称为反应的敏感度是不同的。那么，一定量的价格变动，到底会引起需求量有多大变动呢？这就要用理论经济学中需求价格弹性理论来进行分析。

所谓需求的价格弹性是指价格变化的百分比与需求量变化的百分比的比值。用公式表示就是：

$$E = \frac{\Delta Q/Q}{\Delta P/P}$$

式中，E＝需求价格弹性；ΔQ＝需求变动量；Q＝原有（变动前的）需求量；ΔP＝价格变动量；P＝原有（变动前的）价格。

为使用方便，可将上式整理成

$$E = \frac{\Delta Q}{\Delta P} \cdot \frac{P}{Q}$$

需注意，由于需求量与价格的变化是成反比关系，所以，价格弹性 E 都有一个负值，但在一般情况下，有负值否，并不对计算结果发生影响，所以我们通常将其负号舍掉了。但在某些情况下，我们还需要使用到负值。

【例】：如果一个企业将其产品的价格从 10 元/件降到 5 元/件，销售量就从 120 个单位上升到 150 个单位，那么，其产品的需求的价格弹性为：

$\Delta P = 10 - 5 = 5$　　$\Delta Q = 150 - 120 = 30$

则需求的价格弹性为：$\frac{20}{5} \times \frac{10}{120} = 0.5$

需求的价格弹性，在理论经济学中有 5 种不同类型，对企业定价来讲，起影响作用的有 2 种：①$E>1$ 时，就是需求富有弹性，在需求富有弹性时，价格有很小的改变，就会引起需求量很大的改变（见图 9-7a）；②$E<1$，就是需求缺乏弹性，在缺乏弹性时，价格有很大的改变，才能引起需求量很小的改变（见图 9-7b）。

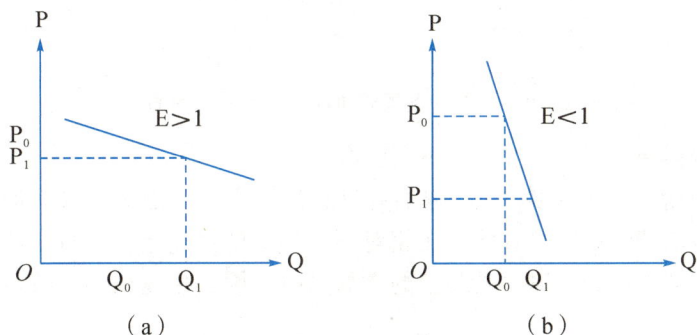

图 9-7　2 种需求价格弹性比较

由此，可得到两个重要的定价结论：

①当一个产品的需求富有弹性，定低价比高价更为有利；而变动价格时，降价比提价更为有利。因为降低价格失去的收入会因为销售量的大幅度提高得到补偿并有余。

②当一个产品的需求缺乏弹性时，定高价比低价有利；变动价格时，提价比降价更为有利。因为高价或提价引起的销售量减少，会因为单位产品毛利的提高而得到补偿并有余。

就一个给定产品的需求曲线来讲，弹性并不是处处相等的。当处于高价区时，需求富有弹性；当处于低价区时，需求缺乏弹性；而在曲线的中点，需求弹性等于 1，如图 9-8 所示。因为就一条需求曲线来讲，所谓的弹性，不是指曲线的斜率，而是斜线上的点弹性。与斜率不同的是，斜线的点弹性并不是处处相等。即在图 9-8

中，如果我们在表示需求曲线的线段中间取一点，为 e，令线段的下部为 e_1，上部为 e_2，则弹性等于线段的下半部与上半部的比值，即

$$E = \frac{e_1}{e_2}$$

对于这个关系的证明方法，可参见经济学书籍①。这就是说，对于许多产品来说，当定价处于高价位时，降低价格，对增加销售量效果很明显；而当产品已经处于低价位后，再通过降价来提高销售量，一般不会有明显的效果。也就是说，企图用价格方法来获取市场份额或增加销售量，不可能永远有效。

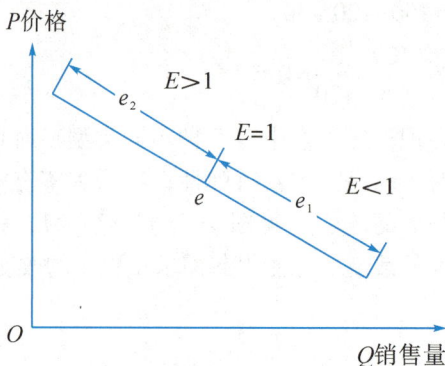

图 9-8　在一条需求曲线上弹性是不同的

需求的价格弹性大小，主要由下列因素决定：

①产品用途。用途越多，需求越有弹性；反之亦然。因为用途多的产品，当其价格便宜时，消费者可以将其使用在相对不太重要的用途上；一旦价格上升，又可以削减那些不太重要的用途。最典型的产品是电，因其用途很多，故电的价格弹性很大。

②替代品的数目及替代的相近程度。一种产品，其替代品越多，替代的相近程度越高，则该产品需求价格弹性越大，反之亦然。因为在替代品多的时候，如果该产品涨价，则消费者可以转而去追求其他产品。大多数水果是富有弹性的产品，因为各种不同的水果常被消费者认为是可以相互替代消费的。

③消费者在一种商品上的消费支出占其总消费支出的比重。如果这一比重越大，则该产品就越有弹性，反之亦然。因为，在占消费支出比重大的时候，如果该产品价格提高，则削减消费节省下来的支出，还能作其他消费项目的安排。反之，则节约下来的支出，在消费上不会有多少意义。

④消费者改变购买和消费习惯的难易程度。越容易，则产品的价格弹性会越大，反之亦然。比如对于酒类产品，大多数消费者有口味偏好，就比较难以改变。

⑤文化价值的取向或偏向。越符合或越接近消费者核心价值观的产品，消费者

① 沃森，霍尔曼. 价格理论及其应用［M］. 闵庆全，译. 北京：中国财经出版社，1983：53-55.

越愿意消费，价格弹性越小。比如用于婚、丧、嫁、娶上的消费与宗教方面的消费。

三、估计成本

需求是价格的最高"钳位"因素，成本则是价格的最低"钳位"因素。企业营销的产品，如果不能弥补其生产与营销成本并获得盈余，企业就无法生存与发展。因此，企业在制定价格的时候，需要对成本水平及成本的相应变动进行估计和分析。

（一）固定成本与变动成本

以静态的方法观察和分析成本，成本首先可以分为固定成本与变动成本。

固定成本是指成本总量不随企业产品产量变化的成本费用（见图9-9）。

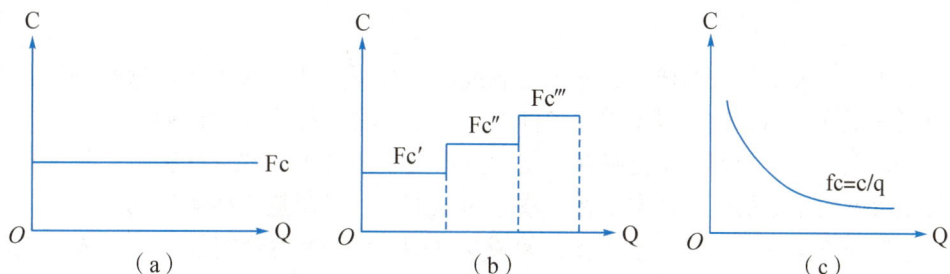

图9-9　固定成本

图9-9a中，为一定生产规模下的固定成本Fc，它不随着产量变化而发生变化；图9-9b中，表示如果生产规模增加，固定成本将随投资量（厂房、设备）增加，呈"跳跃式"阶梯状变化；在图9-9c中，表示在一定的生产规模下，单位产品中固定成本是下降的，因为更多的产出量将摊薄单位产品中的固定成本。固定成本项目通常包含有资产折旧、计时性工资、企业管理费用等。

变动成本是指随企业的产品产量变化而会相应变化的成本。图9-10中，a表示总变动成本曲线，它是随产量增加而不断增加的；b表示单位产品中的变动成本，是固定值。变动成本主要涉及的成本项目有原材料、计件工资、各种直接消耗的生产作业物资等。

需指出：变动成本在图9-10的表示中，斜率不变，即在单位产品中是固定不变的（指生产技术条件不发生变化）。当企业采用新的技术，新的生产方式，如将单位产品中原材料消耗降低时，变动成本也会表现为在成本曲线上斜率的改变和在单位产品成本曲线上平行下移。取一般的会计资料进行成本分析时，是不会反应出这种变化的，故将这种成本分析称为"静态成本分析"。

从静态成本分析来看，企业的定价，应该至少要能抵偿变动成本并有一定的剩余，才可能抵偿固定成本。只有当固定成本被抵偿完以后，企业才有可能获得盈利。所以，变动成本被认为是定价的最低界限。

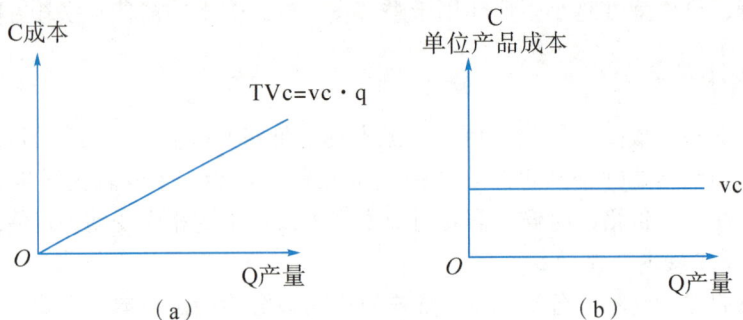

图 9-10　变动成本

（二）短期成本与长期成本

分析短期成本与长期成本，属于动态成本的分析方法。因为通过这种分析，人们可以知道在不同的生产技术组织条件下，企业的成本水平会发生哪些变化。

①短期成本。短期成本是指在一定的生产技术条件下，并且这种生产技术条件不发生改变时企业的生产成本。在以成本为纵坐标，以产量为横坐标的直角坐标系下，短期成本是一条"U"型曲线，如图9-11所示。Q_0为给定规模下的成本最低点，也是最佳经济产出量。短期成本的特点是，随着产量的增加，成本开始表现为不断下降，达到一个最低点后，成本就开始并必然上升。这是因为，随着产量增加，工人的技术熟练程度提高，管理人员管理经验积累与方法改善，原材料使用更合理，机器设备能更好的发挥出应有的效率，等等，能使成本不断下降。但是，过了一个最低点后，由于更多的作业生产要求会超过现有机器的产出能力，工人为等待设备而排队等导致工时损失，机器负荷过重导致故障增加，使生产效率下降成本增高。因此，如果企业需要向市场提供更多的产品，就只能通过增加设备和劳动力，即扩大规模。

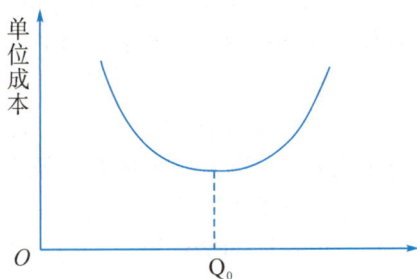

图 9-11　短期平均成本

②长期成本。如果企业生产规模要超过现有最佳经济产量规模 Q_0，那么就需要建立具有更大生产能力的工厂，即增加机器设备和厂房，工人和管理人员。由于企业增加设备的同时，可以找到技术更领先或效率更高的设备，并且企业可以找到更好的原材料供应商，工艺流程可以不断改进，因此，更大规模的企业（或是生产能

力提高）可以得到更有效率的生产。这时，大规模的企业的总体平均成本应低于原来较小规模的企业。即在图 9-12 中，Q_1 的成本水平低于 Q_0；最低的成本点也低于 Q_0；然而，如果还需再提供更多的产品，则继续新建 Q_2，而 Q_2 是优于 Q_1 的；然而，若还需再提供更多产品给市场，规模扩大到 Q_3，但这时就不能再获得更低的成本了。因为随着企业规模进一步扩大，管理的难度越来越大，需要增设更多的管理层次，指挥的文书需要更长的路径与时间才能到达被指挥层手中；就近能够购买或质优的原材料使用完毕，将在更远距离采购或使用质量更差的原材料……这样，规模不经济性随着企业规模的进一步扩大就会表现出来，成本开始上升。于是，随着规模再扩大，Q_3 的成本将大于 Q_2。与各种规模下短期成本的最低点相切画出一条包络线，就得到了长期成本曲线，如图 9-12 所示。长期成本曲线也是"U"型曲线。

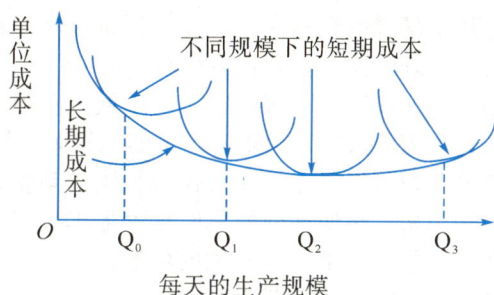

图 9-12　长期成本曲线

随着企业规模的扩展，掌握成本变化规律性，需要依靠对短期与长期成本分析。这对于营销经理人员估计成本的动态变化，并制定合适的产品销售价格具有指导意义。

经验曲线也称为"学习曲线"，表示随着产量的积累企业的成本降低的情况。在图 9-13 中，当企业产量在 10 万件时，成本很高，因为这时工人没有经验，管理人员也缺乏管理经验与技巧；但随着产量的增加，积累起来的生产与管理经验开始起作用，达到产量 40 万件时，单位成本开始下降到每件产品 3 元的水平，企业可以获得行业平均利润（经验曲线 a）R；当产量进一步积累到 60 万件的时候，成本达到每件 2.5 元，企业不仅能获得平均利润，并且还得到了超额利润，即 R′大于 R 的部分。这种随经验积累而来的成本下降就是经验曲线，也称为学习曲线（Leaning-curve）。比较图 9-13 中的经验曲线 a 与 b，因为曲线 b 比曲线 a 更陡峭，即曲线 b 的成本下降速度更快，因此，如果企业拥有 b 这样的一条经验曲线，要达到每件 3 元水平，产量仅仅需要达到 25 万件。所以，在曲线 b 上，当产量积累达 33 万件，企业已经可以获得超额利润（R″-R）。

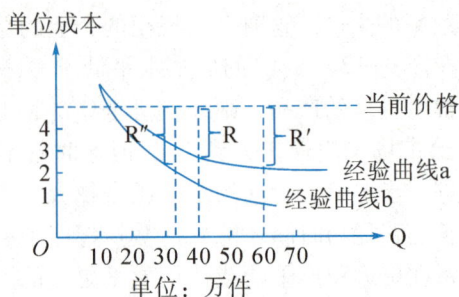

图 9-13　经验曲线

对经验曲线进行分析，得到如下重要的结论：

①对于拥有较陡峭经验曲线的企业，在开始定价时，可以考虑采用低价的方法，虽然这样定价开始不能从市场赚取到利润，但如果低价有利于市场扩展或渗透，则随着产量增加，成本将更快降到能够得到较多利润的水平。

②如果企业拥有的经验曲线比较平缓的话，采用低价获得较大市场份额再来谋取利润将没有更大的效果，因为成本不会随着产量的积累而明显降低。

依据经验曲线定价的公司可能对于扩大规模有很大的热情，但是，如果竞争者在生产技术上有了发明的革新，将使这种依靠旧技术上扩大规模的公司因为投资过大，沉没成本过高，而在竞争中处于非常不利的位置。同时，持续的降价也可能使顾客得到产品质量不好或有持续的降价期望。

四、分析竞争者的成本、价格和产品

确定了需求，将得到制定价格时对最高价位的界限，而分析成本，将得到制定价格所应确定的最低界限。但是，企业并不能在成本与需求给定的空间内"自由"确定产品价格。因为在市场上，竞争者提供的产品与制定的价格，对企业定价也有直接"钳制"作用。很显然，当竞争者提供与企业产品相当的或更好的产品，如果企业制定的价格高于竞争对手制定的价格，就意味着在市场上企业不能销售出产品。这时，企业就需要通过分析或了解顾客对企业与竞争者产品的看法和价格感觉，来确定自己的产品价格。

这样，就有了定价的 3C 模式：由生产者成本（cost of manufacture）、顾客需求（customers' demand）和竞争者价格（competitors' price）共同决定企业定价的合理范围，如图 9-14 所示。3C 模式表明，企业制定价格，如果高于需求，将没有任何意义；如果低于成本，企业将无法生存；而适当的价格水平，需要通过与竞争对手提供的产品与价格进行比较，如果企业提供的产品具有独特特点并能为顾客所喜欢，那么，可以在高于竞争对手与有需求的区间进行选择；如果企业提供的产品与竞争对手比较，没有更多的受顾客喜爱的特点或更高的价值感觉，就只能在成本与竞争对手定价范围内进行选择。所应遵循的原则是企业制定的产品价格与竞争对手的产品价格，应该有相同的价值价格比，用公式表达就是：

$$V = V_{竞} = \frac{P}{Q}$$

式中，P 表示市场价格，V 表示定价企业价值价格比，也称"相对价格"；$V_竞$ 表示竞争对手的产品价值价格比；Q 代表顾客评价的产品质量与价值；P 代表价格。因为 V 与 P 成正比与 Q 成反比，因此，如果竞争对手的产品质量与营销优势更强，当其价格给定后，要保持上式的平衡，企业就只能制定比竞争对手更低的价格才能使 $V = V_竞$，即相对价格要与竞争对手相同。

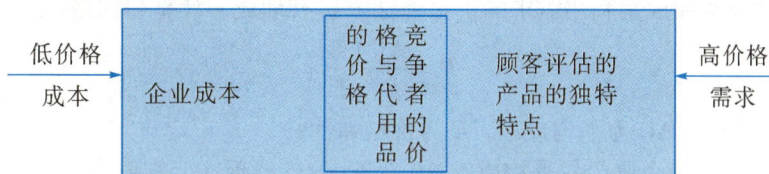

图 9 - 14　定价的 3C 模式

对于上式中 Q 的理解，应注意的是，它不仅是指产品的质量，也包含营销优势。比如，当竞争者产品的质量与本企业差不多或者低些，但如果竞争者是知名度高的企业，那么，该竞争者的产品对于消费者来讲，也可能有更高的价值感觉，因此，它可能将其比较起来是"劣质"的产品以更高的价格出售。这时，企业要想按更高价格出售产品，就除非有能有效提高顾客价值感的营销措施才行。

五、选择定价方法

有了需求、成本，并且分析和了解了竞争对手的价格和产品以后，企业得到的是一个合理的定价区间。但企业还需要选用相应的定价方法为产品制定一个标准价格。主要的定价方法有：

（一）成本加成定价法（cost-plus pricing）

成本加成定价法有两种：

一种是比较常用的，不考虑需求的价格弹性的方法。其定价公式是：

$$P = AC \cdot (1 + U)$$

式中，P 为价格；AC 为平均价格；U 为加成比率，其计算公式为：

$$U = \frac{P - AC}{AC}\%$$

不过，一般加成比率在不同的行业中有事先约定或规定。

【例】：企业产品的平均产品成本为 5 元/件，如果加成比率为 20%，则价格为：$5 \times (1+20\%) = 6$ 元/件。

注意，在许多情况下，卖方经常告诉顾客的加成比率比上述成本加成的比率更低。如在上例中，卖方可以告诉买方其加成比率为 16.7%。这个加成比率，如果卖方不是有意欺骗的话，那么他使用的是"价格加成率"，卖方告诉顾客价格加成率而不是成本加成率的主要理由就是想使顾客感到价格更为公平。价格加成率的计算为：

$$U_P = \frac{P - AC}{P}$$

223

式中，U_P 即为价格加成率。

与成本加成率比较，价格加成率是以售价取代成本来计算加成比率，因而加成比率值减少了。如按上例，在 6 元的价格下，售价加成率为

$$\frac{6-5}{6} \times 100\% = 16.7\%$$

另一种成本加成是利用需求的价格弹性 E 进行加成。计算公式是[①]：

$$P = \frac{AC \cdot E}{E - 1}$$

式中，P 为价格，AC 为平均成本，E 为价格弹性。

【例】：假定某企业产品平均成本 AC 为 5 元/件。现在分别假设：

如果产品的价格弹性 E 为 2，代入上式后：

$$P = \frac{5 \times 2}{2-1} = 10 \text{ 元/件}$$

如果产品的价格弹性 E 为 4，代入上式：

$$P = \frac{5 \times 4}{4-1} = 6.67 \text{ 元/件}$$

由此可见，当需求的价格弹性大时，产品价格要低；相反，当产品缺乏需求弹性时，制定的价格就可以高些。

企业通过使用需求的价格弹性进行成本加成，能考虑到价格高低对需求的影响。但是，如果不知道所营销的产品价格的弹性，或者价格弹性小于 1 时，此加成方法无法使用。

成本加成定价法是古老的定价方法。在机器大工业时代之前，人们就已开始使用，目前仍为许多小企业和零售行业采用，其具有的主要优点是：①方法简单；②对补偿企业的成本有直接的效果；③如果同行业企业普遍采用，可以有效减少价格竞争或发生价格战；④从形式上说，根据该方法制定的价格是对买卖双方都比较公平的定价。主要缺点是：①是卖方导向定价，因而无视需求的变化。即企业以自己的成本为定价的主要依据，"用了多少钱，就要得到多少利润"。②不能对竞争做出灵敏的反应。即企业不会有积极降低自己生产成本的主动性，当在市场上遇到竞争对手用低价进攻时，其往往措手不及。

#在线案例赏析：请扫码阅读本章思政案例——吉利：中国特色的成本定价策略#

吉利：中国特色的成本定价策略

---

① 沃森，霍尔曼. 价格理论及其应用 [M]. 闵庆全，译. 北京：中国财经出版社，1983：395-397.

（二）盈亏平衡定价法（break-even pricing）

盈亏平衡法可用于对企业经营情况涉及的（产）量、（成）本、利（润）进行平衡分析。在定价上，企业可以在产量和成本既定的情况下，按照预期的利润要求，确定价格。因此，该方法也称目标利润定价法（target-return pricing）。

盈亏平衡分析的基本原理如图 9-15 所示。该图为盈亏平衡法的一般分析模型。图中，Fc 为固定成本；Vc 为变动成本；Q 为产量或销售量；TC 为总成本；TR 为总收入。BEP（Break-Even Point）为盈亏平衡点，当产量或销售量达到此点时，TR（总收入）＝TC（总成本）。销售量小于此点，成本>收入，故为"亏损区"；销售量大于此点，收入>成本，为盈利区。在 BEP 处，有 TR＝TC，即 $PQ = Vc \cdot Q + Fc$。因此，如果价格确定为 P_0，企业按此价格出售 Q_0 单位的产品，将不盈不亏。盈亏平衡时的定价公式为：

$$P = \frac{Vc \cdot Q + Fc}{Q}$$

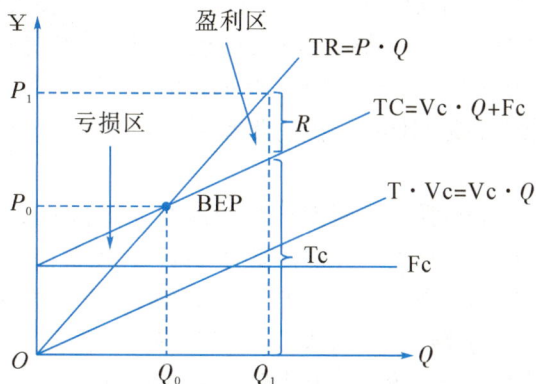

图 9-15　盈亏平衡法定价

但按上式确定价格并出售产品，企业只能不盈不亏。如果要想获得利润 R，在图 9-15 中，可以看到，这时的总收入 $PQ_1 = VcQ_1 + Fc + R$，因此，能得到利润 R 的定价公式是：

$$P = \frac{VcQ + Fc + R}{Q}$$

在此式中，利润 R 是企业事先预定的，因此称为预期利润或目标利润，则该式就是目标利润定价法的一般公式。

【例】：某企业生产一种产品，每件产品的变动成本为 8 元/件，企业的年固定成本为 500 万元，当年的计划产量 100 万件，目标利润要求达到 1 000 万元。问应如何定价？

解：Vc＝8；Fc＝500 万元；R＝1 000 万元；Q＝100 万件，代入目标利润定价公式有：

$$P = \frac{8 \times 100 + 500 + 1\ 000}{100} = 23\ 元/件$$

盈亏平衡定价法，在本质上与成本加成定价法是一致的，也是一种卖方导向定价。其主要优点是：①将企业生产中的产量、成本和利润结合起来考虑，而不是孤立的考虑单一因素；②在确定了价格的情况下，企业将在生产经营中做出足够的努力来控制成本。因为一旦成本高于确定价格时水平，那么企业的目标利润将无法实现。

盈亏平衡定价也存在缺点：①在本质上仍然是一种卖方导向观念的产物，因为没有顾客观念就不会注重市场需求的变化；②是以企业既定成本水平为主要的定价依据，也缺乏竞争观念；③在确定目标利润时，因为没有科学客观依据，存在随意性，定出的价格可能偏高或偏低。

（三）认知价值定价法（perceived-value pricing）

所谓认知价值是指通过营销者的营销努力，在消费者的心目中形成的对一个产品或品牌的价值感觉。在理解上，认知价值可看作是消费者的"心理价格"。比如，同样的运动鞋产品，由我国某厂家生产的，在国际市场上只能按每双20美元不到的价格销售，而贴上"Adidas"的品牌标识，就可以按每双80美元价格销售。也就是说，在消费者的心目中，"Adidas"这个品牌的价值感觉更高些，即消费者的"心理价格"高，因而虽然产品是同样的，但消费者愿意支付更高的价格购买有更高认知价值的产品。

认知价值定价，就是按照消费者对产品价值的理解和可接受的程度进行定价，与成本导向定价不同的是，这是一种顾客或消费者导向定价法。

认知价值定价法的基本做法是，首先通过市场调查或向消费者询问，了解消费者对企业产品理解价值的高低，在此基础上确定产品价格。

以一种汽车产品的定价为例，采用认知价值定价，如表9-1所示。

表9-1　认知价值定价方法

定价项目	竞争对手的定价	本企业的定价	说明
同类产品	150 000	150 000	可以接受
耗油性		+2 000	好于，可增加
耐用性		+3 000	好于，可增加
服务方便性		+2 000	好于，可增加
关键部件		+1 000	更长，可增加
一次性支付全款		−4 000	提供价格折扣
合计：		Σ 154 000	

认知价值定价法主要优点是：①以顾客为导向，能充分掌握顾客的购买和需求心理，因此确定出来的价格容易为市场接受；②对市场竞争的反应灵敏。缺点是：

①定价工作量大，需要组织较大规模的市场或消费者调查；②如果对顾客的认知价值掌握不准，则确定的价格将产生较大偏差。

（四）价值定价法（value pricing）

价值定价法就是提供超过市场平均质量的产品，而定价低于平均定价水平的定价方法。很显然，用这种方法确定价格，目的在于进行市场渗透，力图使消费者有"物超所值"的感觉和认同。

价值定价法，不是指定低价，更不是用降低产品质量的方法来降低价格，而是指提供的产品价值高于价格的定价。因此，企业要掌握拥有能用较低成本生产高价值产品的技术和工艺；同时，能使顾客相信产品价值是很高的。一般来讲，这种定价方法适合于这种顾客——对于产品所涉及的技术问题比较精通，有丰富的购买和使用经验，能鉴别质量价值。如目前在计算机产品 DIT（do it yourself）市场上，中国台湾的计算机零配件生产厂家大都采用这种定价方法，取得较大成功。

美国沃尔玛公司奉行的"天天低价"的定价方法（everyday low pricing, EDLP），已被菲利普·科特勒认定为价值定价法的典范。它摒弃了过去不断打折以吸引顾客的做法，使不确定性的价格变得确定，也使顾客知道需要关注自己想买的产品而不用再去担心价格是否合适。沃尔玛的经理对 EDLP 的说明是："这不是短期战略，你必须承担义务，你必须保持比天天低价还要低的费用率。"①

（五）随行就市定价法（going-rate pricing）

随行就市定价采取按主要的或最大竞争对手的定价来确定企业产品的价格，而很少注意企业自己的成本与需求。该定价法的思路是：既然最大竞争对手（往往是市场领先者）的定价能在市场上被接受，那么，本企业按此确定价格，就应该是可以接受的。因此，"跟随领导者"成为许多中小企业的定价选择。定价时，如果企业自身产品质量或营销优势高于竞争对手的话，就可能制定比竞争对手更高的价格；反之，就制定较低价格。此定价法的主要优点是：①定价简单，无须对成本和需求做详细了解，对测算成本与市场调查有困难的企业非常适用；②比较适应竞争的需要，防止同行之间发生价格战。

其缺点是：①适应性有限，主要是不适应大型企业或是市场领先者；②在一个行业中，如果企业普遍采取这种方法，很容易被视为垄断行为，即可能与反垄断立法冲突；③当市场领先者率先发动价格变动或降价时，企业很难应付。

（六）密封投标定价法（sealed-bid pricing）

该定价法主要是用于多个卖主争取得到一笔交易合同时使用。当企业面对的是政府的采购招标，面对争取大中型工程合同的招标时，其往往需要参加投标竞争，就要利用这种定价方法。

在参加投标时，企业往往会面对一种颇为矛盾的选择：如果报价低，容易得到

---

① 菲利普·科特勒. 营销管理［M］. 梅清豪，译. 12 版. 上海：上海人民出版社，2006.

合同，但所得的利润很少；如果报价高，预期利润高，但得到合同的几率又很小。因此，企业需要用期望值计算方法确定投标时的报价。

具体做法如表9-2所示。表9-2中，假设了一个企业对一个招标工程给予不同报价、在不同的报价下可望得到的预期利润和不同报价的中标概率。通过计算期望值，报价为1亿元，可得到216万元的期望利润是最大期望利润，因此是最佳选择。不同报价的中标概率，需要事先测定。

表9-2　密封投标定价的示例表

企业报价	可能利润	中标概率（假定的）	期望利润
9 500	100	0.81	81
10 000	600	0.36	
10 500	1 100	0.09	99
11 000	1 600	0.01	16

六、选定最终价格

上述的定价方法，主要解决了企业从一个比较大的定价范围中选定一个合理的价格范围，但并不是最终的价格。企业在确定最终价格时，还要考虑另外一些因素：

（一）心理因素

考虑价格的心理因素，是指企业在确定价格时，应考虑目标顾客对价格的主要心理认定趋势或取向，即顾客是希望价格便宜还是希望价格体现出购买档次。因此，有两种心理定价方法：

①价格线索。价格线索包括带零头定价（odd-pricing）和整数定价（even-pricing）。带零头定价是指如果一种产品，用某种定价方法确定为100元，则将最后的价格定为99.95元亦或是95.20元，如此等等。这样，就可以给顾客一个价格相对比较便宜的感觉。价格在99.95与100元比较，对于顾客来讲，是一个价格档次的差别，而对企业来讲，就没有太大的差别了。整数定价也是一种威望定价，即如果顾客购买产品要求具有相应档次的话，那么，本来的产品价格是95元，企业可以将其定为100元。据一些营销学者研究，化妆品的定价中，绝大部分顾客是宁愿购买高价的化妆品而不购买低价化妆品，因此经常会有将10元一瓶的香水定价为100元一瓶。

②参考价格（reference price）定价。顾客在购买产品时，确定一个价格能否接受或是否合理，很多情况下没有固定标准，但却采用很多"参考标准"，或利用不同的"参考标准"：如过去购买同类产品的价格，现有其他品牌的价格，或者相同品牌产品的相互比较的价格等等。因此，企业在定价时，可以提供这种参考价格给顾客，如提供不同等级的价目表，将高价与普通定价的产品放在一起，使顾客对于

现代市场营销学

普通定价产生低价的感觉。同一瓶不知名香水摆放在高档百货商店的知名香水旁销售，同摆放到杂货店销售给消费者的感觉将截然不同。

③价格—质量关系。消费者常将价格作为衡量产品质量好坏的一个标准。如同一瓶香水，标价 500 元同标价 20 元相比，消费者感知到的标价 500 元的香水质量将高于标价 20 元的香水。

（二）影响企业定价的其他因素

影响因素主要有：

①分销商对价格的看法。如果分销商认为价格确定低了，可能将会影响到其经销的积极性；如若价格高了，可能要求更多分享利润。

②企业推销人员对价格的看法。他们可能抱怨价格太高难以进行推销，降低推销的积极性；也可能认为价格太低，会影响企业产品的市场声誉。

③供应商的看法。供应商在认为企业的产品价格高时，如果他们又具有供应垄断地位的话，可能提高其原材料或其他供应物品的价格。

④政府。企业必须要考虑政府会不会对企业所确定的价格进行干预。

⑤竞争对手。企业需要考虑竞争对手会做出什么反应，是否会对企业执行所制定的价格产生影响。

第二节　新产品定价

新产品一般指企业刚上市销售的产品，或者将一种产品引入完全不同的细分市场。新产品的定价更具有挑战性，企业有两种不同的定价方法：

（一）市场撇脂（marketing-skimming pricing）定价

企业估计市场可以接受的最高价格，将产品的价格定在这个水平。这种定价法，一般瞄准的是市场上有较高支付能力的消费阶层，能使企业将现有市场可获取到的高额利润拿到手。如苹果公司在推出新一代手机版本时，往往制定较高的价格。

市场撇脂定价仅仅在特定的条件下才有效，需要具备以下四个条件：

①市场具有一批立即需要此产品的、数量可观的购买者。这样，需求就比较缺乏弹性。

②采用较小的批量进行生产，其成本不至于过高。因为在高定价时，需求者数量有限，生产批量不可能很大。

③高价不会吸引太多的竞争者。一般在企业拥有专利或技术诀窍的情况下就比较有效。

④高价应与优质产品的形象相适应。即产品上市前应该首先培育出较高的产品形象。

撇脂定价的反面作用是：如果在一个行业中，几乎所有的企业都采用这种方法，那么，这将使顾客在很长的时期内进行等待，一直等到其认为价格合理以后再进行购买。这样不但为企业开拓市场带来困难，同时，顾客对公司的信任度也会降低。一旦进入竞争激烈的阶段，或在二次购买时，这样的公司将难以得到原来顾客的惠顾。

需要注意的是，市场撇脂定价在某种程度上是基于价格歧视的理念，目的是攫取最大的利益，因此，对于广大人民来说，撇脂定价不利于人民群众的利益，长此以往，将可能威胁企业声誉。习近平总书记在党的二十大报告中指出："必须坚持人民至上。我们要站稳人民立场、把握人民愿望、尊重人民创造、集中人民智慧。"因此，企业要谨慎使用撇脂定价。

（二）市场渗透（market-penetration pricing）定价

企业将产品的价格定得接近市场上最大的顾客群所能接受的水平，即价格较低，以求能吸引绝大多数消费者购买，或者争取有较大的早期市场接受率，或能加快产品的市场推广速度。采用市场渗透法，需要具备的市场条件是：

①市场对价格敏感，需求的价格弹性高。

②具有较陡峭的行业经验曲线，这样产量增大，成本能够很快地降下来。

③市场的潜在竞争激烈，低价能够有效阻止或延缓竞争对手过早加入竞争。

采用渗透定价，在营销管理上，需要公司营销管理人员注意的问题是，如果市场销路能够很快打开，但公司没有足够的产能向市场供应所需数量的产品，那么不仅竞争对手可能利用市场的"饥渴"攫取机会，更重要的是将被顾客认为这是一家不太诚实的公司，以后即使对市场供货充足时，也可能导致顾客的离开。

第三节 产品组合定价

党的二十大报告指出："马克思主义中国化的重要一点，在于坚持系统观念。万事万物是相互联系、相互依存的。我们只有用普遍联系的、全面系统的、发展变化的观点观察事物，才能把握事物发展规律。"

在现实生活中，企业的产品往往不是孤立存在的，它往往与企业的其他产品存在一定的联系。因此，在某种产品成为产品组合中的一部分时，定价就不能孤立地考虑该产品，必须与产品组合联系起来考虑。如果在产品线中，低档产品的价格过低，将使高档产品的价格显得过高，尽管这时可能高档产品盈利率已经比较低了；当一个产品的价格要受其关联产品价格影响时，企业也需要将本产品与关联产品的价格结合起来考虑。产品组合的定价，管理者追求的目标，应该是能使整个产品组合获利最大而不是单一产品获利最大。

（一）产品线定价（product-line pricing）

对产品线定价，企业需要考虑舍弃产品线中不同产品项目的细小差别而将不同产品项目的档次突显出来，进行阶梯定价。如果采取对不同产品项目的细小差别进行定价，可能使价格混乱且极为复杂。企业在进行产品线定价时，先选取一个基本的产品项目作为定价点，其他产品项目与此项目进行比较定价。企业一般将产品线中的不同产品项目区别为不同等级的产品项目，只要区分出来的等级差异中包含的成本差异小于等级定价的差异，就可使企业的总体盈利水平提高而不是个别产品项目的盈利提高。如对于电视机产品，企业可以将32英寸（1英寸=2.54厘米）以下的产品定较低的价格，单位产品项目获利低于平均盈利水平；将32~52英寸的产品定在能获取平均利润的价格水平；将52英寸以上的产品项目定到能获取较高盈利水平的价位。这样，低档产品通过增加销售量的方法可以得到利润，中档产品将获取正常利润，而高档产品则通过"撇脂"获取超额利润，同时，还可以保持企业产品的价格竞争力。

（二）附属产品定价（captive-product pricing）

附属产品指顾客在购买一种产品后需要再购买与之有一定关联的产品。常见的附属产品有打印机的墨盒、剃须刀的刀片等。

附属产品定价，有两种策略可以考虑：一是将主产品的价格定得较低，而将互补产品的价格定高。这种策略是一种通过互补产品获取高利的方法。当互补产品需要经常购买且用量很大，或主产品在市场前期需要打开市场销路时，企业可以采取这种策略。例如，打印机制造商往往将打印机本身的价格定得很低，而将与打印机配套使用的墨盒价格定价很高，迫使消费者在低价购买了打印机后又高价不断购买墨盒。采用这种策略，消费者可能出现被诱导消费的感知，因此对品牌产生不满。同时这种定价也有可能带来竞争。如吉列公司在采用此种定价方式后，竞争对手Dollar Shave Club则以非常便宜的价格提供刀片，并在其广告中宣传："你是否真的希望只是为了品牌剃须刀而每个月花费20美元?"二是主产品价格定高，互补产品价格定低。如果因为互补产品高价策略吸引来了更多仿冒者，企业则降低互补产品价格，这样可以有效阻止仿冒者的侵入。

（三）可选产品定价（captive-product pricing）

可选产品定价是指与主体产品配套的可选产品或者关联产品定价。比如购买汽车的人可能需要订购高端娱乐系统或者行车记录仪配套，计算机制造商需要考虑应该将哪些基础软件包括在销售产品中，如字处理软件、多媒体系统等。很好地设计可选产品的定价对企业来说非常重要。同时，企业还需要考虑，哪些项目应该包含在基本价格内，而哪些产品是可选产品。

（四）副产品定价（by-product pricing）

在生产一种产品的时候，能得到的另外一种产品，这种产品就是副产品。如石油化工业、肉食加工业等都有副产品。这些副产品如果不能销售出去，企业将为此花费费用进行处理，但是，这类副产品也可能有特定的买主，此时企业往往以买主愿意支付的价格为基础考虑，能够补偿企业为销售这类副产品而需要花费的成本就行。

（五）捆绑产品定价（product bundle pricing）

捆绑产品定价指企业将两种或多种产品捆绑在一起制定一个价格进行销售。如麦当劳的全家桶，将鸡腿、鸡翅、可乐等放在一起，制定一个组合价格来销售。中国电信往往将宽带费、电话费等捆绑在一起销售。捆绑定价可促进消费者的购买，但是，捆绑价格需要低到一定程度才会促进消费者购买。

#在线视频赏析：请扫码观看视频——价格的基本概念与定价 3C 模型#

价格的基本概念与定价 3C 模型

第四节　价格调整策略

企业在营销活动中，对一个产品，不能只制定一个单一的价格，对不同的情况，如产品线中的不同品牌或产品项目，在不同时间、不同地区、不同细分市场，以及进行不同促销等，都需要制定不同的价格。因此，在制定了标准价格基础上，企业要针对不同市场情况与营销目的，对价格进行调整，产生一个可执行的价格。

一、地理定价和对销贸易

（一）地理定价

因为产品从制造商处生产出来后，需要运往不同地理区域的市场上，运输过程有许多费用发生，这对于营销者来讲都是成本支出，因此，地理定价法主要解决企业将货物送达某地理区域，在运输、仓储、保险、税收、报关、验货、搬运及货物损失等方面发生的费用如何分摊到价格中去的问题。

1. 原地交货定价法（original place pricing）

这是指将产品放在企业所在地（产品出产地）某一运载体上的价格。这时，货物一旦到达了确定的运载体后，所有权、责任等就完全移交到顾客（买主）手中，这之后所要发生的一切费用，包括运输、保险、装卸、仓储等费用，全部将由买主承担。

原地交货定价法，使企业能有一个统一的出厂价格，对于上门采购的买主，报价方便。所有的顾客公平地分摊了产品运输费用。但企业将没有统一的订单价格，对于外地询价的买主，须根据其距离远近给予不同报价。因此，对于距离较远的买主，实行高价位的卖主，不利于与顾客距离较近的竞争对手进行竞争。在现代大生产条件下，企业一般都远离其产品主要消费地，所以，这种定价方法在现代营销活动中采用得并不多。

2. 统一运费定价法（uniform delivered pricing）

企业对所有的买主，无论其要求的交货地点离企业远近，均实行统一的价格，即产品出厂价加上运价。采用这种定价方法的企业，价格中包含的运费是平均运费。

这种定价，比较有利于企业维持一个统一的全国广告价格和对所有的销售人员和经销商进行价格管理。但是，对于距离较远的买主来说，其得到了一个运费补贴；而对于距离较近的买主来说，则其额外支付了较多的运费，因此，这种定价对于争取离企业较近的顾客不利。

3. 区域性定价法（zone pricing）

企业设立两个或两个以上的定价区域，在一个区域内，实行统一的价格，在不同的区域之间，实行不同的价格。

区域定价法在顾客分担运费的合理性上，介于上述二法之间。其可以部分解决以上两种方法产生的一些矛盾。但是，对于处于两个区域边缘而落在高价区域的顾客来说，其仍会产生价格不合理的感觉。

4. 基点定价法（basing point pricing）

企业以某一城市为定价基点（企业本身可以在这个城市，也可以不在这个城市），无论货物实际是从哪里运到该基点的，在基点，对所有的买主实行统一的价格。但由基点到顾客要求的交货地点，将视距离的远近，收取不同的费用。

采用基点定价法，企业一般选取的定价基点是中心城市或是主要的商品集散地。因此，顾客或是企业产品的主要购买者，应该绝大部分离基点较近或者是愿意在基点接受货物。因此，对于绝大部分顾客来说，在运费等负担上，不会产生太大矛盾。

但是基点定价法可能造成对企业所在地顾客支付价格高的矛盾，不利于争取企业附近的顾客。同时，如果某一城市被更多的同行企业选为定价基点的话，容易与反垄断立法发生冲突，即这种定价在企业普遍采用时，容易被视为有价格同盟的嫌疑。

5. 承担运费（免运费）定价法（freight-absorption pricing）

这是指无论顾客距离远近，均由企业自己承担运费。这样，企业就能对所有的购买者实行相同的价格。企业只能希望通过扩大交易量的方法，来提高产出量，从而得到低于平均成本的企业营销成本来抵偿运费。

承担运费定价法，对企业应付激烈的市场竞争，争取扩大市场占有率有利。但竞争对手往往视这种定价法为发起价格挑战的信号或行动。

（二）对销贸易

现代市场经济的交换，采用的是以货币为媒介的交换。这与过去的物物交换相比，交换效率更高。但是，因为货币的不统一性，会存在如下问题：如果交换的双方中，购买方持有的货币卖方不愿意接受时，他们的交易该如何进行呢？如果仍然采用货币交易，那么持有货币的一方可以将其货币换成卖方愿意接受的货币，但是，如果因为购买方没有能力实现货币的转换（这种情况经常发生，因为被一个卖方拒绝的货币一般将被更多的人拒绝），就可能回到物物交换的方式上来。现在国际贸易中，这种方式还非常普遍，并发展出特定的贸易形式——对销贸易。

对销贸易既能满足在买方的货币无法被卖方接受时交换的需要，也可满足买方因缺少全额或部分货币支付能力时，或买卖双方都想寻求贸易平衡时的交换。所以，对销贸易在国际贸易中所占比例不低，达到15%~25%。20世纪80年代，在中国开始进行改革开放时，在技术引进方面，就大量采用对销贸易的方式，以满足引进技术的需要，现在，随着中国企业生产的产品大量走向世界市场，也更多地使用这种方式。对销贸易的主要形式有：

①以物易物（或物物交换，barter）。此即贸易双方用产品或服务，按照双方商定的物与物之间的交换比例，进行不用货币的直接贸易和交换。

②补偿贸易（compensation deal）。买方用一部分货币，一部分实物进行交易。通常是买卖双方事先商定，交换商品用某种货币计价，并采用哪种货币交易。买方购买时，支付一部分，但不是购买额要求的全部货币，其余未用货币支付的货价，则用卖方同意的实物支付。

③产品反购（或产品返销，buyback arrangement）。其一般使用在技术引进中。买方购买卖方的工厂、设备、技术或品牌使用权及其他知识产权，但卖方要接受买方用这些引进的技术和资源生产出来的产品作为一部分购买货款，但买方也要支付一定的货币。通常，要支付货款的比例占其中交易额的比例要由双方事先商定，可以较少也可以较大。

④反向购买（回购，offset）。买方用卖方同意的货币支付购买商品的全部货款，但是卖方也要在事先经商定的时间内，用同样多的同币种货款购买买方别的商品。这样便于双方寻求贸易平衡。

在对销贸易中，参加交易的可能不止两方，采用的方式在各方之间也可能不同，情况将变得更为复杂。比如中国企业向日本某汽车企业购买汽车生产技术和设备，既以部分美元作为购买价款，也用一部分引进技术生产的汽车作为货款支付；但日本企业可能将中国生产的这部分作为购买货款用的汽车销往中东某产油国家，要求这个产油国用石油进行支付，将石油运输到日本销售后得到了日元。在经济全球化过程中，交易各方通过这些复杂的对销贸易形式，既可能突破使用某种货币购买时购买力不足的限制，又能够保持相应的贸易平衡，并且还能获得需要的交易物（如技术）。这就要求企业要有能够处理这种复杂对销贸易的国际营销人员，甚至需要专门的对销贸易部门。

二、价格折扣

企业为了实现某些交易目的或为了使营销活动能适合某些细分市场的要求，可依据价格歧视的经济学原理，进行价格折扣和折让。常用的价格折扣方法有：

（一）现金折扣

现金折扣是对能在规定的时间内提前或按时付清账款的购买者实行的一种价格折扣。采用现金折扣一般要考虑三个方面的问题：第一，折扣率；第二，给予折扣的时间限制；第三，付清全部货款的期限。企业一般先规定购买后付清账款的时间期限，并以此为据，规定如果提前多少天付清，可以得到相应价格优惠。如规定 30 天内需要付清全款；如果 10 天就付清了，给予 2% 折扣，即 10 天付清的购买者可以只付 98% 的货款。企业还可以规定购买时付清，给予 10% 折扣，那么，当顾客购买时就付清全部款项，只支付标准价款的 90%。

这是许多企业喜欢采用的一种价格折扣，好处是可以加速现金流转，减少坏账和呆账的损失。

（二）数量折扣

数量折扣是指，卖方因为买方购买数量大而给予的一种价格折扣，可以分为一次性和累计性（多次）的。一次性数量折扣是指只计算一次购买的数量，顾客的购买数量达到这个数量就给予优惠性折扣。如规定每单位的货物按 100 元出售，如果购买量在 100 个单位以上，可以打 9 折，即给予了 10% 的折扣。也可采用累积性折扣，即规定累计购买达到某个数量，给予多少折扣。如累计购买达 100 个单位后，顾客就可开始享受 9 折优惠。这样可以稳定企业产品的老顾客，促使其再次购买。

企业采取数量折扣，目的是增加顾客购买数量，鼓励顾客多购买产品。因为销售数量增加，可减少企业营销费用，如储运费用、广告费用，并减少产品资金的占用，也便于企业培养忠实顾客。

（三）功能折扣

功能折扣也称贸易折扣，主要是制造商向渠道成员提供的一种价格折扣，以促使渠道成员积极地承担和完成某些渠道功能。如规定零售商如果在当地做了产品的广告，广告的质量符合某种主要规定，如广告覆盖面达到多少人次，就对其进货价格给予多少折扣。再如，如果经销商承担了顾客服务，则企业可以在进货价格上给予其一定的折扣。制造商可以就多种渠道功能和其他的营销功能提供这种价格折扣。如顾客培训、商品再包装，提供购买者信贷等，都可以实行功能折扣。特别是有些由制造商完成的营销功能比较困难的时候，企业常常鼓励渠道成员来完成。如售后服务，由制造商提供可能往往不及时，导致顾客抱怨增加，而由经销商担任，服务响应的时间就可能更符合顾客的要求。

（四）季节折扣

季节折扣是指卖方购买非时令或当季消费商品的顾客提供的价格折扣。这样可以使企业对季节性消费的产品能常年维持生产，或均衡淡、旺季的生产和供应；也可以在非消费季节将过多的存货尽快销售出去。如航空公司在非旅游季节提供的优惠机票。

（五）折让

折让是指企业根据价目表，在顾客满足某种条件的情况下给予的价格折扣。如

235

常用的旧货折让，顾客交回一件旧产品时，按一定折扣的价格购买新产品，以促使顾客及早进行产品的更新购买；广告折让，让顾客在微信朋友圈中分享企业的某则广告，分享后即可按一定折扣购买产品；促销折让，在促销活动期间购买产品的顾客可以享受到的价格优惠。

折扣在现代营销中，是企业经常使用的一种价格策略。但是，折扣也是被经常滥用的一种制定价格的方法。进行折扣时，公司必须首先明确通过折扣要达到的是什么营销目标，并在实施中，经常性地检验是否能够达到预期的目标，否则就应该对折扣方法进行分析，及时地将那些明显错误的折扣方法去掉。

三、促销定价

促销定价法是利用顾客寻求低价的要求，将价格定低，以对顾客产生一种吸引力，促使顾客能尽早或更多购买产品。

（一）牺牲品定价法

企业将某一销售点（商场）中某些产品项目的价格定得很低，作为"牺牲品"（低价使得成本无法得到抵偿），以此吸引顾客前来光顾商店。顾客在购买这些低价商品时，可能附带购买正常标价的商品。比如淘宝商家，往往将其中一种产品价格定得很低，以提高流量，吸引顾客点击进店购买，而顾客进入该店铺后，可能购买其他正常定价的产品。

（二）特殊事件定价法

在某些突发性的、临时性的社会活动或变动中，将某些与之有一定联系的商品的价格订高或订低，以此达到大量促销或获取超额利润的目的。如在奥运会期间，将有关的纪念品价格订高，获取超额利润；或者，将某些体恤衫印上纪念文字图案等，大量销售。节假日的优惠，也是比较常用的手法，如春节时各商店实行的购物优惠。

（三）限时优惠定价

公司为了在一段时间内使产品销售量达到一个较高水平，或者对那些犹豫不决的顾客"最后推一把"，可以在一定时间内进行低价销售，低价的标准是低于宣布或挂牌的价格。限时优惠要求公司一定要兑现承诺，到优惠结束时间将优惠价格取消，否则失信的公司将难以再次使用这样的方法。

（四）现金回扣

制造商对于从自己经销商那里购买产品的顾客，直接将一定数量的现金返还给顾客。这样，制造商可以在不调整经销商价格的基础上，将产品的价格降低，以加速产品销售。这在销售困难的时候是比较常用的一项措施。

（五）心理折扣

卖主在张贴出来的价目表上人为地标上一个高价，然后，再标明一个实际的销售价格。如我们常见的"原价500元，现价180元"。但在反不正当竞争立法越来越严格的时候，这种定价法往往被视为是一种欺骗或误导顾客的行为。

（六）低息贷款或较长的付款条件

某些汽车制造商经常采用给予顾客无息或者低息贷款的优惠来刺激购买，或者延长贷款时间以减少每月的付款金额来进行促销。

四、差别定价

企业以两种或两种以上的、但不反映成本差别的价格销售一种产品项目或提供一种服务的定价法，称为差别定价。其主要形式有：

（一）顾客细分定价

同一种商品，对不同顾客，要求其支付的价格不同。如电影院对于普通观众收取正常的票价；对于学生，收取较低的学生票价。一些大中城市的公共游乐场所，对大、中、小学生收取半价。这可为企业争取到一个较大、但支付力较差的顾客群，使产品能进入到一个新的或特殊的细分市场；有时也起到公关宣传作用。

（二）产品式样差别

对同种产品增加某些改动，变化外观样式、增加某些功能等，从而收取不同的价格，但这种价格差别不反应形成不同样式耗用的成本差异。如在电视机上加上"自动亮度控制"功能，也许需要花费 50 元的成本，但是比没有此功能的电视机定出高于 100 元以上的销售价格。电熨斗，增加温度显示灯，多花费 5 元成本，定价也许高出了 10 元。

（三）形象定价

形象定价是指将一种产品，通过赋予不同形象，如给予不同的包装，不同的品牌，不同的广告定位，甚至放在不同的商店销售，等等，给予不同的销售价格。

（四）地点差别

飞机、轮船等，对不同的舱位收取不同的价格；饭店、酒店等，对不同的座位、房间等，也常采取不同的价格收费。其主要利用的是顾客对于地点的不同偏好，如酒店可以看到海的客房，是许多顾客想要的，因而收取高于其他住房的价格。

（五）时间差别

不同时间、不同地点购买和使用同一产品或服务，收取不同的价格。如在旅游旺季，游客大量增加时订房的价格和机票的价格都会增加。相反，在旅游淡季，收取较低的费用。这样可以调节供求的不平衡状况。

差别定价的经济学原理就是价格歧视，但是在市场营销中，企业必须考虑被经济忽略的顾客感受和愿意接受的问题，如果其使用不当，一旦引起顾客反感，将造成更大的营销问题。比如，某饮食店，在店招上公开写上"政府机关人员实行 8 折优惠"，曾引起顾客反感，反感的顾客不仅诉诸舆论进行指责，且对这种歧视进行诉讼。因此，差别定价需要具备一定的条件[1]：

---

① 菲利普·科特勒. 营销管理［M］. 梅清豪，译. 第 12 版. 上海：上海人民出版社，2006：510.

①市场要能够细分，并且细分的市场的确有不同的需求存在。如乘坐飞机，虽然到达的时间相同，乘坐的时间也不长，但是对于有些顾客来说，需要显示自己的身份，因此，设立头等舱，可以收取到较高的可获取超额利润的价格，又不至于影响基本的顾客群。

②能享受到低价供应产品的顾客不可能将产品高价转让给不能享受的顾客。如电影院供应的学生票，是采用学生专场形式，可以将那些不是学生的人区别出来。

③竞争者不可能在高价市场上以更低的价格出售产品。如对有自动亮度控制的电视机，只有在竞争对手没有掌握这项技术的时候才能实行高价政策。

④细分与控制市场的费用不应超过差别定价所带来的额外收入。如要求不同细分市场的经销商在各自的市场范围内实行不同价格的时候，就必须为防止经销商相互窜货进行市场监督和核查。如果需要费用很高，则不如实行统一定价更有利。

⑤差别定价不应造成顾客的反感或敌意。

⑥差别定价的特定形式不应是非法的。如不能以误导或欺骗的手段来蒙骗顾客。

⑦不是单一产品获利最大。

#在线视频赏析：请扫码观看视频——定价策略#

定价策略

第五节　价格变动与对价格变动的反应

由于各种营销环境因素不断变化，企业需要对已有的产品价格进行必要的调整和改变，即通常说的"提价"和"降价"。在营销管理中，企业需要对价格变动的时机、条件以及竞争者可能对价格变动所作出的反应等进行分析，才能保证价格变动达到预定的营销目标。

一、提高价格

（一）提价动因

通常情况下，提价能够增加收入，因此能够增加利润。但提价也存在一些非利润追求的原因。提价的主要原因包括：

①成本提高。导致成本提高的原因很多，如通货膨胀、原材料短缺、生产技术改变、法律（如环保立法）改变等。一般而言，单个企业的成本提高，将不会构成

可以支撑提价的理由；但是，行业性的成本提高，营销企业提价的可能性就存在了。

②供不应求。在这种情况下，企业有足够的理由和市场基础可以提价，通过提价可得到两个明显的提价好处：一是可以减轻市场对供给的压力；二是可以使企业迅速得到更多的回流资金和利润，以扩大供给能力。

③通货膨胀。通货膨胀会造成企业成本增高，还由于货币贬值，减少企业的收入，企业通过提价来保持真实价值实现。因此，在通货膨胀期间，企业往往采取提高价格的办法来对付这种不正常的经营环境。

④市场领先者发动提价。当市场领先者不论什么原因发动了提价，对于许多实行市场跟进策略的中小企业来说，就会跟随提价。当然，在这种情况下，企业提价也是为了不改变与领先者所保持的竞争距离。

（二）提价策略

企业提价同样具有风险，如果提价导致更多的目标顾客拒买产品，则提价的目的将很难实现，因此企业应根据不同的顾客情况和竞争者的反应情况，采用适当的提价策略：

1. 单步提价策略

这是指企业一次就把产品价格提高到企业欲涨价的价位水平。从操作上讲，这最简单。具体做法有：

①推迟报价定价（delayed quoting pricing）。企业对于现在订货的买主，暂不确定交货时的价格，只以参考价或意向价格的形式写在订货合同相关条款中，在产品完工或到了交货期时，才最后看行情来定价。这适合生产周期较长，顾客一般习惯于依据当时的行情定价（因为买主在这样的订货合同中也可指望有降价机会）的情况。

②自动调整条款定价（escalator clause pricing）。企业在交货合同上，对使用的价格做出附加规定：交货时，买卖双方同意按某一物品（通常是生产产品需要使用的主要原材料或零部件）的市场价格上升指数或成本上升指数、通货膨胀指数等调整接货价格。

③挂牌提价。此即企业通过直接更换价格标签的形式，将价格一次提高。商业企业大都采用这种做法。

单步提价策略的主要优点是：

①迅速抵消不利的环境对企业造成的影响（如通货膨胀期间，原材料的供应价格已经大幅度提高，企业的生产成本将大幅度上升，提价后，就可以保持原有的生产规模，保持原有的利润水平）。

②有利于企业保护自己现有的销售渠道和维持原有的销售措施。如果企业面对的是供不应求的局面，有些中间投机商就可能利用企业定价与能够出手的实际市场价格之差，进行加价销售、倒卖倒买，这将破坏企业声誉。

239

③有一定的促销作用。这是指对于那些先行提价的企业，可能会受到顾客关注，同时在"买涨不买跌"心理的驱使下，顾客可能会及时购买。

单步提价策略的主要缺点有：

①在一定时期可能削弱企业产品的市场竞争力。

②如果导致企业利润分享者（如某些政府部门、股东、供应商等）提出多分享利润要求，提价的预期好处将不会理想，严重时，甚至得不偿失。

③容易成为政府价格管制的制裁对象，尤其对营销对象为顾客价格敏感产品的企业。

2. 分步提价策略

这是指企业在一段时间内，分几次涨价，将企业的产品价格从原来的价格提高到企业所希望提到的价格水平。

分步策略的主要优点是：

①企业如果根据行业内其他企业的价格变动情况，逐步上调价格，同时如果始终保持比别的企业提价滞后，这不易引起顾客反感，反而会被认为是迫不得已的事，减少了提价后来自顾客的阻力。

②一定程度上可保持价格变动的主动性。但别的企业提价遇到市场反应不利时，企业可相机停止提价，以免陷入被动。

③避免企业利润的直接分享者提出增加分享利润的要求。

④保持与目标顾客关系的灵活性。

分步策略的主要缺点是：

①企业需要比较强的市场预测能力。如果该能力较差，企业面对的又是营销环境变化异常剧烈的情况，即企业每一轮调价刚实行，市场价格又普遍上升，将很难再次实行调价，若不调整价格，其将面临较大的利益损失。

②难以统筹不同营销环节的价格变动量，易被渠道中的投机商"钻空子"。

③由于不能对长期的市场收益做出估计，企业难以制定长期营销策略。

实行分步提价策略，企业需要考虑的主要策略要点有：

①是等额等时提价还是相机进行决策？前种方法缺乏相应的提价灵活性，但较宜安排市场营销活动；后者则正好相反。

②各销售环节是同步同时进行还是异步进行？

③提价到位（目标）的时间？时间越短，越接近单步提价策略，会带有单步策略的缺点；分步太多，时间太长，意味着企业可能要在较长的时间内容忍成本升高对利润的侵蚀。

3. 保持名义价格不变策略

保持名义价格不变的提价策略是一种隐性（隐蔽）提价策略。如果有这些情况存在：当目标市场的消费者对价格敏感会反对涨价时；由于政府价格行为干涉频繁且缺少清晰的管理条文规定；因为要与主要竞争对手保持相应的竞争对比关系，而对手还没有提价迹象时，企业都可以考虑采用这种提价策略。

该种提价方法主要是，企业不改变产品名义（即现有的市场销售）价格，但通过取消某些不收费服务项目或附加产品；减少价格折扣数量；适当降低产品质量；减少产品的特色或附加服务；降低包装档次，或减少一个包装物内产品数量等方法来实现提价。

保持名义价格不变策略优点有：

①只要做得适当，即能使顾客对产品的认知价值不发生较大变化，容易为顾客接受，因此对产品的市场竞争力不会有太大的不利影响。

②企业可以在一定时期内，既减少对市场产品的有效供给又能做到避免失去过多的用户。

③企业原有的促销效果或效应可以继续发挥作用，如广告价格可以保持不变。

④可回避企业利润分享者对直接提价将提高的分享利润的要求。

保持名义价格的提价策略的主要缺点：

①对于价格非常敏感的顾客，隐蔽性的提价，会被视为是一种"欺诈"行为，因此企业将面临丢失信誉的市场风险。

②当市场涨价压力过大或者涨价频繁时，这种策略在涨价跟进上比较被动。比如刚改小的包装就不能立即再改小。

采用这种策略，企业需要对所冒市场风险做充分估计，对于市场信誉要求特别高的产品或服务，不宜采用这种策略。

二、降低价格

（一）降价动因

下列原因会使企业考虑降低已有的产品价格：

①价格战的需要。当竞争对手发起了价格战，企业在许多情况下将不得不应战；另一种可能就是估计竞争对手将会发起价格战，为了阻止竞争对手，企业先发制人，先于竞争对手主动降低价格。

②生产能力过剩。企业的产成品库存过多，或者目前开工不足时，需要通过降价来扩大销售量，或是使存货能尽快地脱手，需要采用降价措施。

③为阻止市场占有额下降或为争取到一个更大的市场份额。如美国的汽车行业，为了阻止日本汽车向美国和世界市场进攻，连续 10 年，采用不断降低美国汽车价格的办法。中国的长虹机器厂，在 1996 年率先发动彩电降价，引起中国整个彩电行业震动。

④行业性的衰退或产品进入了衰退期。特别是衰退的速度快，企业已经准备转向别的行业或退出现在所在行业时。

（二）降价策略

降价对企业来说，很可能冒价格战的风险，尤其是在市场上竞争力量比较均衡

241

（势力相当）时。价格战的结果，往往是两败俱伤。因此，企业需要对引起价格战的后果作慎重考虑。一般在技术的更新和发展比较快的行业，降价是较常采用的做法，以使已经属于落后技术所生产的产品尽快脱手。20世纪90年代以后，像通信、计算机等行业，因为技术进步极快，产品降价是比较常见的现象；而在技术比较成熟又没有较大技术突破的行业，一般极少采用降价措施；企业在决定降价时，还要注意防止使消费者的价值感知降低，如影响品牌在消费者心中的形象，消费者对产品质量的信心等。因为在消费者价值感觉降低时，企业就可能难以达到降价目的。主要的降价策略主要有：

①让利降价。即企业确实是通过削减自己的预期利润来调低产品价格。通常，许多企业采用通告的形式，公布让利幅度，意在通知竞争者，这种做法并没有什么甜头，同时使顾客也能知道，企业向市场提供的产品在质量和功能等方面没有任何改变，防止消费者的认知价值降低。

②加大折扣比例或放宽折扣条件。如原来购买100件产品给予5%的折扣，现在给予10%的折扣；或者，原来需要购买100件才能享受折扣，现在可以购买50件起就享受折扣。

③心理性降价。企业对于新推出的产品，先用很高的价格上市，但并没有寄希望在这个价位上能够卖出多少产品，经过消费者对产品或价格一段时间的习惯后，降低到市场可以接受的价格水平，使产品能很快打开销路。多年来，计算机行业的许多产品均采用了这种方法。

④增加价值的变相降价。不少企业经理人员喜欢将这种方法称为"加量不加价"。也就是说，企业采用增加产品服务提供内容，如汽车增加更多的配置，包装物中增加产品数量，延长服务时间，但价格保持不变。这种方式，能够起到安抚已购买产品的顾客和避免刺激竞争对手的作用。

⑤增加延期支付的时间。如原规定10天内付清全部货款，现在可以规定30天内付清。对于那些资金周转比较困难的顾客，此法有较大的吸引力。

⑥按变动成本定价。这意味着企业连边际利润也不索取，是最低定价，目的是快速处理存货或者摆脱经营困境。

三、分析价格变动的反应

（一）顾客对价格变动的反应

顾客对于企业产品价格的反应，无疑会直接影响价格变动的目的能否实现。通常，顾客对于价格变动的反应，可以通过顾客对购买该产品数量的增减预测出来。企业变动价格之前，需要确定价格在顾客决定购买这种产品时，所起的作用有多大。如果顾客对于价格很敏感，营销这样的产品，一般提价的阻力大而降价时的预期效果很容易达到。相反，如果价格敏感度低，企业降价时，必须防止顾客价值感知降低，才能达到降价目的。因此，预测或弄清价格变动时，对顾客价值感知的影响，是考查顾客对价格变动会如何反应的最好方法。

党的十八大召开以来的十年，我国人民生活水平进一步提高。这十年，中国特色社会主义进入新时代，我们完成了脱贫攻坚、全面建成小康社会的历史任务，实现了第一个百年奋斗目标。我国的主要矛盾已经转变为人民日益增长的美好生活需要和不平衡不充分的发展之间的矛盾。在这种背景下，消费者对于价格的敏感度普遍降低，产品价值成为消费者更为关注的要素。企业必须要深刻把握这一变化，具体问题具体分析，更合理地采取价格变动策略。

（二）竞争者对价格变动的反应

企业准备进行价格变动时，还必须认真考虑竞争者可能会有什么反应。因为，竞争者通过改变它的价格和其他营销方法，不仅会造成对企业价格变动效果的影响，甚至对于整个竞争局势也会产生重要影响。

一般来讲，竞争者对于企业价格变动的反应可以归结以下三类：

①跟进。竞争者的跟进，指它也出台同样的价格变动措施。当企业发动降价可能对竞争者的市场份额有威胁时，或者企业提价，竞争者能看到有明显的市场回应或好处时，都可能跟进。

②不变。竞争者在如下一些情况，可能在企业变动价格时保持现有价格：当降价企业所占市场份额很小，声誉较低时，降价对于竞争者来说，就不会感到有多少威胁；竞争者拥有比较稳定的忠诚顾客群；竞争者想避免打"价格战"；竞争者认为整个市场增长潜力太小，变动价格没有什么意义。

③战斗。战斗的意思就是竞争者将针锋相对地进行价格调整或价值变化，不惜与发动价格变动的企业打"价格战"。在下列情况下，竞争者可能做出这样的反应：竞争者认为企业价格变动本身是针对它发起，并且变动价格的企业对自己的市场地位会产生威胁；竞争者是市场中领先企业，不愿意放弃自己的领导地位；竞争者相当看好当前市场，将通过包括价格竞争在内的方法排挤掉对手图谋长远利益。战斗的具体形式很多，可以直接降价，可以增加廉价的产品项目，可以采用更大的折扣优惠，可以采用战斗品牌，等等。

无论竞争者会做出什么反应，企业应该事先掌握竞争对手的可能反应，并且能够估计竞争者的这种反应对于企业的营销活动有哪些不利影响，如果有不利影响，应该考虑制定相应的应对措施。

（三）企业对价格变动的反应

如果改变价格的不是企业而是竞争者的话，那么企业应怎样应对呢？

一般说来，对于竞争对手改变价格的时候，企业有以下一些应对方法：

①在同质产品市场上，如果竞争对手降价，企业一般应该跟进，因为如果企业不跟进的话，顾客一定是购买价格便宜的产品，因而会造成企业产品完全滞销。

②在非同质产品市场上，竞争对手提价时，这时企业应该好好分析一下，竞争对手提价，是否与它的产品具有很高的顾客评价值或受欢迎的特点而本企业不具

备这些特点；如果情况相反，那种有较高顾客评价特点的竞争对手发动降价，企业除非能够改进自己的产品来维持原价，否则应该考虑降价。

③如果企业的份额已受到较大威胁时，以不打价格战死守自己价格，这种反应则可能置企业于最危险境地。

在做出反应前，企业应该考虑的问题有：

①为什么竞争者会变动价格？即变动价格的主要目的是什么？

②竞争者计划做出这个价格变动是临时的还是长期的措施？

③如果企业对此不做出反应，对企业的市场份额和利润会有什么影响？

④企业对付价格变动的措施，将会使竞争者再出现什么反应？

对价格变动做出反应，对企业来说，主要的困难来自于时间，即竞争者如果是主动变动价格，可能已经为之做了很长的筹划和准备。而当其价格政策出台后，企业却需要很快做出反应才行。因此，最好解决方法是企业能够建立一种程序性的价格反应机制，依赖经常性市场信息收集，企业的市场信息系统应能经常就当前竞争者的价格情况进行监控和分析。图 9-16 是降价反应机制的示例。

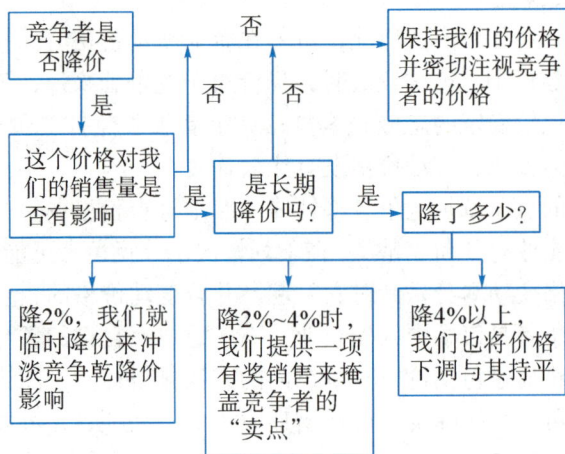

图 9-16　非应付竞争者降价的反应机制

第六节　数字产品定价

党的二十大报告强调："必须加快实施创新驱动发展战略。加强企业主导的产学研深度融合，强化目标导向，提高科技成果转化和产业化水平。强化企业科技创新主体地位。"

数字产品是第三次科技革命背景下的最新产物，它与我国创新驱动发展战略的实施紧密相关。企业作为数字产品研发、生产和销售的直接触点，必须更加系统、科学地认识数字产品的相关特性，才能更好地承担起提升科研效能、促进科技致富的重要使命。因此，本节我们将重点关注数字产品定价的特殊之处。

一、数字产品定义

（一）数字产品的内涵

对于数字产品定义，学者们的观点各不相同。在 20 世纪 90 年代，经济合作与发展组织首先提出了数字经济的概念，他们根据数字产品的特性提出"电子传输的数字产品应与一般有形的商品销售有所区别，以电子方式传输者应视为劳务的提供"的观点。Soon-Yong Choi 将数字产品分成了信息和娱乐类产品，象征、符号和概念类产品，过程及服务类等三种类型，提出所有可以在互联网上交易的产品或服务都可以称为数字产品。美国著名经济学家夏皮罗和瓦里安在《信息规则：网络经济的策略指导》一书中认为，数字产品（digital product）就是编成一段字节，包含数字化格式，可编码为二进制流的交换物。

常见的相似概念还有信息产品和数字化产品，它们之间既有联系，又有区别。

信息产品就是基于信息的交换物。肯尼思·阿罗（Kenneth J. Arrow）提出，信息可以是有形的，也可以是无形的。信息产品在网络出现以前就已大量存在，如书籍、报刊、广播、电影电视等，它们主要是以实物形式存在的。当计算机和网络信息技术出现后，信息的捕获、数字化、编码、存储、处理和表达方式发生了改变，使信息产品的形式发生了根本性改变，开始出现数字产品的概念。

数字化产品包括有形数字产品和无形数字产品。有形数字产品是指基于数字技术的电子产品，如数码相机、数码摄像机等，其表现的具体形态是物质，而不是知识和经济，使用价值靠物质产品来实现，而不是靠传递信息来实现的。

无形数字产品又称数字产品。数字产品是被数字化了的信息产品，是信息内容基于数字格式的交换物。数字化是指将信息编成一段字节，并被转化成二进制格式。数字产品从产生、存储、运输到最终消费，都是以数字化编码的形式存在于磁盘等存储介质和网络上的。数字产品的最主要特征是数字化。因此，任何可以被数字化和运用计算机进行处理或存储并通过如互联网这样的数字网络来传输的产品都可以归为数字产品。

一般情况下，信息产品与数字产品可以指同一类交换物，也可以指存在一定差异的交换物。例如，被数字化的书籍，既可以称为信息产品，也可以称为数字产品；但是纸张形式的书籍，只能称为信息产品，不能称为数字产品。数字化产品不一定是数字产品，如各种应用软件既是数字化产品也是数字产品，但数字化家电是数字化产品但不是数字产品，如图 9-17 所示。

245

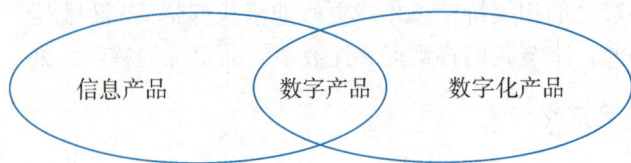

图 9-17　信息产品、数字产品和数字化产品之间的关系

（二）数字产品的分类

对于企业来说，数字产品运营的内容和方式存在较大差异，找到其差异化，有助于企业更好地开发新的数字产品，也有助于企业营销策略的成功。例如，在线服务产品，由于具有交互性，服务商可以推出按使用次数收费或按时间段收费的定价方案；而对股市行情分析，其"质量"则是其定价的一个重要标准。工具类产品尤为注重实用性，因此产品性能极为重要，这使得产品本身的品质往往大于运营的作用。运营注重推广渠道的铺设、营销事件策划等，能够对外清晰地传递产品价值，其关注点是用户增长。内容类产品，运营的关键是内容的质量，用户增长需要依托独特、高质量的好内容。如上所述，我们在对数字产品进行分类时，也可以识别和把握产品的关键特性。

1. 根据产品类别和属性分类

Kai Lung Hui 和 Patrick Y. K Chau 提出了一种分类框架，这个框架是基于产品类别和产品属性的，产品的属性分成可测试性（trialability）、粒度（granularity）、可下载性（download ability）三个指标。这些属性是产品"生来"就有的，卖者不能轻易改变。

可测试性指的是一个新的技术或产品在销售之前愿意做新尝试的程度。有些数字产品不愿意被消费者和经销商测试使用；有的可以让消费者使用一部分或者可在限定的测试时间中使用。

粒度指的是一个物体或活动特征的相对大小、比例或穿透深度。数字产品的粒度是指数字产品的可分割性，它可以为经销商提供差别化服务的机会。

可下载性指的是产品通过互联网从卖方到买方的传输机制。卖方一般有两种传输方法：一次性通过互联网下载、传输整个产品，或重复地、交互性地传递产品。这两种运输方法的重要区别在于数字产品是否可以被下载。软件和电子书籍等数字产品通常可被下载。下载产品时，产品的价值以相对清楚的方式传递给了消费者。相反，在线服务类产品在交易期间通常需要消费者和提供商之间进行交互，因此，其功能或产品的价值是以交互的模式零碎地提供的。如表 9-3 所示，基于 Hui 框架我们可将数字产品分为三类，包括在线服务类产品、工具和实用产品、基于内容的数字产品。

表 9-3　基于 Hui 框架的数字产品分类

分类	可测试性	粒度	下载性	代表性产品
在线服务类产品	中等	中等	低	在线翻译
工具和实用产品	高	低	高	杀毒软件
基于内容的数字产品	低	高	高	电子书

①在线服务类产品。这类产品主要提供存取有用的网络资源的服务和利用在线资源协助用户完成特定的任务，如网络电话软件、在线翻译、在线搜索服务、电子政务、远程教育等。有的在线服务产品有点像"工具和实用产品"，区别在于消费者无法实际"购买"在线服务产品，只能付费使用。这类产品的可测试性属于中等水平；传输模式是在线交互式的，可下载性低；其粒度属于中等水平。

②工具和实用产品。这类产品都是帮助用户完成一定任务的，如 RealPlayer 可以收听在线广播和音频剪辑、Adobe Acrobat 可以用来建立和浏览 PDF 文件。这类产品可辅助用户完成特定的目标和任务。一般商业软件、共享软件、免费软件等很容易通过网络下载，并可以归入这个类别。生产商对这类产品的控制力强，适合采用先试用后购买的方式销售，因此可测试性高；其产品传输模式以网络下载为主，可下载性高；产品的粒度属于低水平。

③基于内容的数字产品。这类产品的价值在于它的信息内容，如电子报刊、研究报告、各种数据库，以及在线的娱乐产品、各种视频等。这些产品的价值在于其信息内容。这类产品可测试性低，一旦被消费者试用，生产商将很难控制产品；可下载性高；产品的粒度属于高水平。

2. 根据使用用途的性质分类

①内容性产品。即包含一定内容的数字产品，消费者通过一定的渠道获取产品当中的内容。如常见的新闻、图书、报刊、电影、电视、音乐等，都属于此类产品。随着网络环境的不断发展，大量的信息实现了数字化。许多传统的书籍、电影、新闻等通过网络，以更加便捷的方式为消费者获取。

②交换工具。消费者使用这类产品作为交换契约或凭证，如数字门票和数字理财产品等。在线下，人们通常使用纸质货币来交换产品或服务，而在网络环境中，无论是货币还是金融工具都可以数字化为数字产品。数字化交换工具已经深刻影响了人们的日常生活，人们不再需要携带实体卡片或票据来进行交换行为，大多数的信息都可以通过网络储存在云端网络当中，通过数字化银行卡、缴费卡等方式调取使用，从而为人们提供便利。毫无疑问，数字化交换工具提高了社会运行效率，降低了社会交易成本。

③数字过程和服务。任何可以被数字化的交互行为都是一个数字过程。随着计算机、智能手机的普及，各种不同的经营者都依赖互联网作为数字过程和服务的平台来开展各种商务和产品推广活动。必须由软件驱动是数字过程区别于内容性产品

247

的关键。在阅读电子书时，需要凭借阅读 App，而启动 App 的过程就是数字过程。数字过程和服务区别于内容性产品的另一个特点是其交互性，也就是人的参与。软件在数字过程中仅完成一些自动的程序化工作，而完成数字过程，必须以人作为主体进行操作，例如填写在线表格。在不同的数字过程中，人的参与程度和水平也不相同，网上服务往往是数字过程和人的参与相互结合而发生的。

（三）数字产品的特征

1. 数字产品的物理特征

①不可破坏性。有形产品一经产生，其实体便会不可避免地产生损耗，随着顾客使用次数的增加，这种损耗会不断加剧，因此，一切有形产品都有其使用寿命。数字产品则相反，其无形性决定了无论顾客以怎样的频率使用，数字产品都不会消耗破损，因此，数字产品具有不可破坏性。

②可变性。有形产品生产后，其内容往往已经固定。但数字产品被消费者下载后，其内容仍然很容易被定制或修改，它随时可变，生产商不能控制其产品的完整性。数字产品的可变性提醒生产商必须通过个性化定制提供差异化的数字产品内容。

③可复制性。数字产品便于复制、存储和运输，这使数字产品的成本结构具有特殊性。企业在投入了数字产品最初的固定开发成本后，重复生产所需的边际成本可以忽略不计。因此，企业考虑收支平衡的销售额时仅需要考虑固定成本。

④传播速度快。传播速度快是虚拟数字产品独有的特征。得益于互联网的便捷优势，虚拟数字产品可以迅速完成交换和共享，在消费者中传播。这不仅有利于生产商的销售，也为消费者带来了极大的便利。

2. 数字产品的经济学特征

①无形性。数字产品的存货形态是无形的，因此传统的会计方法不能真实反映其存货价值。

②生产过程虚拟化。数字产品生产的过程和结果都有虚拟化的特点，因此，生产的管理过程要彻底改革。

③依赖个人偏好。产品应当满足消费者的需求和偏好。对于数字产品，消费者追求的是其代表的理念和使用价值，因此，数字产品必须更好地适应消费者的需要，并不断随着消费者偏好的改变而改变。

④特殊的成本结构。如前文所述，数字产品与传统产品在成本上有着显著的差异。数字产品的研发与开发需要大量成本，但其生产制造的成本则很低。也就是说，数字产品的固定成本高，变动成本较低。

⑤高附加值。数字产品与普通信息产品相比，往往包含或依托一些科技手段，这意味着数字产品具有较高的科技附加值。如 IOS 用户可以在苹果 iTunes 平台上付费下载音乐，由于庞大的用户量，平台将获得庞大的下载收入，这就是依托数字平台科技创造的产品之外的附加值，这种高附加值特性，除了弥补生产商前期的成本外，还能获得更多的消费者剩余。

⑥时效性。随着互联网发展已达成熟，市场上的数字产品数量越来越繁多，种类越来越丰富。无论多受欢迎的数字产品都必须考虑时效性的问题，因为消费者的偏好很容易转向另一款更新更具创意的产品。数字产品更新换代的速度远超传统。从在线游戏到应用类 App 都面临这样的挑战，此外，一些时间属性强的内容性产品，如新闻、证券、股票、气象等，其价值依赖于时间，因此也具有较强的时效性。然而，与其他产品相比，过时、过期的数字产品仍然可以归档进行分析，它们仍然是有价值的。

⑦网络外部性。所谓网络外部性，就是指随着使用人数增多，产品价值增加的特性。数字产品受到网络外部性的影响，稀缺产品的价值反而更低。举一个简单的例子，在中国，人们普遍使用 QQ 音乐、网易云音乐等音乐播放软件，在这些音乐平台上，消费者不仅仅使用个人音乐服务，还会与社交群体进行音乐分享，互动等。显然，未来将会有更多用户加入该平台，而不是选择那些使用者偏少的播放软件，因为用户无法很好地与朋友互动，获得的社交价值低，这就是网络外部性的体现。在网络效应和正反馈机制的作用下，消费者总是会选择那些最流行、使用最广泛的产品，从而导致强者更强、弱者更弱的竞争局面，即"赢者通吃"现象。

3. 数字产品的效用特征

效用，就是一种满足感。消费者支出货币获得想要的产品或服务，产品越能满足顾客的需要，效用越高；支出的货币越多，效用越少。这是一切产品遵循的效用规律。然而，数字产品的效用与传统产品的效用有所差异。

首先，使用数字产品获得的效用是不易计量的，而且对于不同的消费者，同种数字产品的效用也不同。同一款网络游戏，有人喜欢，有人觉得浪费时间；在喜欢的人当中，也有人现在喜欢，未来则不再喜欢了。可见，数字产品的效用因人而异，因时而异，并不是绝对和一成不变的。

其次，数字产品的总效用与边际效用规律与传统消费品也不同。一般来说，总效用的大小取决于个人的消费水平，即消费的物品与劳动数量越多，总效用越大。边际效用是每增加一单位消费量而增加的满足程度，其含义代表的是增量，即自变量增加带来因变量的增加量。传统产品普遍存在边际效用递减的规律，随着消费品数量的增加，边际效用逐渐变小。生活中这样的例子也很多，比如第一口可乐总是最好喝的，效用最大，而之后的第二口、第三口给消费者带来的满足则越来越少，直至为负。然而，边际效用递减规律对于数字产品并不适用。这是由于数字产品带来的效用与数量无关，而与使用次数有关。对于一次性使用的数字产品（如搜索的一个结果），其市场平均效用是一个定值。而可多次使用的数字产品（音乐、游戏等）的效用函数则有两种情况：①市场平均效用递减，如电影行业，产品刚投放市场时效用最大，随着使用次数增加效用递减。②由网络外部性导致的市场平均效用递增，如电子邮件等。

二、数字产品供需分析

在本章中，我们讨论了传统的产品供给和需求曲线，并解释了供需对定价的影响。然而，正如上一节所述，数字产品具有特殊的物理学、经济学与效用特征，这决定了数字产品的供需曲线也具有特殊性。为了更好地指导数字产品的定价决策，我们将在本节中介绍数字产品供需曲线的相关知识。

（一）数字产品供给分析

1. 传统供给曲线解释数字产品供给的局限性

在传统经济学中，产品的供给可以用一条右上方倾斜的曲线来表示，它反映了价格与产品供给量的变动关系。但传统供给曲线在接受数字产品供给时，具有显著的局限性：①它忽略了市场总需求小于企业平均成本达到最低点的情况。如软件产品的复制，初期的建立成本或固定成本可能不高，销售量也可能较大，但复制的边际成本非常低，可以近似为零，此时供给曲线便没有显著的正斜率。②供给曲线没有考虑时间的因素。边际成本递增规律采用短期视角，未能从企业长期发展中考虑。短期中，要求生产函数稳定，至少要有一种要素不变。但是在企业长期发展中，所有要素均可能改变，企业可以适应变化调整投入要素比例，供给方在时间维度上具有报酬递增倾向，一旦报酬递增倾向超过了报酬递减倾向，厂商的单位成本就会随着产量的增加而降低，随之而来的是企业愿意接受的价格也将减少，供给曲线呈下降趋势。传统的供给曲线虽然也解释了向右移动的情况，但没有对边际收益递减规律提出例外情况。

2. 数字产品的供给曲线

在传统供给曲线中，市场价格影响了生产商的供给量，然而，在网络经济当中，则呈现出相反的现象——价格对供给影响十分有限，反而是供给影响了价格。数字产品具有边际成本趋近于零的特点，在这种情况下，即使产品价格很低，只要出售数量足够多，厂商也能得到补偿。这里我们以供给量为自变量，价格为因变量，可以仿照传统经济学供给曲线推导出数字产品供给曲线，如图9-18所示。这条供给曲线，如经济学家保罗·克鲁格曼所言：在网络经济中，供给曲线是下滑而不是上扬的，即网络价格随着供给量的增加而降低。

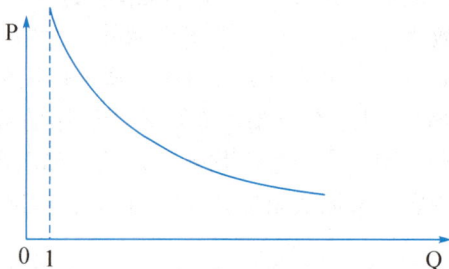

图9-18　数字产品供给曲线

如图 9-18 所示，纵轴 P 为价格，横轴 Q 为供给量，供给越大，价格越低。在产量为 1 时，价格必须为全部投入才能抵偿。然而这种情况实际上只在理论上存在，随着供给量的不断增长，价格将迅速降低，并趋近于 0。

数字产品的上述特征是由数字产品的成本特征和网络外部性规律决定的。事实上，在网络经济中，数字产品的成本随产量增加而下降。以销售软件为例，经营者投入早期成本雇佣技术人员开发某软件，并通过互联网向顾客进行销售。第一个用户购买时，产出为一，网站的所有投入就是这一单位产出的总成本。第二个用户购买时，产出增加一倍，但由于软件复制几乎不需要成本，总成本几乎没有增加，进而成本将随着供给增加而表现为迅速下降，无限趋近于横轴。因此，即使产品售价很低，软件商也可以通过不断销售软件为顾客提供服务而获得抵偿。

3. 影响数字产品供给的因素

影响数字产品供给的因素主要有：科学知识与教育、专利制度、市场规模和经济政策等。

①科学知识与教育。数字产品依托于先进技术与数字终端，更发达的互联网和移动设备将为人们获取、分析、存储和分享信息提供便利，从而彻底改变人类的生活方式。新的知识通过教育实现传播，也培育了大量从事相关知识产品的人才，帮助科学知识转化为现实产品，实现现有产品革命性的升级换代。21 世纪信息技术的发展带来的国内外产品市场的繁荣表明，科学知识与教育是促使数字产品供给增长的根本力量，科学知识越发展，教育越发达，数字产品的供应量也越大。

②专利制度。新技术、新产品的创造需要有效的专利制度保护，这样才能确保科研成果现实价值的实现。专利制度将为发明创造者提供法律层面的保护，激励企业和科研人员不断创新，增加信息产品的供给量。

③市场规模。市场规模是指对数字产品的有效需求规模。市场规模的大小和竞争性直接决定了企业愿意为新产品开发付出的投资规模，并最终确定了市场中的信息产品供给量。

④经济政策。经济政策主要指税收和金融政策。国家可以通过减税、优惠贷款等政策促进数字产品企业增加产出，扩大供给规模；《数字经济发展战略纲要》《"十四五"数字经济发展规划》《数字中国建设整体布局规划》等相关政策的出台也明确了数字中国建设整体战略部署，从顶层设计上明确了我国数字经济发展的总体思路、发展目标、重点任务和重大举措，有助于促进数字经济产业的有序发展，从而实现数字产品的供给繁荣。

(二) 数字产品需求分析

1. 数字产品需求曲线

传统经济学中，需求曲线向下倾斜，反映了消费需求随着商品价格的增长而降低。对于传统产品来说，在不考虑偏好的情况下，消费者总是会选择更加质优价廉的产品；然而，对于数字产品来说，除了产品本身的质量，消费者还需要考虑与之相配的其他附加要素。例如在购买一款软件后，消费者需要掌握使用软件的技能，以及软件配套的设施设备。一旦消费者决定购买另一款软件，就意味着他需要在技能和设备方面额外付出成本，这就是经济学上所谓的转移成本。如果转移成本高于更换数字产品所带来的收益，消费者就倾向于不购买替代产品。因此，对于数字产品，只要其基本满足消费者的需要，顾客就不大可能轻易转向其他品牌，即使另一品牌的产品是更好的。

此外，数字产品有一种自主循环的扩张效应。数字产品被消费者认可后，该产品的使用者会越来越多，当用户群体达到一定规模，消费者预期产品配套的辅助产品也会越来越多，于是用户进一步增多，消费者获得的效用也更大。显然，用户规模会进入一种正反馈的循环，且这种循环是自发的。

在前文中我们提到，数字产品具有不可破坏性，因此，消费者一旦购买，产品就永远存在，因此，对于数字产品来说，研究价格与数量的关系是没有意义的，因为大多数数字产品消费者都只会购买一次产品。尽管如此，数字产品仍然有需求曲线，因为个人的需求强度是不同的，价格越高，需求强度就越低，据此，我们依然可以得到单一数字产品的个人需求曲线（见图9-19）。

那么数字产品市场的需求曲线是怎样的？我们知道，数字产品具有网络外部性，它意味着当某一消费者购买产品时，其他购买了这一产品的消费者，其效用也会增加，从而抵消消费者边际效益递减的倾向。因此，对于数字产品市场，当需求量增加时，消费者也愿意支付更多的价格，使需求曲线呈现为向上倾斜的形态。然而，消费者的需求需要建立在对产品的预期规模之上，若市场中消费者的规模未能达到消费者认为能够产生边际效用递增的阈值，消费者便不会为更大的需求量付出更多价格，因为他们认为边际效用仍然是递减的。因此，在数字产品的市场需求曲线中，Q达到阈值 Q^* 之前，随着需求量的增多，市场价格必然下降，如图9-20所示。

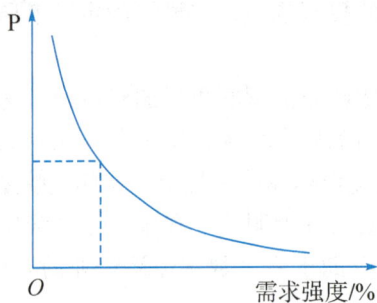

图9-19　数字产品个人需求曲线　　图9-20　数字产品市场需求曲线

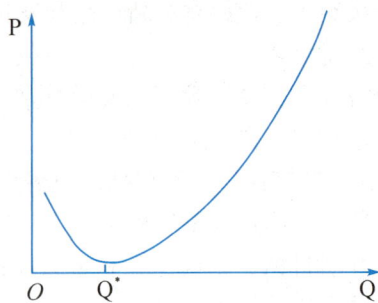

2. 影响数字产品需求的因素

①消费者的时间价值。

对于一个消费者来说，他可以购买商品以提高效用。然而，为了满足自己的开销，消费者就必须进行工作以获得收入，同时减少自己的闲暇时间。问题在于，闲暇时间本身也能够增加消费者的效用，因此，消费者的效用 U 是一个消费与闲暇的函数。

人们常常忽略闲暇时间本身会增加消费者的效用，事实上，从这一角度出发，闲暇时间是有价值的。消费者在做出决策时，也必然会考虑到闲暇时间的重要性。现在，我们假定消费者的效用取决于购买商品 C 的数量 Q_c 和闲暇时间 $Q_{闲暇}$，即效用函数为 $U（Q_c，Q_{闲暇}）$。那么，如何实现消费者的效用最大化呢？

现在考虑一个约束：假如商品 C 的价格为 P_c，则每期消费者的开销为 P_cQ_c。假设消费者每周的劳动时间为 L，劳动的工资率为 W，则消费者每期的收入为 LW。因此，当消费者价值均衡时，有 $P_cQ_c = LW$。如果一周消费者工作的时间最多为 40h，他可以全部工作以获得收入，也可以选择不工作，总之，$Q_{闲暇} + L = 40$。这样，约束条件就可以改写为 $P_cQ_c =（40 - Q_{闲暇}）W$。

现在，我们获得了消费者效用最大化的一般约束条件，如图 9-21 中的 I_2。显然，约束线与消费者效用的无差异曲线相切于 A，在这一点上，消费者获得了他的最大效用。在此基础上，考虑他购买商品 C 的采购成本，假设甲购买每单位 C 商品要花费 t 小时，此时，他的预算约束为 $P_cQ_c =（40 - tQ_c - Q_{闲暇}）W$。在新的约束条件 I_1 下，显然，消费者无法再保持原来的组合，I_1 与另一条无差异曲线相切于点 B，获得了他的最大效用。显然，这一点的效用不如初始点 A，由于有采购成本，消费者的福利损失了。

图 9-22 表示采购成本的另一种情况，这里，我们不再从量计算采购时间，而假设采购的总时长固定为 T，因此，约束条件改写为 $P_cQ_c =（40 - T - Q_{闲暇}）W$。此时，由于曲线的斜率没有变化，新的约束与初始约束平行。但是由于无差异曲线更靠近原点，显然，福利也损失掉了。

数字产品的一个特点就在于它的获取方式具有便捷性。以互联网等在线技术为依托的数字产品可以最大程度上减少消费者的采购时间，从而减少我们模型中的效用损失，使消费者在商品和闲暇中的选择能够达到预期的效用水平。

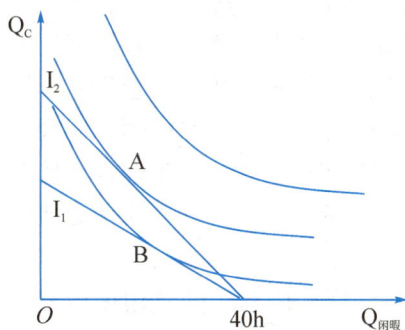

图 9-21 时间成本使效用下降   图 9-22 在线购买节省采购时间

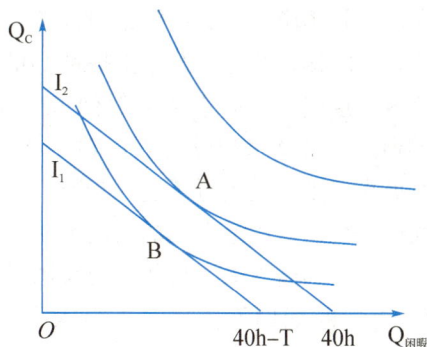

253

消费者的搜索成本时间价值：在理想情况下，即完全信息假设下，交易是顺利高效的。然而在交易过程中，由于各种不可避免的时间、距离等现实因素，交易双方很难达到理想的交易效率。因此，消费者必须支付一定的时间成本用于搜索产品的相关信息以减少市场摩擦。当消费者搜索信息所消耗的时间成本超过购买产品的预期效益时，消费者就会停止搜索。如果搜索的回报随搜索费用的增加而递减，对于交易者来说，其就必须权衡额外信息的开支与信息回报的价值比例关系。

互联网科技为减少搜索成本，扫清显示障碍提供了解决方法，也使交易双方实现理想的高效率交易提供了可能。信息搜索技术的提升将使交易向有利于买方的方向倾斜，进而鼓励消费者对数字产品做出消费行为。显然，互联网技术将使顾客的数字产品需求不断提升，这反映了信息搜索能力的提升对市场需求具有正向影响。

②消费者外部性与转换成本。

消费者在购买产品时，不仅受到产品本身效用的约束，也受到该产品将来可能实现信息共享的其他消费者数量预期的约束。消费者外部性也可以从转换成本的角度来考虑。在前文中我们提到，消费者在购买数字产品时，不仅支付产品本身的成本，还需要付出技术学习成本、相关产品的成本、产品更新的机会成本、时间成本等，这意味着产品的转换成本越高，消费者越不容易转向另一品牌的同类产品。因此，转换成本越高，则数字产品的需求价格弹性越小；转换成本越低，消费者对该数字产品的需求弹性越大。

③网络经济下的个人资本和社会成本。

传统经济学通过将个人需求曲线简单叠加得出市场需求曲线，其假设为一个人在一定的偏好下最大化自己的效用，而偏好在任何时点上都仅仅由个人当时所消费商品和服务本身所决定。事实上，个人的选择还受到其他力量的影响，包括个人资本和社会资本。

个人资本：数字产品往往具有高技术含量，需要消费者具备相应的知识、技能，并支付一定的时间金钱来学习；有些数字产品还需要互补品以匹配使用，这显然会影响人们的效用函数，这些要素对消费者的效用构成了个人资本的一部分。

消费者的偏好会随着某些上瘾商品的消费而发生变化。例如，长时间玩游戏会增加此人对这些商品的欲望，促使人们不断增加消费量。因此，这里引入了"时间"的概念。马歇尔在讨论人们对"美妙"音乐的偏好时，就提到了时间 t 的因素，而贝克尔则对此进行了进一步研究，在保留传统经济学的基本假设的同时，将内生性偏好纳入效用最大化的研究方法中并加以扩充。这一扩充首先便是通过引入个人资本存量的概念来实现的。传统的效用函数为：$P = u(X_t, Y_t, Z_t)$，其中 X_t，Y_t，Z_t 表示 t 时期的不同商品。引入个人资本 P 后，扩充后的效用函数变为 $U = u(X_t, Y_t, Z_t, P_t)$。贝克尔认为，效用函数本身独立于时间之外，但是，如果现在的选择会影响将来的个人资本水平，那么传统的效用函数是不稳定的，因为它会受到个人资本 P 的影响，随着 P 的变化而变化。

社会资本：社会资本的影响在这里主要表现为网络外部性，即随着产品消费量的增加，购买产品的每个消费者的效用都会增加，因此消费者愿意支付的价格也随之增加。假设社会资本为 S，则扩充后的效用函数为 $U = u(X_t, Y_t, Z_t, S_t)$，其中 S_t 为 t 时期的社会资本。在这种情况下，传统经济学的需求曲线便不再可行，因为市场规模对产品的价值产生影响，此时真实的市场需求曲线实际上是许多传统需求曲线的某一点的集合组成的轨迹。

如图 9-23（a）所示，市场规模为 Q_1 时，传统的需求曲线为 D_1，当市场规模增加到 Q_2 时，由于网络外部性，消费者的价值增加了，此时需求曲线右移，得到新的传统曲线 D_2。于是，真实的市场需求曲线便由一系列的点 $(P_1，Q_1)$ $(P_2，Q_2)$ …… 组成，如图 9-23（a）中曲线 D。因此，一旦市场规模扩大导致的产品增量超过一定程度，最终需求曲线会表现为上升，如图 9-23（b）所示。

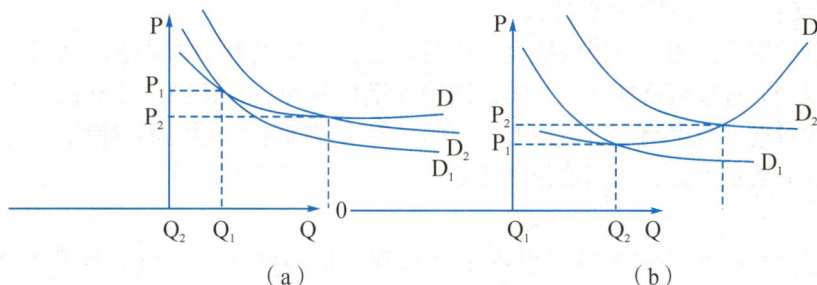

图 9-23　市场规模对产品价值产生影响时的真实市场需求曲线

综上所述，无论是将个人资本还是社会资本纳入效用函数，都将使需求方的报酬呈现递增现象。从市场需求曲线的变化来看，随着市场消费量增加，消费者的需求价格也将增大，需求曲线就可能因此而上升。

三、数字产品定价基础

（一）数字产品定价的经济学分析

在前面的部分，我们讨论了数字产品的特点与供需曲线的特殊性，显然，传统经济学中按照供需框架确定价格的方式已经难以适用于数字产品。数字产品定价理论发生了巨大变化，主要体现在六个方面：

①物质资源不再对价格起决定作用，信息资源的重要性日益显著。

②产品与服务、生产者和消费者、企业与企业之间的边界逐渐模糊。

③由产品的供给不足转变为需求不足。

④边际效用递减到边际效用递增；边际成本递增到边际成本递减。

⑤规模经济主要作用于需求方。

⑥生产要素从劳动、资本、土地到客户和网络。

255

（二）数字产品定价的特殊性

1. 数字产品效用评价具有主观性

由于数字产品具有较强的个人偏好依赖，其效用的主观性往往较强。企业在制定价格时一般根据消费者的边际支付意愿进行，并需要根据消费者类型或其他信息进行产品定制。

2. 数字产品具有先验性

对于许多数字产品来说，消费者很难直接从外观判断其价值与效用，因为数字产品是一种经验产品。顾客必须通过查看已购买用户的评价和反馈才能在购买前判断自己是否会对产品感兴趣，并愿意付费购买。因此，数字产品销售者必须确立顾客的消费偏好，通过各种有形手段帮助消费者了解产品的效用，为消费者正确建立期望，促进其购买行为。

3. 数字产品的网络外部性

随着数字产品用户规模的扩大，产品价值将以节点数平方的速度增长。网络外部性可以分为直接网络外部性与间接网络外部性两种。直接网络外部性，即随着产品用户数量增加导致网络价值的增大；间接网络外部性则是指随着使用用户的增加，产品互补品数量增多，从而使价格降低。

（三）数字产品成本的特殊性

数字产品易于复制的特点形成了其特殊的成本结构：①研究与开发成本高；②生产制造成本低；③变动成本低；④分销成本低。这种成本结构决定了规模经济效益，平均成本曲线呈现下滑趋势，供应商生产增加，平均成本不断降低，如图9-24所示。

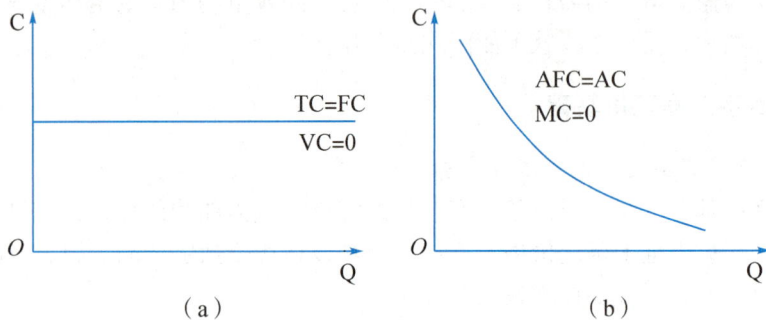

图9-24　数字产品成本与规模之间的关系

图9-24（a）中，由于生产的可变成本几乎为0，则总成本就是固定成本，其大小与生产规模无关，是一条水平的直线。图9-24（b）中，由于边际成本为0，则平均成本就是平均固定成本，生产规模越大，则单位产量分摊的成本就会越少，即平均成本减少，因此平均成本曲线是一条向右下降的曲线。

由于数字产品具有上述成本结构，传统产品的边际成本定价方法便不再适用。企业如果按照边际成本定价，就会亏损。因此，数字产品更适合采用价值定价法。

四、数字产品动态定价机理

（一）动态定价的理论基础

1. 价格歧视理论

价格歧视的概念。一般来说，价格理论常常假定了一个同质消费者市场，然而现实生活中，消费者大多是异质的，他们不仅有不同的偏好，而且会对同一产品做出不同的评价，也就是说，他们具有不同的保留价格。因此，企业也不应该以同样的价格策略对待所有顾客，使用差异化价格，针对不同的消费者销售同一产品，从而实现利润最大化，这就是价格歧视策略。

价格歧视有三个特点：

①价格歧视必须由同一卖者实施，如果市场中众多卖者均采取了不同定价，则称为价格离散。

②必须针对同种商品，销售不同价格，才是价格歧视。

③价格歧视的对象可以是同一消费者，也可以是不同的消费者。

实施价格歧视的条件：

①企业具有一定的市场垄断能力。在完全竞争的市场中，价格歧视策略是难以实现的。在竞争度高的市场环境下，企业就要承担顾客流失和同类产品企业竞争的风险，因此，实施价格歧视策略的企业必须具有较强的市场控制力。

②企业具有区分消费者的能力。企业可根据不同产品价格弹性的不同，将市场划分为几个不同的市场。理想的情况下，企业应当识别出那些消费能力较高的群体，对这部分顾客维持高价；而对于那些边际消费者，则使用低价，以追求最大程度的留存，综合两类型顾客实现企业的利润最大化。企业应当根据商品的价格弹性来区分不同的消费群体：如果弹性较小，可以制定较高价格；反之，则要更为谨慎地制定价格。

③企业必须防止套利行为。尽管企业实施了价格歧视策略，但中间套利者可以低价买入产品，并以相对低价倒卖给实施高价的顾客，那么价格歧视策略就会失效。因此，只有企业的产品不能够进行倒卖，或倒卖成本很高时，实施价格歧视才能够成功。

从上述角度来看，数字产品普遍具有根据价格歧视理论实施动态定价的条件。一方面，基于大数据和网络信息技术的数字产品具有可定制、内容可变化性强的特点，也可以通过使用数字水印、注册等方式防止非法传播，因此，数字产品本身就具有防止套利的特征。另一方面，在传统市场上，完全了解消费者的支付意愿，进而对顾客群体进行划分基本上是一种理论假设，在现实当中很难操作。然而，在网上交易中，企业通过注册、Cookie技术或用户跟踪等方式可以很方便地了解消费者信息，从而进行消费者行为识别。每一笔交易都可以在商家和消费者交互的过程中确定产品的最终售价，这使得完全的动态定价成为可能。

2. 基于价格歧视理论的定价分类

①固定价格和差别定价。

固定价格：主要包括标签价格或菜单价格，是最常见的定价方式。企业对每个产品进行标价，如果消费者认为价格合适，就选择购买；否则就转向其他商品。

差别定价：相同产品在销售时，对不同的人在不同的时间，采取不同的价格。

②静态定价和动态定价：主要依据价格是在交易中还是交易前来决定。

静态定价：卖方在交易发生前就确定了价格，典型的是固定价格。或者卖方事先确定了折扣政策或价格套餐政策，这种定价属于差别定价中的二级或三级差别定价。

动态定价：买卖双方在交易时确定商品的价格。典型的是一级差别定价。交易前双方只规定大致价格范围，在交易过程中，消费者根据产品的具体情况与卖方讨价还价，最终确定支付费用。

3. 数字产品市场价格歧视的应用

①个性化定价。

随着网络技术不断发展，电子商务与社交媒体数据挖掘越来越普遍，企业可以从消费者在网络当中的操作痕迹，甚至是现实当中的一言一行，识别消费者心理，有针对性地了解顾客个性化的需求。数字产品本身具有定制成本低廉，技术便捷的特点，这也为个性化定价提供了良好的基础。

②版本划分定价。

对于同一款数字产品，企业可以维持多个版本在市场上的流通，因为他们可以适应消费者不同的使用需求，允许消费者根据自己要求的功能和支付能力选择适合自己的版本。如 Photoshop 的 2020 年版本需要 58 元，而更新、功能更完善的 2021 年、2022 年版则需要 68 元，2023 版本则是 78 元。

③群体购买。

将消费者归纳到不同的身份群体中，依据不同的身份收取不同的价格。最常见的群体定价方式就是会员与非会员提供不同的价格和服务组合。会员根据级别享受不同的服务，而非会员仅享受基础服务和很少的价格优惠。

#在线案例赏析：请扫码阅读案例分享——奇虎360的免费定价策略#

奇虎360的免费定价策略

＊＊＊＊本章小结＊＊＊＊

目标1：熟悉制定价格的程序与不同的定价方法。

影响价格的主要因素是需求、成本和竞争的产品与价格，即定价的3C模型；一定的定价方法，产生出一定的标准价格，因此还需要用心理因素和其他影响因素进行修订。

目标2：熟记新产品定价策略及产品组合定价策略。

营销的价格决策是一个动态的管理过程。企业的定价策略往往会根据产品所处的生命周期而变化，在为新产品制定价格时，企业常采用两种定价方法，即市场撇脂定价和市场渗透定价。产品组合定价是将一个产品定价问题放在整体产品组合进行考虑，达到不是一个产品赢利而是整组产品赢利的目的，因为不同产品项目的价格与销售是相互影响的。企业有以下五种常见的组合定价方式：产品线定价、附属产品定价、可选产品定价、副产品定价和捆绑产品定价。

目标3：了解价格调整的方法和相应的适用条件。

在制定了标准价格基础上，企业要针对不同市场情况与营销目的，对价格进行调整，产生一个可执行的价格。企业会根据消费群体和经营环境的变化来对产品价格进行调整。地理定价解决如何分摊运费；对销贸易解决了无货币、少货币或寻求贸易平衡的交易；价格折扣表现出企业为实现一定营销目的和平衡产销的要求；差别定价适应不同细分市场的要求。

目标4：掌握各种提价与降价的策略，了解价格变动的反应情况。

提价有单步提价、分步提价、保持名义价格不变策略；降价有让利降价、加大折扣比例、心理性降价、增加价值的变相降价、增加延期支付时间、按变动成本定价和拍卖等方法。无论企业发动价格变动还是应对竞争者的价格变动，都需要考虑对顾客的价值影响和竞争者的反应。

目标5：明确数字产品的特点，了解数字产品动态定价的原理和方法。

当决策的产品是数字产品时，企业必须用不同的流程进行决策思考。企业要了解数字产品自身的特点和供需曲线的特殊之处，并根据价格歧视理论对数字产品采取动态定价。对于数字产品来说，具体的价格策略与传统产品既有相似之处，也有独特的方法。

259

本章课件   配套练习

＊＊＊＊本章复习思考题＊＊＊＊

1. 简要谈谈定价的基本步骤。
2. 什么是定价的 3C 模型？
3. 新产品定价的主要方式，以及使用应具备的条件是什么？
4. 常见的价格折扣有哪些？
5. 常见的促销定价方法有哪些？
6. 差别定价的形式是什么？
7. 如何进行产品组合定价？
8. 价格变动的原因和方法是什么？企业如何应对价格变动？
9. 现在市场竞争十分激烈，经常发生所谓的价格战，对此应该怎样理解？
10. 简述数字产品及其供需特点。
11. 什么是数字产品动态定价？

第十章
营销渠道的选择与管理

- -

#在线案例赏析：请扫码阅读本章案例导读——蒙牛的智能数字化改造#

蒙牛的智能数字化改造

在市场经济条件下，大部分企业生产的产品都不是生产者和消费者面对面地进行交易，而是依靠一定的渠道，经过流通领域，才能最后进入消费领域，满足消费者的需要，实现企业的营销目标。因此在生产者和最终用户之间有大量执行不同功能和具有不同名称的营销中介机构，包括中间商、代理商和一些辅助机构。市场经济客观上要求在产品从生产领域向消费领域转移的过程中尽可能地节省资源，因此正确选择一条时间短、速度快、费用省、效益高的分销渠道，就成为企业拓展市场营销的重要策略。营销渠道的决策是企业面临的最重要决策之一，它将直接影响企业的其他营销决策，从而影响企业的最终经营效果。

第一节 营销渠道的概念、分类与功能

一、营销渠道的概念

斯特恩（Stern，1996）[①] 认为，营销渠道是使产品或服务顺利地被使用或消费而相互配合起来的一系列独立组织。科兰等人（2001）[②] 认为，营销渠道由相互依赖的机构组成，它们致力于促使一项产品或服务能够被使用或消费这一过程。科特勒认为，营销渠道是促使产品或服务顺利地被使用或消费的一整套相互依存的组织。

---

① 斯特恩，安瑟理，库格伦. 市场营销渠道［M］. 赵平，廖建军，孙海燕，译. 北京：清华大学出版社，2001.
② 安妮·T. 科兰. 营销渠道［M］. 蒋青云，孙以民，译. 北京：电子工业出版社，2003.

261

综合上述说法，营销渠道的定义为：

营销渠道又称分销渠道、销售渠道或贸易渠道，是产品或服务从生产领域转移到消费领域的过程中所经过的通道。在这个转移的过程中，要由一套组织机构来完成一系列的活动或功能。

这里的组织机构涉及制造商、代理商、批发商、零售商等。营销渠道中多个独立组织的并存，决定了营销渠道的效率。但营销渠道的效率并不决定于渠道中某一个组织或机构，而是依赖于所有成员的相互配合。

#在线视频赏析：请扫码观看视频——营销渠道的内涵和重要性#

营销渠道的内涵和重要性

二、渠道的级数（Marketing Levels）

营销渠道由一系列独立组织构成，独立组织的多少以层次来划分，层次的多少以级数来表示。图 10-1 表示了不同形式的渠道。

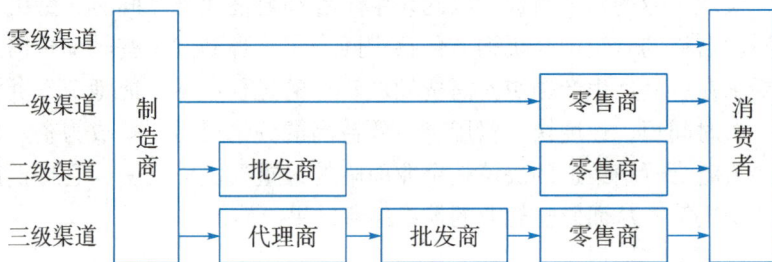

（a）消费者市场营销渠道

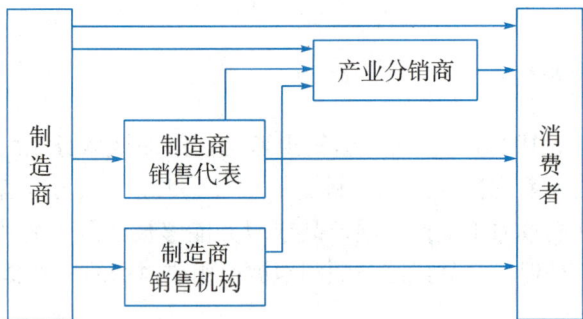

（b）产业市场营销渠道

图 10-1　渠道级数

（一）零级渠道

所谓零级渠道又称直接销售渠道，指生产制造企业直接将产品销售给最终购买者，没有其他第三者机构参与。直接销售的主要方式有：上门推销、邮购、电话市场营销、电视直销和制造商自办商店等。

（二）一级渠道

所谓一级渠道是指在生产制造企业与目标顾客之间只有一个中间商作为中介机构的渠道。在消费市场中，这个中间商通常是零售商；在产业市场中，其通常是指销售代理商。

（三）二级渠道

所谓二级渠道是指包含两个中间商的渠道。在消费市场上，其中一个是批发商，另一个是零售商；在产业市场上，则其可能是代理商和分销商。

（四）三级渠道

所谓三级渠道是指包含三个中间商的渠道。例如在肉类或食品罐头业，中转商、专业批发商或小批发商是介于大批发商与零售商之间的一类批发商（jobber）。中转商从批发商处进货，然后将产品转售给不能从批发商处取得货品的零售商。

更多级数的营销渠道也存在，在国内市场的营销中，比较少，而在国际贸易中，则存在地区性或全球化的国际批发商，就是级数更多的渠道。但就生产者的立场而言，当渠道级数过多时，对渠道的控制将更困难。

三、渠道功能与流程

渠道需要执行的功能不是单一的，由不同机构组成的营销渠道，须通过各种不同的功能流程完成这些功能，形成不同的渠道流程。

斯特恩认为："一个流程就是由渠道的成员们顺利地执行的一系列职能。因此，流程是对商品流动的描述。"

图 10-2 表示的是重型卡车的五种渠道流程。

（一）实体流程

实体流程是指实体原料及产品实体从制造商移动到最终顾客的过程。

（二）所有权流程

所有权流程是指商品所有权从一个营销机构到另一个营销机构间流动移转的情况。

（三）付款流程

付款流程是指货币在各中介机构间完成款项支付的流动情况。

（四）信息流程

信息流程是指在营销渠道中，各机构相互传送市场信息和交易信息的流程。

（五）促销流程

促销流程是指广告、人员推销、公共关系、销售促进等活动，由一个渠道机构向另一个渠道机构施加实现本机构营销目标的影响或刺激的功能。

1. 实体流程

供应商 → 运输者仓库 → 制造商 → 运输者仓库 → 分销商 → 运输者 → 顾客

2. 所有权流程

供应商 → 制造商 → 分销商 → 顾客

3. 付款流程

供应商 → 银行 → 制造商 → 银行 → 分销商 → 银行 → 顾客

4. 信息流程

供应商 → 运输者仓库银 → 制造商 → 运输者仓库银行 → 分销商 → 运输者银行 → 顾客

5. 促销流程

供应商 → 广告代理商 → 制造商 → 广告代理商 → 分销商 → 顾客

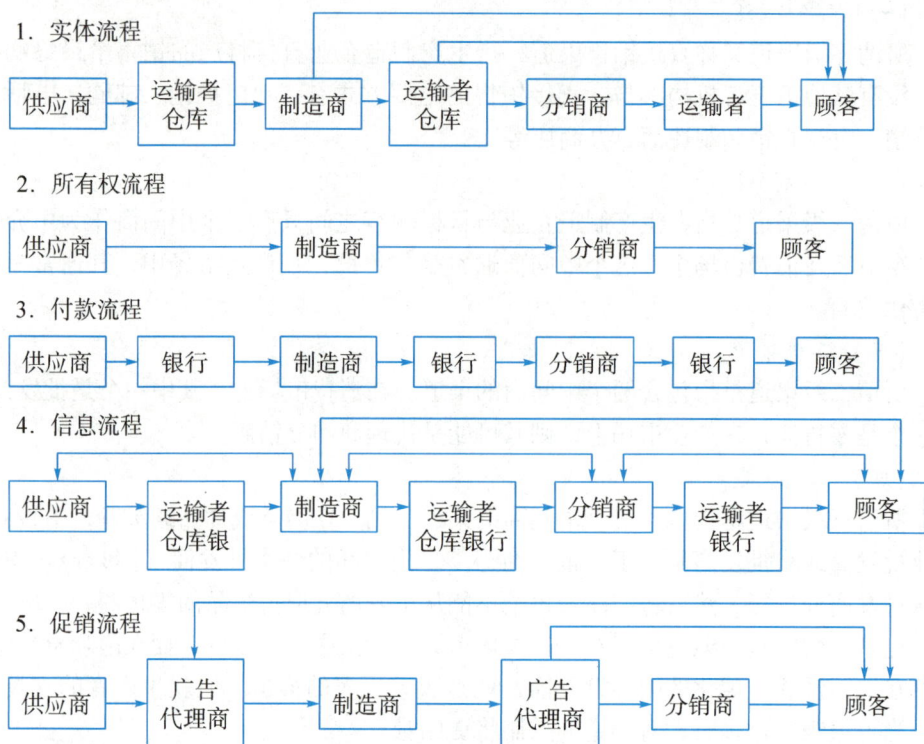

图 10-2　重型卡车渠道流程

四、营销渠道的功能

中间商能提供一些制造商不能取代的功能。中间商提供的功能可分为三类：交易功能、运筹功能和促进功能（见表 10-1）。

表 10-1　中间商的功能

1. 交易功能
（1）采购：购买产品用以转售。
（2）销售：促销产品给顾客并获得订单。
（3）风险：接受企业风险（购买产品有风险存在，如损毁、过期）。
2. 运筹功能
（1）产品集合：把不同地方的产品集中在一处。
（2）储藏：维持适量的存货和保存产品以满足顾客的需求。
（3）分类：大量采购并分装产品。
①集中：把不同来源的产品集合在一起。
②分装：把产品分装成可能销售的包装。
③组合：把不同来源的产品组合成一条产品线以服务顾客。
④整理：把异质性的产品分装成独立同质性的存货。
（4）运输：从制造商移运产品至采购者的手上。

表10-1（续）

> 3. 促进功能
> （1）财务：提供资金或贷款以促成交易。
> （2）分级：检验产品和依产品品质分等级。
> （3）营销研究：收集市场情报、销售预测、消费者趋势分析、竞争分析和以上咨询的报告。
> （4）促销：发展和传播为吸引消费者设计的产品和服务的信息

图 10-3 显示使用中间商的经济效果。甲部分显示，3 个制造商对 3 个顾客从事直接营销的情形，它需要 9 次相互接触，才能圆满达成交易。乙部分显示，这 3 个制造商共同使用 1 个中间商，将产品分销给 3 个顾客的情形。在这种情况下，只需要 6 次接触就可完成交易。可见，中间商的介入，减少了总交易接洽次数，节省了时间、人力及交易成本。

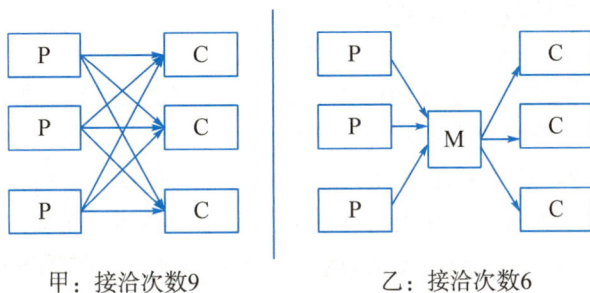

甲：接洽次数9　　　　　　乙：接洽次数6

图 10-3　营销渠道的交易功能

中间商的交易功能可以提供两大利益。第一，因为中间商订货量较大和作业标准化，因此可以降低成本。第二，中间商向制造商购买产品再转售予消费者，中间商分担制造商一部分风险，如损毁、过期、退货等营销风险。

中间商的运筹功能包括移运产品和分装等。

中间商的促进功能包含财务支援、产品分级、收集市场情报和促销。这些功能的提供给予制造商重要支持。

第二节　营销渠道的演化

一、垂直营销系统的发展

垂直营销系统是近年来渠道领域最具意义的发展之一。为了充分了解这个系统，我们必须先界定传统营销渠道系统。

传统营销渠道是由独立的生产者、批发商和零售商组成的。它们之间的关系松散，彼此对销售条件讨价还价，毫不退让，各为其利。若条件不合，就将各自独立行动，为自己的利益不惜减少整个渠道的利益。传统营销渠道是渠道系统的主要模式。

垂直营销系统由制造商、批发商、零售商组成一个统一体，其中的一个成员可能拥有其他成员的所有权，也有可能拥有对其他成员的管理权，垂直营销系统是一个集权式销售网络。垂直营销系统可能由制造商、也可能由批发商或零售商控制。这种系统能有效地控制渠道行为，消除各渠道成员为追求各自利益而造成的冲突。各渠道成员通过规模经济、讨价还价的能力和减少重复服务获得效益。垂直营销系统可分为三个类型。

（一）所有权式垂直营销系统

所有权式垂直营销系统是在单一所有权体系下，组成一系列的生产及分销机构。

（二）管理式垂直营销系统

管理式垂直营销系统，并不由共同的"所有权"铸成渠道中前后生产与营销机构间的一致行动，而是由某一规模大、实力强的成员，把不在同一所有权下的生产和分销企业联合起来的市场营销系统。

（三）契约式垂直营销系统

契约式垂直营销系统是指不同的生产和营销机构，在合约的基础上进行联合，期望能产生比单独经营时更大的效益。

由此可见，前述一体化垂直营销系统是以同一所有权（公司）为整合行动的基础，一体化管理式垂直营销系统则以经济上的力量为基础，而契约式垂直营销系统则以系统内各成员间存在的契约关系为依据。契约式垂直营销系统在近年发展神速，已构成当今经济社会中一项重大的发展。契约式垂直营销系统的主要形式有：

1. 批发商支持的自有连锁系统

这是批发商为保护其零售商，以对抗其他较大的竞争者所发起的连锁组织。其方式为由批发商先拟定一套方案，然后劝说独立零售商加入该体系，除使用标准化的名称及追求货品采购上的经济性，还可联合起来以抗御其他连锁组织侵入其地盘。

2. 零售商合作组织

它可以由某个零售商发起组织的一个新的企业实体来开展批发业务和可能的生产活动。各组织成员由这个组织实行集体采购进货，而这个组织所获得的利润，则按成员的进货量返还给各成员零售商。非成员也可以从这个组织进货，但不能分享利润。

3. 特许经营组织

此即"生产—分销"连续过程中的各机构，在共同契约下连成一体，各成员则为拥有特许专营权的单位。

特许经营活动是近年来零售业中最引人注目、同时也是成长最快的类型。它可区分为三种形态，即制造商支持的零售特许，制造商支持的批发特许及服务机构支持的零售特许。

第一种形态是制造商支持的零售特许系统，一般在汽车工业中最为盛行。

第二种形态是制造商支持的批发特许系统，最常见于软件、冷冻饮料行业中。

第三种形态是服务机构支持的零售特许组织，即由一个服务性（非制造性）公司组成一个完整的系统，对顾客提供有效的服务。

二、水平营销系统的发展

水平营销系统是指由两个或两个以上的公司，形成自愿性的短期或长期联合关系，共同开拓新出现的营销机会。水平营销系统产生的理由很多，如由于任何一个公司都无力单独积聚巨大的生产资金、技术、生产及营销设施，以从事经营；或由于风险太大不愿单独冒险；或由于市场的变动、竞争的激烈、工艺技术迅速改变的威胁；或由于需要他人所拥有的技术或营销资源；或由于预期联营所能带来的综合效果更大等。这种联营企业可以是短期性的，也可以是永久性的结合；也可以由两个母公司共同创立第三个公司。这种水平式营销系统，也被称为"共生营销"。

三、平台营销系统的发展

近年来，在互联网背景和数字化时代长大的消费者日益成为消费主体的背景下，平台经济迅猛发展，驱动营销渠道系统的变革。

（一）平台经济的特点

平台经济是指互联网时代以信息技术为基础，基于平台向多边主体提供服务，整合多主体资源和关系，从而创造增值价值，使多主体利益最大化的一种新型经济。以阿里巴巴、滴滴出行、美团外卖、携程旅游、腾讯、百度等平台型企业为代表所打造的电商平台、出行平台、外卖平台、旅游平台、社交平台、搜索平台等均属于平台经济范畴。其具有如下特点：

1. 开放性

开放是新商业文明创新的灵魂。在提供基础服务的基础上，平台开放自身资源，让更多的第三方主体参与到平台的生态系统中来，并提供丰富多彩的应用或者服务。互联网平台走出了以往大企业封闭式、集中控制的道路，踏上了为其他企业和个人服务，并以激活生产力为目的的"赋能"新征程的新时代。

2. 协作共赢性

平台经济的一大特色是平台主体之间进行专业化分工，实现合作共赢。互联网的出现，使得全世界范围内的跨时空合作变成现实，平台更是架起了价值链的专业化分工和协作的桥梁，促进多方共赢，提升社会福利，为企业或个人提供了广泛的、极低成本的信息撮合机制。

3. 普惠分享性

互联网平台显著降低了各方沟通成本，直接支撑了大规模协作的形成，向全社会提供共享能力，从而激发微经济活力。平台为全社会提供无处不在、随需随取、极其丰富、极低成本的商业服务。

4. 生态性

互联网平台是新商业生态不断形成和发展的沃土，平台上多方之间互动频繁，企业间竞争充分，创新层出不穷。

5. 聚集性

平台具有较强的聚集性，不仅聚集了多方主体，如交易平台的买家、卖家、服务商等，还聚集了海量的信息，如交易平台汇聚了各种产品信息、价格信息和商业动态信息，社交平台汇聚了个人信息、交友信息、朋友圈动态信息等；此外，平台还汇聚了主体的各种关系和社会资源，如合作伙伴关系、竞争关系、好友关系等。

（二）平台经济下渠道变革的实践

平台经济背景下的渠道系统和传统渠道系统的最终目的，都是为了成功实现价值交付，渠道的最终目的始终不会改变，但渠道的形式却会随着内外部环境的变化而不断变革。随着平台经济的出现，渠道设计及渠道成员管理两方面内容都将迎来新一轮变革。

1. 渠道设计逻辑的变革实践

传统的渠道设计更多地关注渠道长度、宽度、密度的设计，更加注重渠道结构、分销形式等。而在平台经济背景下，渠道设计更加关注以消费者为中心的渠道价值网络的设计，设计逻辑的转变带来渠道形式、结构、策略、成员管理等方面的变革。

2. 渠道成员管理的变革实践

渠道成员管理的目的一直以来都是为了使渠道成员间保持良好的合作关系，共同提高渠道绩效，渠道治理、渠道冲突、渠道合作等问题也一直是渠道成员管理的重要问题。但渠道成员管理却会随着内外部环境的变化而面临更多的挑战，平台经济背景下渠道设计逻辑的变革也必将导致渠道成员管理的变革，如信息化背景下的渠道成员行为管控及治理问题，渠道权利分化背景下的渠道关系问题等。

（三）平台经济下渠道系统的模式

平台经济背景下形成了以顾客为价值网络中心，以互联网为纽带，以平台为支撑，治理手段多元化的渠道系统模式。

（四）平台经济下渠道系统的特点

平台经济背景下，产业不断创新，新兴经济不断增长，消费者的工作生活方式不断变革，同样，连接供需两端的渠道也在平台经济的驱动下进行了变革。其具有如下特点：

1. 渠道结构更加扁平化

传统的销售渠道结构呈金字塔式，平台经济背景下的渠道则更加扁平化，层级较少，如京东作为电商平台，直接从厂家订货面向消费者，去除批发商、中间商等渠道层级。

2. 渠道形式更加多样化

传统的销售渠道终端多为实体门店，平台经济背景下的互联网平台则进一步丰富了渠道终端形式，如互联网渠道、移动互联网渠道等渠道形式应运而生，为多渠道乃至全渠道发展奠定了基础。

3. 渠道功能更加专业化

传统的销售渠道都兼具实体流、支付流、所有权流、促销流等功能，平台经济背景下的渠道功能开始裂变，各渠道功能分工更加细致，相互依赖，如线上渠道与线下渠道间的功能差异。

4. 渠道成员关系联盟

传统渠道成员间因为顾客、功能等重叠，经常因利益争夺而发生冲突事件，各成员间各自为战，而平台经济背景下各渠道间相互依赖，协同作战，重视渠道关系建设，更易形成渠道成员关系联盟。

5. 渠道权利的转移

平台企业在产品流通环节中扮演越来越重要的角色，制造商对平台企业的依赖越来越大，相应地增加了平台企业的渠道权利。如京东对于各品牌制造商的议价能力。

6. 消费者的渠道选择变革

平台经济背景下，消费者零售终端选择发生了有规律的分离和互补现象，平台企业受到消费者青睐，单一渠道购买演变为跨渠道购买。

7. 渠道运作信息化

平台经济是在互联网大背景下快速发展起来的，平台经济驱动下的渠道变革少不了互联网的渗入，这将导致渠道自身信息化（电子化）和渠道管理信息化。

269

第三节　渠道设计决策及任务分配

营销渠道设置的决策是依据企业的营销战略目标和目标市场等特性进行的。一个良好的营销渠道必须能进入目标市场内活动，所以，营销渠道策略必须与其他营销策略相配合。

一、确定营销渠道的限制因素

渠道设计的问题是如何发掘输送产品到目标市场的最好途径。所谓"最好"可以解释为确定到达目标市场的结构上与功能上，使公司能在统一的成本下获取最大收入；或获得一定收入，能使渠道成本最低。企业的渠道目标受所处环境的一些特定因素影响，每一营销企业必须在顾客、产品、中间商、竞争者、公司政策等主要环境因素限制下设计和建立营销渠道。

（一）顾客性质

渠道设计将受到顾客人数、地理分布、购买频率、平均购买数量、购买习惯等的影响。

（二）产品性质

产品本身的特点对营销渠道的决策起着决定性作用，主要的产品因素有：

1. 产品的体积和重量

不同体积和重量的产品，对运输方式、仓储条件和流通费用有直接影响。体积大而重的产品，如矿石、建筑材料、机器设备等，应尽量缩短营销渠道，以使搬运次数最少，移动距离最短。小而轻的产品，则有条件选择较长的营销渠道。

2. 产品的易腐性和易毁性

那些易腐的、有效期短的产品（如食品），要从生产出来后以最快的时间送达消费者，企业应采用尽可能短的渠道销售。对于易毁的产品，如字画、雕塑品、装饰品等，企业也不宜采用过多的中间环节转手，以减少搬运过程、临时停放等可能产生的毁损。

3. 产品的技术性和服务的要求

有的产品具有很高的技术性（如精密仪器、成套设备），需要安装、调试和经常性的技术服务与维修。对这样的产品，最好是产需直接见面，或只经过专业性很强的中间商经销。

4. 新产品

新产品问世之初，顾客往往缺乏了解，需要大力推销和较多的销售费用，中间商一般不愿承担销售工作。所以，新产品的销售一般多由制造商自己完成。

（三）产品价格

一般来说，单位产品价格越高，就越应该减少渠道级数，即使用最短的渠道最有利。如销售人员直接销售，或只经过很少的中间环节，以避免因级数增多导致最终售价提高而影响销路。反之，单位价格较低的产品（如日常用品），它们的利润也低，就需要大批量销售，只有广泛采用中间商才能扩大销路，占据有利的市场地位。

（四）中间商性质

渠道设计同时也应考虑到不同类型中间商在处理各种工作时的优点及缺点。一般而言，中间商在运输、广告、储存、接洽顾客等方面的能力，信用条件、退货权力、训练人员和送货频数等方面的情况是不同的。除这些差异外，中间商的数目、地点、规模大小和产品分类等的不同也会影响渠道设计。

（五）公司性质

公司自身的性质在决定渠道的长短、控制渠道的能力等方面有重要影响。

1. 信誉与资金

企业信誉好，财务能力强大，就有可能将一些重要的销售职能集中在自己手中，以控制销售业务，加强与消费者的联系；反之，则只能依赖中间商销售产品。

2. 企业的销售能力

企业销售机构和销售人员的配备，销售业务的熟悉程度和经验，以及储存、运输能力也制约着营销渠道的选择。销售能力弱的企业，只能过多地依赖中间商；销售能力强的企业，则可少用或不用中间商。

3. 经济效益大小

采用直接销售还是间接销售、采用较多的中间环节还是较少的中间环节，都要比较哪种选择经济效益最好，经济效益的高低是企业选择营销渠道的重要标准。

（六）环境性质

渠道设计更进一步受到经济状况与法律等环境因素的影响。当经济萧条时，生产者常希望用最低廉的方法将产品送到最终顾客，这通常意味着要使用较短的渠道，免除导致产品最后价格增加的不必要服务。法律规定与限制同时也会影响渠道设计。

二、确定营销渠道目标

营销渠道目标是渠道设计的基础。渠道目标设定时应考虑下列三点：营销渠道效率、营销渠道控制程度、财务开支等。

（1）营销渠道效率包括销售量、市场占有率、目标利润率等；

（2）营销渠道控制程度取决于厂商在渠道协调中扮演的角色和对渠道控制的欲望；

（3）财务开支则依据厂商愿意支付多少财务资源来建立和控制渠道而定。

三、营销渠道的设计

（一）营销渠道的长度

渠道的长度涉及从生产者到最终用户所经历的中间环节的多少。越短的渠道，生产者承担的销售任务就越多，信息传递快，销售及时，能有力控制渠道；较长的渠道，批发商、零售商要完成大部分销售职能，信息传递缓慢，流通时间较长，制造商对渠道的控制就弱。企业在确定渠道长度时，应综合分析制造商的特点、产品的特点、中间商的特点以及竞争者的特点加以确定。表 10-2 列出了确定渠道长短时应考虑的因素。

表 10-2　渠道长度决策因素

长渠道	短渠道
1. 产品单位价格低	1. 产品单位价格高
2. 产品单位利润低	2. 产品单位利润高
3. 顾客数量大	3. 顾客数量小
4. 顾客采购金额与数量小	4. 顾客采购金额与数量大
5. 不需要服务	5. 需要服务

（二）营销渠道的覆盖面

渠道的覆盖面即渠道的宽度，是指营销渠道中每一级所使用的中间商数目。这主要取决于企业希望产品在目标市场上扩散范围的大小，即占据多少市场供应点以及什么样的供应点等问题，是希望顾客在任何供应点（零售店）都能买到产品还是只希望顾客在有限的供应点买到产品，企业必须做出选择。有三种可供选择的渠道宽度策略：

1. 密集分销

密集分销就是尽可能多地利用零售商店和经销商销售产品，尽可能多地设立市场供应点，以使产品有充分展露的机会。

这种策略的优点是产品与顾客接触的机会多，广告的效果大。但制造商基本上无法控制渠道，与中间商的关系也较松散。

2. 独家分销

这是指在一个特定的市场区域内仅选用一家经验丰富、信誉卓著的零售商或一家工业品批发商推销本企业产品。

企业与经销商双方一般都签订渠道合同，规定双方的销售权限、利润分配比例、销售费用和广告宣传费用分担比例。该策略主要用于顾客选购水平很高，十分重视品牌商标的产品。工业品中的专用机器设备，由于用户与生产厂家在技术和服务上的特殊关系，也常采用这种策略。这种策略的优点是制造商与中间商关系非常密切，独家经销的中间商工作努力，积极性高，有利于提高产品的信誉，制造商能有效地控制营销渠道。但是这种策略灵活性小，不利于消费者的选择购买。

3. 选择性分销

选择性分销即选择一家以上，但又不是让所有愿意经销的中介机构都来经营某种特定产品。

采用这种策略，企业所选择的只是那些有支付能力、有经营经验、有产品知识及推销知识的中间商在特定区域推销本企业产品。

它适用于顾客购买时，需要在价格、质量、花色、款式等方面精心比较和选择后才决定购买的产品。工业用品中专用性强、用户对品牌商标比较重视的产品也多采用这种策略。

这种策略的优点是减少了各级渠道中介机构即中间商的数目，每个中间商就可获得较大的销售量，生产制造企业也只与少量的中间商打交道，有利于培植工商企业之间的合作关系，提高渠道运转效率；还有利于保持产品在用户中的声誉，制造商对渠道的控制力度能够加强。一般来说，其优缺点介于前面两种策略之间。

四、渠道成员的条件与责任

制造商必须对渠道成员规定条件与责任，促使其热心、有效地执行渠道功能。这种"交易关系"组合中的主要因素为价格政策、销售条件、地区划分权、相互服务及责任。

（一）价格政策

在交易关系组合中，价格政策是一项重要因素。制造商通常制定定价表，再按不同类型的中间商与各种不同的订购数量，给以相应的价格折扣。制造商为中间商制定合理的价格目录表和折扣表是至关重要的。

（二）销售条件

销售条件是交易关系组合的第二项重要因素。其中最重要的条件为"付款条件"与"生产者保证"。有很多制造商对于提前付现的经销商给予"现金折扣"，例如"10天内付款2%折扣，30天内付款则无折扣"。这种特殊条件能对生产者的成本与激励经销商扮演着重要角色，或完成应担负的功能起保证作用。制造商也可给经销商有关瑕疵品或跌价的特定保证。这种保证可能导致经销商在无后顾之忧的状况下大量购买。

（三）地区划分权

地区划分权是交易关系组合中的第三个因素。一个经销商希望知道制造商将何地的特许权授予其他经销商。他同时也希望制造商承认其领地内的全部销售实绩，而不计算这些实绩是否由他自己的努力而得。

（四）相互服务及责任

相互服务及责任是交易关系组合的第四个因素。在企业进行选择性分销与独家分销时，这个因素非常易于了解，同时也说明得很详尽，因为制造商与经销商间的关系密切。相反，若制造商采用密集分销，他可能只偶尔提供给经销商一些推广资料与一些技术上的服务。自然，经销商就不太愿意提供其经营资料、顾客购买行为的差异分析，或在推广资料分发上合作。

五、评估不同的渠道方案

因中间商的排列组合，市场展露的可能程度，渠道成员间营销工作的可能分派，以及不同的交易关系组合，企业可能面临多种渠道方案的选择。每一渠道方案均可能是制造商到达最后顾客的路线，企业总是在这些渠道方案中，选择最能满足其长期目标的方案。

每一可能渠道方案必须就整个企业的特性及影响加以评估。其评估至少包括三个标准：经济性、控制性、适应性。

（一）经济性

在三个标准中，经济标准最重要，因为公司的目的并非追求渠道控制或适应性，而是追求利润或达到预定的销售目标时尽可能降低销售成本。因此渠道的评价必须从售价、成本及利润的估计开始。

每一营销渠道的评估，将从销售收入估计开始分析，因为某些成本是随销售水准而变的。我们首先要考虑，采用企业销售还是采用中间商销售，哪个得到的销售量多？一般来讲，大多数营销经理的回答是"自己的推销人员将会销售得更多"。导致这种概念的理由很多：第一，公司自己的推销人员仅集中注意力于该公司的产品；第二，他们对推销本公司产品有较良好的训练，他们必须十分积极，因为他们的未来依赖于公司的未来，利害一致；第三，他们对顾客的接触会较成功，因为一般顾客都比较喜欢直接与公司人员交易。

事实上，利用销售代理商，可能比利用企业自己的推销人员干得更好：第一，销售代理商推销人员多，如果其推销人员素质更优的话，会使代理商有更多销售量；第二，在代表公司产品方面，代理商的推销人员可能与公司自己的推销人员一样积极，这完全视提供给他们的激励力量有多高而定，而企业可巧妙运用其条件来影响代理商及推销人员的热心程度；第三，只要产品与条件有一定标准，顾客并不在乎与谁交易，而且，顾客可能更愿与货物齐备的代理商交易，而不愿与仅有一类甚至一种产品的企业推销员交易；第四，销售代理商多年来已建立起广泛的社会关系并有丰富的营销经验，这是公司销售人员所不可比拟的。

一旦销售收入估计出来后，第二步就应估计不同渠道体系下的成本。渠道的设置需要大量的财务资源，消耗高昂的成本（见表10-3）。此处只考虑那些只随销售水准变动的成本。

表 10-3　营销渠道成本

渠道功能/目标	成本
1. 订单处理、顾客服务	处理客户订单和提供各项服务
2. 存货管理	为需要而维持适量的存货水平
3. 仓库	把产品存放接近销售点以应付需要
4. 营销沟通	把产品信息提供给中间商和最终消费者
5. 渠道成员的获利率	每一成员均需维持合理的投资报酬率
6. 机会成本	如中间商服务不满意时造成顾客不满及销售损失

图10-4显示了雇佣销售代理商或使用自己销售队伍的情况。此公司采用销售代理商方案的固定成本显然低于采用公司自己销售分支部门的固定成本。相反，当销售增加时，代理商方案的成本增加速率比公司分支机构方案快，其理由是代理商收取的佣金比公司的推销员高。观察该图，有一销售水准S可使得两种渠道方案下的营销成本相等。从该图可以直接看出，即销售在S以下时，代理商方案较佳，但销售在S以上时，公司设立自己的销售分支机构的方案较佳。销售代理商趋向于被小公司所使用，或被较小地区中的大公司所使用，因为在此两种情况下，产品销售量较少，若投资于设立自己的分支机构则不划算。

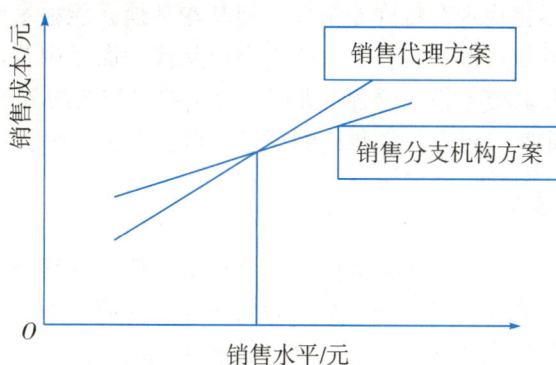

图 10-4　销售代理商或公司销售分支机构的损益平衡成本

实际分析时，如果得到上述两种方案的销售固定成本与变动成本，通过求得方案分歧点的销售量 S，再根据要求实现的目标销售量即可决定采用自销还是使用中间商销售。

如果不能确定两种渠道方案会产生相同的销售水准时，则最好直接对投资报酬作简单的估计。一种可能的衡量方法为：

$$R_i = \frac{S_i - C_i}{C_i}$$

式中，R_i = 营销渠道 i 的投资报酬；S_i = 使用渠道 i 的估计销售收入额；C_i = 使用渠道 i 的估计成本。

R_i 是使用渠道 i 所期望的投资报酬估计，假设其他的条件都相同时，则以能获得较高 R_i 的渠道为较佳的选择对象。

（二）控制性

经济性评估可对某一渠道方案是否优于其他渠道方案提供一个成本方面的指导，更进一步，这种评估可再予以扩大，从这两种可行渠道方案的激励性、控制性与冲突性等方面加以考虑。

使用代理商会产生一些控制性问题，因为销售代理商是一个独立商人，他主要追求的是获得最大经销利润。销售代理商有时会更关心其本身的销售量，而不只是制造商产品的销售量。他通常也不与邻近地区同属于制造商的其他销售代理商做有利于制造商的合作。销售代理商也常无意专心学习有关制造商的产品技术细节，也不会有效利用制造商所提供的促销宣传资料，或达到制造商所希望的顾客服务水平。总之，使用代理商会产生一些控制方面的问题。生产者所能控制代理商的程度会影响经济结果，所以其应该在评估各可行渠道的经济性后，考虑控制问题。

（三）适应性

假如一个特定渠道方案从经济观点来看，十分优越，同时又无特别控制问题时，则须考虑另外一个准则，即制造商适应环境改变的自由。一个渠道方案若承诺太长时间，就会失去弹性。如在采用独家分销制度时，就常涉及长期义务承诺。一个家

275

庭用具公司若给予零售代理商特许专销权，使其在某地区能独家经营其产品，但当营销商品的方法正在快速改变时，也只能慢慢地从代理商手中收回专销权。这种束缚是因为经销商在将其资本投入这种行业时，就会要求较久的契约保证。总而言之，当未来显得很不确定时，涉及长期承诺的渠道方案就必须特别小心。

六、选择渠道成员

当上述问题决定以后，企业就应该根据营销的需要，选择理想的中间商作为渠道成员，并说服中间商经销自己的产品。如何选择中间商，涉及能否实现渠道目标和效率问题，因而应慎重考虑。由于渠道的长度与宽度不同，企业选择的标准也应有所差异。但一般来说，较理想的中间商应具备以下条件：

（1）与制造商的目标顾客有较密切的关系。

（2）经营场所的地理位置较理想。

（3）市场渗透能力较强。

（4）有较强的经营实力。包括有足够的支付能力，有训练有素的销售队伍，有必要的流通设施。

（5）在用户中声誉较好。

应当指出，渠道的决策和建立不是一件容易的事。营销渠道与社会再生产过程有紧密联系，一个制造商有时无法独自做出全部决策。你可以选择批发商和零售商，而零售商和批发商也可以自由选择进货渠道。所以，渠道决策往往是由所有渠道成员共同做出的，是一个决策、协商、修正、再决策的过程。营销渠道一经建立，有必要维持稳定和加强管理。

#在线视频赏析：请扫码观看视频——渠道设计决策和渠道管理决策#

渠道设计决策和渠道管理决策

第四节　营销渠道的管理

营销渠道管理，其中心任务就是要解决渠道中可能存在的冲突，提高渠道成员的满意度和营销积极性，促进渠道的协调性和提高效率。

一、营销渠道冲突及原因

营销渠道是一系列独立的经济组织的结合体，是一个高度复杂的社会营销系统。

现代市场营销学

在这个系统中，既有制造商，又有中间商，构成一个复杂的行动体。这些经济组织由于所有权的差别，在社会再生产过程中所处的地位不同，因此，他们的目标、任务往往存在矛盾。渠道成员对计划、任务、目标、交易条件等出现分歧时，就必然出现冲突。成员之间的冲突是利益关系的反应，每个渠道成员都是独立的经济组织。获取尽可能大的经济利益，是渠道成员所追求的基本的也是最重要的目标。然而，利益在成员之间又是一种分配关系，具有此大彼小的特点，他们都希望多分得利益，少承担任务和风险，这就会造成冲突。即冲突具有必然性，所不同的只是冲突的大小、表现方式而已。渠道冲突主要有三种类型，即垂直、水平和多渠道冲突。

垂直渠道冲突是同一营销渠道内处于不同渠道级之间的中介机构与中介机构、中介机构与制造商的冲突。例如，零售商抱怨制造商产品品质不良，或者批发商不遵守制造商制定的价格政策，不提供要求的顾客服务项目和服务质量差等。

水平渠道冲突是同一营销渠道内同级中各公司之间的冲突。例如，某家制造商的一些批发商可能抱怨同一地区的另一些批发商随意降低价格，减少或增加了顾客服务项目，扰乱了市场和渠道秩序。

多渠道冲突是指一个制造商建立了两条或两条以上的渠道，在向同一市场出售产品时引发的冲突。例如，服装制造商自己开设商店会招致其他经销商的不满；电视机制造商决定通过大型综合商店出售其产品会招致独立的专业经销商的不满等。

任何营销渠道都会存在着不同程度的冲突，但是，合作仍然是营销渠道的主旨，是大家能够结合在一起的基础。合作意味着相辅相成去获取比单独经营时更高的经济效益。只有促进合作，才能使渠道的整体活动效率最大。促进合作，也是解决冲突的基本方法。

#在线视频赏析：请扫码观看视频——营销渠道的行为和组织#

营销渠道的行为和组织

二、渠道中的权力结构

营销渠道是一个没有正式领导人的社会营销系统。在这个系统中，渠道成员各自发挥自己的功能和作用，彼此相互依存，各尽所能，各得其益。但在一条渠道中，权力结构总是存在的。权力就是控制渠道的能力和地位。每个渠道成员都十分重视自己在渠道中的权力，它是实现企业目标的重要保证。决定渠道成员权力大小的因素有四个。

（一）企业的实力

一般来说，规模大、资金雄厚、技术实力强的企业，通常拥有较大权力。例如，日本松下电器公司就统率着由许多外来机构组成的整个销售系统；美国的西尔斯百货公司销售网点遍布于世界各地，拥有大量顾客和制造商不易了解和掌握的信息，在渠道中处于统治地位。

（二）购销业务量大小

此即在一条渠道中，产品销售量占制造商和中间商总销售量的比重。例如，一种产品的销售量占制造商总销售量的 50%，而仅占一个特定中间商的 1%，显然，产品销售对制造商关系重大，而对中间商无足轻重，中间商权力就大。

（三）竞争状况

对制造商来说，如果具有独特的技术（技术垄断）、独特的资源（资源垄断）、独家供应（产品垄断），其在渠道中必然拥有很大权力；反之，如果是供应者很多且竞争激烈的产品，制造商在渠道中的权力就小。对中间商来说，如果在一个地区享有很高的声誉，控制了制造商无法了解的市场供求信息，或拥有特许经营权，那么，它在渠道中的权力就大；反之，这一地区中间商很多，竞争激烈，则它的权力就小。

（四）信誉与形象

如果制造商已经通过广告和营销努力，建立起了顾客对产品的偏爱和信任，需求量就大，中间商也都乐意经销，它就必然处于优越的地位。作为中间商，特别是大型中间商，如果已建立起良好的商誉，拥有广泛的顾客，其也可以拥有渠道中较大的权力。

三、减少或消除冲突的方法

企业要及时发现和分析冲突产生的原因，才能找到解决冲突的有效方法。特别是渠道的主导成员，需要经常设法关注渠道中存在的冲突，发现已经暴露出来的问题和潜在问题。如成员之间的相互抱怨、延迟付款、不按计划完成自己的任务、顾客服务质量差等。企业要经常了解渠道成员的满意程度和收集改进意见，然后制定出解决冲突的方法。有五种常用的解决冲突的方法。

（一）激励

对工作不负责任和较懒散的成员，可采用提高它们的利润、补贴、展示宣传津贴、组织销售竞赛，以及奖励成绩显著的成员等方法，以激励他们努力工作。

（二）说服与协商

成员之间相互将问题摆出来，共同研究协商，沟通意见，以便寻求一个大家都能接受的方案来消除分歧。

（三）惩罚

这往往是在激励、说服协商不起作用的情况下使用的消极方法。企业可利用团体规范，通过警告、减少服务、降低经营上的援助，甚至取消合作关系等方法实施。

（四）分享管理权

这是一种行之有效的方法。一种方式是建立契约性的纵向销售组织，即将自主活动的制造商、批发商和零售商，以契约的形式联合起来，实行有计划的专业化管理，合作确定销售目标、存货水平、商品陈列、销售训练要求、广告与销售促进计划，以减少成员内部的冲突。另一种形式是成立渠道管理委员会，由主导成员定期召集其他成员的代表，共同商议并决定管理事项。这也是减少冲突，增进相互理解支持的有效方法。

（五）加强制造商与中间商的合作

中间商一般都是代表用户需要向制造商采购商品，往往以用户的采购人自居。因此，它们最关心的是用户的需要，而且，它们一般都经营许多制造商的产品，对某一个制造商的特定需要（如各种产品销售情况的记录、市场信息的收集与反馈等）是不太重视的。所以在渠道合作关系中，制造商起着主导的作用。制造商要争取中间商的配合，必须把中间商作为用户来对待。制造商可采用以下方法来支持中间商，以提高他们的满意度，密切双方的合作关系：

（1）提供适销对路的产品。适销对路，是指在产品数量、质量、品种、规格、价格及交货期等方面能满足消费者的需要。能提供顾客喜爱的产品，就给中间商创造了良好的销售条件，这是良好合作关系的基础。

（2）加强广告宣传。这是中间商十分欢迎的。广告宣传的结果，可使每个经销者得到好处，减少了中间商的销售阻力。

（3）援助中间商的促销活动。例如，协助搞好产品陈列，帮助训练推销人员，提供产品目录，产品说明书和其他宣传品等。

（4）协助中间商进行市场调查。

（5）给中间商以财务支持。如延长付款期限等。

（6）协助中间商搞好经营管理。

当然，中间商也要认真搞好市场调查与预测，采取有效的促销方式，积极推销产品，及时将市场信息反馈给制造商，才能减少冲突，促进合作。

四、营销渠道成员的评价

渠道的管理者还需定期评价渠道成员的绩效。当发现某一成员的绩效低于既定标准时，企业要找出主要原因及补救的方法。实在不能令人满意的成员，还可考虑剔除或更换。评价的标准因渠道的性质、特点和经营要求不同而有差异。但一般来说，主要标准有：①销售指标的完成情况；②营销的热情及态度；③对用户的服务水平；④平均存货水平及按时交货情况；⑤促销活动情况；⑥与其他成员的配合程度；⑦满意度的高低。

五、渠道的改进

虽然渠道的决策和建立是长期的，但环境是不断变化的。企业为了应对较大变化的营销环境，有时需要对渠道加以改进，使营销渠道更为理想。改进的策略有

279

三种：

（1）增减渠道中的个别中间商。对效率低下、经营不善，对渠道整体运行有严重影响的中间商，企业可考虑予以剔除。有必要的话，还可考虑另选合格的中间商加入渠道。有时因竞争者的渠道宽度扩大，使自己的销售量减少，也应增加每级中的中间商数量。

（2）增减某一营销渠道。企业有时会发现随市场的变化，自己的营销渠道过多，有的渠道作用不大。从提高营销效率与集中有限力量等方面考虑，企业可以适当缩减一些营销渠道；相反，当发现现有渠道过少，不能使产品有效抵达目标市场，完成目标销售量时，则可增加新的营销渠道。

（3）改进整个营销渠道。这意味着原有营销渠道的解体。原有渠道冲突无法解决，造成了极大混乱；企业战略目标和营销组合实行了重大调整，都可能导致企业对营销渠道进行重新设计和建立。例如，制造商产品由自销改为由经销商经销，或由经销商经销改为自销，就属这类情况。在改进整个营销渠道前，企业必须认真进行调查研究，权衡利弊，做出决策。

第五节　新零售背景下的全渠道营销系统

互联网的兴起迎来了电商时代，使人们摆脱了购物时间与空间的限制。淘宝、京东等电商平台的出现与崛起使得线上零售几乎取代传统线下零售，然而，随着互联网流量红利的消失，电商行业也遭遇了增长天花板，获客成本不断升高，行业增速趋缓。加之智能设备的广泛应用，5G 技术的发展，大数据、物联网、云计算、移动支付、虚拟现实等技术的革新，进一步拓展了线下消费场景，线上和线下不再是此消彼长的竞争关系，"新零售"应运而生。2016 年，在阿里云栖大会上首次提出"新零售"的概念。自此，"新零售"受到了业界和学术界的广泛关注。

#在线案例赏析：请扫码阅读本章思政案例——迈出消费帮扶"大步子"拓宽乡村振兴"新路子"#

迈出消费帮扶"大步子"拓宽乡村振兴"新路子"

一、新零售的概念

新零售即企业以互联网为依托，运用大数据、人工智能等先进技术手段，对商品的生产、流通与销售过程进行升级改造，进而重塑业态结构与生态圈，并将线上服务、线下体验以及现代物流进行深度融合的零售新模式。[①]

二、新零售的特征

(一)以消费者为中心

传统的零售经营模式以效率为中心，更加关注商品。而新零售则强调以消费者为中心，经营活动围绕消费者展开，多渠道、多触点与消费者持续互动，把握目标消费者的消费习惯、生活方式并挖掘其潜在消费需求，更好地为消费者提供服务。

(二)三端合一

新零售不是简单的线上与线下相融合，而是物理世界和数字世界的融合，因此企业需要通过运用大数据、物联网等技术实现零售终端、物联网端和数据端的三端合一，为消费者打造线上线下深度融合的购物场景，提供多渠道的消费体验。并通过物联网端检测消费者和商品所在的环境信息，更好地预测和满足消费者需求。

(三)场景多样化

传统零售模式中，无论是线下还是线上，消费场景都非常单一。新零售背景下的消费场景更加多元，包括线下实体门店、网络直播、购物 App、小程序、无人商超等，消费者既可以通过线上浏览再到线下门店购买，也可以线上预订并到线下取货，还可以在线下体验后通过线上购买，以及通过网络直播、社交媒体直接点击链接购买商品。此外 VR/AR 等技术的应用，有助于为消费者展示更全面的商品信息，其在服装试穿、化妆品试用等环节中的应用强化了用户参与度，形成沉浸式的体验。例如奥迪设置了"360 度"的虚拟场景，并配备各种颜色和内饰的"虚拟试驾"体验。[②]

(四)全链路资源整合

新零售强调优化供应链，协同创造价值。大数据、物联网的发展和应用为数字化供应链的形成提供了技术支持，使得原材料供应商、制造商、品牌商、零售商、物流商之间通过相互合作实现优势互补、资源共享与信息共享。

三、新零售背景下渠道变革的实践

(一)渠道设计逻辑的改变

改变平台经济背景下线下渠道与线上渠道割裂的局面，由消费者需求触发渠道整合，建立网状全渠道关系，实现全渠道数据打通，为消费者提供跨渠道、无缝衔接的一致性体验。

(二)生产模式改变

传统模式下，零售商以上游品牌商为重心开展业务，职能局限于商品和服务的交易，制造商、零售商和消费者之间仅是单向的商品传递，关联程度弱。以消费者

[①] 杜睿云，蒋侃. 新零售：内涵、发展动因与关键问题［J］. 价格理论与实践，2017（2）：139-141.
[②] VR/AR 在未来零售行业的技术应用［EB/OL］.（2019-04-25）［2024-01-20］. https://zhuanlan.zhihu.com/p/63687258.

为主导的新零售时代，要求企业根据消费者的需求整合供应链，打通了零售行业上下游的关系。零售商需要采集销售数据、用户行为数据等信息并对消费者需求进行预测，依据数据分析结果进行商品或服务的采购，并将信息与品牌商及制造商共享，帮助制造商依据消费者偏好和需求制定生产计划，形成新的以消费者为中心推式生产模式。

（三）全渠道营销系统

新零售背景下，原本实体门店和线上购物平台之间不再是零和博弈的关系，品牌商和零售商基于移动互联网、大数据、物联网、云服务等技术，融合多种渠道形式，利用实体门店、电子商务平台、微店等多种渠道建立起网状全渠道关系，构建起全渠道营销系统。

全渠道营销系统具有如下特征：

（1）以消费者需求为出发点

全渠道营销系统要求品牌商和零售商收集并分析消费者在各个渠道中购物的数据，以此了解和掌握消费者的个人偏好和行为特征，识别目标消费人群，并围绕其特点提供个性化的产品与服务。

（2）多渠道协同整合

零售渠道由原先的单渠道转为多渠道，覆盖实体门店、电子商务平台、微店、社交媒体渠道、短视频渠道等，达到线上线下渠道的全面覆盖与融合。

（3）全程与消费者保持接触

零售商应在消费者的整个购买流程中全程与消费者保持接触，为消费者提供一致性的全流程体验。具体而言，在消费者购买决策阶段，零售商依据消费者需求和偏好，提供个性化的信息推送，触发需求，并通过多种渠道展示商品，吸引消费者下单；在实际购买阶段，其利用实体门店、电商平台等各个渠道为消费者提供多种购买方式与支付方式；在产品使用阶段，其为消费者提供便捷的多渠道相融合的一致性售后服务。

四、数字化技术赋能供应链管理

数据驱动的供应链流程如图 10-5 所示。

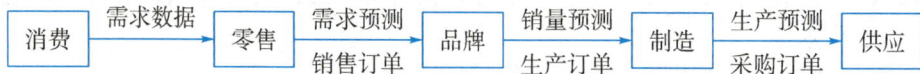

图 10-5　数据驱动的供应链流程

以数据为驱动的供应链，基于供应链主体间的信息共享，将消费者需求预测、销售额预测、生产预测等环节串联在一起，实现供应商、制造商、品牌商和零售商以及物流方之间的合作，实现供应链的整体优化升级，提升整体价值。新技术的发展和应用为以下环节提供了技术支持：

(一) 消费者需求预测

自然语言处理能够以智能、高效的方式对文本数据进行系统的理解、分析并提取关键信息。随着移动设备和应用程序的快速发展，越来越多的消费者选择通过线上进行购物，他们的浏览记录、消费历史等蕴含着有关其消费偏好的重要信息，这些数据的分析对企业而言至关重要。通过自然语言处理分析消费者需求，企业能更好地为消费者提供个性化服务。

(二) 商品销售额预测

合理的预测商品销售额，对于商家备货、库存管理以及制定营销方案具有重要意义。针对每个细分品类或业务类型开发出的定制化机器学习模型能够识别各个品类商品的内在差异，提高预测的精确度。此外，将各渠道每天产生的海量数据作为模型的训练集和测试集，有助于企业对模型进行修正，增强模型的预测能力，更好地预测商品的销售额，帮助企业按需采购和安排生产。

(三) 智能库存管理

深层神经网络能够帮助企业实现库存的可视化管理，保证了库存管理各个环节数据更新的速度和准确性，加快工作效率，降低人工成本，提高库存管理的自动化程度，确保企业及时准确地掌握库存的真实数据，合理地控制库存，使企业的库存管理更加高效。

(四) 供应链透明管理

在供应链各主体采用不同的信息系统的情况下，各信息系统之间存在数据交互困难、繁琐等问题，导致主体之间产生信息不对称问题。区块链技术使用分布式核算和存储，将数据分区存储，不存在中心化的管理机构，使得任意节点的权利与义务均等，除了交易各方的私有信息被加密外，剩余数据均可以通过公开的接口查询，提高了整个系统的信息透明度，为供应链各方提供商品资产管理、溯源等服务，减少了供应链主体间的信息不对称问题。例如，通过移动设备可以对制造商发出的货物实时追踪。此外，区块链的分布式分类账的不可篡改性有助于减少分销商窜货、掺假等行为，大大降低了管理成本，从源头上解决了渠道冲突。

283

＊　＊　＊　＊ **本章小结** ＊　＊　＊　＊

目标1：掌握营销渠道的相关概念、了解渠道的功能。

营销渠道策略是企业市场营销组合中的重要组成部分，作为决策者，其必须对营销渠道有全面的认识。营销渠道又称分销渠道、销售渠道或贸易渠道，是产品或服务从生产领域转移到消费领域的过程中所经过的通道。在这个转移过程中，要由一套组织机构来完成一系列的活动或功能。这里的组织机构涉及制造商、代理商、批发商、零售商等。中间商能提供一些制造商不能取代的功能。中间商提供的功能可分为三类：交易功能、运筹功能和促进功能。

目标2：了解渠道演进过程中不同的营销系统及其特点。

传统营销渠道是由独立的生产者、批发商和零售商组成的。它们之间的关系松弛，彼此对销售条件讨价还价，毫不退让，各为其利。垂直营销系统由制造商、批发商、零售商组成一个统一体，其中的一个成员可能拥有其他成员的所有权，也有可能拥有对其他成员的管理权，垂直营销系统是一个集权式销售网络。其可能由制造商、也可能由批发商或零售商控制。生产者要有效地控制渠道行为，消除各渠道成员为追求各自利益而造成的冲突。各渠道成员通过规模经济、讨价还价的能力和减少重复服务获得效益。水平营销系统是指由两个或两个以上的公司，形成自愿性的短期或长期联合关系，共同开拓新出现的营销机会。平台经济背景下形成了以顾客为价值网络中心，以互联网为纽带，以平台为支撑，治理手段多元化的渠道系统模式；具有渠道结构扁平化、渠道形式多样化、渠道功能专业化等特征。

目标3：了解渠道决策的流程。

渠道决策是一件十分复杂的事，要考虑顾客、产品、中间商、竞争者、公司政策等环境因素的限制。在详细分析这些影响因素的基础上，企业要做出一系列决策，包括确定营销渠道的目标、决定渠道的长度和宽度、规定渠道成员的条件与责任、制定渠道方案、评估渠道方案以及选择渠道成员。

目标4：正确认识渠道中存在的冲突和渠道成员之间的关系，了解渠道管理的内容。

渠道冲突主要有三种类型，即垂直、水平和多渠道冲突。营销渠道是一个没有正式领导人的社会营销系统，但权力结构总是存在的。权力是控制渠道的能力和地位，是实现企业目标的重要保证。决定渠道成员权力大小的因素有四个，分别是企业实力、购销业务量大小、竞争状况以及信誉与形象。

营销渠道管理的内容主要包括通过激励、说服与协商、惩罚、分享管理权、加强合作等手段解决渠道中的矛盾或冲突；促进生产企业与中间商的合作；评价渠道成员的绩效；根据实际情况的变化，适时修正和改进营销渠道。营销渠道管理的中心任务就是要解决渠道中可能存在的冲突，提高渠道成员的满意度和营销积极性，促进渠道的协调性和提高效率。

目标5：了解新零售的概念和特征，掌握新零售背景下渠道变革的实践。

新零售即企业以互联网为依托，通过运用大数据、人工智能等先进技术手段，对商品的生产、流通与销售过程进行升级改造，进而重塑业态结构与生态圈，并将线上服务、线下体验以及现代物流进行深度融合的零售新模式。其具有以下四个特征：以消费者为中心、三段合一、场景多样化、全链路资源整合。

新零售背景下渠道的设计逻辑发生改变，改变了平台经济背景下线下渠道与线上渠道割裂的局面，由消费者需求触发渠道整合，建立网状全渠道关系，实现全渠道数据打通。企业的生产模式也发生了改变，形成了新的以消费者为中心推式生产模式。此外，原本实体门店和线上购物平台之间不再是零和博弈的关系，品牌商和零售商基于新技术，融合多种渠道形式，利用实体门店、电子商务平台、微店等多种渠道建立起网状全渠道关系，构建起全渠道营销系统。全渠道营销系统具有三个特征：以消费者需求为出发点、多渠道协同整合以及全程与消费者保持接触。

目标6：了解数字化技术对供应链管理的影响。

自然语言处理技术为消费者需求预测赋能，能够以智能、高效的方式对文本数据进行系统的理解、分析并提取关键信息。定制化机器学习模型能够帮助企业更好的预测商品的销售额，实现按需采购和安排生产。深层神经网络能够帮助企业实现库存的可视化管理，确保企业及时准确地掌握库存的真实数据，合理地控制库存。区块链技术提高了整个系统的信息透明度，为供应链各方提供商品资产管理、溯源等服务，减少了供应链主体间的信息不对称问题。以数据为驱动的供应链，基于供应链主体间的信息共享，将消费者需求预测、销售额预测、生产预测等环节串联在一起，实现供应商、制造商、品牌商和零售商以及物流方之间的合作，实现供应链的整体优化升级，提升整体价值。

#在线课件赏析：请扫码阅读本章课件及配套练习#

本章课件　　　　　　　配套练习

＊＊＊＊本章复习思考题＊＊＊＊

1. 什么是营销渠道的级数？
2. 营销渠道的主要流程是什么？
3. 企业设计营销渠道要考虑的主要因素有哪些？
4. 决策营销渠道的宽度有几种选择？
5. 企业如何选择渠道成员？
6. 什么是营销渠道的冲突？如何解决？
7. 新零售的特征是什么？
8. 全渠道营销系统具有哪些特征？
9. 数字化技术为供应链管理带来了哪些改变？

第十一章
营销沟通与传播

- -

#在线案例赏析：请扫码阅读本章案例导读——三棵树涂料的数字化转型#

三棵树涂料的数字化转型

买卖双方沟通信息是交换能够进行的必要前提条件。在现代市场经济中，生产集中造成生产与消费的隔离，导致买卖双方联系困难。为与目标顾客进行有效的信息沟通与联系，并刺激目标顾客产生购买意愿，企业需要寻求有效的沟通方法。为实现企业的营销目标，企业经理人员要掌握在营销活动中如何有效开展促销活动的原理与说服艺术，也要选取恰当的营销传播计划与沟通方法。

第一节　营销沟通与传播的基础

一、营销信息传播原理和条件

通常，在企业的营销组合中所指的 promotion，含有沟通、促进、激励的意思。营销传播的基本含义为：营销者将其准备提供的产品与服务的信息，向预期的目标顾客传送，并激励顾客购买产品或服务的沟通和激励活动。营销传播的最终目的是激发目标顾客做出选择本企业所销售的产品与服务的反应。根据上述定义，营销传播有两个基本任务：

（1）营销者将产品或服务信息与目标顾客进行沟通；

（2）说服目标顾客选择本企业的产品和服务，并刺激其尽快购买。

传统上，人们将营销传播称为企业的促销活动。但在现代市场营销中，促销的含义已嫌过窄，因为在整个沟通与说服/激励的过程中，企业将不再着眼于一次交易，它需要通过有效的、整合的营销传播建立长期的市场影响。营销传播的本质是

现/代/市/场/营/销/学

信息传送和交流。因此，对营销传播有效性的分析，需要从信息有效传播的要素与条件入手。信息的有效传播需要符合下列结构和要求（如图 11-1 所示）。

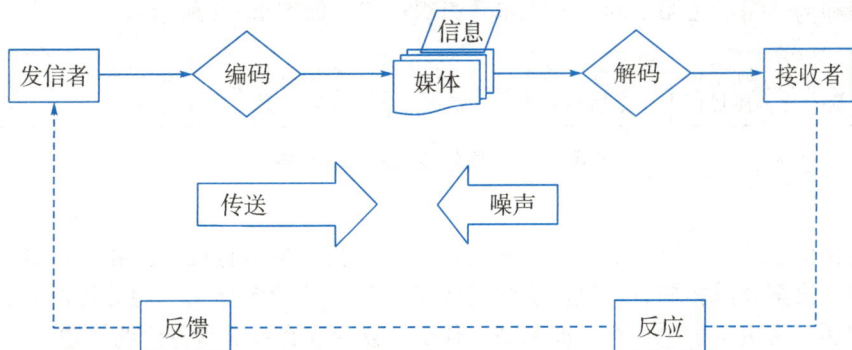

图 11-1 信息传播要素与流程

（1）发信者（信息源）：信息发出者，信息的出现和进入传播过程由发信者准备和开始。

（2）编码：信息编码具有两个功能，其一是将要传播的信息用能够触及人们感觉器官的方式（如听觉、视觉、嗅觉、触觉）表达出来；其二是信息是不能自己运动的，它的运动要由能够传送信息的媒体来完成。

（3）媒体：使信息能得以传播的物体就是传播媒体。如电磁波、计算机网络、空气、报纸（纸张）、路牌、人（如推销人员）。

（4）解码：将接收的信息与媒体剥离（解调）并进行理解（阅读）的过程。

（5）接收者：接收信息的人，是发信者的目标。

（6）反馈：了解接收者对信息的反应和信息传递的效果。

（7）噪音：从信息传播的角度讲，媒体运动是将信息从发信者处运动到接收者处的力的作用；任何导致信息运动偏离接收者方向的运动力就是噪音或干扰。

要实现信息的有效传播，必须具备下列条件：

条件一：编译码匹配。编译码如果不能匹配，信息就不能有效送达接收者。

条件二：传送力大于干扰力。信息的无吸引力也是一种干扰，当企业的电视广告表现形式平淡时，由"遥控器决定论"可知，目标接收者将转换去看别的电视节目，该广告就难以引起消费者的注意。

条件三：媒体可接触性。若接收者没有接触相关媒体，就无法实现信息的有效传送。

由上述信息有效传播的充要条件可知，高效的营销传播需要整合所有的营销活动，除了确定传播内容外，还要考虑选用什么样的媒体、用什么样的方法、以什么表现形式来传播营销信息。

二、营销传播过程

营销传播与沟通受到四个基本因素的影响：其一是信息有效传播条件；其二是知觉形成理论；其三是传播工具的特点；其四是传播工具组合的特点。营销传播和

287

沟通的最终目的是促使消费者产生购买反应，但很难通过一次性传播或促销就能说服目标顾客，企业必须根据顾客的购买反应过程循序引导（Step by Step）。整个营销传播和沟通需要按照下面的七个步骤组织进行，如图 11-2 所示。

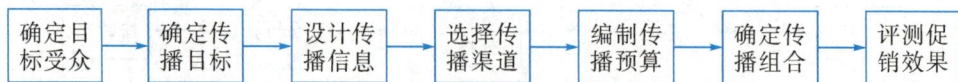

确定目标受众 → 确定传播目标 → 设计传播信息 → 选择传播渠道 → 编制传播预算 → 确定传播组合 → 评测促销效果

图 11-2　营销传播的 7 个步骤

（一）确定目标受众

营销信息的传播首先要确定目标受众，目标受众可以包括：潜在购买者、目前使用者、决策者或影响者。目标受众决定了在整个营销传播中，对谁说的问题。而这一问题，又决定了说什么，如何说，什么时候说和在什么地方说的问题。

企业进行市场细分和产品定位时就可以大致确定目标受众。营销传播的关键在于企业要确定通过营销传播要解决的问题。因此，企业需要对目标进行印象（image）分析，比较受众对本企业产品和竞争者产品的印象，以增强传播的针对性和目的性。印象是一个人对某一具体事物拥有的信念、观念和感想的综合，而人们对待事物的信念和态度与印象密切相关。企业可以采取"熟悉量表"测定目标受众对该产品的认知程度（见表 11-1）。

表 11-1　熟悉量表

从未听说过	仅听说过	知道一点点	知道相当多	熟知

在上述测量中，目标受众中的大部分受试者的印象集中在前面的量值处，企业营销传播面临的问题将是企业自身、品牌或产品的知晓问题；如果目标受众中大部分受试者的印象集中于后面的量值处，则需要进一步调查受试者对产品的喜爱程度。此时，企业可用下列"偏好量表"评测（见表 11-2）。

表 11-2　偏好量表

很不喜欢	不怎么喜欢	不确定	比较喜欢	很喜欢

如果大多数受试者的回答集中于前面的量值处，显然，营销传播的任务就是解决否定印象问题。

这两种量表结合起来，就可以给出目标受众的"熟悉—喜爱程度分析矩阵图"（见图 11-3）。受众处于不同象限，企业面临的营销传播任务和目标就相应变化：

喜欢

B	A
C	D

低熟悉度　　　　　　　　　　　　高熟悉度

不喜欢

图 11-3　熟悉-喜爱程度分析

如果处在象限 A，则企业要不断维持受众对企业和产品的良好印象。如果处在象限 B，则企业主要解决企业产品知名度问题。如果处于象限 C，则企业的知名度低，且消费者对产品/服务的印象也不好。因此，在解决知名度的同时，企业还需要转变受众对产品/服务的印象。如果处于象限 D，则其不好的名声为大多数人知道，企业必须重新塑造形象声誉。由于印象具有很强的黏着性，一旦形成就很难扭转，因此，要改变业已形成的"坏"印象，企业必须向目标受众提供强有力的证明来转变受众印象。

（二）确定传播目标

营销是刺激潜在顾客并得到预期反应的过程，但几乎没有任何一种传播方法和工具能够通过一次性传播就得到期望的反应。因此，营销传播活动需要多次、循序开展。营销传播过程，就是将目标顾客从某一购买认知阶段推向更高认知阶段的过程。目标顾客的购买认知阶段就是其购买反应层次。图 11-4 列示了四种最著名的反应层次模型（Response Hierarchy Models）。

阶段	AIDAS模式	层次效果模式	创新采用模式	沟通模式
认识阶段	注意	知晓 ↓ 认识	知晓	接触 ↓ 接受 ↓ 认知反应
感知阶段	兴趣 ↓ 欲望	喜爱 偏好 信任	兴趣 ↓ 评估	态度 ↓ 意图
行为阶段	行动 ↓ 满意	购买	试用 ↓ 采用	行动

图 11-4　反应层次模式

以上四种模式都假设购买者依次经过认知、情感和行为等三个基本阶段。企业营销经理人员可以选取恰当的模型并据此确定传播目标。表 11-3 对传播目标进行了概括和分类。

表 11-3　传播的目标

阶段	目标
认知阶段	认清顾客需要 提升客户对品牌的意识 提高客户对产品的了解程度

表11-3（续）

阶段	目标
感知阶段	改善品牌形象 改善公司形象 提高品牌受偏爱的程度
行为阶段	激励寻找行为 增加试用行为 提高再购买率 增加口头推荐行为

（三）设计传播信息

确定了营销传播的目标受众和传播目标以后，企业就需要按照传播目标的要求，对传播信息进行开发和设计。由信息有效传播原理可知，信息的编码必须与译码匹配，使目标受众愿意并能够注意到传播的信息，这样才可能得到期望的反应。

1. 信息内容设计

设计信息内容首先要确定诉求方式，采用不同的诉求方式，其信息内容也会有所区别。一般来说，我们可以将诉求方式分为以下三种：

（1）理性诉求。采用比较客观和平铺直叙的方法，将受众关心的产品性能、质量、价格比较、服务质量等信息告诉受众。

（2）情感诉求。激发或唤起受众的某种情感，以促使其对产品产生好感甚至购买欲。关键在于营销传播者要找到能引起大部分受众情感共鸣的诉求点。

（3）道义诉求。以唤起是非判断或正义感的方式说出使用产品的原因或理由。以汽车产品为例，"我们只有一个地球，地球的自然资源非常有限。任何污染环境的行为就是对人类犯罪，浪费宝贵资源的行为无异于残害我们的子孙———XX 汽车超低排放、低油耗，使你能为人类的现在和将来做出实际贡献!"该广告传达的信息是汽车产品的低油耗和低排放，并以道义感召暗示应该抵制那些高污染和高油耗的汽车产品。

2. 信息结构

信息传播到人们的感觉器官是一个过程。语言或声音的传达与时间相关，即先说什么，再说什么，最后说什么；图像信息的传达与空间变量联系紧密，包括构图、视点中心、颜色搭配等。信息结构主要解决以下问题：

（1）结论是否需要说出来。在过去的广告中，结论往往由营销者告诉受众。但现代研究认为，将问题用举事实的方式给出并由受众得出结论的方式较好。尤其是当受众对传播者的印象较差时，由传播者给出结论的方式可能不利于信息的传播和产品的推广。

（2）单面信息还是双面信息。在传统的营销传播中，营销者通常只传播单面信息，即产品/服务的优点和好处，一般不传播缺点和不足。但在现代营销中，适当传播负面信息可能有利于增强传播信息的可信度和可靠性。

（3）信息展示秩序。常用的有三种展示秩序：

①将结论放在前面并随后给出论据或理由的方式是渐降式结构（如图 11-5A 所示）。一般来讲，若需要在较短时间传递内容的，宜采用这种结构形式。

②先说明理由和论据再将结论或强调的观点放在最后的方式是渐升式结构（如图 11-5B 所示）。如果受众对产品已经有了负面印象，或者受众对一些新的结论难以接受甚至出现抵触情绪时，宜采用这种结构形式。

③结论或强调的观点穿插于整个信息传播过程的方式是平行式结构（如图 11-5C 所示）。如果需要给出多个结论和详尽信息，且受众又能在传播过程中处于高度注意状态时，可采用这种形式。

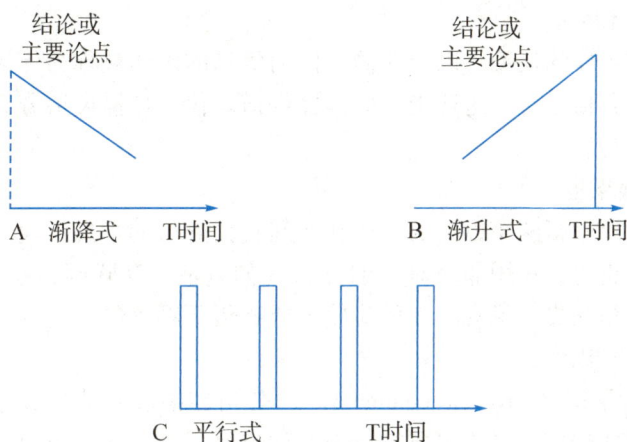

图 11-5　营销传播信息的三种展示秩序

3. 信息形式

根据知觉理论，若信息不能引起受众的注意，则无论传播多少次都不能达到传播的目的。信息形式就涉及信息吸引力（争取注意力）问题，信息形式包括标题、颜色、叙述方式、插图、影视表演、特技、音乐、灯光造型等能够吸引目标受众注意力的多种因素。

吸引受众注意需要采用多种艺术性创造手法。在营销传播过程中，信息形式的创造和设计都是以有效传达营销信息为目的。广告等营销传播工具和手段需要艺术创新，艺术创新手法和形式也可以用于广告，但不能将广告只当成艺术。

4. 信息源

这里的信息源是指在营销沟通中，由谁代表公司向目标受众传达信息。这里的信息源通常被称为公司形象、产品形象或品牌代言人。它可以由某个人担任，也可以由某个专门创立的特定形象担任，如卡通人物或动物形象。

选取信息源时，企业需要考虑其对目标受众的吸引力。因此，许多公司聘请名人做其产品代言人。但若名人本身的形象与要传达的公司、品牌与产品形象不能很好匹配时，可能产生负面作用。信息源的可信性由三个因素决定：

（1）专长。如果信息源对传播信息中的论点和结论具有相应的专门知识，甚至是相关领域的权威专家时，信息源的可信度就会非常高。如医生对药品的介绍；著名运动员对于体育用品、保健品的代言等。

（2）可靠性。可靠性往往由信息源的客观性、无利益性、关联性和诚实性决定。受众据以判断传播信息可信性的标准应与传播者无利益相关。

（3）喜爱程度。当品牌、产品形象代言人得到受众喜爱时，其被接受和信任的程度较高。代言人是否得到受众喜爱由其个人特点决定，如长相、气质、谈吐、幽默、品德、教育背景等。企业要选取合适的代言人，使品牌、产品的特点与代言人的特点一致。

（四）选择传播渠道

信息是依靠媒体的运动得以传播的，传播信息的媒体被称为传播渠道。营销者必须选取能够将其信息有效送达受众的传播渠道。信息传播渠道分为两大类：人员渠道和非人员渠道。

1. 人员传播渠道

人员传播渠道是指两个以上的人相互之间直接进行的信息沟通和传播。传播可以是面对面的，也可以采用非面对面的方法（如电话、互联网）。人员传播渠道主要适用于产品价格昂贵、顾客感知风险较大或购买不频繁的情况。人员传播渠道还可分为以下几种子渠道：

（1）提倡者渠道（advocate channel）。由公司的销售人员与目标受众接触所形成。通常，公司的销售人员不仅要完成沟通和传播任务，还要争取与之达成交易意向甚至完成交易。

（2）专家渠道（expert channel）。由具有专门知识的独立个人对产品进行评价或介绍。如医生对药品的评价和介绍；计算机专家对电脑产品的介绍；汽车专家对汽车的评价，等等。

（3）社会渠道（social channel）。由邻居、朋友、家庭成员与目标购买者交谈、推荐和评价所构成，其可能会直接影响目标顾客的购买意愿。

后两种人员渠道传播，在现代营销中被称为"口碑"传播。特别是社会渠道传送的营销信息，其影响往往非常广泛、直接和有力。企业营销经理人员通常需要发展出良好的口碑传播效果。下面是一些普遍适用的影响"口碑"的技巧：

（1）已经购买产品的顾客是"口碑"传播源。源正而水清。因此，对于购买者反映的问题，公司应给予满意的答复。与其他顾客相比，这些遇到问题但得到满意答复的顾客对公司的产品和服务有更深刻的印象，他们可能更愿意向别人推荐该公司的产品。

（2）意见领袖（KOL）。在互联网和社交媒体充斥的时代，意见领袖（如具有较大影响力的明星、主播等）是产品口碑信息的重要传播者。

（3）回访。对已经购买本公司产品的用户进行回访不仅可以了解其意见，以便进行必要的改进；更重要的是，得到回访的顾客对于公司售后服务的信心会大大增加，他们会更愿意向别人推荐放心的产品。

（4）延长保修期。一般来说，许多公司对产品的责任保证有一定期限。过了期限，即便产品出现同样问题，也将由顾客自己承担责任。如果公司适当延长保修期，或对已过保修期的产品提供一定优惠措施，将大大增加顾客对公司产品和服务的好感，此时顾客的满意度可能会超过在保修期内解决问题时顾客的满意度。

（5）样品赠送。公司推广新产品时往往采取该措施。顾客在获取"免费产品"时，容易感受到产品的更多优点，因而可能成为公司产品的"义务宣传者"。

（6）召回。产品出现重大问题，甚至被新闻媒体曝光时，公司应该采取"召回"措施。此举旨在向公众表明，本公司是一个对用户负责的公司。已有很多实例证明，召回产品使许多曾经出现产品质量问题的公司顺利地渡过了难关。

（7）论坛。开辟互联网（电子）论坛也是一种有效的口碑传播方式。虽然不能保证论坛上的所有言论都是关于公司产品的正面评价，但其信息可信度较高且影响广泛。一般来说，会有相当数量的顾客对公司产品给予正面评价。

2. 非人员传播渠道

非人员传播渠道是指信息传播者与接收者不直接接触而进行的信息传播，包括媒体、气氛和事件。

（1）媒体（media）由印刷媒体、广播媒体、展示媒体和网络媒体组成，其特点为随处随时可得。一般来说，影响力与传播范围越广泛的媒体，其使用费用越昂贵。

（2）气氛（atmosphere）是"被包装的环境"，这些环境会促使消费者产生或增强购买意愿。"被包装的环境"是指将传达产品/服务信息的场所（如公司所在地，销售场地等）通过物品布置、色彩搭配、声音运用、灯光设置、实物展示等，促使目标受众产生接受产品的情绪、情感或意向的一套传播方法。如与销售普通产品的商场比较，销售高档产品的商场需要更多的"奢侈性"布置等。

（3）事件（event）是通过策划活动向目标受众传播信息。如新闻发布会、开业庆典和各种赞助活动等。

与人员渠道相比，非人员渠道具有广泛性与经常性的优点，但是其可信度低于人员传播。在营销传播中可使用两步法：当受众对产品/服务的印象一般或使受众获得初期信息时，可以让非人员渠道发挥主要作用；在建立认知、好感或激励购买时，增加人员渠道的使用。此外，企业可以利用顾客数据库技术定向制定针对性的营销传播方式，如根据顾客的消费经历、消费习惯进行消费者画像，向顾客提供其他相关产品的信息。

（五）编制传播预算

组织营销传播活动需要对资金进行分配使用。长期以来，有两个问题一直困扰着企业的营销经理人员：一是营销传播效果受众多因素影响，确定恰当的资金预算缺少可靠依据；二是营销信息大量充斥甚至泛滥，营销传播资金的效率递减。常用的确定促销预算的方法有：

（1）量入为出法。该种方法以公司能够负担的水平为标准制定预算。该种方法倾向于在所有支出中最后考虑促销资金，导致企业的营销管理没有稳定可靠的资金保证，从而难以制定营销传播和促销计划。

（2）销售百分比法。以当前或预期的销售额的特定比例提取用于营销传播和促销的总资金，再在不同的促销任务中进行分配。如某公司在上年实现销售收入2 000万元，如果规定用于营销传播与促销的资金占销售收入的1%，则该公司的营销管理部门可得到20万元促销费用。

在销售业绩较好的公司里，销售百分比法能给予营销部门充足的资金支持。如果行业内所有的竞争者都使用销售百分比法，可能会避免促销战的发生。但企业进行营销传播的目的是提高产品销量。因此，当销量较小时，其需加大促销力度；当销量已达到一定程度时，其可以适当减小促销力度。所以，这种方法在逻辑上是"反因为果"。从适用性讲，该方法适用于不依赖当前促销，而试图保持长期市场影响力的公司。

（3）竞争平衡法。企业根据竞争对手的促销开支水平安排自己的促销预算。

有三种观点支持该方法：一是进行促销和营销传播的目的是形成市场影响，只要公司的市场份额不低于竞争对手，就无须增加开支；二是竞争对手的促销费用水平代表了本行业营销传播与促销的实际需要；三是如果加大传播和促销力度，可能引发促销战，保持与竞争对手相当的营销传播和促销力度可避免促销战发生。

但上述三个理由并不充分：一是营销传播和沟通的目的不是与竞争者博弈，而是买卖双方沟通信息；二是不同公司的产品定位、细分市场、声誉等不尽相同，每个公司都有自己的促销需求；三是没有充足的证据表明与竞争对手保持相当的促销预算就可以避免促销战的发生。

（4）目标任务法。这是指企业将营销传播和促销目标分解成具体任务，据此分配促销预算。该方法要求正确计算每项任务所需资金，否则该方法很难被真正使用。

如某公司要求本年度实现产品市场占有率20%，如果行业预计总销售量为1千万件，则公司需要完成的销售量为200万件。要实现该目标，需投入广告开支100万元，公共宣传与公关活动150万元，销售促进与样品赠送资金30万元，拜访客户开支15万元，则该公司所需总促销预算为295万元。

（六）确定传播组合

没有任何工具是万能的，它们各有其特点。因此，企业要完成企业的营销传播和促销任务，就需要在不同传播和促销阶段，将这些工具组合起来使用。一般来说，企业的营销管理人员会根据以下因素组合使用不同的营销传播工具：

1. 产品的市场类型

产品的市场类型不同，消费者的行为方式、购买决策因素等也不同。一般而言，消费品市场和产业用品市场的购买者对不同促销工具的反应不同：在消费品市场，广告比人员推销更重要；在产业用品市场，人员推销比广告更有效；销售促进对两者的作用基本相等，虽然其影响比前两种工具低些；公共宣传则又较销售促进差一些，但对消费市场及工业市场的作用也基本相同（见图 11-6）。

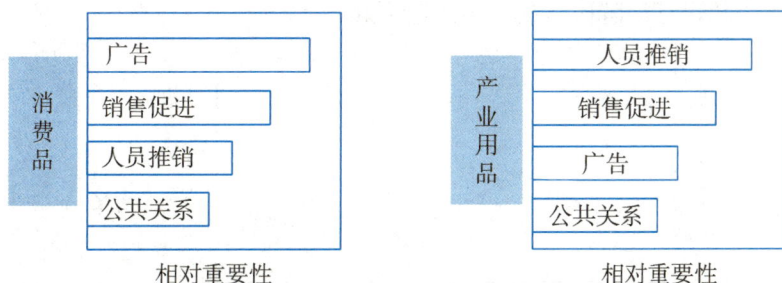

图 11-6　促销组合在消费品与产业用品中的排序

上述说明并不能一概而论，在消费品和产业用品中，对于那些参与度低的产品，广告作用通常大于人员推销；相反，在高参与度的情况下，即便是消费品，也可能更依靠人员推销，如住房和汽车，人员推销与最终能否完成交易关系密切。

2. 推（push）与拉（pull）的战略

公司对营销传播组合的选取也与其对"推"或"拉"战略的选择有关。如果公司偏好"推"的战略，就会更多采用人员推销和销售促进的方法，如线下商店或电商平台向消费者赠送免费样品；反之则将更多采用广告和促销的方法，如公司的搜索引擎优化策略，在社交媒体上的广告创建和分享等（如图 11-7 所示）。

295

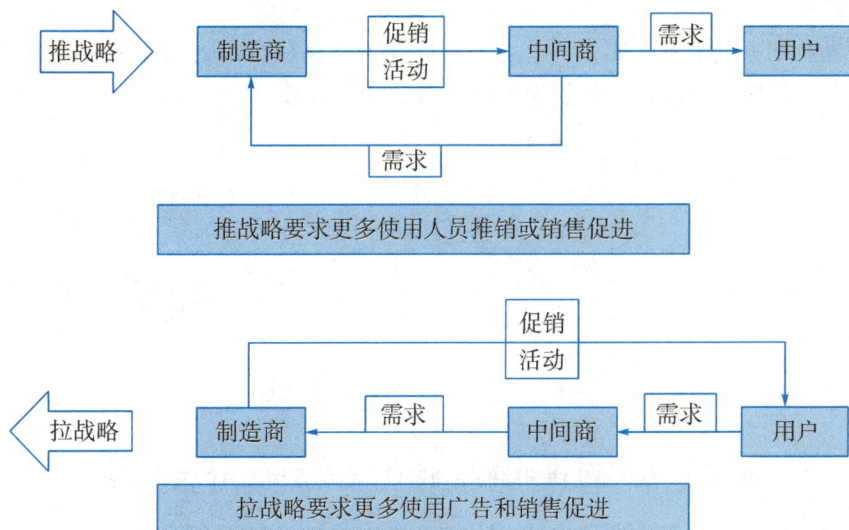

图 11-7　在不同的购买准备阶段各种促销工具的成本效应

3. 消费者所处的购买准备阶段

消费者的购买过程可分为五个阶段：知晓、了解、确信、订购及再订购。在不同阶段，促销工具的成本效果不同，图 11-8 显示了这些变化。广告及公共宣传在购买初期（知名和了解阶段）的成本效应最大；而人员推销和销售促进在后期（确信和订购，以及再订购阶段）的成本效应更好。

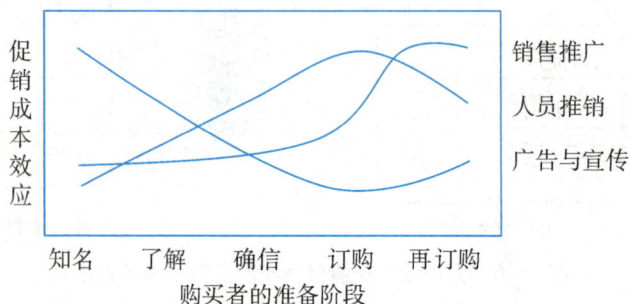

图 11-8　在不同的购买准备阶段各种促销工具的成本效应

4. 产品生命周期

在产品生命周期的不同阶段，促销工具成本效应也是不同的。图 11-9 对此进行了描述。

在引入期，企业须借助各种促销手段使消费者知晓并对产品产生兴趣。此时，广告的成本效应最高，其次是产品试用和人员推销活动。

在成长期，口头传播较为重要，并且随着需求的增长，各种促销工具的成本都呈下降趋势。

在成熟期，竞争者增加，企业为了对抗竞争并保持市场占有率，必须增加促销支出。在此阶段，赠品式销售促进比纯广告活动更有效。

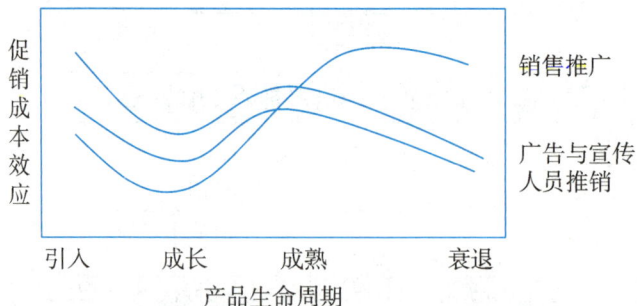

图 11-9　在产品生命周期的不同阶段，各种促销工具的成本效应

在衰退阶段，公司常把促销活动降至最低以保持足够利润。此时只需用少量广告活动来维持顾客记忆，人员推销减至最低水准，企业主要依靠销售促进活动来维持销售量。

（七）评测促销效果

在营销传播和促销中，很难一次就能说服目标顾客产生购买意愿。传播与促销活动往往是分次进行的，因此，企业需要对每次传播或促销的效果进行测量和分析，以确定下次传播促销时应解决的问题。

在图 11-10 中，假设有两个品牌进行了营销信息传播和促销。其中，A 品牌的知晓率已达 80%，试用过的消费者达 60%，但试用者中有 80% 的人对产品失望；B 品牌情况相反，有 60% 消费者不知道该产品，知晓者中仅 30% 的人试用过，但 80% 的试用者都比较满意或愿意购买此产品。

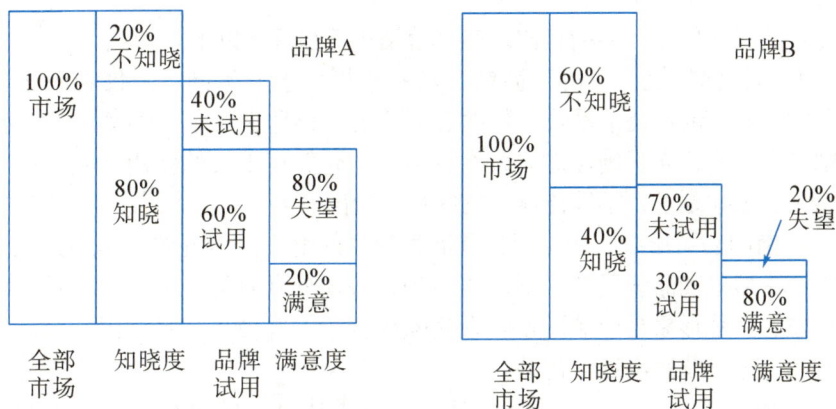

图 11-10　A、B 品牌的促销效果测评

从传播效果来说，A 品牌的知晓率较高，很难再通过传播和促销来提高产品购买率。因此，A 品牌应注重对产品的性能、质量或服务等项目的改进；B 品牌产品本身不存在问题，但其知晓率很低，因此，B 品牌应改进传播和促销方法。

三、整合营销传播（IMC）

美国广告协会（American Association of Advertising Agencies，4As）对整合营销传播（Integrated Marketing Communications，IMC）给出的定义是："……一种营销传播计划，通过确认并评估各种传播方法的战略作用及价值，对不同的传播方法进行组合。通过整合分散信息，产生明确的、连续一致的和最大的传播影响。"实际上，整合营销传播是将公司的营销传播活动作为整体进行统一管理，管理内容包括目标统一、内容统一和过程统一。

（一）整合营销传播的产生

传统营销传播理论对传播与促销方式进行了长期与短期的效应区分，也对传播和促销工具的特点进行了介绍。

（1）产品、品牌和公司形象与声誉的培育方法是各不相同的。

（2）完成产品销售是当前任务，而树立品牌和公司形象是长期任务，应由不同部门分别负责。

（3）不同的营销传播与促销工具能够完成不同的传播和促销任务，因此，企业要结合营销传播与促销任务选取恰当的促销工具。促销工具包括广告、人员推销、直复营销、销售促进、公共关系以及社交媒体营销和数字营销等。

但是，经过长期的市场观察，营销研究人员迄今仍没有发现支持上述看法的有效证据。事实上，如果顾客认为不信任某公司，也就不会选择该公司产品。也就是说，对顾客而言，产品、品牌和公司形象是统一的。从 20 世纪 90 年代中期开始，整合营销传播作为对传统营销传播和促销理论的改进就应运而生。

（二）整合营销传播的主要思想

与传统的营销传播和促销相比，整合营销传播强调了以下观念：

（1）传播目标的统一。由于促销工具和传播要求的不同，若仅着眼于当前任务，则通过一系列的传播活动最终使顾客形成的总体印象可能不尽如人意。整合营销传播则要求企业首先明确传播的最终目标，不同促销工具的使用必须有助于最终目标的实现。也就是说，不同传播工具的目标指向一致。

（2）传播的公司形象、产品形象和品牌形象的统一。传统的营销理论认为，公司形象、产品形象和品牌形象是不同属性的，必须分开对待。事实上，顾客往往是将公司形象、品牌形象与产品形象联系起来综合考虑并做出选择。因此，企业应将三者统一起来进行营销沟通与传播。

（3）传播过程的统一。将传播目标的实现看成连续的过程，在传播的不同阶段，灵活使用不同的促销工具，但同时也要做到"多种声音，一个主题"。

整合营销传播的出现与互联网等新型传播工具的出现没有必然联系，但互联网等信息传播沟通工具为整合营销传播提供了更好的传播平台和工具。在新型信息传播工具出现之前，少数媒体就可以"垄断"全国的信息渠道，昂贵的费用使受众只能采用单一或少量媒体作为信息来源。互联网的出现打破了这种局面，受众进入了信息渠道多样化、廉价化和方便化的时代。因此，整合营销传播本身并不是互联网的产物，但互联网的出现，使整合营销传播成为信息时代的必然要求。党的二十大报告指出，加强全媒体传播体系建设，塑造主流舆论新格局。健全网络综合治理体系，推动形成良好网络生态。

在社交媒体广泛应用的互联网趋势下，企业与其利益相关者之间的沟通也产生了一些新变化。具体来说：消费者可以通过多种不同的数字媒体获取有关于企业本身及其产品的相关信息，且这些信息能被迅速传播开来；不同的消费者对于电脑、手机、电视等设备的偏好不一致，不同的场景下，消费者也会通过多种方式来使用设备；面临丰富的产品信息，消费者与企业之间的互动沟通在维持客户关系方面显得尤为重要。因此，企业在数字化背景下的营销传播需要整合多种数字媒体与平台，并且为消费者提供有效的互动渠道。

（三）整合营销传播的操作

公司进行整合营销传播，可以采取以下两种方式：

（1）将营销传播业务进行外包，由营销传播公司承担全部的营销传播业务。公司应根据产品定位、品牌定位和公司形象战略的要求，与传播公司一起制定相应的传播目标和整体计划，并由外包公司制定具体实施计划。公司应给予传播公司适当的配合，并对实施效果进行监督。

（2）公司也可以自行组织营销传播活动，成立专门的整合营销传播机构，由其全权负责组织、计划和实施整合营销传播。

第二节　广告

一、广告的概念与作用

（一）广告的定义

生产的社会化使生产者在时间和空间上与消费者分离。因此，企业需要与其目标顾客进行联系与沟通。传统的联系方法——在交换场所进行一对一的接触，已不能适应生产社会化的需要，广告就应运而生了。尤其在消费品市场，广告成为最主要的营销沟通与传播方式。

科特勒将广告定义为：广告是由明确的主办人发起并付费的，通过非人员介绍的方式展示和推广其创意、产品和服务的行为。广告是一种经济有效的信息传播方法，它能够树立品牌偏好或者起到教育人民的作用[①]。

（二）广告的作用

商业活动的激烈竞争导致现代社会的广告泛滥，对企业来说，良好的广告能在以下方面发挥较好作用：

（1）沟通。由于生产者与消费者的隔离，对生产者来说，其必须主动寻找目标顾客并与之沟通。沟通是广告最基本的作用，其他作用都是在此基础上派生而来的。

（2）促进购买。广告的作用不仅在于使产品和服务引起顾客的注意，更要通过信息刺激促使顾客购买产品。在营销中，人们将不能产生这种作用的广告视为无效广告。任何营销者都不会长期使用无效广告，不论其艺术价值有多高。

（3）诱导。要实现营销传播的目的，广告往往要采用许多说服性方法，用突出优点或者利益引导的方式诱导目标顾客接受本广告传播的产品或服务。除首次传播产品信息的广告外，其他广告都是以达到最大诱导效果为目的的。

（三）广告分类

按照不同标准我们可以将广告分为多种不同类型。比如，按广告的受众群体特征其可分为消费者广告、工业用户广告、批发商、零售商广告等；按广告使用的传媒其可分为报纸广告、杂志广告、广播广告、电视广告、招贴广告、路牌广告、移

---

① 科特勒，凯勒. 营销管理［M］. 梅清豪，译. 12 版. 上海：上海人民出版社，2006：637.

动广告等；按广告表现方式其可分为理性述说广告、情感性广告或道义性广告等等。根据受众对广告传达信息的接受程度并是否产生预期行为，我们可以将广告分为以下三种：

（1）通知性广告。通知性广告具有向受众传达产品基本信息的作用。如产品名称、品牌名称、供应时间等。通常用于传达简单的产品信息或营销信息（如开始供货），目的在于使目标顾客知道"有这个产品"或"知道某件事情"。

（2）说服性广告。在竞争激烈的情况下，企业需要宣传产品的特殊优点（卖点）；或者需要向顾客详细介绍产品的功能、成分或技术时，需要采用这种广告。说服性广告往往要用对比、长篇说理或有感染力的表现方式才能达到目的。

（3）提醒性广告。当顾客对于所传达的产品信息已经较为熟悉，但为了使之能够时时想起，企业需要不断提及使顾客保持记忆。这类广告的时间较短，表现形式也比较简单。如报纸上的"报花"、电子媒体中的一句话广告、网络页面上的Banner、Flash广告等。

二、开发与管理广告

广告不具有包打天下的作用，那种想仅依靠广告进行营销的企业从来没有成功的先例。这也是为什么CCTV的天价标王迄今少有国外企业参与的原因。因此，企业应按照营销学基本原理对广告进行有效开发与管理，并恰当组合多种营销工具。

开发与管理广告的程序如图11-11所示。广告的目的与任务（mission）、需要的资金（money）、传达的信息（message）、使用的传播媒体（media）、广告效果的衡量（measurement）等就是现代营销中广告的5Ms决策内容。

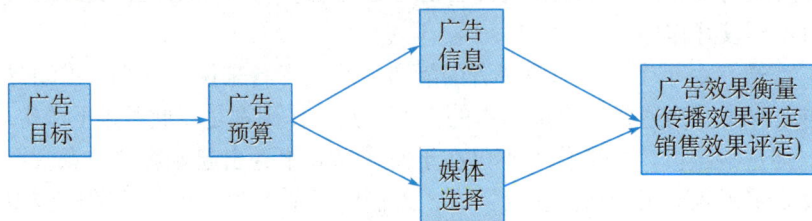

图 11-11　开发与管理广告的程序

（一）广告目标

广告目标由企业营销战略目标、目标市场特点、市场定位和营销组合决策决定。根据信息传播与接收原理，企业不可能通过一次广告就能实现预定的营销目标，因此，每次或每则广告均需要设定独立明确的目标。大多数传媒并不愿意零星出售广告资源，因此，广告目标往往是阶段性的。企业应在分析广告已造成影响的基础上，确定对哪些顾客、在什么程度、让其产生什么印象、信念与态度等，据此设定下一阶段的广告目标。

（二）广告预算

企业制定广告预算时需要考虑以下五个因素：

（1）产品生命周期。企业在推广新产品或顾客不熟悉的产品时，需要投入较多的广告预算才能建立较好的顾客印象并促使顾客试用。如果已经获取了一定的知名度或顾客试用达到了预期的比率，就可以适当减少广告预算。

（2）市场份额。一般来说，占有较高市场份额的企业，若没有必要继续扩大市场份额，则可用较少的广告预算来保持市场份额；反之，则需要增加广告预算以维持广告信息的影响力，并提高市场份额。

（3）竞争程度。在竞争激烈的市场中，企业若希望产品和产品信息对目标顾客有更大的影响力和吸引力，则需要制定更高的广告预算。即使不能完全盖过竞争者的声音，也可以对竞争对手的产品信息产生足够的干扰，这就是所谓的"声音份额"的争夺，而广告战需要消耗大量资金。

（4）广告频率。广告频率的确定需要考虑顾客在一定时间收到多少次广告信息才能受到预期影响。很显然，那种在一定时间内需要更多重复的广告信息（高广告频率）需要更多的广告预算；反之则需要较少预算。

（5）独特信息。同类产品中品牌众多时，为有效传达关于品牌特色的信息（如产品特色、服务特色等），一般需要大量广告支持。高露洁的"没有蛀牙"就是由大量广告支撑起来的。

（三）广告信息

由知觉形成过程中的"选择性注意"理论可知，吸引力是广告制作时的首要考虑因素。缺乏吸引力的广告，即便做了上千次，也抵不上能够深度吸引注意力的广告仅仅传播一次的效果。因此，企业要对广告创意进行精心设计。广告创意的设计需要考虑较多因素。囿于篇幅，本书仅对广告设计的原则进行简要介绍，感兴趣的读者可以阅读相关书籍，

（1）广告的目的是有效传播信息并说服顾客接受和选择产品与服务。广告的艺术性也是为此服务的，不能本末倒置。

（2）广告要与其他营销工具配合使用，不能仅依赖广告进行营销传播。此外，营销者要慎重考虑并选择恰当的营销工具组合。

（3）节约使用广告费用。比如，当名人不能带来较好的广告效应时，企业就没有必要花费巨额资金邀请名人代言。

（四）媒体选择

广告媒体是指广告主与广告对象之间联系的工具，或者说，广告媒体就是广告信息的传播工具。广告媒体的选择是以将营销信息有效传递给目标受众为标准。在广告的整体活动中，媒体刊播费用占广告支出绝大部分。若媒体选择失误或选择策略不当，会造成巨大损失。在信息技术不断发展、广告媒体越来越多的情形下，营销者必须了解媒体的主要类型与特点。

301

1. 主要广告媒体及其特点

（1）报纸：报纸是经常采用的一种广告媒体。

报纸的主要优点有：①传播范围广，覆盖率高；②读者稳定；③传播及时；④能详细说明，传播信息量大；⑤读者看广告的时间不受限制，广告刊出的时间选择自由度大；⑥费用较低。

报纸的不足之处是：①时效短；②注目率低；③印刷品质不好，难有较强表现力。

（2）杂志：杂志也是经常使用的一种印刷媒体。

杂志的主要优点有：①读者稳定，容易辨认；②可利用专业刊物在读者中的声望加强广告效果；③传播时期长，可以保存；④能传播大量信息；⑤印刷质量高，表现力强；⑥收藏时间长，传播效果比报纸持久。

杂志的局限性是：①发行周期长，及时性的信息传播受限制；②注目率较低；③传播范围较小；④制作时间较长，灵活性较差。

（3）广播：这是较早出现的电子传播媒体，但属于单（听）媒体形式。

广播的主要优点是：①听众广泛；②迅速及时；③广告内容变更容易；④可多次播出；⑤制作简便，费用低廉。

广播的局限性是：①传递的信息量有限；②只能刺激听觉，受众的印象不深，遗忘率高；③难以把握收听率。

（4）电视：电视是一种多媒体传播形式，也是现代使用最广泛的电子传播媒体之一。传统电视传播缺少互动性，随着电视数字化技术的进步，电视的互动性也不断提高。

电视的主要优点是：①形声合一，形象生动；②能综合利用各种艺术形式，表现力强，吸引力大；③覆盖面广；④注目率高；⑤对受众的受教育程度的要求较低。

电视最大的局限性是费用昂贵，时效短，介入程度低。并且，随着电视媒体的激烈竞争，在不同电视台播放的广告影响力差异增大。

（5）户外广告：凡是在露天或针对户外行动的人传播广告信息的载体，均为户外广告媒体。如销售现场广告（POP）、橱窗、路牌、霓虹灯、普通灯箱等。

户外广告媒体的主要优点有：①长期固定在一定场所，反复诉求效果好；②可根据地区消费者的特点和风俗习惯设置；③可较好地利用消费者在行动中的空白心理；④有很大的开发利用余地；⑤媒体费用弹性较大。

户外广告的主要缺点有：①宣传区域狭小，为了扩大影响，需要多处布置，费用增多；②不同城市对户外广告的管理规定不同，在管理较为松散的地区，户外广告的正规性较低，导致其可信度也较低。

（6）新媒体：新媒体是指采用网络技术、数字技术、移动通信技术进行信息传递与接收的信息交流平台，包括固定终端和移动终端。新媒体有狭义和广义之分，狭义新媒体仅指区别于传统媒体的新型媒体，主要包括统称为网络媒体的互联网和移动网络；广义新媒体既包括网络媒体，也包括传统媒体运用新技术以及新媒体融合而产生或发展出来的新媒体形式。目前比较常见的新媒体营销主要有社会化媒体营销、虚拟游戏营销、移动营销（如短视频营销等）、搜索引擎营销等。

新媒体的主要优点有：①信息传达具有及时性，打破时间和空间限制，可随时随地传播信息；②打破了从传播者到受众的单向传播模式，信息传播的双向互动性增强，"受众"的地位提升，由单一的被动接受者转变为多元的主动参与者；③为用户提供内容丰富、形式多样的海量信息；④可以为用户提供个性化服务，用户可以选择感兴趣的内容并生成自己的个性化页面，这也为企业的产品开发和精准营销提供了便利；⑤营销信息传播的经济成本和时间成本较低。

新媒体的主要缺点有：①营销信息的传播受相关行政部门的监管力度较弱，难以保证信息的可靠性和可信度；②信息传播具有不可控性，用户可以任意处理各种营销信息，甚至自行制作针锋相对的信息并利用新媒体平台进行广泛传播；③企业利用新媒体进行精准营销有时会受到侵犯消费者隐私的质疑，甚至会引起消费者的反感和排斥；④新媒体时代用户可以接触到海量信息，新媒体广告可能会被其他信息淹没，获取用户关注的难度加大。

2. 如何选择广告媒体

选择广告媒体时应考虑以下因素：

（1）目标受众的媒体使用习惯或偏好。了解目标受众的媒体使用习惯与使用环境并选择恰当的媒体传播，才能保证广告信息顺利送达目标受众。

（2）产品。不同产品的特性不同，企业要选取合适的媒体进行推广。书籍和新颖的电子产品等，需要对其内容进行详细介绍，报纸为很好的载体；服装类产品，不仅要展示其款式和色彩，还要将穿着效果的动态表现出来，电视、互联网以及新媒体等较为合适。

（3）信息特征。对传播速度要求较高的信息，如在规定时间内进行降价促销的信息，需要快速告知目标受众，则互联网、手机和社交媒体等较合适；需要对产品原理、技术特征、使用效果详细介绍的，专业性杂志或报纸更适合。

（4）费用。不同媒体的收费标准不同。现代广告理论认为不应计算总费用，而应以千人成本为依据，但该方法存在一定局限。部分媒体如电视，收看者可能很多，但目标顾客可能较少，以受众人数计算千人成本较低，但由于目标受众较少，综合来看费用昂贵；相反，一份读者中包含较多目标受众的杂志，其千人成本可能很高，但从目标顾客成本的角度来说，其成本较低。广告的千人成本（CPM）计算公式如下：

$$CPM = \frac{广告费用}{受众数} \times 1\,000$$

303

但是，如果企业能够确定特定媒体受众中的目标顾客数，则可以计算目标顾客的千人成本，其计算公式如下：

$$TPM = \frac{广告费用}{目标顾客受众数} \times 1\,000$$

比如，A、B 两企业进行广告宣传，其具体情况如表 11-4 所示。尽管 A 媒体的接触人数较少，绝对费用和千人成本均高于 B 媒体，但其接触者中，潜在顾客的比例高于 B 媒体。因而，如果考虑潜在顾客的数量，显然 A 媒体的千人成本比 B 媒体低，效果比 B 媒体好。

表 11-4　千人成本例表

媒体	A	B
广告费/元	600 000	500 000
受众	2 000 000	2 500 000
千人成本/元	300	200
潜在顾客（年收入在 10 000 元以上者）	1 000 000	500 000
潜在顾客千人成本/元	600	10 000

另外，千人成本只是分析媒体的一项重要指标，并不一定是最好的指标。以报纸为例，其针对性强、传播范围广，但传真程度差，对那些试图以外形打动消费者的广告，效果很差。此时，千人成本是没有意义的，因为与效果相比，费用反而可能是昂贵的。

此外，选择广告媒体时，企业还需要考虑以下因素：

（1）发行量或接触人数。印刷媒体的发行数量或数字媒体的接触人数。

（2）有效受众。接触媒体的受众中符合目标顾客特征或要求的人数占比。

（3）到达率与暴露频次。到达率也称累积视听众、净量视听众或无重复视听众，是指特定时期内看到某一广告的人数（多次看到只算一次）占总人数的比率。暴露频次是指一定时期内，每个人（用户）接到同一广告信息的平均次数。到达率侧重广告的影响广度，而暴露频次侧重影响深度。两者对广告计划的制定都十分重要。侧重点不同，费用和效果也不同。

3. 如何选择广告时机

广告时间的选择涉及两个时间变量：一是投放广告的时间跨度，即需要投放多长时间；二是在已决定的广告投放时段内，广告投放时点及信息出现时间。广告时机形式分类如图 11-12 所示。

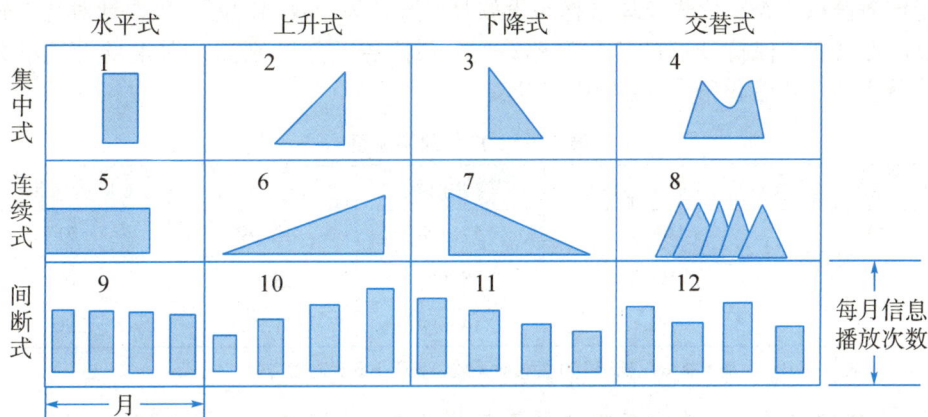

图 11-12 广告时机形式分类

如图 11-12 所示，广告时机的形式分为三类：①集中式：在特定时段集中播出广告（如第一行），是一种爆发形式；②间断式：在一段时间的中间段播出（如最后一行），是一种提醒形式；③连续式：连续在一段时间播出（中间一行），是一种说服形式。广告信息可以在播出时段内保持相同强度（第一列，水平式）；也可以先弱后强（第二列，上升式）；还可以先强后弱（第三列，下降式）或强弱穿插进行（第四列，交替式）。综上，依据投放频率与重点信息出现的时机可以将广告的时机策略分为九种。

时机的形式选取应该考虑以下三个主要因素：

（1）购买者的流动率。新顾客加入的速度越快，广告越应连续播出。

（2）购买频率。一定时间内重购次数或平均购买次数越高，广告越该连续播出。

（3）遗忘率。顾客对产品的遗忘速度越快，广告就越应连续播出。

（五）广告效果衡量

迄今为止，如何衡量广告效果仍没有得到很好解决。广告对销售的贡献，一般表现为销售额的稳定或增长，但这很可能是广告与其他营销努力的共同成果。广告的作用也可能是即时或滞后的。因此，有效测量广告对销售的贡献难度较大。

西方营销学家提出了一个广告效果测量模型，主要用于测量声音份额与广告效率。其计算方法为：

$$声音份额 = \frac{本公司的广告费用}{行业广告总费用} \times 100\%$$

$$广告效率 = \frac{市场份额}{声音份额} \times 100\%$$

比如某行业中只有 A、B、C 三家公司，现对三家公司的广告效果进行测量，其具体结果如表 11-5 所示。其中，A 公司的声音份额为 $200 \div 350 = 57.1\%$；广告效率为 $40\% \div 57.1\% = 70$。其余以此类推。由结果可知，A 公司应该改变广告策略，包括

305

广告传播信息检查、广告媒体选择与投放时机选择等，找出问题并采取针对性措施。B 公司可以继续保持现有的广告策略；C 公司广告效率特别高，但市场份额不大，应着重提高"声音份额"，增加广告开支。

表 11-5　广告效果测量

公司	广告费用/万元	声音份额	市场份额	广告效果
A	200	57.1%	40.0%	70
B	100	28.6%	28.6%	100
C	50	14.3%	31.4%	220

注：广告效率 100 为基本有效。低于 100 为相对无效，高于 100 为高度有效。

#在线案例赏析：请扫码阅读本章思政案例——探店视频未标"广告"被罚，分享和营销需有界限#

探店视频未标"广告"被罚，分享和营销需有界限

第三节　人员销售

人员销售是利用推销人员帮助或劝说目标受众购买产品或服务的活动。人员销售是一种直接营销方式，它既是一种渠道方式，也是一种促销方式。人员销售出现很早并且现在仍是一种比较有效的促销方法，特别是在洽谈磋商、完成交易手续等方面，具有其他促销手段不能代替的作用。

为适应数字化的购买环境，人员销售也在不断增加对网络和社交媒体的应用。数字技术在识别、吸引顾客，创造顾客价值，达成交易，培养顾企关系等方面发挥了重要作用。但其在提高人员销售效率的同时，也对销售人员提出了更高的要求。

一、人员销售的特点及应用

（一）人员销售的特点

（1）面对面接触。这是人员销售最基本的特点，也是与广告等其他促销工具的主要区别。企业推销人员能一对一或一对多直接接触顾客。在销售过程中，双方都能直接观察对方的反应并对语言、态度和气氛等进行及时调整。

（2）能有效地发现并接触顾客。合格的销售人员能将目标顾客从消费者中分离出来，并可把推销的努力集中在目标顾客身上，此举可减少许多无效工作。

（3）灵活机动，有较强的互动性和针对性。在明确目标顾客的情况下，销售人员与顾客面对面接触时，可有针对性地进行解说，为顾客提供所需信息，并可帮助顾客辨明问题甚至提出建议。

（4）产品展示。销售人员能当面向顾客展示产品，使顾客较快熟悉产品特征。

（5）增强买卖双方关系。销售人员可以帮助顾客解决问题，甚至充当顾客的购买顾问。人与人的直接交往，有利于增强买卖双方的沟通、理解和信任。

（6）促进行动。顾客从了解产品信息到实际购买需要经历一定过程。销售人员通过面对面讲解与劝说，促使顾客立即或尽快购买的概率较大。

（7）信息交流。销售人员不仅能将产品信息及时、准确地传递给顾客，还能了解顾客的意见和要求，为营销活动或产品的改进提供依据。

但人员销售也有一定的局限，如费用较高。据许多国外公司估计，人员销售开支占销售总额的 8%~15%，而广告费用平均只占 1%~3%。此外，人员销售接触的顾客数量和范围十分有限，许多企业也缺少优秀的销售人员，以上因素也制约着人员销售的应用范围。

（二）人员销售的应用

因行业、市场环境、产品或服务特点的不同，人员销售对企业的适用性也存在差异。企业对人员销售的应用需考虑以下因素：

（1）市场集中度。与分散市场相比，人员销售在顾客集中度高的地区比较有效。

（2）购买量。当大部分顾客的单次购买量或购买金额很小时，人员销售的成本较高。企业可以以此为标准确定是否采用以及在多大程度上采用人员销售。

307

（3）顾客类型。在消费品市场，目标顾客数量较多但个体消费者的购买量较少；与此相反，在产业用品市场，虽然用户较少，但顾客的购买量较大。因此，对生产企业来说，人员销售适用于向中间商推销。

（4）产品类型。某些产品，如果不通过公开表演或当场操作的方式展示产品，那么顾客很难了解产品性能及特点，也就不容易产生购买欲望。在这种情况下，企业有必要进行人员销售。

（5）购买阻力。许多高档商品价格昂贵且技术复杂，顾客的感知风险较大，人员销售能有效消除这些购买阻力。

（6）服务的必要性。有的商品在售前、售中及售后都需要提供诸多服务，人员销售能有效解决服务问题。

二、销售人员的类型

从负责交付产品的推销人员（如送牛奶的人）到推销非常复杂的医疗专用设备的销售人员，虽然其都在进行推销，但两者在本质上存在很大区别。现实中存在着多种推销活动，它们在复杂程度和范围上各不相同，对推销人员的要求也各不相同。我们可以将推销人员分为以下几种主要类型：

（1）交付产品（牛奶、燃油等）的销售人员。企业拥有一定数量的稳定的消费群体时，就不需要再花费较多时间与顾客交流或劝说顾客，该类销售人员以友好的态度为顾客提供服务即可。

（2）确定市场（商店、办公室等）的销售人员。在这里，推销的作用是迅速、高效地满足顾客需要。在一定的情况下，他们需要一些推销技术促使交易完成，使顾客不空手离去。

（3）树立信誉或传授知识的销售人员（如医药代表）。他们的首要任务是争取顾客同意会面；其次是以形象有趣的方式向顾客讲解，并满足顾客的要求。

（4）以卓越的技术知识为基础进行推销的销售人员。一般来说，该类销售人员知识丰富并配备良好的销售工具，在一定程度上，该类销售人员可以充当顾客的顾问，而交易的达成一般也要通过良好的咨询服务才能实现。

（5）有形产品的销售人员（如洗衣机、吸尘器等）。他们必须具有很强的说服力，并且通常需要在一个回合里完成推销任务。

（6）无形产品的销售人员（如保险业和银行业）。这类产品的销售人员必须对产品拥有详尽知识，并用顾客能够理解的方式与顾客进行交流。

以上列示的每种销售人员都需要有一定的专业技术知识，并要运用有效的和有感情的方法与顾客进行交流，为顾客的需求提供有效的解决方法。

三、销售人员的任务

传统观点认为，销售人员的唯一任务就是设法将产品卖出去。随着市场经济的发展，购买组织趋于大型化，购买决策权越来越集中在企业高层领导手中，购买决策更加科学，而且买卖双方更加注重建立长期关系。因此，企业对销售人员的素质要求越来越高。一名合格的销售人员，需要掌握更多的知识和技术，需要更加严格的训练，也需要完成多方面的任务。这些任务包括：

（1）销售活动。这是销售人员最基本的工作，包括传递信息、接近顾客、推荐产品、答复意见、洽谈交易、完成手续等。

（2）开拓活动。当现有顾客较少时，企业通常需要寻找新买主，培养新客户。这就要求销售人员要经常走访预期用户或进行调查研究，开拓更广阔的销路。

（3）宣传活动。销售人员还负责许多宣传任务，要经常向客户宣传企业、产品及服务的新信息并提供咨询。部分企业甚至训练销售人员专门从事宣传活动。

（4）服务活动。服务活动包括向客户提供咨询和技术协助，帮助解决服务问题，并及时办理交货等。

（5）情报活动。销售人员是企业人员中最接近目标用户和市场的，他们能及时了解用户需求的变化和竞争者动向，他们提供的信息情报，对管理决策有重要意义。因此，及时提供市场信息或情报也是销售人员的一项重要任务，企业一般还要求销售人员定期汇报市场情况。

四、销售人员的目标

销售人员是公司最为宝贵的资源之一。公司通常需要花费很长时间才能培养一支优秀的销售队伍。一个通俗的比喻是，如果企业的全部活动是一场足球赛，那么，销售人员就是球队中完成"临门一脚"任务的"前锋"。

企业需制定恰当的标准衡量销售人员的销售业绩，衡量标准需满足以下三个条件：

（1）可量度。企业用销售量表示销售目标时，很容易就能确定销售人员或销售团队每天或每周的业绩是否达标。除销售量外，还有其他因素也可作为衡量标准。管理者必须制定正确的、可度量的衡量标准。

（2）相关性。销售目标必须与销售人员的工作性质相匹配。如推销大型工业设备时，"每天打电话的次数"就不能作为衡量标准。企业在制定与推销任务相关性较强的衡量标准时，也要考虑该标准的可度量性。相关但无法度量的因素与可以度量但不相关的因素同样不能有效衡量销售业绩。

（3）公平性。企业必须保证为每一个销售人员设定的目标都是公平的，并且可以通过良好训练和努力工作实现该目标。如果目标定得过高，当销售人员意识到无论怎样努力都无法实现时，可能会丧失工作热情和工作积极性。

表 11-6 列出了制定销售目标时需要考虑的因素。销售经理可以从中选择与本企业销售业务有关的项目分解落实，并作为衡量销售人员工作绩效的标准。

表 11-6　销售人员工作目标一览表

1. 用销售量衡量的目标
A. 用价值量表示的每人的销售量
B. 用实物量表示的每人的销售量
C. 用销售额数量表示的每人的销售量
D. 用新客户与老客户之比表示的每人的销售量
2. 用对市场或顾客的渗透来衡量的目标
A. 对新顾客的保有量
B. 自己发展的顾客数量与主管分给的顾客（已发展）数量之比
C. 自己发展的顾客数量与当地顾客总量之比
D. 顾客流失数量
E. 在当地实现的市场份额
F. 有销售的城市或未发展的城市
3. 用支出衡量的目标
A. 与销售额相关的工资（或总的薪水）
B. 与销售额相关的旅差费和管理费
C. 每日成本
D. 每次电话成本
E. 销售成本（或销售成本率）
4. 活动的目标
A. 每日打电话数量
B. 每日拜访顾客的数量
C. 工作时间（天数）
D. 计划
E. 利用销售工具或设备

五、推销过程（推销术）

推销过程由以下几个步骤组成，每个步骤都表示了销售人员为达成交易的努力方向和应该完成的具体工作（如图 11-13 所示）。

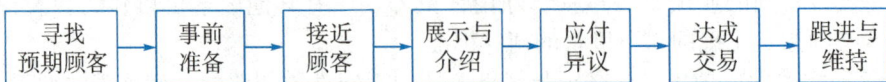

寻找预期顾客 → 事前准备 → 接近顾客 → 展示与介绍 → 应付异议 → 达成交易 → 跟进与维持

图 11-13　人员销售过程

（一）寻找预期顾客

推销人员可根据下列要点寻找和确定预期顾客：

一是确有这种需要的顾客（鉴别顾客资格）。如汽车产品顾客必须有较高收入；购买保险的顾客也一定是有较高收入且对风险敏感的人。

二是对特定的产品或服务有需要（需求的指向性）的顾客。将汽车作为身份象征的购买者通常不会对小型经济车感兴趣；重视汽车"省油"功能的消费者则是小型经济型汽车最可能的购买者。

三是公司应尽量利用数据资料指导推销人员寻找潜在顾客，而不是让推销人员盲目寻找。用敲门、拦截等方法寻找顾客，容易引起顾客的反感。

（二）事前准备

推销人员访问顾客时，应事先做好准备工作。对公司类顾客，需要了解公司的经营情况，购买决策程序，公司的文化风格等。对个体顾客，最好能通过资料库了解顾客的基本情况。如果没有顾客资料库，可以按照接触过的同类顾客的情况进行必要准备。准备工作还包括预约时间、准备资料等。

（三）接近顾客

推销人员初次接触顾客时，应寻找顺利进行推销访谈的方法。主要技巧如下：

（1）仪表。推销人员与访谈顾客的着装风格一致，有助于在初次接触时拉近双方的心理距离。

（2）开场白。如何进行开场白，是相当考验推销人员功力的。若开场白不好，则很难将谈话继续下去。好的开场白能使顾客愿意与推销人员交谈。

（3）谈话内容。销售人员要考虑开场白后的谈话内容，若能引起顾客的兴趣将获得更长的推销访谈时间，达成交易的可能性也将大大增加。

（四）展示与介绍

展示与介绍是决定最后能否达成交易的关键。过去，许多公司都在这个环节上花费大量时间培训推销人员，但现在认为，展示与介绍只是其中的一个关键步骤，企业也应加强推销人员在其他方面的培训。

推销人员可以按照 AIDA 模式向顾客介绍产品，即 attention（争取注意）、interest（引起兴趣）、desire（激发欲望）、action（见诸行动）；也可以用 FABV 模

现代市场营销学

式：feature（特征）、advantages（优势）、benefit（利益）与 value（价值）。推销人员常用的介绍方法主要有：

（1）固定法。此即将各个要点逐一详细讲解。该方法灵活性较差，如果不能打动顾客，则推销很可能失败。

（2）公式化法。此即先了解潜在顾客的要求，然后用一套公式化方法向顾客推销。此法的灵活性和针对性都优于固定法，但要求推销人员对顾客的要求有准确的判断力。此外，顾客可能提出超出公式涵盖内容的要求，此法也对推销人员的反应能力提出了更高的要求。

（3）满足需要法。此即通过鼓励和促使顾客多发言，了解顾客的真正需求，并通过交互式的方法，不断解决顾客提出的问题，直至达成交易。此法难度最大，耗时最长，对销售人员的素质要求也最高，但也最有助于与顾客建立信任关系。

（五）应付异议

推销过程中，被推销对象可能会提出异议（反对、否定的意见），尤其是在推销顾客过去从来没有接触过甚至听说过的产品时，更容易发生这种情况。推销人员不应对提出异议的顾客进行反驳、不屑、鄙视、挖苦、讽刺等。

当顾客提出异议时，无论其初始动机如何，这都为销售人员提供了继续谈话的机会。解决异议的最好办法是给予推销对象一些暗示、比喻，使顾客意识到异议的不合理，如果能够这样，达成交易的希望就非常大了。

（六）达成交易

双方达成交易意向后，销售人员要协助顾客办理交易手续，告知顾客付款方法、退货方法、产品的使用方法、如何联系销售人员或公司的相关机构等，也要对顾客表示真诚的感谢。若没有达成交易，也不要对顾客表现任何不满，双方可能还会有其他交易机会。

（七）跟进与维持

交易意向达成后，销售人员还要考虑以下问题：

一是顾客产生购买意向不一定会真正购买，顾客可能会犹豫甚至付款后还会要求退货。因此，交易意向达成后，推销人员应积极协助顾客办理各种手续外，还要真诚邀请顾客随时联系自己或公司相关部门，以表示一定负责到底。

二是争取与顾客再次交易的机会。销售人员可及时告知公司的促销信息或优惠政策。维持和跟进还包括定期回访，了解顾客对产品的使用情况以及对产品看法等。通过维持与顾客的关系，当顾客再次购买时，能够较易获得新的交易机会。

六、销售人员的组织

对于销售人员的组织，企业应根据销售地区、产品性质和顾客组成来确定；同时还要考虑销售人员的素质。几种常见的组织形式有：

（1）按区域组织。这是普遍采用的一种形式，即按产品销售的不同地区分派销

311

售人员，每一销售人员负责一个特定地区的全部销售任务。这种形式的优点是有利于与客户建立稳定的持续性联系，易发现新顾客，并且责任明确，减少销售人员的流动并减少花费。它主要适用于产品种类和品牌较少的企业。如果产品种类和品种较多，完成销售任务就有不少困难。

（2）按产品组织。此即每个销售人员负责一种或一类产品的销售任务。企业的产品繁多时，可采用这种形式，按不同的产品分派销售人员。这样，销售人员可以深入掌握某一种产品的知识和推销技术，有利于实现销售。

（3）按顾客组织。此即按照顾客类型分派销售人员。这种形式可使销售人员较深入掌握某一类顾客的工作特点和需要，并与之建立密切联系。

另外，企业也可综合使用以上组织形式，如地区与产品结合，产品与顾客结合，地区与顾客结合等。

七、销售人员的选择与培训

企业对合格（优秀）的销售人员应有明确的要求，这些要求或条件是挑选和培训销售人员的标准。一般来讲，合格的销售人员应具备以下条件：

（1）了解公司的历史、目标、组织、财务及产品销售情况。

（2）熟悉产品的制造过程、产品质量、性能、型号及各种用途。

（3）掌握用户的需要、购买目的、购买习惯等。

（4）了解竞争者的产品特点、交易方式及营销策略。

（5）具有较强的判断能力。能通过观察顾客的反应，准确判断顾客的意图。

（6）有较强的应变能力。能得体地应对突发状况和顾客提出的各种问题。

（7）良好的语言表达和文字能力。销售人员的工作性质是说服他人，良好表达是接近和打动顾客的必要条件。当需要向顾客提供书面材料、拟定交易文件时，文字书写能力就显得非常重要了。

（8）社交能力。销售人员要擅长社交，有与人共事的本领，才能获得很多朋友。

（9）熟练掌握各种销售方法和程序。

企业无法直接挑选符合要求的销售人员时，就只能从已有销售人员中择其优者进行培训。培训的方法主要有：讲课、讨论、示范、实习和以老带新等。

八、销售人员的报酬和监督考核

报酬和监督考核都是调动销售人员积极性的有效方法。

报酬合理与否直接影响到销售人员的积极性。销售人员工作艰苦，责任重大，富于挑战性和创造性，他们的报酬一般应高于企业同级别的其他人员。此外，报酬与销售业绩挂钩，也可有效激励销售人员的工作积极性。

为吸引销售人员，公司应制订一个有吸引力的报酬计划。销售人员希望有固定的收入，也希望获得与销售业绩相关的回报。不同的行业，销售人员报酬水平差异很大，这种差异主要是销售工作类型和所需能力决定的。但总的来讲，报酬水平过低会导致销售人员不足和质量不高，销售队伍稳定性差等问题。

销售人员的报酬组成应包括固定和变动工资、出差津贴、福利补贴等。随着对不同组成部分的重要性强调程度的不同，报酬也会出现一定的差异。

#在线视频赏析：请扫码观看视频——促销的定义与促销工具#

促销的定义与促销工具

第四节　销售促进与公共关系

一、销售促进

销售促进也称促销，英文名称为 Sales Promotion①，其含义是指通过采用广告、人员销售及公共关系以外的短期性的刺激活动，刺激顾客或其他中间机构（如零售商）迅速和大量地购买某种产品或服务。销售促进具有短期刺激性质，需要与其他促销工具配合使用才能达到企业的销售活动的目的。

（一）销售促进的类型及方法

销售促进活动涉及企业、中间商、消费者，涵盖产品、劳务、信息等各个方面。因此，销售促进的活动对象、活动内容具有多样性。相应的，销售促进活动的方法也是多种多样的。

（1）针对消费者的销售促进活动。对消费者的销售促进是由生产企业或中间商进行的。在新产品进入市场和促使老产品恢复生机时经常采用该方法，它也是对抗竞争者的有力措施。销售促进的关键在于唤起消费者的欲望和需求，促使其自动购买。对消费者销售促进的工具主要有：

①样品。免费分发样品，供消费者试用。

②折价券。对特定商品限定期限折价出售。实践证明，折价券在新产品导入期与产品成熟期均能刺激销售，且效果显著。

③特价包。以低于常规价格出售商品的一种方法。具体形式有两种：一是减价

---

① 在营销学中，英文 promotion 一般翻译成促销，比较准确的含义应是营销促进；sales promotion 才是"促销"的意思。但因为"promotion"译成促销已约定俗成，因此，为了避免二者混淆，通常将后者译为"销售促进"。

313

包，即将商品单独包装起来减价出售；二是组合包，即将两件相关的商品（如牙膏、牙刷）一起减价销售。这种销售促进对于刺激短期销售效果较好。

④赠品。以相当低的费用出售或免费赠送作为购买另一特定产品的刺激。其主要有两种形式：一种是随附赠品，即附在商品内或包装上的赠品；另一种是免费邮寄赠品，就是消费者出示购物凭证，商家会给消费者邮寄一份商品。

⑤交易印花。消费者购买商品后，将零售店所发的印花集到一定张数后，便可换取赠品。

⑥消费者竞赛。此即通过募集歌词、歌谱，举办企业或商品命名摄影比赛，征求创意、广告语等活动，提高产品、服务或企业的知名度。

⑦讲座。此即有通过举办商品讲座活动，在提高消费者有关商品知识的同时，刺激消费者的购买欲望。

除了以上传统的销售促进方法之外，还有其他一些在电商领域使用比较多的促销形式，比如：平台的满减、限时/限量购、抽奖、满返、分享砍价、拼团等。

（2）针对中间商的销售促进活动。对中间商的销售促进是由生产企业进行的，旨在促使中间商更加努力地推销本企业的产品。对中间商的销售促进主要采用下述工具：①销售店竞赛。通过举办营业额、陈列、接待顾客等方式进行竞争，以奖金、奖品刺激中间商参加。②销售店赠品。在零售店进货达一定数额或对特定商品进货齐全时，为零售商发放赠品。③销售店援助。对店铺的场地布置、设备、装潢等进行改造，促使其销售额增加。④特殊广告。向中间商提供附有企业名称的赠品，用于加强企业与中间商的关系。⑤进货优待。为部分进货者提供价格折扣。⑥代培销售人员。对中间商的销售人员进行培训，提高其推销企业产品的能力。

（3）针对企业内部销售人员的销售促进活动。对企业内部进行销售促进活动，旨在推动销售活动顺利进行，明确销售重点，提高销售人员对产品特性的认识，制定最佳销售促进方式，了解销售促进计划，促使销售促进活动有效开展。

（二）销售促进的特点

（1）销售促进是广告和人员销售的补充措施，是一种辅助的促销工具。

（2）销售促进是一种非正规、非经常性的促销活动，而广告和人员销售则是连续的、常规的促销活动。

（3）销售促进具有强烈的刺激性，可使顾客快速反应，但是其作用短暂，属于短期促销工具。

恰当运用销售促进，特别是与广告或人员销售配合应用，是非常有效的。但是，几乎每一种销售促进方法，都要在提供商品的同时，附加上一些有实际价值的产品，以刺激顾客的购买行动。所以，销售促进费用较高。

（三）对销售促进的管理

销售促进的管理过程包括以下四点：

（1）明确目标。销售促进要明确推广的对象、目的，也要与促销组合的其他方面结合起来考虑，相互协调配合。

（2）选择销售促进的方法（工具）。由于每一种方法对各类顾客的吸引力不同，实现销售促进目标的能力也有差别。因此，企业应结合目标对象的特点、产品的性质和市场地位、竞争对手的活动、费用限制等综合分析选择。

（3）具体规划。第一，要对发起销售促进的时机进行判断。第二，要对活动的时间长短作出决定。时间过短，可能遗漏许多目标顾客；时间过长，开支过大，还可能削弱推广的效果。第三，刺激强度的决定。刺激强度与选择的手段有关，刺激过大，是一种浪费，虽然短期内效果很好，但长期来看，效果会呈递减趋势；刺激过小，则不会引起顾客的兴趣，达不到推广的目的。第四，对销售促进的范围和途径做出决定。即要确定实施的范围有多广，在什么地点和场所实施，通过什么途径实施等问题。

（4）评价。实施以后，可用销售额的变化与推广目标进行对比来评价销售促进活动的效果。

二、公共关系

公共关系（public relation，PR）是指企业或组织为了适应环境，争取社会公众的了解、信任、支持和合作，以树立良好的企业形象和信誉而采取的有计划的行动。

任何企业都不可避免地要与社会各界发生各种各样的关系，诸如政府机构、司法机构、社会团体、金融机构、新闻界、股东、经销商和代理商、消费者、内部员工等。企业要在纷繁复杂的社会环境中求得生存和发展，就必须采取有计划的行动处理纵横交错的关系。创造性地建立良好的社会关系环境，是企业成功必不可少的条件，也是公共关系的根本任务。

公共关系管理不仅仅是一种促销手段，也包含着更为广泛的管理职能，如参与处理各种问题和难题；帮助管理部门及时了解舆论并做出反应，使企业随时掌握并有效利用变化的形势；帮助预测发展趋势等。就促销来讲，公共关系只是一种间接的推广工具，但它着眼于企业的长远利益和战略目标。公共关系不是企业的权宜之计，不能等到出现了问题，才披挂上阵。

公共关系管理的基本方法是双向沟通，既要使企业了解社会公众，也要使社会公众了解企业。公共关系的准则是服从全社会的公共利益，这是创立企业良好社会形象的前提。公共关系活动的内容十分广泛，常见的有以下几种：

（一）编写新闻

这是公关活动的一个重要环节，是由公司的公关人员对企业具有新闻价值的政策、背景、活动和事件撰写新闻稿件，散发给有关的新闻传播媒介或有关公众。这种由第三者发布的报道文章，可信度高，有利于提高公司的形象，而且一般不须付费。国际商业机器公司（IBM）的管理制度，可口可乐的营销策略，常常成为管理类杂志、报纸的热门话题。公司内部的趣闻、历史，只要故事性和趣味性强，也是报纸生活版、休闲杂志、有关的电视或电台节目乐于采用的。这种轻松有趣的公关报道最能吸引消费者的关注。

（二）举办记者招待会

举办记者招待会（新闻发布会），是搞好与新闻媒介关系的重要手段，也是传播各类信息，争取新闻界客观报道的重要途径。

（三）散发宣传资料

宣传资料包括与公司有关的所有刊物、小册子、画片、传单、年报等。这些宣传资料印刷精美，图文并茂，在适当的时机，向有关公众团体、政府机构和当地居民散发，可吸引他们认识和了解公司，以扩大公司的影响。公司一般都十分重视宣传资料的策划和研究。

（四）企业领导人的演讲或报告

演讲或报告可以把信息传播给较多的公众，但也对演讲者的内容安排、表达能力、动作以及仪表仪容提出了较高要求。

（五）制造新闻事件

许多著名公司都善于制造新闻，而不只是被动地发现新闻。有目的地制造出来的新闻，常常能轰动新闻界，在公众中引起强烈反响。如网易云音乐推出的"测一测你的人格主导色"刷屏朋友圈事件，成功利用社交媒体达成一次线上营销。

（六）社会捐助活动

这是日益流行的公关活动，是赢得良好的社会关系，树立"好公民"形象的重要途径，例如捐助当地的文化活动、体育比赛、慈善事业、教育事业和重要节日等。党的二十大在关于"增进民生福祉，提高人民生活品质"的报告中提出要"引导、支持有意愿有能力的企业、社会组织和个人积极参与公益慈善事业。"社会捐助活动影响较大，常常受到当地居民的关注和好评，也属于制造出来的新闻。

（七）维持和矫正性活动

公司不仅要树立还要维护良好的企业形象。当出现不利于公司形象的事件时，公司要采取积极措施，挽回声誉。如建立与公众的联系制度；接待来信、来访；及时对公众的意见做出反应等。这些工具是公司了解公众看法、消除误解、澄清是非的重要手段，也是实现公司与公众双向沟通的重要途径。

第五节　直复和数字营销

数字技术和新媒体的迅猛发展使直复营销发生了巨大变化，而直复营销也越来越多地以互联网为基础发展。直复和数字营销已经成为增长最快的营销形式。

一、直复和数字营销的定义

直复和数字营销（direct and digital marketing）是指企业直接与单个消费者或用

户社区进行互动，以获得顾客的即时响应并建立持久的客户关系。企业可以通过直复和数字营销制定产品或服务内容以有效满足消费者的需求。直复和数字营销也可以帮助企业实现顾客互动、建立品牌社区和增加销售等目标。传统直复营销工具与数字和社交媒体营销工具的内涵、特征、效果等存在差异，但其目标都是建立直接的顾客参与和社群，与顾客有效沟通并建立持久的顾客关系。

二、传统直复营销形式

虽然数字和社交媒体营销已经受到广泛关注和大量使用，但部分重要的传统直复营销工具仍活跃在营销传播领域。传统直复营销工具包括面对面营销、目录营销、电话营销、电视直销、直接邮寄营销等，本章第五节已经详细讨论了人员销售，因此，本节对其他形式进行简要介绍。

（一）购物目录营销

传统的目录营销是指以印刷目录作为传播信息载体，并邮寄给目标受众，从而获得对方直接反应的营销活动。随着互联网和数字技术的发展，购物目录也逐渐数字化。数字目录或网上目录节约了印刷和邮寄成本，也突破了版面限制，内容和表现形式都更加丰富，并可以对目录内容进行及时调整。

（二）电话营销

电话营销是指通过电话直接向消费者或企业销售。当企业的营销电话定位准确并且内容设计合理时，电话营销有助于增加产品销量，但不请自来的"骚扰电话"极易引起消费者的不满甚至排斥。因此，企业应审慎使用电话营销并合理制定相关策略，如拨打时间、谈话技巧、沟通时长等。

（三）电视直销

电视直销包括两种主要形式：直接答复的电视广告和互动式电视广告。其中直接答复的电视广告向顾客介绍产品信息并提供免费电话或网址以供订购，该类广告的时长一般为 60~120 秒，往往具有较强的劝说性。互动电视广告允许观众与电视节目或广告进行互动，是一种更新的直接答复的电视广告形式。此外，电视直销也包括关于某产品或企业的长达 30 分钟或更长时间的广告或商业信息片。

（四）直接邮寄营销

直接邮寄营销（direct-mail marketing）是指将产品、宣传册、纪念品或其他东西直接寄送或发送给目标受众。该方法有利于建立直接的、一对一的沟通，虽然电子邮件等营销工具已经得到广泛使用，但传统形式也具有其独特优势。直接邮寄营销可以为客户派发样品或其他易于持有或保存的有形信息。但营销者也应选取对公司产品有兴趣的目标受众进行直接邮寄营销，避免浪费金钱和时间。

受多种因素的影响，传统的直复营销形式在中国并非都得到较好发展和广泛应用，并且随着互联网和数字技术的迅猛发展，数字和社交媒体亦势如破竹，已经受到各界的广泛关注和大量使用。

三、数字和社交媒体营销

随着数字化购物环境的发展，直复营销与互联网等数字技术的结合越来越紧密，催生了大量新型数字化营销工具，如网络营销、社交媒体营销和移动营销等，我们可将之统称为数字和社交媒体营销。它通过社交媒体、移动应用等数字化营销工具和其他数字化平台向顾客传递信息，并允许顾客通过电脑、智能手机、平板电脑等数字化设备随时随地参与互动交流。

（一）网络营销

网络营销是指企业依托于互联网并通过公司主页、电子邮件、在线视频等方式进行的营销，主要包括营销网站和品牌社群网站、电子邮件营销、在线视频、网络广告等方式。

（1）营销网站（marketing website）和品牌社群网站（branded community website）。企业需要建立网站进行网络营销，根据营销目的的不同，网站内容存在较大差异。营销网站主要用于吸引顾客并促进交易，而品牌社群网站不以销售为主，其主要目的在于展现品牌内容、促进顾客和品牌互动、建立和维持良好的顾企关系等。

（2）电子邮件营销（E-mail marketing）。电子邮件成本较低，并且有助于将具有高度针对性和个性化的信息传递给顾客。随着移动设备的普及，电子邮件的使用不再局限于电脑，较多用户开始使用移动设备打开和阅读电子邮件。但随着电子邮件营销的较多使用，垃圾邮件逐渐泛滥，引起了部分用户的不满。此外，由于近年来网络安全问题层出不穷，部分用户对电子邮件营销的信任度较低。因此，电子营销者需要在向消费者有效传递信息和引起消费者反感之间寻求平衡。

（3）在线视频营销（online video marketing）。在线视频营销是指在品牌网站主页或者微博、微信等社交媒体上发布数字视频的一种线上营销方式，视频内容包括品牌促销以及其他与品牌相关的娱乐活动，如指导操作的视频和公共关系视频。为提高广告运动的到达率和影响力，公司也会在广告运动之前或之后为电视和其他媒体制作相关视频并上传到网络。

（4）网络广告（online advertising）。网络广告的主要形式包括展示广告和搜索内容关联广告。网络展示广告是与上网者正在浏览的网站内容相关的广告，该类广告会出现在上网者屏幕的任何位置。搜索内容关联广告（search-related ads）是最重要的网络广告形式，当上网者在谷歌、百度等搜索引擎中输入词条时，与搜索内容相关的广告及链接会伴随搜索结果出现在页面的顶部或旁边。

（5）搜索引擎优化（search engine optimization）。在信息泛滥的互联网时代，在消费行为决策中引起消费者注意非常重要，因此消费者能否快速搜索到企业的产品很有可能决定了他的购买行为。搜索引擎优化具有覆盖面广、精准度高等优点，主要包含以下两种方式：一是付费搜索广告，消费者输入特定词语会弹出广告；二是付费搜索插入，公司可以通过注册搜索引擎使自己的网站可以被检索到，并且能够支付相应费用使自己的页面位置更有优势。不过搜索引擎优化也可能因为插入广告影响用户体验而导致不满。

（二）社交媒体营销

随着移动通信技术的发展、互联网和移动设备的普及，网络社交媒体发展迅猛，企业为吸引消费者的关注，将社交媒体网络也纳入到营销组合之中。社交媒体营销包括微博营销、微信营销、SNS营销、社群营销等。

营销者可以采用两种方式进行社交媒体营销：利用现有社交媒体或自行创建。对企业来说，利用现有社交媒体简单易行，企业在大型社交媒体上建立网页可以吸引大量用户关注并有效扩大品牌影响力。但社交媒体营销在为企业带来巨大机遇的同时也使企业面临严峻挑战，具体来说，社交媒体营销的优势和挑战如下：

（1）社交媒体营销的主要优势是：①具有较强的针对性和个性化，企业可以为个体消费者提供个性化服务；②信息传达及时迅速，营销者可以随时随地接近并影响用户，可以对突发事件做出迅速反应；③与电视等传统营销媒体相比，社交媒体营销的成本较低，投资回报率很高；④互动性较强，能与顾客进行有效沟通并吸引顾客分享品牌内容和使用体验。

（2）社交媒体营销面临的挑战是：①信息传播难以掌控，用户拥有较强的自主性，可以随意处置各种营销信息，营销活动的进展和效果可能事与愿违；②社交媒体营销的成果较难度量，企业需要结合具体情况探索有效的社交媒体营销措施。

（三）移动营销

移动营销是指通过移动设备向消费者传递营销信息、促销或其他营销内容。CNNIC公布的《第50次中国互联网络发展状况统计报告》显示，截止到2022年6月，我国网民使用手机上网的比例已高达99.6%。移动营销是企业接触和吸引广大消费者的有效途径。

移动营销包括短视频营销、App营销、LBS营销等。对消费者来说，使用移动设备可以随时随地获取最新的产品和促销信息、进行价格对比，并可获取来自其他消费者的评论和建议。对企业来说，使用移动营销可以吸引消费者及时关注并迅速参与相关营销活动，丰富品牌体验并简化购买过程。但营销者运用移动营销进行广告宣传时也要遵循适度原则，避免因频繁打扰而引起消费者反感。

（四）虚拟游戏营销

虚拟游戏营销是指通过虚拟游戏所进行的营销活动。虚拟游戏营销可以分为三种：一是在游戏中植入产品广告；二是公司为达到营销效果开发特定游戏，比如"江小白城市英雄"；三是借助游戏机制实现营销目标，比如"蚂蚁森林"、淘宝"双十一"的游戏化玩法等。

虚拟游戏营销与客户的联系紧密，具有较强的互动性，在移动互联网背景下，虚拟游戏更具备可行性，而且游戏本身的休闲和娱乐特点使其可以满足消费者打发碎片化时间的需求。

319

总之，数字经济、数字和社交媒体营销在为企业带来巨大机遇的同时，也为企业带来了严峻挑战。党的二十大报告对促进数字经济和实体经济深度融合作出重大部署，提出"加快发展数字经济，促进数字经济和实体经济深度融合，打造具有国际竞争力的数字产业集群"。数字和社交媒体营销是企业接近市场的重要手段，企业要恰当运用并与其他营销手段配合使用。

#在线视频赏析：请扫码观看视频——如何有效促销、直复营销和数字营销#

如何有效促销、直复营销和数字营销

＊＊＊＊本章小结＊＊＊＊

目标1：掌握营销信息传播的原理、条件和传播过程以及整合营销传播的相关理论。

由信息有效传播的原理可知，营销信息的有效传播必须符合编译码匹配、传送力大于干扰力和媒体的可接触性等要求。由消费者的认知过程和购买准备阶段的理论可知：①没有任何一种传播或促销工具能够适应全部的传播促销活动，企业必须将其组合使用；②营销传播和促销应该按照确定目标受众→确定传播目标→设计传播信息→选择传播渠道→编制传播预算→确定传播组合→评测促销效果七个步骤组织进行。所谓整合营销传播就是将公司形象、品牌形象和产品形象统一起来进行传播，具体来说，整合营销传播要求传播目标统一，公司、品牌产品形象统一和传播过程统一。

目标2：认识广告的概念与作用以及如何开发与管理广告。

广告是一种针对最终消费者的大众传播方式，其作用是把顾客"拉"进商店、购买产品。广告对工业用户也有特殊作用，但其应用不及消费品广泛。有效开发与管理广告的流程是广告目标→广告预算→广告信息→媒体选择→广告效果的衡量。

目标3：了解人员销售的特点、应用和过程以及销售人员的类型、任务和目标等相关内容。

人员销售与广告不同，它主要用于对中间商和工业用户开展的促销活动。推销人员的推销方法、选拔培训方法、考核方法与报酬激励方法，是销售管理中重要而复杂的管理问题。

目标4：明确销售促进的类型、方法、特点和对销售促进的管理以及公共关系活动所包含的内容。

销售促进是一种不连续但经常使用的、短期刺激效果明显的促销工具。它是广

320

现代市场营销学

告和人员销售的重要辅助措施，运用得当可收到立竿见影的效果。公共关系是一种重要的促销工具，具有多种功能和作用，但对企业来说，其控制难度较大。

目标5：清楚直复和数字营销的定义以及数字化背景下的新发展。

直复和数字营销已经成为发展最快的营销方式，它为卖方提供了一个低成本、高效和快速进入市场的平台，同时也为买方带来了更简单、更便捷的购物体验。

#在线课件赏析：请扫码阅读本章课件及配套练习#

本章课件　　　　　　配套练习

＊＊＊＊本章复习思考题＊＊＊＊

1. 什么是营销传播？营销传播有哪些基本任务？

2. 信息有效传播需要满足什么充要条件？

3. 营销传播的基本步骤有哪些？为什么按照这些步骤组织营销传播？

4. 什么是整合营销传播？其"整合"思想和要求，主要表现在哪些方面？

5. 数字化背景下，企业与利益相关者之间的沟通有哪些新变化？

6. 对比广告与人员推销的优缺点，并说明为什么消费品要更多依赖于广告进行营销信息传播和促销，而产业用品则更依赖人员推销？

7. 为一种家电产品策划或设计传播计划，应如何设计顾客印象分析问卷？

8. 请以某种产品为例，依据购买反应层次理论，说出顾客各阶段的行为特点。

9. 分别采用理性诉求、感情诉求和道义诉求为手机产品设计广告传播文案，并说明设计的特点。

10. 请用实例说明代言人的可信度如何影响企业形象。

11. 人员传播与非人员传播的优劣如何？应如何运用？

12. 促销预算编制有几种方法？其特点如何？

13. "推"与"拉"战略对促销工具的要求分别是什么？

14. 试说明为什么保险业产品都是采用人员销售，而日用百货则很少采用？

15. 什么是直复和数字营销？有哪些形式及特点？

16. 任选一种直复和数字营销工具，举例说明企业应如何应用该工具。

第十二章
现代市场营销演进

#在线案例赏析：请扫码阅读本章案例导读——网易云音乐的数字化市场成功之道#

网易云音乐的数字化市场成功之道

　　市场营销的发展经历了早期的营销组织与功能分析、消费者测试技术与推销研究阶段，以及中期的营销战略、服务营销、全球营销、品牌资产、营销组合、消费者行为与客户关系管理等细分研究阶段。进入 21 世纪，市场营销在广度和深度上进一步扩展，如绿色营销、区域与城市营销方兴未艾，在学科交叉与前沿方面，神经营销、网络营销、社交媒体营销、大数据与人工智能精准营销等成为新的热点。

　　随着社会经济的发展，无形服务与顾客参与价值共创扩展了传统的以商品交换为基础的营销理论边界，服务逻辑开始替代产品逻辑，厂商与消费者的边界开始融合，商品主要作为服务传递的载体，厂商提供顾客价值主张实现的平台，顾客成为营销的中心，不仅实现价值消费还参与价值创造。服务营销也成为营销学领域中的一个热门与前沿学科发展方向。以互联网络为基础的现代信息技术使得传统市场交换的基石——信息不对称、不充分与较高的交易成本——发生了根本性的改变，导致了商业模式的巨大变革，这些都推动了网络营销学科的持续创新与发展。大数据与人工智能技术的发展，使得精准营销与顾客个性化与多元化的需求满足成为现实。

第一节　服务营销

一、服务的概念与特征

（一）服务的概念

关于服务，营销学一般是从区别于有形的实物产品的无形活动角度来进行界定与分析的。菲利普·科特勒把服务定义为"一方向另一方提供的基本上是无形的任何东西或利益，并且不导致任何所有权的产生。它的产生可能与某种有形产品联系在一起，也可能毫无关系"。

其他有代表性的服务定义还有：

美国市场营销学会（AMA）：服务是用于出售或者是同产品一起进行出售的活动、利益或满足感。

格罗鲁斯（Gronroos）认为：服务一般以无形的方式，在顾客与服务员工、有形资源商品或服务系统之间发生的、可以解决顾客问题的一种或一系列行为。

我们可以简单地将服务概括为：服务是一种能够有效地提供某种满足或利益的活动过程。之所以这样界定，是因为：①服务作为一种无形的商品，必须通过交换来满足某种需要和提供利益；②所谓的有效性是指能提供更多的满足或利益，才能实现交换、实现产品的价值；③服务是一种无形的产品，它的产生必然伴随一种活动过程。

（二）服务的基本特征

在实践中，服务的定义也许不是那么重要，而服务的基本特征却是十分重要的，它是整体服务与服务营销研究的基石。服务的基本特征包括无形性（intangibility）、不可分离性（inseparability）、可变性（variability）和易消失性（perishability）。

1. 无形性

服务在本质上是一种活动或行为，它是无形的。服务在被购买之前是看不见、摸不着、基本上无法感知的。购买者很难事先判断和预知服务结果的好坏，某些服务甚至在顾客购买或者消费后获得的利益也很难被准确描述或者判断。服务有着许多重要的无形因素，如基于互联网技术的交易流程、服务过程以及服务人员的态度与技能水平等，这些无形的因素通过服务创造了大量的财富，但是顾客却无法触摸、无法嗅闻。

服务虽然是无形的，但也不是绝对的无形化，其很多时候和很大程度上需要有形的产品或者设施作为载体，如航空服务、医疗服务、酒店服务。现实生活中的产品或者服务往往是表现为有形和无形程度上的差异，有形产品的提供常常带有某些无形服务，如汽车售后服务支持等。无形服务常常也需要有形产品支持，如医疗仪器或旅游设施。所以说，从无形的服务到有形产品是一个渐变的过程，存在一个不间断的连续图谱，如图 12-1 所示。

通过有形产品与无形服务的渐变连续图谱，我们可以发现：服务和有形产品是有区别的，它们的区别反映在有形程度上的不同，但其划分界限越来越模糊，有形产品也越来越具有某些服务的特征，服务也越来越依赖实体硬件的支持。

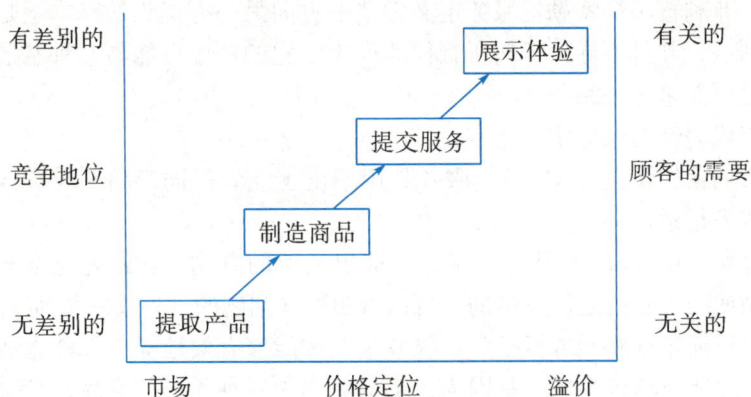

图 12-1　经济价值的演进

2. 不可分离性

服务的不可分离性是指服务的生产过程与消费过程是同时进行的，生产与消费服务在时间上不可分离。提供服务的生产者和接受服务的消费者在这一过程中相互作用，并对服务结果产生影响。例如一名顾客乘坐从上海飞往成都的飞机，他就必须先向航空公司购买该班次的机票才能登机，这位顾客接受航空公司航行服务的过程也是航空公司提供运输服务的过程。

服务的不可分离性要求服务消费者必须以积极的、合作的态度参与服务生产过程，才能得到满意的服务。服务的这一特征也显示服务员工与顾客的互动是服务质量高低的重要影响因素。

3. 可变性

可变性反映服务质量的不稳定和差异性。影响服务的因素很多，如时间、地点、服务提供者及消费者等。由于服务的主体和对象均是人，服务质量就受到人员差异的影响而具有可变性，不同水平的服务人员会产生不同的服务效果；同一服务人员为不同的顾客服务，也会产生不同的服务效果。

4. 易消失性

服务的易消失性指服务是不能储存的。服务在时间上不可储存，在空间上不可转移，如不及时消费就会消失。例如，飞机上的座位、旅馆中的客房，如果在当时未能卖出，是不可能储存起来并在今后使用或卖出的。顾客购买了理发服务，但在理发后认为服务太差劲不符合预期，也无法退货或者转卖给他人。如果顾客已经购买了舞蹈课程，而没有按时使用，那么这被浪费掉的服务无法收回再次使用。服务的这种特性容易引起服务供求之间的矛盾。在供不应求时，顾客的需求不能得到很好的满足；在供大于求时，会造成资源的闲置和浪费。

服务的四个基本特征，决定了服务与有形产品之间的区别，我们可以通过两者的对比进行反映，如表 12-1 所示。

表 12-1　服务与有形产品的特性对比

有形产品	服务产品
实体	非实体
形式相似	形式相异
生产、分销不与消费同时发生	生产、分销与消费同时发生
一种物品	一种行为或过程
核心价值在工厂被生产出来	核心价值在买卖双方接触中产生
顾客一般不参与生产过程	顾客参与生产过程
可以储存	不可以储存
有所有权转让	无所有权转让

服务有无形性、可变性、不可分离性、易消失性等特点，如快餐服务具有较高的有形性、较低的可变性、一定程度的生产与消费的不可分离性和不可储存性；金融服务基本上是无形的、很高的变化性、顾客可以不参加服务过程，以及容易消失的。企业可以通过改变服务的基本特征、调整基本特征的组合，来改变服务形态，使服务更具有个性化与多元化特征。

325

(三) 服务营销的特征

服务营销是创造和交换服务以获得企业和顾客所需所求的一种管理过程，与一般产品营销没有本质的区别，只是由于服务的特殊性决定了服务营销有着与产品营销不同的特征：

1. 促销难以展示

有形产品促销可以采用不同的手段，如产品陈列、展销、演示等，消费者在购买产品之前就可以对产品的外观、功能和效果有所了解。而服务是无形的，难以展示，消费者在购买服务前，很难客观评价服务的功能和使用效果。

2. 分销方式单一

有形产品可以根据产品、市场的特点采用不同的营销渠道进行分销，以最大限度覆盖目标市场。而服务由于生产和消费是同时进行的，大多只能采取直销的形式，这在一定程度上限制了服务企业的市场规模和范围，增加了市场开发的难度。现代网络信息技术对服务分销渠道的开发提供了更多的选择。

3. 服务供求分散

在服务营销的活动中，服务产品的供给和需求都比较分散，服务的顾客也是涉及各类企业、社会团体和千家万户不同类型的消费者，是广泛分散的。服务供求的分散性，要求服务提供者的服务网点也要广泛而分散，尽可能地接近消费者，如银行储蓄网店、加油站、汽车修理点等的分布总是尽可能覆盖更大的区域，为更多的人群提供方便、快捷的服务。

4. 服务对象的复杂性

服务市场的购买者是多元的，购买行为受多种因素影响而更加复杂化；同一服务产品的购买者可能是各种不同的人，其购买动机差异很大，而且不同消费者对服务产品的需求种类、内容和方式经常变化。根据马斯洛需求层次原理，人们的基本物质需求主要是一种原发需求，对这类需求人们易产生共性；而人们对服务消费的需要许多在精神文化消费层次，属于继发性需求，需求者会因各自所处的社会环境和各自具备的条件不同而形成较大的需求差异。

5. 服务需求弹性大

服务需求弹性大是服务营销最棘手的问题之一。服务需求受到外界因素的影响较大，如季节变化、气候变化等会对旅游服务、航运服务等需求造成较大影响，由于服务难以存储，存在需求波峰与波谷的巨大落差。

6. 对服务人员的技能和态度要求高

服务的提供都离不开人，服务人员的技能和态度直接关系着服务质量，这使得服务产品的质量很难控制，消费者对各种服务的质量要求也意味着对服务人员的技能和态度的要求。

二、服务营销组合

由于服务与服务营销的特殊性，服务营销强调与顾客建立长期关系，注重长远的利益；强调对顾客的承诺，注重服务过程的质量保证；强调与顾客的接触和沟通，注重与顾客建立和维持一种动态适应的交互关系。相应的营销组合理论在传统 4Ps 基础上，补充了服务人员、服务过程与有形设施等方面，并强调顾客与员工的互动，注重保留和维持现有顾客，追求顾客的满意和顾客的忠诚。

目前关于服务营销组合的理论主要包括服务营销三角模型、7Ps 组合、7Ps+3Rs 组合。

（一）服务营销三角模型

由于服务的无形性、不可分离性、可变性和易消失性，企业仅依靠以 4Ps 营销为主的外部营销是难以保证服务营销的有效性和高质量的。服务营销组合不仅包括外部营销，还包括内部营销和交互营销，如图 12-2 所示。

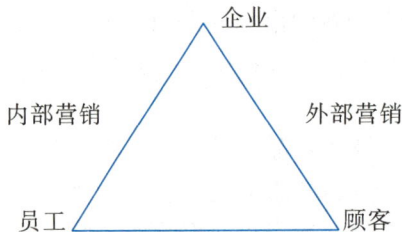

图 12-2　服务营销三角模型

1. 内部营销（internal marketing）

在服务营销中，内部员工的作用是十分重要的，员工的服务质量决定了企业的服务质量，因此，企业需要像满足外部顾客需求一样满足内部员工需求。内部营销就是企业通过对员工的选择、聘用、培训、指导、激励和评价，使企业的每一个员工都树立正确的服务观念，都具备良好地为顾客服务的愿望和能力。内部营销作为一种全面服务管理活动，主要包括态度管理和沟通管理。

（1）态度管理。企业员工的顾客意识和服务的自觉性需要得到有效的激励与反馈，这是态度管理的基本内容，也是内部营销的关键组成部分。企业的所有员工都是为了实现公司价值与企业经营目标，具有服务意识和顾客导向的"服务人员"。

（2）沟通管理。企业的所有人员应该得到足够的信息来保障其有效完成相应的岗位工作，从而为内部和外部的顾客提供良好的服务。沟通管理的内容包括：提供员工服务所需的各种信息，如各种规章制度、岗位责任制度、产品和服务的性能、企业对顾客的承诺等；促进信息在各部门的相互交流，如交流各自的部门需求、分享顾客数据信息以及对如何提高工作业绩的看法，以此保障整个企业系统科学地界定顾客需求并提供最优的服务方案。

内部营销不但能够让员工具有良好的服务意识、顾客导向观念与专业服务技能，也是企业吸引和保留高素质员工的主要手段，企业的内部营销做得越好，对员工就越有吸引力。

2. 交互式营销（interactive marketing）

服务营销最典型的特征之一就是顾客互动，大多数服务都不是简单的单向传递，顾客通常会有一定程度的参与，并影响其最终的感知与体验。交互营销要求企业的员工不仅要具有良好的专业技术能力，而且还要具有与顾客进行有效沟通的能力，因为顾客评价服务质量高低的标准，不仅包括服务过程中提供的技术质量，也包括服务过程中的功能质量。

3. 外部营销（external marketing）

外部营销，即传统的市场营销，就是企业满足顾客需求的服务承诺以及提供的服务。

（二）服务营销 7Ps 组合

鉴于服务营销的性质与特征，服务营销组合在传统产品 4Ps 营销组合基础上还增加了新的组合要素，即人（people）、有形展示（physical evidence）和服务过程（process），服务营销组合就从传统产品营销 4Ps 组合扩展到 7Ps 服务营销组合。

1. 人

人是服务营销中的一个核心组成要素，服务的提供是很难离开人而独立存在的，这里的人既包括服务的提供者也包括服务的接受者，即参与和体验服务的消费者。服务四个特性就决定了人对服务、服务营销的影响将是至关重要的，以至于格罗鲁斯认为"服务营销学的 4Ps 就是人、人、人，最后还是人"。

2. 有形展示

由于服务具有无形性，因此有形展示便显得不可或缺。服务的无形性与不确定性增加了市场交易的风险和难度，企业通过实物和外观的展示可以在不同程度上展示服务质量和某些其他特征，如提供理疗健康服务的企业，往往通过展示其最新技术设备来对顾客或潜在的顾客进行服务质量保证，又如一家餐厅的外观与室内装潢往往能体现餐厅的定位和风格，吸引不同的顾客，并带来不同的消费体验。

3. 服务过程

服务本身就表现为一种活动或过程，对消费者而言，服务体验除了服务人员与物理设施以外，很大程度上反映为服务流程的体验。服务过程的效率与质量决定服务的效率。将服务过程按照不同维度的划分可以帮助企业更好地进行服务设计，服务过程维度包括：标准化与个性化、复杂性程度、服务设施与员工的重要性程度等。我们以服务过程的复杂程度和差异程度分类做一个示例：

（1）复杂程度和差异程度都较高的服务过程，如外科医生的手术。

（2）复杂程度高而差异程度低的服务过程，如酒店服务。

（3）复杂程度低而差异程度高的服务过程，如理发、美容等服务。

（4）复杂程度和差异程度都较低的服务过程，如普通零售服务。

企业可以通过营销策略改变服务过程的复杂程度或差异程度实现服务创新。

优质的服务对于顾客而言意义重大，高水平的服务质量会提升顾客满意度，是维持客户忠诚的重要保证。一旦顾客不满意服务质量，一方面顾客不愿支付高价格，另一方面如果竞争对手服务质量更好，顾客往往会转向竞争对手。这将会对企业造成顾客流失、利润减少的影响，使企业在市场竞争中处于不利位置。但是，如果一味提高服务质量，同样要面对成本上升、消费者不愿为更好的服务支付高价等问题。

（三）服务营销 3Rs+7Ps 组合

服务与商品销售不同，大多数是一种持续性的过程，如健身、餐饮、金融，而不是一次性交易，因此，服务营销强调长期的关系营销，企业不但需要提供优质的产品与服务，提高顾客满意与忠诚度，还需要建立与保持长期的顾客关系，带动相关服务的销售，这可以用顾客保留（retention）、相关产品销售（related sales）和顾客推荐（referrals）3 个 R 来表示，这 3 个 R 与 7P 一起构成了（3Rs+7Ps）服务营销组合模式。

1. 顾客保留

服务营销需要企业与顾客之间建立长期关系，维持与保留现有顾客，以获取稳定收益。顾客保留的关键在于首先取得顾客的满意，顾客满意是维系与发展顾企长期关系的基础，是建立顾客忠诚的先决条件。同时，顾客保留能够大幅降低企业营销费用。有研究发现，顾客的保留率每提高 5%，企业利润将提高 75%。

2. 相关产品销售

顾客的满意和保留，将有助于企业相关服务与新服务的销售。由于服务的不确定性，顾客往往倾向于向原有供应商购买新服务，这样，新服务推广费用将大大降低，同时，一个满意的老顾客在接受企业新服务时，对价格也不会太敏感。这不仅能提高相关服务的销售，而且还能提升销售利润率。

3. 顾客推荐

满意的顾客是企业最宝贵的资产，是企业最好的广告。满意消费者的推荐和口碑的传播将对企业潜在顾客产生深刻的影响，尤其是购买前体验性差的无形服务。

三、服务质量管理

（一）服务质量

服务质量是服务效用与顾客需求满足的综合表现。与产品质量不同，服务质量很难有统一标准，顾客个体水平，如文化修养、审美观点、兴趣爱好和价值取向等，直接影响着他们对服务质量的需求和评价。同一项服务，不同顾客可能会提出不同的质量需求，并得出不同的服务质量评价。

服务质量既表现在服务人员所提供服务本身的直接效用上，又表现在顾客对他们所得到服务过程的满足程度上。也就是说，服务质量不仅与服务结果有关，也与服务过程有关，它包含两方面内容：

（1）技术性质量即服务结果质量，反映服务结果的质量标准、环境条件、网点设置以及服务项目、服务时间、服务设备等是否适应和满足顾客的需要。通常消费者能够比较客观地评估服务结果的技术性质量。

（2）功能性质量即服务过程质量，服务提供过程与消费过程同时发生，服务功能性质量反映服务人员的仪态仪表、服务态度、服务程序、服务行为是否满足顾客需求。

服务质量感知不仅与顾客的个性、态度、知识、行为方式等因素有关，也会受到环境因素及其他顾客消费行为的影响；消费者对功能性质量的评估通常是一种比较主观的判断，优质的服务质量应该是该项服务既符合企业制定的服务标准，又能满足顾客的需要，这是由服务质量的技术性和功能性决定的，而服务标准的制定则应该以顾客满意为指导。

（二）服务质量差距模型

柏拉所罗门、塞登尔和贝利在 1988 年提出了一种服务质量模型（SERVQUAL）来评估企业的服务质量，该模型以顾客需求满足为前提，逐次分析了顾客期望服务质量与顾客感知服务质量的五大差距过程，并提出了消除这些差距的策略。

（1）顾客期望值与管理人员认知之间的差距。服务企业中高层管理人员常常并不知道消费者真正的需求是什么。例如饭馆的经理很可能认为顾客希望吃好一点，喝好一点，而顾客实际上可能更注意餐馆的卫生条件和舒适的就餐环境。

（2）管理人员的认识与服务质量标准之间的差距。饭馆的经理也许能够正确地认识到顾客的需求，但并不知道满足这一需求的服务标准是什么，不知道怎样把这

329

种需求满足制度化、规范化。例如，饭馆经理感知到顾客需要一种卫生、舒适的就餐环境，但他却无法确定什么样的环境才是顾客真正需要的那种卫生和舒适。

（3）服务质量标准与提供服务之间的差距。由于训练不当、能力不足或其他诸多的原因，服务人员无法按质量标准提供服务。很多时候服务质量的各种具体标准可能是相互冲突的，如快捷的服务与仔细周到的服务常常是两个冲突的质量标准。

（4）提供服务与外部沟通之间的差距。顾客对服务质量的期望会受到公司广告和营销人员宣传的影响，例如，饭馆的经理在广告时将其饭馆的环境卫生说得很好，可当顾客来后发现并非如此，因而感到失望。这就是外部沟通造成了顾客期望的扭曲，需要提供确切反映顾客需求的服务承诺。服务承诺，就是公布服务质量或服务效果的标准，并对顾客加以利益上的保证或担保。公司服务人员不仅要提供优质服务，还需要学会与顾客之间的有效沟通。

（5）认知服务与期望服务之间的差距。不同的环境下，不同顾客对服务质量的认知也是不同的，它不仅受到服务质量本身的影响，服务人员的有效沟通也很关键。值得注意的是不同顾客的服务期待可能是不同的，需要有效顾客细分，如果服务人员不注意这种区别，刻板地运用通常的服务改进，可能会使提供的标准服务与顾客所期望的服务之间产生差距。例如，一对热恋中的情侣平时都忙于工作，难得相聚，周末到饭馆用餐，期望有一个安静舒适、没有外人干扰的环境。可是服务人员没注意到这一点，而是根据热情周到的服务标准，不断地询问他们还需要什么、对饭菜是否满意等。可以想象，这种过分热情的服务并不能带来他们对服务的好评。

服务质量的好坏很大程度上取决于顾客在服务过程中的感受。因此服务质量不可能像制造业那样，完全以产品的技术质量为标准，而必须找到另外的着力点。面向顾客提供真实可靠的服务承诺，并在服务过程中有效沟通，是服务营销有效的着力点。

接下来，我们就可以根据上述的分析逐一消除以上五个层面的服务质量差距，比如加强服务人员的挑选和培训，或者使用差距分析法来衡量顾客的期望，由服务业管理人员请顾客根据自己的期望值来评价其对某项服务的满意程度。一般说来，顾客的期望会受到他人的意见、本人的需求、过去的经验以及促销活动的影响。

四、服务差异化与价格管理

与产品营销一样，服务营销也需要针对顾客的不同需求实施差异化管理，包括服务差异化与价格管理。

（一）服务差异化

服务差异化是指为顾客提供与众不同的特色化、个性化服务。服务差异化具体表现在：服务内容的差异化，服务形式的差异化，服务人员的差异化和服务价值的差异化。服务差异化并不是简单改变既定的服务标准，而是根据不同顾客群体甚至个人设计服务营销组合，有针对性地开展服务营销，从而最大限度地满足顾客的需要。

具体的服务差异化手段包括：

（1）大规模定制：使用灵活的服务流程和组织结构，以标准化和大批量提供为特定的顾客群体定制的服务。例如，宾馆为不同规格会议提供全套服务。

（2）个性化营销：针对不同顾客提供特殊性服务。例如医院开设家庭病房。

（3）开发特色服务项目：进行服务项目创新。例如餐馆推出新的菜品；旅游景区推出特色项目。

服务差异化策略是服务企业赢得竞争优势的有效途径。

（二）服务价格管理

服务定价与传统产品定价有较大差异，企业在实施服务价格管理时，需要考虑服务定价的主要影响因素、服务对象和提供的服务产品特征。

1. 服务定价影响因素

服务定价影响因素主要包括服务的特征、品牌影响力、消费者价格敏感度，以及服务产品生命周期。

服务的特征对服务定价有很大的影响，这主要表现在以下四个方面：

（1）服务的无形性使服务产品的定价远比有形产品困难。顾客在判断价格是否合理时，不仅仅受到服务中实体产品价值因素的影响，如航班中飞机的机型、酒店服务中餐厅的设施，还受到自身对服务需求的价值感知的影响，并将这个价值同价格进行比较，判断是否物有所值。所以，企业在定价时，考虑的焦点主要是顾客对服务价值的认识，而不仅仅是服务硬件设施与成本，如教育服务。

（2）服务的时间性及服务的需求波动大，导致服务企业必须采用价格优惠、促销及降价等方式，以充分利用闲置的生产能力，所以，服务边际定价政策得到了普遍性应用。

（3）服务的同质性使价格竞争更激烈，不过，可以通过行业协会或政府管制部门规定基本收费标准，防止不正常的价格竞争行为。

（4）服务与服务提供者的不可分离性，使服务受地理因素或时间的限制。同样，消费者也只能在一定的时间和区域内才能接受服务，这种限制不仅加剧了企业间的竞争，而且直接影响其定价水平。

正如等级越高的饭店收取的费用越高一样，品牌影响力在服务市场的定价中起到了重要的甚至是决定性的作用。品牌影响力代表着服务产品的知名度、美誉度、服务产品所使用的等级标准等，它与企业的市场定位和目标市场密切相关，进而决定了价格水平。

在服务定价时，消费者的价格敏感度是制定价格需要考虑的主要因素。在某些行业，价格成了一种竞争的武器，一家打折销售，其余的服务提供者会立刻跟进。但在有些行业，消费者对价格的敏感度就表现得比较低，如医疗。

服务产品的价格也与其生命周期有关。例如，在引入一种新产品时，公司可用低价策略去渗透市场，并在短期内快速争得市场占有率。另一种办法是撇脂策略，即一开始就采用高价策略，以在短期之内尽量收回成本、攫取利润。不过，这种策略只有在没有直接竞争者以及存在大量需求的情况下才能采用。

2. 服务产品的定价方法

服务定价的基本方法与传统定价方法类似，仍然主要是采用需求导向定价、成本导向定价和竞争导向定价。

需求导向定价法着眼于消费者需求认知、态度和行为，服务质量和成本则根据价格进行相应的调整。

成本导向定价法是指企业依据其提供服务的成本决定服务的价格。这种方法的优点：一是比需求导向更简单明了；二是在考虑合理的利润前提下，当顾客需求量较大时，能使服务企业维持在一个适当的盈利水平，并降低顾客的购买费用。

竞争导向定价法是指以竞争者各方面之间的实力对比和竞争者的价格作为定价的主要依据，以竞争环境中的生存和发展为目标的定价方法，主要包括通行价格定价和主动竞争型定价两种。通行价格定价法以服务的市场通行价格作为本企业的价格依据。主动竞争型定价，是指为了维持或增加市场占有率而采取的进取性定价。

五、服务分销与促销管理

(一) 服务分销管理

服务由于产销同时进行，因此在传统意义上难以广泛分销，现代网络营销为其拓展了分销渠道与空间。

1. 服务选址

服务选址是企业做出的关于它在什么地方向目标市场提供服务的决策。服务选址的重要性取决于服务提供者与消费者互动的类型和程度。服务提供者与消费者有三种互动方式：顾客上门来找服务提供者、服务提供者上门来找顾客以及服务提供者和顾客在随手可及的范围内交易。

当顾客不得不上门来找服务提供者并接受服务时，服务提供者的位置就变得特别重要，如餐馆、零售店铺等位置便利就是顾客光顾的主要理由之一。如果是服务提供者上门去找顾客，服务提供者的位置就变得不那么重要了。如果服务提供者和顾客在随手可及的便捷范围内都可以进行交易，这时，位置变得无关紧要。在这种情况下，服务提供者只要在某些地方装备了有效的邮递和电子通信系统，大可不必关心服务供应者的实际位置在什么地方，如电话、保险等。

2. 分销渠道

分销渠道是指服务从生产者移向消费者所涉及的一系列中介和中间服务商。由于服务和服务提供者不可分割的原因，服务渠道大多数是采用零渠道，即直销，由服务提供者直接将服务传递给顾客，实行面对面的服务，如法律服务、会计和家政服务等。

当然，服务提供者也可以选择通过中介机构销售服务，服务业市场的中介机构形态很多，常见的有下列几种：

（1）代理。一般是在旅游观光、旅馆、运输、保险等服务市场出现。

（2）代销。专门执行或提供一项服务，然后以特许权的方式销售该服务。

（3）经纪。在某些市场，服务因传统惯例的要求必须经由中介机构提供才行，如股票市场和广告服务等。

（4）批发商。在金融市场中的中间批发商等。

（5）零售商。包括照相馆（婚纱影楼）和提供干洗服务的商店等。

3. 服务分销渠道的发展

（1）综合服务渠道。综合服务是综合公司体系与综合性合同体系持续发展，例如观光旅游业，航空公司、餐厅、酒店等进行合作。

（2）自助服务渠道。自助服务是指顾客可以自己完成服务产品的购买，例如银行的自助取款机、加油站的自助加油。

（3）网络服务渠道。网络服务是企业利用互联网为顾客提供服务，例如网络订餐服务、飞机票和火车票网络订票服务、中国移动的网上营业厅等。而目前的网络服务更加要求精准把握当下消费者所需所求，并且利用大数据引流等。拼多多则是一个最为直接的例子，其只花费不到 5 年的时间，便成为电商三强之一，这与其 C2M 极致压缩供应链条、短平快取胜的分销战略离不开关系。

（二）服务促销

服务也是需要与顾客进行价值沟通的，服务营销的促销目标与产品营销大致相同，只不过由于服务的无形性，服务促销相对难以展示，或者说消费者更相信自己的经验。服务营销主要的促销目标是建立对该服务产品及服务公司的认知和兴趣，使服务内容和服务公司本身与竞争者产生差异，沟通并描述所提供服务的种种利益，建立并维持服务公司整体形象和信誉，说服顾客购买或使用该项服务。

由于服务的特殊性，服务营销沟通方式与策略在传统的广告、销售促进、人员推销和公共关系方面也有所不同。

服务广告主要致力于实现无形服务的有形化展示，消除顾客的不确定性心理，服务业利用广告进行促销的趋势在逐渐扩大。服务广告的指导原则包括：使用明确的信息；强调服务利益；只宣传企业能提供或顾客能得到的允诺；提供有形线索；解除购买后的疑虑。

在服务营销中，人员面对面接触的重要性和服务人员的影响力已被普遍认同。因此，人员销售已成为服务营销中最被重视的因素。在服务营销的背景下，人员销售有着许多指导原则，主要包括：发展与顾客的个人关系，采取专业化导向，建立并维持有利的形象，多种服务交叉销售，使采购简单便捷等。

销售促进在服务促销中具有越来越重要的地位，由于服务的无形性与易消失性，销售促进能够有效消除服务提供的不确定性，如淘宝上"U 先试用"可免费体验；增强顾客黏性，如京东 PLUS、淘宝 88 会员制特惠；降价促销，如淘宝的"双十一""618"等促销活动。

333

公共关系是为了树立和维护服务企业的良好形象而采用各种交际技巧，提高企业的知名度与美誉度。服务公关工作的三个重点决策包括：建立多元公关目标，选择公关的信息与工具，评估公关效果。这三个重点决策对所有的服务业公司都是必要的。许多服务业都很重视公关工作，尤其对于营销预算较少的小型服务公司。公关的功能在于它是获得展示机会的花费较少的方法，而且公关更是建立市场知名度、美誉度和顾客偏好的有效工具。

六、服务体验营销

当代服务消费行为日益表现出个性化、情感化和体验化的偏好，越来越注重接受服务时的过程体验，顾客的服务体验已经成为当代顾客满意的决定性因素。从服务的特征来看：服务的无形性决定了服务产品只能是一种表现过程，而不是客观存在的实物，消费者只能在过程中体验；服务的可变性决定了顾客的体验内容和体验感知是不确定的和动态的；生产和消费的不可分离性和不可存储性决定了体验服务时需要顾客的亲自参与。这就表明在大多数情况下，服务活动的发生依赖于顾客和服务人员的互动，只有顾客亲临服务提供现场，服务人员才能完成服务过程。有学者指出，服务的本质就是提供顾客体验，顾客的服务消费过程本身就是一种体验过程。必须有效管理顾客体验，才能够提高顾客满意度，建立顾客忠诚，最后为服务提供者带来长期收益。

约瑟夫·派恩二世和詹姆斯·H. 吉尔摩在《体验经济》中指出：体验本身代表着一种已经存在但是先前没有被清楚表述的经济产出类型，它是继产品、商品和服务之后的第四种经济提供物，是从服务中分离出来的。

服务营销学者格罗鲁斯最早在营销领域提出顾客的服务体验这一概念，并指出顾客的服务体验就是顾客对服务接触的感知，是顾客在消费服务的过程中对服务满足其需求的能力和服务品质进行评价后的一种心理上的感受。李建州、范秀成证实了服务体验是个多维的概念，包括了功能体验、情感体验和社会体验三个维度。消费者追求功能性体验时，进行更多的认知、思考和评价，较少投入情感，在乎服务的结果质量和实用性，满足消费者最基本的功能需要，或解决实际的具体问题。服务的情感体验是指顾客在服务消费的过程中被引发的情感、情绪或心情，它是复杂和微妙的。积极情感包括高兴、喜悦、满意、快乐、惊喜等，消极情感包括悲伤、厌烦、不满意、愤怒等。服务的社会体验是指，消费者不仅是经济人，更重要的是社会人，强调消费者与社会的关系。顾客在服务消费的同时也在建构社会关系，寻求社会归属和认同感，体现自己的人生观、价值观和消费观以及定位自己的社会身份。三种体验带给顾客不同的利益，共同影响着顾客整体服务体验感知。在不同服务场合，消费者体验感知侧重点不同，如表 12-2 所示。

表 12-2　服务体验的维度与特征

	功能性体验	情感性体验	社会性体验
特征	更多的认知成分	更多的情感成分	更多的社会属性
	有形产品特征更明显	服务业表现更明显	有形产品和服务业
	功能性利益	情感性利益	社会性利益
	强调结果、目的	强调享乐、快乐	强调关系
	解决问题	享受的投入	关系的紧密程度
	客观	主观	主观或客观

第二节　网络营销

20 世纪 90 年代以来，Internet 的飞速发展推动了全球的互联网热潮。目前，世界上的大部分交易都是在广泛连接着个人和企业的互联网中进行的。随着网络环境和 Internet 的发展变化，网络营销日渐成熟并成为主流。人们借助互联网与移动网络随时随地地接触商品信息、了解品牌、实时沟通或留言。互联网从根本上改进了消费者对于便利、速度、价格、产品信息、服务、品牌与沟通互动的需求，也给营销者提供了一种联结顾客、沟通互动与价值共创的全新方式。然而，有效发挥网络营销的作用需要健康的网络生态。党的二十大报告指出："要加强个人信息保护，强化网络、数据等安全保障体系建设，加强全媒体传播体系建设，健全网络综合治理体系，推动形成良好网络生态。"

一、网络营销的概念

中国互联网的使用和影响持续稳定地增长，相关数据显示 2023 年 6 月中国网民规模达 10.79 亿人，普及率达到 76.4%，使用手机上网的规模达 10.76 亿，占到上网人群的 99.8%。中国网络购物用户规模达到 8.84 亿，占网民总体的 82.0%，较 2022 年 12 月增长 4.6%%。随着越来越多的消费者从实体店转向网上购买，2023 年我国网上零售额 15.42 万亿元，增长 11%，连续 11 年成为全球第一大网络零售市场。据估计，几乎一半的零售销售额要么直接在网上交易，要么与互联网有紧密联系。越来越多的消费者即使在实体店内，也不忘利用智能手机和平板电脑寻找最优惠的价格。因此，在互联网时代，网络营销是各大企业必须面对的营销方式。

一般来说，凡是以互联网为主要手段开展的营销活动都可称为网络营销。网络营销是企业营销的重要组成部分，网络营销是指以互联网媒体为基础，运用网络化思维与理念，利用数字化的信息和网络媒体的交互性来实现组织目标的一种新型营销，即通过互联网，借助公司主页、App、在线视频、博客和微博等方式进行的营销活动，以更有效地实现个人和组织的交易目标与价值。

335

需要注意的是，网络营销不等于简单的网上销售，它是为了实现最终产品的销售、提升品牌形象的目的而进行的一系列营销活动的整合。网络营销也不等于电子商务，电子商务的内涵很广，其核心是电子化交易，而网络营销注重的是以互联网为主要手段的营销活动。网络营销是企业整体营销的一个组成部分，网络营销活动不可能脱离一般营销而独立存在，同时，网络营销和传统营销并不冲突，二者很大程度上是互补关系。

网络营销产生是多种因素作用的结果，它主要基于三大特定基础：网络信息技术的发展是网络营销产生的技术基础；价值观的变迁是网络营销产生的观念基础；全球化与跨界竞争是网络营销产生的现实基础。

互联网络的出现，为企业和顾客提供了直接交互的网络营销渠道，使得企业与顾客直接交互成为可能，企业可以通过网络渠道，把产品直接销售给顾客；消费者也可以按照自己的需求，直接搜寻产品与服务提供者，并进行各种属性功能价格的比较。网络营销还能够精准地瞄准目标消费群体，从而提高营销的有效性，降低营销成本。

二、网络营销理论

（一）整合营销理论

在网络经济环境下，消费者个性消费回归，消费者购买商品选择性与主动性增强，越来越在乎购买便利、一站式购物与轻松购物，享受购物乐趣。网络整合营销理论认为，企业开展网络营销活动必须以顾客为中心，在充分考虑顾客需求、让渡价值、交易便捷与双向沟通的基础上来整合营销组合策略。

宏观角度来看，网络营销是以整合企业内外部所有资源为手段，充分发挥产业生态圈价值，再造企业的生产交易行为，实现企业价值目标的全面一体化营销，它以整合为中心，讲求系统化管理，强调协调与统一。

（二）直复营销理论

直复营销理论是一个相对较早的理论，在 20 世纪 80 年代开始盛行，网络营销让其再次引起学界的关注。美国直复营销协会对其所下的定义是："一种为了在任何地方产生可度量的反应和达成交易所使用的一种或多种广告媒体的相互作用的市场营销体系。"直复营销理论的核心在于它对营销绩效的直接测试、度量和评价，从根本上解决了传统营销效果评价的科学性，为量化营销决策提供了依据。

基于互联网的直复营销更加符合直复营销的理念，这表现在如下两个方面：

网络直复营销作为一种双向互动沟通与交易反馈系统，可以在任何时间、任何地点都实现厂商与顾客之间的双向信息交流，克服了传统市场营销单向信息交流方式下营销者和顾客之间无法有效沟通与直接反馈的致命弱点。

直复营销为每一个目标顾客提供直接向营销人员反馈的渠道，企业可以凭借顾客反应找出营销中的不足，并能够有效测评直复营销活动效果。

（三）长尾理论

长尾理论认为，只要存储和流通的渠道足够大，需求比较小众或销售频率很低的产品所共同占据的市场份额可以和那些热销产品所占据的市场份额相匹敌甚至更大，即众多小市场汇聚成可与主流大市场相匹敌的市场能量。在商业实践中，长尾理论广泛应用到网络营销中，可以为企业，特别是电子商务为主导的企业找到真正的发展空间与利润增长点。例如，阿里巴巴一直抛弃传统的二八定律，坚持做小众的长尾市场，淘宝让数量众多的小企业和个人通过它的平台进行小件商品的销售互动，从而创造了惊人的交易量和利润。类似的还有余额宝。它们的成功让人们看到，只要将尾巴拖得足够长，就会聚沙成塔，产生意想不到的效果。

（四）全球营销理论

由于互联网无处不在，世界就是一个地球村。网络营销理论也就是全球营销理论，向全世界提供同质性或者差异化产品与服务，兼顾大规模同质产品的成本优势与不同区域差异化的价值提供。全球营销主要是要确定不同地区的共同需求，以及需要在哪些方面进行适应性调整。

在网络营销中，全球营销理论可以指导企业通过产品标准化降低成本，树立统一的品牌形象，满足消费者需要的全球品质的标准化产品或者服务。当然，根据不同区域进行相应的市场营销与产品改进也是必不可少的。

（五）网络营销 SoLoMo 理论

SoLoMo 是美国 KPCB 风险投资公司合伙人 John Doerr 在 2011 年提出的一个网络营销理论。SoLoMo 中的 So 指 Social（社会化），Lo 指 Local（本地化），Mo 指 Mobile（移动化）。SoLoMo 为涉足互联网的企业提出了重要的网络营销战略方向，即社会化、本地化和移动化。

社会化包括两层含义：社会化营销，即更多地借助社交媒体扩散品牌口碑，开展营销活动；社交购物，在互联网时代，熟人之间、陌生人之间，借助社交媒体彼此沟通信息，增进了解，可以大大促进消费欲望和交易效率。

本地化主要是指借助 LBS（地理位置服务），通过在线方式告知消费者特定地理位置的线下服务，并为线下服务实施网络营销。本地化最典型的应用就是大众点评这类 O2O 以及滴滴出行这类共享经济平台，将巨大的网上客流导入到特定地理位置的线下消费，并利用搜索、排名和精准推荐这些营销方法为消费者提供消费便利。

移动化即适应强大的网络终端移动化潮流，将网络营销从传统电脑终端转移到手机、iPAD 等智能移动终端。今天，智能手机已经成为人们上网的主要工具。企业的网络营销活动应当努力适应这样的移动化潮流。比如，网络广告应当利用移动终端丰富化的感应功能（比如手机的划、翻、摇等功能）以使广告更富表现力，产品展现也应该更加适应消费者碎片化时间的浏览需求。

三、网络营销方式

（一）自有媒体

自有媒体（owned media）指的是由企业通过自有的沟通渠道向网络用户传递沟通信息。自有媒体不仅包括公司网站、博客、支持论坛、电子邮件、在线展会等完全由企业自身来控制的，也包括微博、小红书、抖音等企业拥有的但媒体是属于其他企业或组织的。

企业运用自有媒体是为了实现以下目标：①创作一些正向的内容以影响消费者；②鼓励消费者将这些内容进行传播，例如社交平台上的推广、传递给亲朋好友等；③进一步提升客户关系管理，拉近与消费者距离。总结来说是促进企业营销活动，进一步维系现有用户与开发新用户。

（二）付费媒体

企业运用付费媒体来吸引目标客户群体浏览企业的自由媒体、推广企业品牌，常常有人会将"付费媒体"与"广告"混为一谈，其实二者存在一定的区别，有些付费媒体战略并不能等同为广告，例如一些软文推广、虚拟游戏等等。

付费媒体常常分为传统付费媒体与非传统付费媒体，前者主要是报纸、杂志、广播、电视等，后者则是指除了传统媒体以外的其他媒体形式，包括数字媒体等。随着信息技术的使用更加普及，两者之间的界限也越来越模糊不清。

付费媒体的形式多样，包括文本、图表、视频等，利用关键词作为主要形式的付费搜索广告是所有付费媒体中最为重要的，搜索引擎和资讯类移动广告也是发展迅速的。

（三）口碑媒体

区别于自有媒体与付费媒体侧重于推动潜在客户、维护现有客户，口碑媒体的作用往往会使企业在网络中的沟通信息传播得更快更远，甚至可能为企业带来一传十、十传百的爆炸式效应。而以往企业营销沟通更加注重利用广告等来提升企业品牌形象，如今更加强调利用社交媒体发推文、发帖等进一步宣传企业产品服务，拉近与顾客间关系。

口碑媒体的发起人可以是企业本身，例如在抖音、B站、YouTube视频网站上传有关产品服务的娱乐性短视频，在小红书、微博社交平台上发布配图推文或带有滤镜的广告等，还可以是企业赞助一项网络比赛。但如果是用户彼此之间的沟通交流，企业对于用户创作的内容控制能力很低，但这些沟通又传播快且远，企业应当鼓励用户创造口碑媒体，例如社交媒体的影响人物、媒体记者等都是重要的口碑媒体传播者。

病毒营销也是网络上的口碑相传。白象方便面原本知名度并不算太高，而在2022年"3·15"晚会插旗菜业"土坑酸菜"曝光后，白象立即站出来发表微博"一句话：没合作，放心吃，身正不怕影子斜"，随后"白象称与插旗菜业没合作"

的话题登上微博热搜榜。截至 2002 年 3 月 16 日上午，该话题的阅读量已超过 2 亿次，3 月 16 日晚间，白象直播间的观看人数飙升至 6 万。而此前，白象直播间的观看人数仅在 1 万人左右。

四、网络营销工具与载体

公司需要选择成本效益比最佳的网络营销工具与载体，以实现有效营销传播与实现营销目标。企业可以选择的网络营销传播工具与载体有：企业网站、搜索引擎、电子邮件、网络广告与移动 App 等。

（一）企业网站

企业网站设计必须能够体现公司经营宗旨使命、历史、产品和服务、发展愿景，不仅要能够吸引初次访问者，并且要有足够吸引力，能带来重复浏览。网站设计在人机交互（Human–Computer Interface，HCI）中强调用户导向（User–Oriented），Rayport 与 Jaworski 在 2001 年提出 7Cs 模型，提出网站设计的 HCI 应注重在让顾客容易操作与使其满意，7Cs 网站界面包含 7 项要素：

（1）Context（组织）。网站内容的设计与呈现方式，要同时符合功能性与美观性需求。

（2）Content（内容）。网站上所传递的内容包括产品与服务内容、促销方案、顾客支持、及时更新资讯，以及各种与产品或服务相关的资讯，采用多媒体方式提供产品或服务资讯（如：以语音或动画的方式描述产品或服务内容）。

（3）Community（社群）。与网站使用者之间的互动空间，让使用者有归属感或参与感，包括线上讨论版（BBS），会员电子信箱或留言板等。

（4）Customization（客户化定制），提供使用者自身定做自己想阅读内容资讯的功能。使用者在登录后就可以开启与众不同的个人页面，让顾客更有亲近感。

（5）Communication（沟通方式），网站与使用者之间的沟通渠道，包括以电子邮件方式告知各式资讯（如电子报），或是让使用者可提供建议的渠道（如信箱）。

（6）Connection（链接），网站与其他外部相关网站的链接。

（7）Commerce（商务），支援各种交易功能，如线上查询、下订单与取消、缴费功能等。

访问者往往通过易用性（快速下载、首页简明、导航清晰、文字易懂）和美观性（网页整洁有序、色彩和声音形象逼真）来评判网站性能。同时，公司还必须注意网络安全和隐私保护等问题。

除了企业网站外，公司还可以使用微站点（microsites）、个人主页或网页群作为主站点的补充，特别是低潜在需求商品。例如，消费者很少访问保险公司官网，但是保险公司可以在二手车网站建立一个微站点，在为购买者提供购买建议的同时，也是营销汽车保险的好机会。

（二）电子邮件

通过电子邮件为消费者提供信息，进行交流沟通，性价比极高。据研究，通过电子邮件提高销售的成功率至少是社会化媒体广告效果的三倍，平均订单价值也被认为高出17%。但是当电子邮件营销被大量滥用时，形成垃圾邮件，消费者会使用垃圾邮件过滤器拦截。一些优秀公司首先会征询消费者是否愿意收到商业信息邮件，以及希望什么时候收到邮件的意见。企业电子邮件必须及时，有针对性且与顾客需求相关。京东实行了邮件精准营销，例如用户在京东商城购买一双鞋但显示缺货，于是他选择了京东的"到货提醒"功能并留下了自己的邮箱，几天后该用户收到了到货提醒邮件，同时邮件中还推荐了几款相关款式的鞋。而如果当用户作为一个摄影小白纠结选择购入哪一款单反相机时，京东会发送《京东告诉您如何挑选单反相机》邮件，这些都是针对顾客需求而及时进行的。

(三) 网络广告

由于消费者浏览网络的时间越来越多，许多企业正将更多的营销资源投向网络广告（Online Advertising），以期提高品牌销售或吸引访问者访问其公司网络、移动和社交媒体网站。网络广告正成为一种新的主流媒体。网络广告的主要形式包括展示广告和搜索内容关联广告。两者共同在企业数字营销支出中占到30%的比重，是最大的数字营销预算项目。

网络展示广告可能出现在浏览者屏幕的任何位置，并且与其正在浏览的网站内容相关。例如，当你在百度网站上搜索"云南"时，很可能看到来自旅游公司提供的"云南旅行套餐"的推广广告。近年来，展示广告在吸引和保持顾客关注方面取得了长足的进步，融合了动画、视频、音效和互动等。例如，当你在电脑或手机屏幕上浏览与体育相关内容的时候，很可能会看到天梭表的旗帜广告突然跃上屏幕。在该旗帜广告关闭之前，你最喜欢的篮球运动员突然从中闪出，展示超级体育明星们使用天梭表场景画面。这种内容丰富有趣的广告只有短短的几十秒，却能产生很好的传播效果。

(四) 搜索引擎广告

有许多关于搜索引擎优化和付费搜索的算法与指导准则。搜索引擎优化是为提高搜索项（如企业品牌）在所有非付费检索结果中的排序而进行的优化设计。网络营销的一个重要组成部分是付费搜索或点击付费广告。付费搜索是公司对检索项进行的竞价拍卖。基于这些检索项，意味着消费者对商品或者消费的兴趣，以及搜索者是公司的主要潜在客户。当消费者用百度、谷歌、雅虎，或者必应去搜索这些付费的检索项时，付费企业的广告就会在搜索结果上方或者侧面出现，位置取决于公司的出价高低以及搜索引擎计算广告相关度时所用的算法。点击付费广告只有当访问者点击了广告，广告主才会付费。

较为宽泛的搜索项对公司整体品牌构建意义较大，而用于识别特定产品型号或服务的具体检索项则对创造和转化销售机会更为有用。营销人员需要在企业网站上突出目标检索项，以便搜索引擎能够较好识别。通常一个产品或者服务可以通过多个关键词识别，营销人员必须根据每个关键词的可能回报率来竞价，并收集数据以追踪付费搜索的效果。

（五）移动 App

目前，全球已经进入了移动互联网时代。随着移动互联网的兴起，越来越多的互联网企业、电商平台将 App 视为销售商品的主战场。相关数据显示，App 给手机电商带来的流量远远超过了传统互联媒介所带来的流量值，通过 App 盈利成了各大电商平台发展的主要方向。App 与电脑版普通网站在用户体验、设计风格、登录方式、互动性等方面相比更具优势。相较于传统互联网营销工具，App 营销具有成本较低、持续性强、信息全面、灵活度高、精准度高、稳定高速、互动性强、促销效果好、用户黏性强等优点。2018 年微博"支付宝锦鲤"活动上线 6 小时，微博转发便破百万，最终获得 400 多万转评赞、2 亿曝光量。

手机 App 营销是企业品牌与用户之间形成长期良好关系的重要渠道，也是连接线上与线下渠道的枢纽，逐渐发展成为各大电商激烈竞争的主流营销渠道。移动App 想要得到健康可持续发展，必须充分了解目标市场、精准于用户终身价值、注重人工智能与机器学习的运用、保持创新，例如 Runkeeper（口袋健身）App，尽管遵循有纪律的健身方法绝非易事，但 Runkeeper 用户可以通过选择路线和音乐甚至选择训练计划来个性化体验，Runkeeper 向用户发送推送通知，提醒他们即将进行的跑步，从而保持较高的激励水平，且用户完成目标后，Runkeeper 会为他们提供个性化的奖励。

五、网络营销管理

（一）网络口碑管理

口碑，即关于产品及品牌的评价。口碑传播是最原始、最古老的营销传播方式。随着互联网传播媒介的迅速发展，企业对网络口碑越来越重视。网络口碑（Internet Word of Mouth，简称为 IWOM；或 Electronic Word of Mouth，简称 EWOM），是指消费者借助网络工具（如 QQ、MSN、论坛、电子邮件、博客和视频网站等）把自己对有关产品的消费体验、看法在网上发表，与人分享，并做出相应的讨论，这些体验、看法和评论可以通过文字、图片、音频、视频等多媒体形式表现出来。网络口碑营销是口碑营销与网络营销的结合，是企业通过良好的用户体验，借助于网络媒介使企业产品在用户社群中形成口碑效应，以达到提升企业品牌形象、促进产品销售目标的活动。

与传统口碑营销相同，网络口碑营销能够提升企业品牌形象，影响消费者决策，提高品牌忠诚度，降低营销成本等。与传统的口碑传播相比，网络口碑传播具有波及范围大、传播速度快、超越时空性、信息储量大、沟通成本低、传播匿名性等特点，一旦处理不慎，常常会给企业带来不可估量的损失。因此，企业实施网络口碑营销，要以优质产品和良好服务为基础，以真实具体的传播信息、适当有效的传播方式、传播渠道为手段，综合运用，精心设计，方可收到良好效果。

（二）内容管理

在"人人都是自媒体"的网络时代，内容营销（Content Marketing）已经全面渗透到网络营销之中。内容营销是在普通门户网站、企业网站和社交媒体网站等上面制作并上传内容作品的一种营销方法。内容营销将企业产品、Logo、广告等文字、图片和动画等信息植入到软文中，强调内容创意，使产品成为一种实体化的社交工具，把与用户沟通变成内容生产的过程，以吸引消费者。百事可乐至今花费十年打造"把乐带回家"内容IP，从2012年小家团圆的首部《把乐带回家》微电影开始，讲述了"人""家""乐"三者关系。三顿半的"返航计划"已经举办了6季，是以空罐兑换主题物资，回收的空罐再利用制成生活周边物品。

其实在传统营销环境中，内容营销由来已久，例如发放纸质传单、新闻稿、商品目录、公司宣传册、专题广告片及网络宣传片等主动出击的营销手段。不同的是，厂商如今使用的是数字内容，他们通过把自己打造成网络媒体信息的发布者，通过这些内容对那些搜索企业信息的消费者进行告知，吸引现有客户和潜在客户参与。

内容营销的内容主要有三个方面的来源：

BGC：企业生成内容。由企业为受众提供企业的产品品牌品类相关的权威信息。

PGC：专业机构生成内容，由企业品牌代理或专业内容提供机构提供的外部信息内容，为更广泛的消费者群体提供品牌信息。

UGC：用户生成内容，以品牌粉丝为核心，消费者的用户体验等原生口碑内容信息。

（三）客户关系管理（CRM）

随着互联网信息技术的发展，客户关系管理进入"2.0"时代，即社交CRM（Social CRM）时代。在社交CRM时代，公司不仅仅关注自身的营销战略与愿景，还要基于社交网络深入洞察顾客需求，并与客户多维度、多层次良性互动。社交CRM对企业具有诸多的利益，例如对企业、产品及品牌的声誉进行监视和管理，更深层次了解客户需求，有助于精准目标市场定位、增加销售收入与利润等。同时，社交CRM对客户也是有利的，例如顾客遇到问题可以及时得到解决，可以从其他客户那里得到有关产品的真实信息，方便快捷与企业互动。社交CRM不仅可以建立"一对一"CRM，还可以建立"一对多"企业对顾客社群的CRM，充分尊重客户需要并且细致分析客户个体及社群的诉求，发现差异化与未被发现的市场需求，确定企业未来发展战略。

唐·佩珀斯和马莎·罗杰斯认为，社交CRM需要重点做好以下工作：从广大市场人群中发现公司潜在客户并加以甄别；量化分析不同客户对公司可能带来的价值，并以其价值进行客户画像；强调顾客沟通的重要性，主动维系客群关系，同时客户也可能积极主动联系公司；根据客户诉求实时调整公司的产品与服务。

第三节　大数据营销

一、大数据营销的概念与理论

传统市场营销活动主要基于大规模制造，设计相应的大范围传播渠道与不同路径的分销渠道，在大数据时代，针对一定范围的营销轰炸不仅是低效率的，营销质量也不高。以企业促销实践为例，以往都是选择知名度高，浏览量大的媒体进行投放。如今大数据技术可以让企业准确掌握 5W1H，从而实现精准营销。二十大报告明确指出"加快建设制造强国、质量强国、航天强国、交通强国、网络强国、数字中国"，更是指出"加快发展数字经济，促进数字经济和实体经济深度融合，打造具有国际竞争力的数字产业集群"。

（一）大数据营销的概念

大数据营销是建立在海量微观基层消费行为数据基础上，精准把握与引导顾客消费心理行为，实时动态调整企业产品与服务，满足顾客多元化与个性化需求的营销管理过程。大数据营销在以下几个方面体现着区别于传统营销的变革与发展：从以往的抽样调研到全样本的海量数据、从以往的简单单项分析到整体的全方位多角度分析、从以往的广泛撒网到精准营销与个性化服务。

（二）大数据营销 SIVA 理论

舒尔茨提出关于大数据营销 SIVA 理论，认为：在现代营销管理过程中，用户意见和用户参与是核心，价值应该由用户与企业共同创造。SIVA 理论包括四部分内容，分别是解决方案（Solutions）、信息（Information）、价值（Value）、途径（Access）。

解决方案是指企业通过对用户行为数据进行分析，获得的用户真实需求，在此基础上，提供针对性解决方案，这是 SIVA 的起点。信息包括用户数据信息、主体内容信息、受众反馈信息、内容传播效果信息。在今天，用户成为了信息的主导者，他们拥有各式各样的渠道来了解想要了解的内容。相较于过去，用户从被动接受变成了主动获取，并且对所有信息内容进行甄别判断。价值在 SIVA 理论中从一个厂商主导的静态概念变成了用户和厂商共同创造和认同的共享价值。途径即用户获取信息的平台，通过这个交互式共享平台建立多元化的产品与价值。

二、大数据营销的主要模式

（一）关联推荐模式

大数据的核心是建立在相关关系分析法基础上的预测，即把数学算法运用到海量数据上，量化两个数据值之间的数理关系，通过相关关系的强弱来预测事物发生的可能性。具体到营销实践上，大数据根据消费者的"行为轨迹"，分析其消费行为，能够进一步判断其关联需求，挖掘其潜在需求，对其整体消费需求进行预测；

343

再通过具有针对性的关联推荐，促成有效购买和消费。例如，零售业巨头沃尔玛通过大量消费者购买记录分析，发现男性顾客在购买婴儿尿布时，常常会顺便搭配几瓶啤酒来犒劳自己，于是推出"啤酒+尿布"捆绑销售的促销手段，直接带动这两样商品的销量，成为大数据营销的经典案例。亚马逊成了关联销售模式的佼佼者，数据显示，其20%~30%的销售是通过关联推荐获取的。

（二）精准定向模式

利用关联分析等相关技术对用户社交信息进行分析，通过挖掘用户的社交关系、所在群体来提高用户的保有率，实现交叉销售和向上销售，基于社会影响和社交变化对目标用户进行细分，营销人员可识别社交网络中的关键意见领袖、跟随者以及其他成员，通过定义基于角色的变量，识别目标用户群中最有挖掘潜力的用户。将大数据交换共享平台和现有的客户关系管理系统打通，对用户的需求进行细分，促使营销服务达到精准分析、精准筛选、精准投递等要求。简而言之，精准定向模式是指从 A、B、C……一群人中找到企业想要的 A。

以大数据营销最重要的表现方式——需求方平台（DSP，Demand Side Platform）为例，DSP 的运用可以帮助电商从以前找订单、找流量变成找人。一是精细定位。用户在打开互联网时就产生了行为习惯、浏览目的，基于一个访问广告位的具体用户，这个用户会有自己的年龄特点，兴趣爱好，朋友圈等，广告如果能够投其所好，就能产生最大的收益。DSP 技术能在每天全互联网的几百亿 PV（页面浏览量）的流量下，在中间把各种可能需求的人群分离寻找出来。二是精准投放。通过定位找到新客户后，利用 RTB 技术（Real-Time Bidding，实时竞价），实施竞价投放。消费者浏览一个网站时，网站根据消费者浏览的情况把信息反馈，给所有接入的 DSP 发一个请求，由很多家代理方对该来访进行竞价，出价最高的企业可以瞬间将广告投放到来访者的网页上，实现精准的目标广告投放。而这一系列的动作用时不会超过 100 毫秒，丝毫不影响用户的访问质量。三是回流客营销。回流客，就是曾经在网站买过一次东西以后很长时间都没有来过的客户。DSP 技术能够在海量的数据中把回头客找出来，提醒他们的记忆。比如说购物车，当一个客户把产品放到购物车而没有购买，当客户在浏览某一个网站的时候，DSP 系统会把相应的物品或广告展示给客户，客户看到这个广告并没有购买，那几天以后变换另外的策略，根据客户所浏览的媒体，把广告再展示在客户的面前，最大可能提醒客户，促成消费。2022年上半年，抖音电商采用精准定向实现带货视频数 8 000 万+，销售额同比增长150%。一方面把合适的人群推送给品牌方，另一方面让用户接收到他和朋友可能感兴趣的内容。当你在抖音上点赞或评论视频、搜索某一词条，今后为你推送这些你感兴趣的内容和广告的几率也会变高。

（三）动态调整模式

传统的市场营销流程主要是以产品为中心，对市场的反应速度较慢，而且没有对市场营销活动的结果反馈进行改进，因而难以形成一个闭环。大数据时代的精准化营销，以客户为中心，从客户的需求着手，进行深入的洞察和分析，然后结合运营商自身的业务、品牌等进行市场营销活动的策划；并根据市场变化、竞争对手的反应及用户反馈情况等内容及时调整营销策略；同时，在市场营销活动开展一段时间后，要根据活动反馈结果适时做一些归纳和总结，以便为下一个阶段市场营销活动策划打好基础。

广告系统是谷歌公司商业模式的核心部分。为了了解用户更喜欢哪种备选的广告方案，谷歌公司采取了大数据分析动态调整模式。为把用户在网上的行为模式加入排名算法，谷歌进行了许多努力，例如推广谷歌工具栏，用户在浏览网页时的行为数据会被谷歌收集，甚至曾经付出不少的一笔费用给戴尔公司，在其销售的电脑上预装谷歌工具栏。对那些没有预装谷歌工具栏的用户，当他在谷歌网站进行搜索的时候，电脑也会设置 cookie，在这个 cookie 一年的有效期内，用户的搜索会被一一记录。此外，买下原本需要付费的日志分析软件，再以 Google Analytics 的形式免费提供给站长们的做法也是出于同样的考虑。通过对用户使用搜索引擎中实时数据的搜集和分析，谷歌能够甄别出哪个广告更受欢迎，然后主推用户偏好的版本。

（四）瞬时倍增模式

这种模式是指利用积累的大量人群数据，根据已经拥有的 A，找到一群更大的 A。找到 1 000 个忠实的目标消费者也许不难。如何把这个数量由 1 000 变为 10 000、1 000 000 甚至更大呢？这 100、1 000 又如何从好几亿的人中挑选呢？

阿里巴巴为此构建了一个 Lookalike 模型，它被形象地称为"粉丝爆炸器"，可以做到"给定一小群人，自动找到 10 倍、20 倍规模相似人群"。一旦客户购买了商家的商品或服务，企业便可以知道客户的情况，进而进行沟通、促销与交叉销售。相对于已有客户人群规模（一家中型电商每月可能有上万客户），还没有成为客户的人群规模（线上有几亿规模的客户）是非常巨大的。从上亿潜在客户中找到真正的消费者这个过程的效率和成本就成为商家制胜的关键。这也是"粉丝爆炸器"所要解决的问题。

通常，成为某商家客户的人群具有一定的共性，例如都是近期购房人群、都是在意体重的人群等。这些共性往往在商家的已有客户中已经有所显现；这些消费者的各种属性和行为与其他消费者的差异就能突出这些共性特点。利用这些共性，通过比较全网消费者与已有消费者客户之间在这些行为上的相似程度，就可以在真正的消费行为发生之前来找到目标顾客。

与"啤酒尿布"不同的是，粉丝爆炸器更注重人的综合行为特性，而不是把重点集中在商品/服务之间的关联性上。因此，"粉丝爆炸器"会找出新任父亲与家里的婴儿这样的特性，而这样的人通常会买啤酒、尿布、奶粉、婴儿护肤品、产后保养品等。但如果我们只考虑关联性，则会是由于消费者购买了啤酒，所以推荐关联性最高的红酒、尿布、饮料等等。这种抓住人的相似性往往会有更为精准的效果。

通过大数据算法在全网用户上运用"粉丝爆炸器"，实际上更像是把全网消费者和商家之间的已购消费者之间的关联可能性进行精准排序。商家给定一小部分忠实用户人群以后，系统可以给出最像这群人的前 1 万人、前 10 万人、前 100 万人……；此时，便可根据商业目标来选择合适规模的人群进行营销活动。

#在线案例赏析：请扫码阅读本章思政案例——味多美的大数据营销之路#

味多美的大数据营销之路

三、大数据营销基本流程

（一）客户信息收集与管理

客户数据收集与管理是一个数据营销准备的过程，是数据分析和挖掘的基础，是搞好精准营销的关键，否则会造成盲目推介、过度营销等错误。例如因为某些产品的购买，在一定时段里是不会重复的，强行推荐，只会导致厌烦情绪和后悔情绪。传统的客户关系管理一般关注两方面的客户数据：客户的描述性数据和行为数据。描述性数据类似于一个人的简历，比如姓名、性别、年龄、学历等；行为数据则复杂一些，比如消费者购买数量、购买频次、退货行为、付款方式等。在大数据时代，结构性数据仅占 15%，更多的是类似于购物过程、社交评论等这样的非结构性数据，并且数据十分复杂，只有通过大数据技术收集和整理数据，才有可能形成关于客户的 360 度式数据库，不错过每一次营销机会。

（二）客户细分与定位

只有区分出了不同的客户群，企业才有可能对不同客户群展开有效的管理并采取差异化的营销手段，提供满足这个客户群特征要求的产品或服务。在实际操作中，传统的市场细分变量，如人口因素、地理因素、心理因素等由于只能提供较为模糊的客户轮廓，难以为精准营销的决策提供可靠依据。大数据时代，利用大数据技术能在收集的海量非结构信息中快速筛选出对公司有价值的信息，对客户行为模式与客户价值进行准确判断与分析，深度细分，使我们有可能甚至深入了解"每一个人"，而不只是"目标人群"。

（三）营销战略制定

在得到基于现有数据的不同客户群特征后，市场人员需要结合企业战略、企业能力、市场环境等因素，在不同的客户群体中寻找可能的商业机会，最终为每个群体制定个性化的营销战略，每个营销战略都有特定的目标，如获取相似的客户、交叉销售或提升销售，或采取措施防止客户流失等。

（四）营销方案设计

大数据时代，一个好的营销方案可以聚焦到某个目标客户群，甚至精准地根据每一位消费者不同的兴趣与偏好为他们提供专属性的市场营销组合方案，包括针对性的产品组合方案、产品价格方案、渠道设计方案、一对一的沟通促销方案。比如O2O渠道设计，网络广告的受众购买的方式（DSP）和实时竞价技术（RTB），基于位置（LBS）的促销方式。

（五）营销结果反馈

大数据时代，营销活动结束后，应对营销活动执行过程中收集到的各种数据进行综合分析，从海量数据中发掘出最有效的企业市场绩效度量，并与企业传统的市场绩效度量方法展开比较，以确立基于新型数据的度量优越性和价值，并对营销活动的执行、渠道、产品和广告的有效性进行评估，为下一阶段的营销活动打下良好的基础。

四、大数据推动产品、定价、渠道优化与变革

（一）产品优化与变革

大数据时代的到来为企业产品创新提出了新的发展要求，也创造了新的契机。首先是生产层面，大数据能够整合生产全流程数据，进一步对生产进行动态监控，整体上大大降低生产成本、提高生产效率，在一定程度上推动"工业4.0"发展。同时，大数据使得企业可以通过采集和分析大量有关用户偏好、需求、使用数据，在产品创新上提高用户参与度，这可以帮助企业及时高效地改进产品，进一步满足用户的个性化需求。例如，安踏借助"咕咚"App近1.8亿用户的运动数据分析得出结论——"多数人跑步后掌先着地"，并以此在"创跑鞋"的后掌部位加入了由军用防弹衣材料转化而成的高强度吸震材料（吸震能力是普通运动鞋的两倍）——SMART S.A.M，这可以大大降低用户跑步对于腿脚关节部分的伤害。

（二）定价优化与变革

产品价格是影响交易的重要因素，大数据时代以客户为中心的个性化定价是未来定价的发展趋势，企业可以利用互联网信息技术，及时将用户数据导入数据库，对其进行数据分析，从中可以发现顾客的购买行为模式，制定相应的营销策略。不同品牌忠诚度与价格敏感性的用户，其对于产品的感知价值是不同的，其愿意为其支付的产品价格也是不同的。

大数据时代，电商企业往往不再采用单一的静态定价，而是利用数据挖掘和策略制定的动态定价。"双十一"是目前消费者一年一度的网络购物狂欢节，各家企业在保持利润的同时，利用低价吸引消费者光临自己的主页，与此同时各大企业也利用着软件系统监控竞争对手，在一天之内会多次调整价格。滴滴出行也采用了动态定价的策略，其动态调价系统是根据用户所在区域内车辆和打车需求的实时比例判断运能的紧缺程度，同时结合用户订单的自身属性，判断订单的成交概率，如果概率过小就会根据历史数据和当时情况给出定价，而数据会通过机器学习进行不断更新完善算法。

(三) 渠道优化与变革

大数据分析可以让企业发现渠道规划中存在的问题与短板、特征与趋势，从而更加有针对性地进行整体的布局与规划，进一步提升企业业绩。顺丰快递通过对整体运营网点的大数据分析中发现，三四线城市以及农村市场是顺丰快递的短板，而通过另一份大数据分析得出的结论——这些地区的居民收入水平正在快速增长，这些数据分析推动顺丰快递对三四线城市与农村地区迅速开展布局，推动未来实现顺丰快递公司的"最后一公里"的目标。

在大数据时代，传统渠道已经迫切需要变革，互联网背景下消费者的购物习惯正在转变，线上购物越来越受消费者青睐，传统渠道需要积极运用大数据思维来加快渠道信息整合，把握消费者需求与消费趋势。2020年，苏宁易购与尼尔森联合发布的《5G零售行业应用白皮书》中指出随着5G技术的成熟与商业化，5G与云计算、大数据、人工智能等加速融合，无人服务、精准识别消费者、情绪识别与试衣魔镜等受到消费者欢迎，为零售行业带来巨大发展潜力。

五、大数据营销的新发展

(一) 场景营销 (Scene Marketing)

场景营销是指基于大数据找到合适的消费者群体，根据其消费行为模式和购买决策规律安排信息内容，针对不同的消费者群体，在最合适的情境下为其推送最合适的产品或服务。场景营销的核心在于预测用户行为。用户每时每刻产生的数据，都被场景营销链中的各企业用于市场细分研究、购买行为研究、客户留存研究、媒体习惯研究等，从而有助于企业更好地制定营销决策，提升营销效率。百度输入法可以在不方便打字的场景，提供语音输入法，潮汐App可以在睡前、工作等场景提供不同的音乐服务。

场景营销越来越呈现出融合趋势，线上场景与线下场景往往同时出现，而且两者间的界限渐渐被打破，对用户数据的挖掘、追踪和分析越来越被企业所重视。大众点评可以在来到陌生的城市时，提供基于位置的吃喝玩乐攻略，在由时间、地点、用户关系构成的特定场景下，链接用户线上线下行为，理解并判断用户感情、态度和需求，为用户提供实时、定向、创意的信息和内容服务，通过与用户的互动沟通，树立品牌形象或提升转化率，成为企业开展大数据营销的基本活动内容。

(二) "云营销" (Cloud Marketing)

随着云技术的不断发展、数据云平台的持续完善，"云营销"模式越来越受到企业的欢迎并为企业营销带来新动力。"云营销"是指企业借助于云技术，通过互联网把多个成本较低的计算实体，运用"云"之间的逻辑计算能力，将网络上各种渠道的营销资源整合成一个具有强大营销能力的系统，以取得更理想的营销效果。知名电商企业如Amazon、Google、百度、腾讯和阿里巴巴均已建立了自己的云平台。

"云营销"网络覆盖搜索引擎、博客、论坛以及微博等社会化媒体（云媒体），是分布式计算、网络存储、虚拟化等先进技术发展融合的产物。其强大的资源整合能力将传统上各个网络营销企业的计算机软硬件资源及分散的网络资源集中到"云端"，所以"云营销"使得企业各类营销活动在操作上更加精确、便捷、高效。不仅如此，还将产生各种新颖的服务或产品，以满足消费者多样化、个性化的需求。它能够同时管理多个终端的消费者偏好数据，将传统营销方法与软件服务化的理念融为一体。

"云营销"具有两方面优势：一是能够为企业提供完整的用户偏好数据；二是使得新用户和新产品的冷启动①得到了解决。云营销不仅显著提高了信息量和信息利用效率，同时也通过云端的集中管理，大幅度降低了企业的营销管理和运营成本，降低新用户的获取成本，并且增加了客户数量，最终实现了企业整体利润的增长。

（三）人工智能营销（Artificial Intelligence Marketing）

大数据和人工智能是现代计算机技术应用的重要分支，近年来这两个领域的研究相互交叉促进，产生了很多新的方法、应用和价值。大数据和人工智能具有天然的联系，大数据的发展本身使用了许多人工智能的理论和方法，人工智能也因大数据技术步入了一个新的发展阶段，并反过来推动大数据营销的发展。

1. 精准内容推送

根据用户以往操作记录以及历史聊天数据，利用深度学习和大数据分析技术，可以构建更为完整的用户画像，并将其通过智能机器人推送给对该内容感兴趣或者有需求的用户，达到精准推送的效果。

2. 帮助品牌寻找合适的 KOL（关键意见领袖）

许多品牌倾向于在 KOL 的渠道投放广告，KOL 与品牌的适配性也变得越来越重要。企业品牌可以借助自然语言处理技术和知识图谱来阅读、分析 KOL 发布在社交网站上的内容，在进行理解、分类后，寻找有触达能力和影响力的，同时已经表露过对品牌支持态度的 KOL。

结合大数据，分析人口统计学信息和粉丝触达数之外的东西，如对情绪和情感的分析，能找到 KOL 在创作内容时内心的真实感受。因此，借助 AI 技术能够帮助企业找到与品牌匹配度最佳的 KOL 并精准地投放到目标群体中，使得影响力达到最大化。

3. 预测未来趋势

借助特定的算法，人工智能能够在数以百万计的数据中，遴选出与企业自身、行业和消费者相关的有效信息。并通过对话更好地学习用户行为、习惯与偏好，并以用户画像为基础构建一套能够以一定准确率对各种潜在结果进行预估的 AI 模型，从而为核心业务提供决策依据，带来销售和用户数量的有效增长。

---

① 冷启动指的是在没有历史积累的信息时，无法挖掘用户偏好的问题。例如，当一个新用户进入网站 A 时，企业对这个用户一无所知，很容易就会失去这个潜在客户。这时如果向云端发送一个请求，云平台就可以根据网站 B 和 C 的用户偏好，来告诉网站 A 这款新品该推向什么样的消费者。

4. 广告效果分析

AI 技术还能够帮助企业分析广告效果。如广告效果分析系统，能透过计算机视觉与情感识别技术，来侦测受试者对视频或广告的情绪反应、专注程度、观看热情等指标，综合评估观看者对"关键情节""关键商品""关键人物"的接受程度，从而帮助广告主与广告制作单位更好地评估广告效果。比如确定观众是否被该广告所吸引，广告中的画外音是否被有效传达，以此来确定品牌的广告是否有影响力，进而有针对性地调整广告的内容。

5. 多样化的营销方式

人工智能还为广告商带来了多种新颖的营销方式。特别是利用图像识别、人脸识别等创新技术，使营销方式更具创意，吸引用户参与，进而引发对企业品牌与产品的关注。在给用户带来欢乐的同时，又能输出品牌的价值观。

更重要的是，在每一次互动中，人工智能都有机会捕捉用户的心理与需求。在这个过程中，品牌将不再是冰冷的 LOGO，而是一种能触摸、能感知、甚至能自主表达情绪的个体。这一改变对于广告营销而言，将是划时代的事情。过去，无论多么棒的广告创意，消费者永远只是旁观者，而人工智能技术的存在则可以准确捕捉到消费者最近的需求与心理，并据此给他们提供相应商品、信息和服务，从而拉近企业品牌和用户的距离，达到更好的营销效果。

（四）元宇宙营销（Metaverse Marketing）

元宇宙是人类运用数字技术构建的，由现实世界映射或超越现实世界，可与现实世界交互的虚拟世界，具备新型社会体系的数字生活空间。元宇宙一词诞生于 1992 年的科幻小说《雪崩》，小说描绘了一个庞大的虚拟现实世界，在这里，人们用数字化身来控制，并相互竞争以提高自己的地位。

美国密歇根州立大学媒介与信息学副教授 Rabindra Ratan 指出，元宇宙有三个关键特征：现实感、互通性和标准化。现实感代表着虚拟空间能够创造身临其境的感觉，甚至打造现实的"平行世界"；互通性意味着人们的虚拟身份能够在元宇宙的"各个星球"无缝切换；标准化则是元宇宙中各个平台实现互通的技术基础。近年来，元宇宙已经成为各大品牌营销必追的热点，例如 Gucci 与游戏平台 Roblox 合作销售稀有数字商品；奈雪的茶官宣虚拟人品牌大使 NAYUKI，并推出 NFT 数字艺术品；还有可口可乐、伊利、钟薛高等品牌都在探索元宇宙。

#在线视频赏析：请扫码观看视频——直接、在线、社交媒体和移动#

直接、在线、社交媒体和移动

＊＊＊＊本章小结＊＊＊＊

目标1：掌握网络营销概念及其理论发展进程。

网络营销是指以互联网媒体为基础，运用网络化思维与理念，利用数字化的信息和网络媒体的交互性来实现组织目标的一种新型的营销。网络营销理论发展包括网络整合营销理论、网络直复营销理论、长尾理论、SoLoMo理论（社会化、本地化、移动化）。

目标2：认识网络营销方式管理主要内容。

网络营销方式包括自有媒体、付费媒体、口碑媒体沟通。网络营销管理主要包括：网络口碑管理、内容营销与"2.0"版本的CRM，即社交CRM（Social CRM）

目标3：明确大数据营销概念与理论。

大数据营销是建立在海量微观基层消费行为数据基础上，精准把握与引导顾客消费心理行为，实时动态调整企业产品与服务，满足顾客多元化与个性化需求的营销管理过程。大数据营销SIVA理论包括：解决方案、信息、价值、途径。

目标4：认识大数据营销的新发展。

场景营销，针对不同的消费者，根据其消费行为模式和购买决策规律安排信息内容，在最合适的情境为其推送最合适的产品或服务。"云营销"运用"云"逻辑计算能力，将网络上各种渠道的营销资源整合成一个具有强大营销能力的系统。人工智能可以精准内容推送，帮助品牌寻找合适的KOL（关键意见领袖），预测未来趋势，以及实施广告效果分析。

#在线课件赏析：请扫码阅读本章课件及配套练习#

本章课件　　　　　　　　配套练习

1. 什么是网络营销的直复营销理论、长尾理论与 SoLoMo 理论?
2. 请思考如何利用病毒营销来激发口碑相传的品牌宣传活动。
3. 网络营销管理中的口碑管理、内容管理与客户关系管理如何理解?
4. 大数据营销有哪些特征? SIVA 理论是什么?
5. 大数据营销的主要模式分别有哪些?
6. 在大数据驱动下, 产品创新、定价策略与渠道优化方面有什么变化?
7. 请谈谈自己身边印象最深刻的大数据新发展。

现／代／市／场／营／销／学

参考文献

［1］王渊，王刊良，姚静涛. 网络环境下数字化产品适用的营销模型研究［J］. 南开管理评论，2007（6）：26-32.

［2］加里·阿姆斯特朗，菲利普·科特勒，王永贵. 市场营销学［M］. 王永贵，郑孝莹，译. 12 版. 北京：中国人民大学出版社，2017.

［3］菲利普·科特勒，凯文·莱恩·凯勒，卢泰宏. 营销管理［M］. 卢泰宏，高辉，译. 14 版. 北京：中国人民大学出版社，2016.

［4］龚诗阳，李倩，赵平，等. 数字化时代的营销沟通：网络广告、网络口碑与手机游戏销量［J］. 南开管理评论，2018，21（2）：28-42.

［5］隋岩. 群体传播时代：信息生产方式的变革与影响［J］. 中国社会科学，2018（11）：114-134，204-205.

［6］肯尼思·克洛，唐纳德·巴克. 广告、促销与整合营销传播［M］. 王艳，译. 8 版. 北京：中国人民大学出版社，2021.

［7］雷蒙德·弗罗斯特，亚历克萨·福克斯. 网络营销［M］. 时启亮，陈育君，黄青青，译. 8 版. 北京：中国人民大学出版社，2021.

［8］GREWAL R，GUPTA S，HAMILTON R. The journal of marketing research today：spanning the domains of marketing scholarship［J］. Journal of Marketing Research，2020，57（6）：985-998.

［9］HOMBURG C，WIELGOS D M. The value relevance of digital marketing capabilities to firm performance［J］. Journal of the Academy of Marketing Science，2022，50（4）：666-688.

［10］LI F，LARIMO J，LEONIDOU L C. Social media marketing strategy：definition，conceptualization，taxonomy，validation，and future agenda［J］. Journal of the Academy of Marketing Science，2021，49（1）：51-70.

［11］MORGAN N A，WHITLER K A，FENG H，et al. Research in marketing strategy［J］. Journal of the Academy of Marketing Science，2019，47（1）：4-29.

［12］SUPRAYITNO D. Analysis of customer purchase interest in digital marketing content［J］. Journal of Management，2024，3（1）：171-175.